MAPPING THE WORLD
Atlas Géopolitique Mondial Vol.5

世界大局
地圖全解讀 5

最視覺化的地緣政治圖輯，
攤開 129 張主題地圖，帶你看懂全球政治劇變！

亞歷克西斯·鮑茲曼 (Alexis Bautzmann)
吉雍·傅蒙 (Guillaume Fourmont) ——主編

蘿拉·瑪格麗特 (Laura Margueritte)
達里歐·英古斯托 (Dario Ingiusto) ——製圖
Légendes Cartographie 製圖事務所

林佑軒、雪克 ——譯

野人

地球觀 82

世界大局・地圖全解讀【Vol.5】
Mapping the World【Vol.5】

主編　　　亞歷克西斯・鮑茲曼 (Alexis Bautzmann)、吉雍・傅蒙 (Guillaume Fourmont)
製圖　　　蘿拉・瑪格麗特 (Laura Margueritte)、達里歐・英古斯托 (Dario Ingiusto)、Légendes Cartographie 製圖事務所
撰文　　　Laurent Carroué、Théotime Chabre、Thibault Courcelle、Hugo Estecahandy、Guillaume Fourmont、Laurent Hassid、Joseph Henrotin、Éric Janin、Tatiana Kastouéva-Jean、David Lagarde、Boris Lebeau、Michaël Levystone、Clara Loïzzo、Tifany Marrec、Jean-Luc Martineau、Adrien Nonjon、Florence Nussbaum、Delphine Pagès-El Karoui、Julien Picollier、Charlotte Recoquillon、Marie Redon、Nashidil Rouiaï、Camille Scheffler、Hervé Théry、Fabien Vergez、Tigrane Yégavian、Marion Soller
譯者　　　林佑軒、雪克

野人文化股份有限公司

社長　　　　　　張瑩瑩
總編輯　　　　　蔡麗真
主編　　　　　　陳瑾璇
責任編輯　　　　李怡庭
協力編輯　　　　余純菁、余鎧瀚
專業校對　　　　林昌榮
行銷企劃經理　　林麗紅
行銷企劃　　　　蔡逸萱、李映柔
封面設計　　　　兒日設計
內頁排版　　　　洪素貞

出　　版　野人文化股份有限公司
發　　行　遠足文化事業股份有限公司（讀書共和國出版集團）
　　　　　地址：231 新北市新店區民權路 108-2 號 9 樓
　　　　　電話：（02）2218-1417　傳真：（02）8667-1065
　　　　　電子信箱：service@bookrep.com.tw
　　　　　網址：www.bookrep.com.tw
　　　　　郵撥帳號：19504465 遠足文化事業股份有限公司
　　　　　客服專線：0800-221-029
法律顧問　華洋法律事務所 蘇文生律師
印　　製　凱林彩印股份有限公司
初版首刷　2023 年 09 月

【圖片來源】
Flag of ASEAN ©Wikipedia
World map green ©Derivative work: Gaaarg @Wikipedia
Bitcoin logo ©logoking @Vecteezy.com
Arctic Ocean ©Quentin Bernard @ Wikipedia
Flag of El Ejido Spain ©Jed, re-uploaded by Nethunter @ Wikipedia

Atlas Géopolitique Mondial 2022 & 2023
Copyright © 2021 & 2022, ÉDITIONS DU ROCHER/AREION GROUP
Directed by Alexis Bautzmann
Cartography by Laura Margueritte
Contributions by Guillaume Fourmont and Dario Ingiusto
Complex Chinese translation copyright © 2023 Yeren Publishing House
Published by arrangement with Peony Literary Agency
All rights reservedPublished by arrangement with Peony Literary Agency
All rights reserved

國家圖書館出版品預行編目 (CIP) 資料

世界大局・地圖全解讀【Vol.5 重磅議題增量版】：從電玩外交到毒品經濟、從鋰礦到天然氣、從海上航運到太空低軌衛星，地緣政治戰全方位開打 !/ 亞歷克西斯・鮑茲曼 (Alexis Bautzmann)，吉雍・傅蒙 (Guillaume Fourmont) 主編；林佑軒、雪克譯 . -- 初版 . -- 新北市：野人文化股份有限公司出版：遠足文化事業股份有限公司發行，2023.09
　面；　公分 . -- (地球觀；82)
譯自：Atlas géopolitique mondial 2022 & 2023
ISBN 978-986-384-890-5(平裝)
ISBN 978-986-384-891-2(PDF)
ISBN 978-986-384-892-9(EPUB)

1.CST: 國際政治 2.CST: 地緣政治 3.CST: 國際關係 4.CST: 主題地圖

578　　　　　　　　　　　　　　　112010863

世界大局・地圖全解讀【Vol.5】

線上讀者回函專用 QR CODE，你的寶貴意見，將是我們進步的最大動力。

野人文化　　野人文化
官方網頁　　讀者回函

目錄

歐洲篇 EUROPE

中東篇 MIDDLE EAST

非洲篇 AFRICA

亞洲篇 ASIA

美洲篇 AMERICAS

國際議題篇 INTERNATIONAL ISSUES

俯瞰世界篇 OVERLOOKING THE WORLD

和平年代落幕，高強度戰爭重臨世界

2022 年 2 月 24 日，俄羅斯對烏克蘭開戰，這場戰爭極可能會以二十一世紀的轉捩點之姿載入史書。這場衝突確實標誌著「和平紅利」的幻象時代已然結束，激烈的戰爭重返歐洲大陸。在我們眼前的螢幕上，城市遭到摧毀、平民流離失所的景象與坦克縱隊及砲戰的影像交織。人們開始談論核衝突、能源與糧食短缺和全球經濟危機的風險。這場動盪突如其來且令人驚愕，預示了新一代的全球性對立。以俄羅斯、伊朗和北韓為中心的新「邪惡軸心」（axis of evil）❶正在成形，而巴西、俄羅斯、印度、中國和南非領頭的金磚國家（BRICS）崛起，最近才剛迎來六個新成員國（衣索比亞、埃及、阿根廷、伊朗、阿拉伯聯合大公國和沙烏地阿拉伯），上述情勢皆昭示著後西方的多極國際秩序即將來臨。

美國大選將至，面臨內部分裂危機

然而，這些重大變局不單單影響所謂的「新興」國家。西方國家本身也在經歷新的內部變革，在某些情況下可能會威脅到國家的一統性與實力。其中，美國正面臨一場影響深遠且恐將不斷延續的國內政治危機。儘管該國更加努力以共同價值來團結人民，美國領土在可預見的未來幾年仍可能迎來分裂局面。包容性與積極性差別待遇（positive discrimination）❷的平權政策、墮胎權、LGBTQ+ 少數族群的權利，以及對於移民潮的控制，種種議題皆成為美國群眾的斷層線。這種政治地理的分歧是公開表露的，維吉尼亞大學（University of Virginia）2021 年 7 月進行的民調顯示，41% 的喬‧拜登（Joe Biden）支持者和 52% 的唐納‧川普（Donald Trump）支持者並不反對共和黨與民主黨的州政府分治。因此，2024 年 11 月的總統選舉對於美國的一統性將是一場考驗，而川普儘管官司纏身，但他似乎已經為第二個任期做好準備。

分離主義蠢蠢欲動，美、俄、中相互觀望

美國對於烏克蘭與台灣在經濟及軍事上的支持一馬當先，而美國政治生活的這個新面向也受到其主要敵對國家的緊密追蹤。俄羅斯密切關注歐洲與美國的分裂主義運動，而且相當擁護「分而治之」這句諺語，或多或少地公開表達支持。早在 2016 年，莫斯科當局便主辦過一場由克里姆林宮出資的國際會議，讓德州、加州、波多黎各與夏威夷的分離主義者齊聚一堂。事實上，美國人也興味盎然地檢視組成俄羅斯聯邦的各個民族。莫斯科中央權力的削弱（在俄軍可能於烏克蘭受挫的情況下）在北高加索、烏拉山（Ural Mountains）地區甚至西伯利亞可能會成為重拾獨立念頭的藉口。正如某些美國智庫的預想，縮小俄羅斯的民族邊界會是大幅減低其威脅的有效手段。中國也同樣緊盯俄羅斯領土的弱點，冀望找到一個歷史契機，可以「和平」收復沙皇政權於十九世紀以「不平等條約」將西伯利亞與遠東占為己有的廣大領土。領土的重組將會確保北京當局在中國新絲路（一帶一路）所穿越的中亞地區，取得毫無爭議的領導地位。如果中國自身面臨自 Covid-19 疫情以來日益顯著的經濟放緩，就有可能在自己的土地上遭受分裂分子的打擊，該國擁有約 50 個少數民族，其中有些主張分離主義，例如新疆。

一統性是國力最大考驗

一統性即是國力要素——在日益複雜且分裂的世界裡，當前的國際關係比以往任何時刻都更加敬奉這項原則。為了以既嚴謹又富有啟發性的方式探索我們所處時代的複雜性，《世界大局‧地圖全解讀【Vol.5】》繁體中文版透過繁多的主題與研究方法，試圖描繪出這個正在快速重組的世界。

主編／亞歷克西斯‧鮑茲曼（Alexis Bautzmann）

---

❶ 編注：出自美國前總統小布希（George Walker Bush，任期2001～2009年），用以指稱伊朗、伊拉克、北韓為支持恐怖主義的國家；後泛指與美國對立、威脅世界安全的國家。
❷ 編注：針對弱勢群體給予更多資源和保障，以彌補既有體制結構帶來的不平等。

EUROPE
歐洲篇

烏克蘭首都基輔遭到摧殘
2022年2月26日起俄烏戰爭爆發，俄羅斯的轟炸損毀了烏克蘭首都的房屋。（© AFP/Daniel Leal）

法國軍售：
地緣政治與經濟的必要之惡？

法國國防部（ministère français des Armées）[1]於2021年6月向議會公布年度武器出口資訊報告[2]，揭露法國軍火進出口的部分細節，但其中僅詳列武器系統的類別，未列明武器名稱。如今法國國防產業受到Covid-19疫情的影響，令人不禁好奇，軍備在法國「強權政治」（power politics）[3]中扮演什麼樣的角色？

法國坐擁強大的國防工業，不過主要用於自我防衛。法國國防部的報告指出，2011～2020年，法國大多數與部隊主體相關的軍備都是在本國生產，例如戰鬥機、直升機、裝甲車輛、作戰艦艇等，只有小型武器從德國、比利時、瑞士、奧地利等鄰國進口（來自美國的96支步槍除外），而這些武器的原物料很可能也來自法國工業。

在軍備上，沒有任何一個國家能夠自給自足，即使俄羅斯、中國或美國也不例外。因此，軍備出口對於本國與外國部隊皆有益處。一方面，一批武器生產數量愈多，採購成本就愈低；另一方面，專為出口研發的產品也有助於研發部門長期營運，既能持續開發更先進的裝備，也能獲得產業生存不可或缺的財務平衡。一言以蔽之，即是出口訂單能彌補為數甚少的國內訂單。

全球第三大武器出口國

軍火買賣對於法國產業與財富貢獻良多。2020年，法國軍火工業提供大約20萬個直接與間接就業機會，並且帶來150億歐元的營業額挹注稅收，而其中還不包括日益重要且有利可圖的維修保養業務。此外，國防工業本身也是一項外交工具，法國的歐洲政策即是立基於與其他歐洲公司的產業合作上。

綜觀全球，法國是第三大武器出口國，占據2016～2020年全球軍售總額的8.2%；位居第二的俄羅斯占20%，第一的美國則占37%[4]。軍售並非中立，其中也反映出國與國之間的外交關係，向法國購買軍備即被視為對其友好的象徵；若是購買戰鬥機、衛星、船艦等備受矚目的武器系統則表示雙方關係更為緊密。至於買方的戰略行為所造成的爭議就存而不論了。軍售視情況也需要發揮創意，例如，為了盡快提供飆風戰鬥機（Rafale）給希臘，法國把法軍的現役飛機交付出去，導致法軍不得不重新採購飆風戰機來補足空缺。

2016～2020年，法國軍火的主要客戶是印度、埃及和卡達。不過，單就2020年來說，沙烏地阿拉伯是法國軍火的最大進口國（價值7億390萬歐元的簽約採購），購買的項目主要是防空系統、水下排雷機器人和彈藥。然而沙國自2015年以來便因參與葉門內戰而受到批評，儘管如此，法國政府依然為其軍售護航，尤其強調國防工業對法國經濟活力的貢獻（國防工業占法國工業就業人口的13%）。

軍售的政治價值從相關禁令也可見一斑。1967年，法國政府改變中東政策，放棄以色列，轉而支持阿拉伯國家，進而取消向以色列出售幻象5型戰鬥機（Mirage 5）的計畫。同樣的，2015年，法國政府為制裁俄羅斯併吞克里米亞（Crimea）的行為，凍結出售俄羅斯兩艘大型兩棲艦的軍售案。但輿論批評依然沒有平息。2018年，法國國會設立一個真相調查小組，監督由軍武輸出跨部會研議委員會（CIEEMG）負責的「武器出口控管」。2021年6月，法國政府同意讓國會經由一個特定的委員會收緊對軍售的管控，至於這個委員會是否形同虛設則尚待觀察。

563億歐元的經濟利益，無價的政治影響力

軍售與政治息息相關，同時也受制於市場與競爭的變化無常，可謂經營不易。2012年之前，法國武器的國際訂單每年約為60億歐元，2015年創下近170億新高，之後便逐漸下滑。隨著Covid-19疫情爆發，訂單在2020年遽降至49億歐元。不過，軍隊現代化的浪潮方興未艾，未來仍有望提振銷售。況且，涓滴細流有時也能匯成江海。主要武器雖然占據政治與媒體的焦點，其他諸如小型武器及車輛、光電或通信設備等軍售卻也是豐富財源。2011～2020年間，阿爾及利亞從法國購入價值4億9,410萬歐元的軍備，波札那和韓國也分別採購2億2,710萬及6億5,340萬歐元的軍備，再加上其他5萬歐元以上的法國對外軍售，總計高達563億3,000萬歐元。更重要的是，隨之而來的國際影響力不容小覷。

文 • J. Henrotin

---

[1] 譯注：直譯為軍務部。法國政府部會名稱及職責較為彈性，時常隨需要調整。
[2] Ministère des Armées, *Rapport au Parlement sur les exportations d'armement de la France*, juin 2021.
[3] 編注：意指在國際關係上，主權國家能透過軍事、經濟和政治等手段，維護自身利益。在此一政治原則下，國力強弱往往會決定一個國家在國際上的地位。
[4] SIPRI, *Trends in International Arms Transfers*, 2020, mars 2021.

法國國防工業與對外軍售概覽

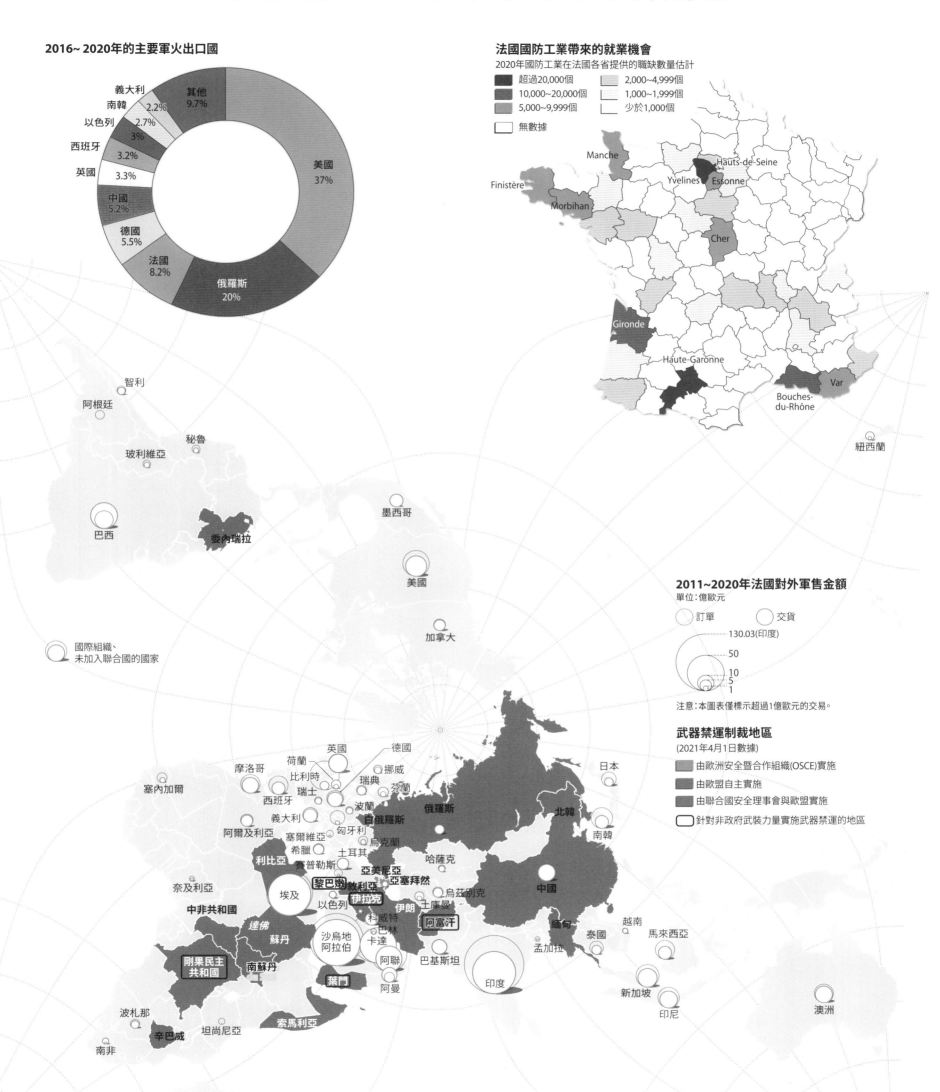

2016~2020年的主要軍火出口國

- 其他 9.7%
- 義大利 2.2%
- 南韓 2.7%
- 以色列 3%
- 西班牙 3.2%
- 英國 3.3%
- 中國 5.2%
- 德國 5.5%
- 法國 8.2%
- 俄羅斯 20%
- 美國 37%

法國國防工業帶來的就業機會

2020年國防工業在法國各省提供的職缺數量估計

- 超過20,000個
- 10,000~20,000個
- 5,000~9,999個
- 2,000~4,999個
- 1,000~1,999個
- 少於1,000個
- 無數據

Manche, Finistère, Morbihan, Hauts-de-Seine, Yvelines, Essonne, Cher, Gironde, Haute-Garonne, Bouches-du-Rhône, Var

紐西蘭

2011~2020年法國對外軍售金額

單位:億歐元

- 訂單
- 交貨

130.03(印度)
50
10
5
1

注意:本圖表僅標示超過1億歐元的交易。

武器禁運制裁地區

(2021年4月1日數據)

- 由歐洲安全暨合作組織(OSCE)實施
- 由歐盟自主實施
- 由聯合國安全理事會與歐盟實施
- 針對非政府武裝力量實施武器禁運的地區

智利、阿根廷、秘魯、玻利維亞、巴西、委內瑞拉、墨西哥、美國、加拿大

國際組織、未加入聯合國的國家

英國、德國、荷蘭、挪威、摩洛哥、比利時、瑞典、芬蘭、塞內加爾、西班牙、瑞士、波蘭、白俄羅斯、俄羅斯、日本、北韓、南韓、義大利、匈牙利、阿爾及利亞、塞爾維亞、希臘、烏克蘭、土耳其、哈薩克、中國、利比亞、亞美尼亞、亞塞拜然、奈及利亞、黎巴嫩、敘利亞、伊拉克、伊朗、烏茲別克、土庫曼、阿富汗、緬甸、中非共和國、埃及、以色列、科威特、巴林、卡達、阿聯、巴基斯坦、沙烏地阿拉伯、印度、孟加拉、越南、泰國、馬來西亞、達佛、蘇丹、剛果民主共和國、南蘇丹、葉門、阿曼、新加坡、印尼、澳洲、波札那、辛巴威、坦尚尼亞、索馬利亞、南非

資料來源: Ministère des Armées, Rapport au Parlement sur les exportations d'armement de la France, juin 2021 ; SIPRI, Trends in International Arms Transfers, 2020, mars 2021   Carto n° 67, 2021 © Areion/Capri

俄羅斯：重返蘇聯榮光，普丁的統治之路

曾擔任俄羅斯總統（1999～2008年）及總理（2008～2012年）的普丁（Vladimir Putin），自2012年起再度坐上總統大位，以其鐵腕統治俄羅斯。俄國之所以會在2022年2月24日發動戰爭入侵烏克蘭，即是國內反對勢力全遭普丁殲滅的結果。然而，這場戰爭很可能導致俄羅斯的社會與經濟更加脆弱。

西方社會普遍認為1991年蘇聯解體，是將俄羅斯人民從極權獨裁的枷鎖中解放出來的時刻，然而俄羅斯人卻頗為懷念蘇聯時期，大多數人認為蘇聯原本不須解體。蘇聯解體後，俄羅斯對紛紛獨立的前蘇聯加盟共和國失去控制權，也失去在前「社會主義陣營」的威望與影響力，不再於國際間呼風喚雨；更有甚者，俄羅斯人民還邊然陷入貧困，犯罪率升高，而曾經啟發好幾代人的意識型態價值則土崩瓦解。這一切都讓俄羅斯社會陷入動盪，滋生出不安全感與受辱感，因而造就了普丁的崛起。俄羅斯人是這樣稱呼蘇聯解體後的十年——「混亂年代」。不僅如此，這十年烙印在俄羅斯人集體意識裡的，還有領土的完整性受到威脅，比如第一次車臣戰爭（Chechen War，1994～1996年），以及前蘇聯邊疆爆發的種種衝突，像是塔吉克內戰（1992～1997年）、亞美尼亞與亞塞拜然兩國因納戈爾諾·卡拉巴赫（Nagorno-Karabakh）地區❶而起的衝突、1991年聶斯特河沿岸（Transnistria）從摩爾多瓦分離等。這些衝突至今大多仍維持在「凍結」❷的狀態，隨時可能重新爆發。普丁統治期間更引發了大量暴力衝突，例如1999～2009年的第二次車臣戰爭、2008年俄羅斯對喬治亞發動戰爭、2015年以來在敘利亞的軍事行動，還有死傷最慘重、破壞力最強大的軍事侵略——入侵烏克蘭（參見圖1）。

2014年3月，俄羅斯舉辦公投併吞克里米亞，但未獲聯合國承認；2022年2月24日，俄羅斯入侵烏克蘭部分領土

俄羅斯於2018年5月、2019年12月分別建成新的公路和鐵路橋梁連接克里米亞

2020年9月[1]
北極海冰的覆蓋範圍

2010年俄羅斯都市[2]人口數
單位：萬人

25　50　100　　　460　　　1,056.3
　　　　　　　　　（聖彼得堡）（莫斯科）

2020年俄羅斯基礎建設概況
　　　北方海路
🏭　主要港口(俄羅斯的木材和石油透過波羅的海及芬蘭的港口出口)
⚓　次要港口
┿┿┿　鐵路
☐　主要工業中心

1. 一年中北極海冰面積最小的時期。
2. 本圖表僅標示人口超過25萬的城市。

500 km

Carto n° 64, 2021 © Areion/Capri

1 俄羅斯領土爭端與化石燃料資源地圖

北極

對北極地區的領土主張

阿拉斯加
(美國)

開發中的亞馬爾天然氣田
(預計三、四年內開始生產，
年產天然氣270億立方公尺
液化天然氣1,600萬噸)

日本與俄羅斯於
千島群島
尚有領土爭端

俄羅斯

蒙古

中國

北韓

日本

2020年化石燃料開採、生產與運輸

石油　天然氣

油管　天然氣管

營運中
興建中
計畫中

俄羅斯軍事基地及設施
(2022年第一季資料)

有領土爭端的地區
(2022年第一季資料)

前蘇聯加盟共和國

2020年參與上海合作組織 (SCO) 的國家

中國 成員國
伊朗 觀察員國

俄羅斯聯邦行政區劃(2020年)

聯邦管區區界　　自治共和國　　州、邊疆區
聯邦主體分界　　自治區　　　　猶太自治州
聯邦直轄市

聖彼得堡
莫斯科
塞凡堡

西北部聯邦管區
中央聯邦管區
南部聯邦管區
北高加索聯邦管區
伏爾加(Volga)聯邦管區
烏拉爾聯邦管區
西伯利亞聯邦管區
遠東聯邦管區

資料來源：www.mil.ru, 2021；Gazprom, 2021；Transneft, 2021；nsidc.org, 2021；
Ateliers Henry Dougier, Russie 2017, cent ans après, MAPPE, octobre 2016；gks.ru, 2010

2 俄羅斯貧窮地圖

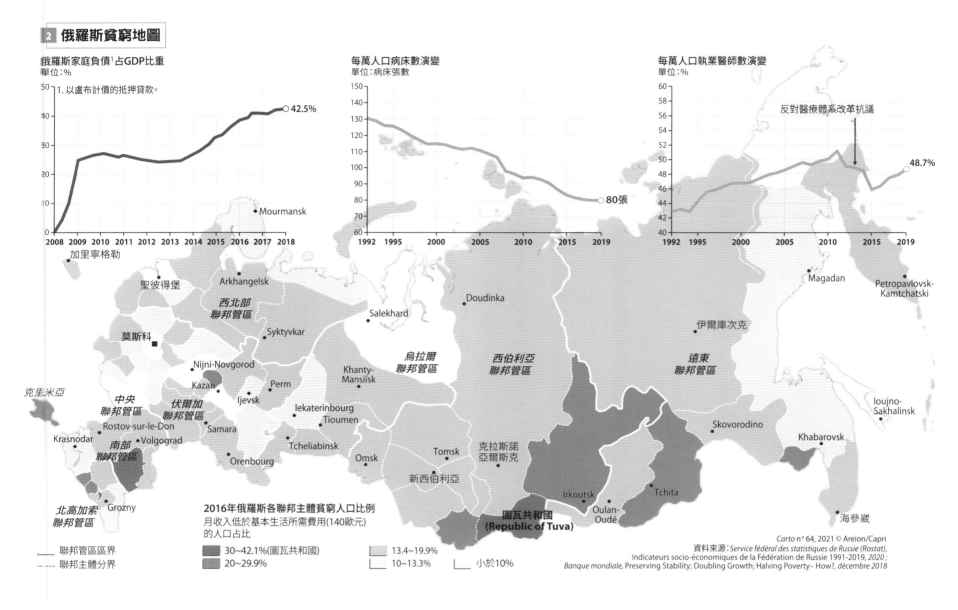

俄羅斯家庭負債¹占GDP比重
單位：%
1. 以盧布計價的抵押貸款。
○ 42.5%
2008 2009 2010 2011 2012 2013 2014 2015 2016 2017 2018

每萬人口病床數演變
單位：病床張數
○ 80張
1992 1995 2000 2005 2010 2015 2019

每萬人口執業醫師數演變
單位：%
反對醫療體系改革抗議
○ 48.7%
1992 1995 2000 2005 2010 2015 2019

2016年俄羅斯各聯邦主體貧窮人口比例
月收入低於基本生活所需費用（140歐元）的人口占比

- 30~42.1%（圖瓦共和國）
- 20~29.9%
- 13.4~19.9%
- 10~13.3%
- 小於10%

—— 聯邦管區區界
----- 聯邦主體分界

圖瓦共和國
(Republic of Tuva)

Carto n° 64, 2021 © Areion/Capri
資料來源：*Service fédéral des statistiques de Russie (Rostat)*,
Indicateurs socio-économiques de la Fédération de Russie 1991-2019, *2020*；
Banque mondiale, Preserving Stability; Doubling Growth; Halving Poverty– How?, *décembre 2018*

透過中央集權重建國家秩序

1999年，時任俄羅斯聯邦安全局（FSB）局長的普丁，被後蘇聯時期的俄羅斯首任總統葉爾欽（Boris Yeltsin，任期1991～1999年）任命為總理與聯邦安全會議（Security Council）祕書，並賦予恢復國家秩序的目標。為達成這個任務，普丁建立了「垂直的權力結構」，以防止這個領土面積達1,709萬平方公里、由89個❸聯邦主體（federal subject）❹組成8個聯邦管區的龐大國家出現任何離心傾向。各州州長既無政治與財政自主權，也無法在俄羅斯上議院「聯邦會議」（Federation Council）取得席位。國家全面採取中央集權，統籌各個聯邦主體的預算分配撥款。其中一些聯邦主體很富有，比如首都莫斯科，以及化石燃料產地如西伯利亞的漢特–曼西（Khantys-Mansis）自治區；而其他地區如北高加索（North Caucasian）聯邦管區，則依靠中央轉移支付❺過活。區域間的不平等根深柢固。據統計，2020年，莫斯科的人均月收入為7萬7,283盧布（約1,200歐元），失業率為2.6%；而該國數一數二貧窮的地區則是北高加索，人均月收入是1萬8,877盧布（260歐元），失業率則為29.8%（參見圖2）。

普丁成功在最初兩屆總統任內（1999～2008年）讓俄羅斯社會恢復穩定，且經濟成長迅速（2000～2008年間每年成長7%）。生活水準提升促使大都市內出現中產階級。然而，普丁未能解決多項人口、經濟與社會問題。因此，儘管俄羅斯人的平均預期壽命提高（從2000年的65.3歲增加至2020年的71.5歲），促進生育的措施也暫時獲得成果，但人口仍然持續萎縮（2020年1月1日的統計為1億4,600萬人）❻。據統計，2001～2021年間，俄羅斯的工作年齡人口（16～65歲的男性和16～60歲的女性）即減少超過600萬人。而Covid-19疫情更讓情況雪上加霜，2020～2021年間，俄羅斯的超額死亡❼人數據估計為100萬人。俄烏戰爭則進一步加速人口流失，除了在戰場上死亡的士兵外，自普丁推動所謂的「特別軍事行動」起，已有數十萬人才逃離俄羅斯。

以高壓政治掩蓋經濟困境

近二十年來，俄羅斯的經濟成績時好時壞。幾項總體經濟指標顯示，該國經濟穩定（公共債務低、外匯存底高），在多個領域的地位屹立不搖，而這些成果大多繼承自蘇聯時代，諸如非軍用核能、太空、軍武等。在某些新領域也有所發展，比如服務業，以及在俄語圈裡與Google、亞馬遜和臉書競爭的網路公司。然而，俄羅斯經濟仍然隨著全球化石燃料的價格起伏，除了缺乏結構性改革、危疑不明的商業環境、國家對經濟的干預，以及貪汙腐敗等內部因素之外，外來危機也大幅影響該國的經濟成長，例如2008～2009年的金融危機、世界石油價格

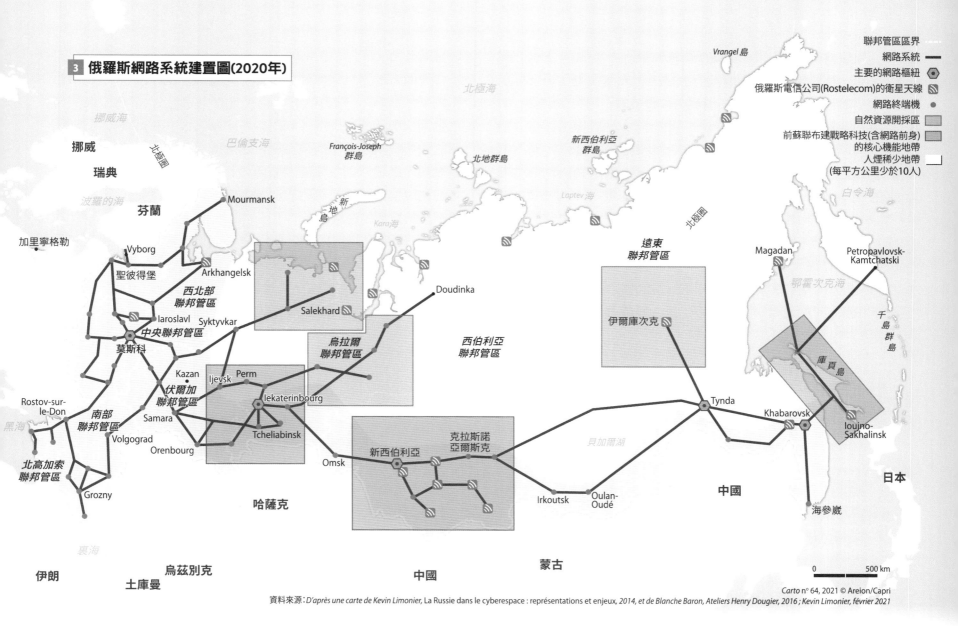

3 俄羅斯網路系統建置圖(2020年)

圖例：
- 聯邦管區區界
- 網路系統
- 主要的網路樞紐
- 俄羅斯電信公司(Rostelecom)的衛星天線
- 網路終端機
- 自然資源開採區
- 前蘇聯布建戰略科技(含網路前身)的核心機能地帶
- 人煙稀少地帶(每平方公里少於10人)

地圖標示：挪威海、北極海、巴倫支海、François-Joseph 群島、Kara海、Laptev海、白令海、Vrangel島、新西伯利亞群島、北地群島、北極圈、鄂霍次克海、千島群島、庫頁島、貝加爾湖、裏海、黑海、波羅的海

地名：挪威、瑞典、芬蘭、加里寧格勒、Mourmansk、Vyborg、聖彼得堡、Arkhangelsk、西北部聯邦管區、Iaroslavl、莫斯科、中央聯邦管區、Syktyvkar、Salekhard、Doudinka、Kazan、Ijevsk、Perm、Iekaterinbourg、伏爾加聯邦管區、烏拉爾聯邦管區、西伯利亞聯邦管區、遠東聯邦管區、伊爾庫次克、Magadan、Petropavlovsk-Kamtchatski、Rostov-sur-le-Don、南部聯邦管區、Samara、Volgograd、Orenbourg、Tcheliabinsk、Omsk、新西伯利亞、克拉斯諾亞爾斯克、Irkoutsk、Oulan-Oudé、Tynda、Khabarovsk、Ioujno-Sakhalinsk、海參崴、北高加索聯邦管區、Grozny、哈薩克、烏茲別克、土庫曼、伊朗、中國、蒙古、日本

0　500 km

資料來源：*D'après une carte de Kevin Limonier, La Russie dans le cyberespace : représentations et enjeux, 2014, et de Blanche Baron, Ateliers Henry Dougier, 2016 ; Kevin Limonier, février 2021*

下跌、2014年俄羅斯吞併克里米亞半島後西方實施的制裁、Covid-19疫情等。如今國際社會因俄羅斯入侵烏克蘭而實施制裁，恐將危及俄羅斯中長期的經濟前景。

俄羅斯的社會不平等持續惡化。在最近一波制裁之前，該國寡頭在世界最富有排行裡占據為數不少的席次，許多俄羅斯家庭卻仍然沒有自來水、瓦斯、汙水管道，甚至還在燒柴取暖。據俄羅斯有關當局統計，2021年生活在貧窮線以下的人口為1,600萬，占總人口的16%。

政治上，行政權凌駕一切，不僅支配議會、政黨，也控制著司法部門。2011年12月的議會選舉後，此一現象更是昭然若揭；議會選舉期間的種種舞弊事件也在後蘇聯時期的俄羅斯引發前所未有的社會抗議聲浪。然而，政治領域遭到把持，鎮壓不滿反抗者的法律織成綿密的天羅地網，想要用選票下架執政者談何容易。很少有人敢像納瓦尼（Alexeï Navalny，自2021年起便身陷囹圄）一般挑戰「普丁體制」。俄烏戰爭爆發以來，普丁的反對者面臨的風險大幅增加，據新法律規定，散布損害俄軍烏克蘭行動的「假新聞」，最高可判處15年有期徒刑。

然而，這個國家也不斷改變。俄羅斯的年輕一代不僅會出門旅行，也善於使用網際網路（2019年的上網普及率為83%，參見圖3），對於國內的鎮壓政策和俄羅斯在國際上遭到孤立的景況愈來愈不以為然。俄烏戰爭爆發以前，普丁的聲望緩慢但無可避免地下滑；戰爭爆發以後，民調卻顯示，民意堅定地站在普丁這一邊──這都要歸功於政治宣傳。不過，長此以往，這項全國共識是否仍能屹立不搖尚未可知。死於戰場上的俄軍數量，再加上國際制裁造成的影響，可能會讓普丁參與2024年總統大選的展望變得遙不可及。

與亞洲極權聯手，共同對抗西方

蘇聯解體後，俄羅斯繼承蘇聯的核子武器庫以及在聯合國安理會（United Nations Security Council）擁有否決權的席位，也加入大多數歐洲和國際機構，例如歐洲理事會（Council of Europe；俄國於1996年加入，2022年因戰爭退出）、七大工業國組織（G7，1997年加入）及世界貿易組織（WTO，2012年加入）等。即使俄羅斯表面上融入國際社會，參與歐盟－俄羅斯峰會、北約（NATO）－俄羅斯理事會等與西方的合作機制，以進行經濟、能源及金融方面的交流，仍無法阻止莫斯科政府「四面楚歌、八方皆敵」的心態滋長。面對北約與歐盟將觸角伸向前社會主義陣營與三個前蘇聯加盟共和國（立陶宛、愛沙尼亞、拉脫維亞），甚至在波蘭與羅馬尼亞設置美國反導彈系統等作為，莫斯科政府自覺受到威脅。

西方支持推翻中東和俄羅斯鄰國（喬治亞、烏克蘭）獨裁政權的行徑，對普丁領導的俄國政府也是一大刺激。普丁第三度坐上總統寶座（2018年成功連任）引發的社會抗議、阿拉伯之春，以及2011年各國對利比亞的軍事干預❽，更徹底激發出莫斯科權力中心的反西方偏執。「反對西方干涉俄國內政」、「保護國家主權及勢力範圍」成為普丁的神主牌，無論是2014年的烏克蘭危機（Ukraine Crisis；3月俄羅斯併吞克里米亞、4月爆發頓巴斯〔Donbas〕戰爭），或是2022年2月俄羅斯入侵烏克蘭，都是出自上述的脈絡。國內輿論將俄羅斯在國際上的新姿態詮釋為對1990年代遭到「羞辱」的復仇，以及對「具有侵略性、威脅性」的西方所採取的必要自衛手段。到目前為止，經濟和政治代價、西方的壓力和制裁，都不足以改變俄羅斯自2014年以來

貫徹的政策。

與西方的對抗促使俄羅斯加速向亞洲伸出橄欖枝，尤其是中國（參見圖4）。雙方的友好關係其實由來已久，自從2005年中俄兩國解決最後的邊界糾紛後，中華人民共和國便成為俄羅斯的戰略經濟夥伴。能源互補也讓兩國更加親近。中國需要化石燃料，俄羅斯則希望能開發西伯利亞東部的油氣田，同時讓目前過度偏重歐洲市場的出口管道多樣化。2015年，中俄兩國協調推動彼此的區域統合計畫，亦即歐亞經濟聯盟（Eurasian Economic Union, EEU）和「一帶一路」。中國是俄羅斯最大的貿易夥伴，且這兩個極權政體都反對外部干涉內政，企圖建立不再以西方為中心的新世界秩序。他們致力推動非西方的區域結盟（如上海合作組織），並設立與國際貨幣基金組織（IMF）和世界銀

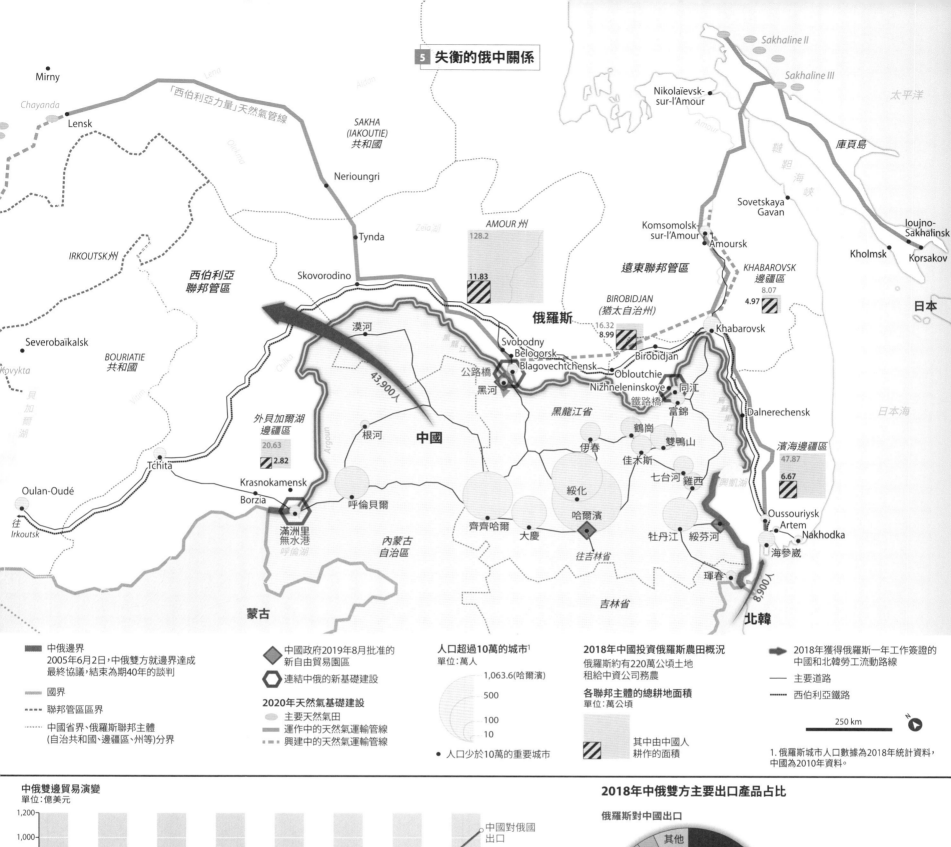

5 失衡的俄中關係

Mirny
Chayanda
Lensk
「西伯利亞力量」天然氣管線
SAKHA (IAKOUTIE) 共和國
Nerioungri
Tynda
Skovorodino
IRKOUTSK州
西伯利亞聯邦管區
Severobaïkalsk
BOURIATIE 共和國
Kovykta
貝加爾湖
漢河
公路橋
黑河
根河
中國
外貝加爾湖邊疆區
20.63 / 2.82
43,900人
Tchita
Krasnokamensk
Borzia
Oulan-Oudé
往 Irkoutsk
滿洲里無水港
呼倫貝爾
呼倫湖
內蒙古自治區
蒙古
齊齊哈爾
大慶
哈爾濱
往吉林省
吉林省
黑龍江省
伊春
綏化
鶴崗
雙鴨山
佳木斯
七台河
雞西
牡丹江
綏芬河
珲春
北韓

AMOUR 州
128.2 / 11.83
遠東聯邦管區
BIROBIDJAN (猶太自治州)
16.32 / 8.99
俄羅斯
Svobodny
Belogorsk
Blagovechtchensk
Birobidjan
Obloutchie
Nizhneleninskoye
同江
鐵路橋
富錦

Nikolaïevsk-sur-l'Amour
Sakhaline II
Sakhaline III
太平洋
Sovetskaya Gavan
Komsomolsk-sur-l'Amour
Amoursk
KHABAROVSK 邊疆區
8.07 / 4.97
Khabarovsk
庫頁島
Ioujno-Sakhalinsk
Kholmsk
Korsakov
日本

Dalnerechensk
濱海邊疆區
47.87 / 6.67
Oussouriysk
Artem
Nakhodka
海參崴
8,900人
日本海

圖例

- 中俄邊界
  2005年6月2日，中俄雙方就邊界達成最終協議，結束為期40年的談判
- 國界
- 聯邦管區區界
- 中國省界、俄羅斯聯邦主體（自治共和國、邊疆區、州等）分界

- ◆ 中國政府2019年8月批准的新自由貿易園區
- ⬡ 連結中俄的新基礎建設

2020年天然氣基礎建設
- ○ 主要天然氣田
- ━ 運作中的天然氣運輸管線
- ┅ 興建中的天然氣運輸管線

人口超過10萬的城市[1]
單位：萬人
- 1,063.6（哈爾濱）
- 500
- 100
- 10
● 人口少於10萬的重要城市

2018年中國投資俄羅斯農田概況
俄羅斯約有220萬公頃土地租給中資公司務農

各聯邦主體的總耕地面積
單位：萬公頃
▨ 其中由中國人耕作的面積

- ➡ 2018年獲得俄羅斯一年工作簽證的中國和北韓勞工流動路線
- ━ 主要道路
- ┅ 西伯利亞鐵路

250 km

1. 俄羅斯城市人口數據為2018年統計資料，中國為2010年資料。

中俄雙邊貿易演變
單位：億美元

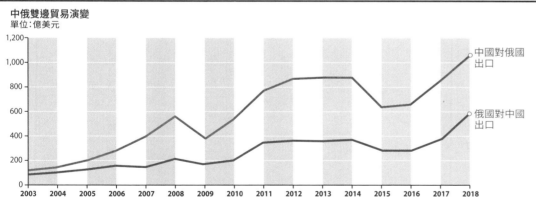

中國對俄國出口
俄國對中國出口

2003 2004 2005 2006 2007 2008 2009 2010 2011 2012 2013 2014 2015 2016 2017 2018

外人直接投資(FDI)概況
單位：億美元

■ 中國對俄國的投資　■ 俄國對中國的投資

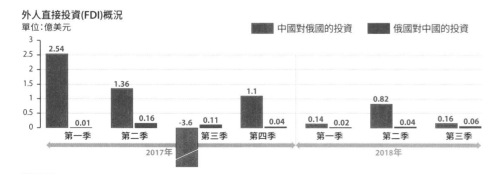

	第一季	第二季	第三季	第四季
2017年	2.54 / 0.01	1.36 / 0.16	-3.6 / 0.11	1.1 / 0.04
2018年	0.14 / 0.02	0.82 / 0.04	0.16 / 0.06	

2018年中俄雙方主要出口產品占比

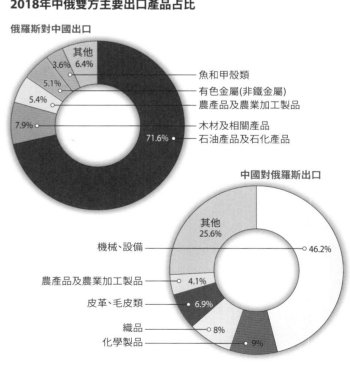

俄羅斯對中國出口
- 其他 6.4%
- 3.6%
- 魚和甲殼類 5.1%
- 有色金屬（非鐵金屬） 5.4%
- 農產品及農業加工製品 7.9%
- 木材及相關產品
- 石油產品及石化產品 71.6%

中國對俄羅斯出口
- 其他 25.6%
- 機械、設備 46.2%
- 農產品及農業加工製品 4.1%
- 皮革、毛皮類 6.9%
- 織品 8%
- 化學製品 9%

資料來源：Rédaction de Carto, juin 2020 ; Russia-China Investment Fund, 2020 ; Russian International Affairs Council, Russian–Chinese Dialogue: The 2019 Model, 2019 ; « Why Chinese farmers have crossed border into Russia's Far East » in BBC, 1er novembre 2019 ; Federal State Statistics Service, Russian Statistical Yearbook 2019, janvier 2020 ; Gazprom, décembre 2019 ; Ankur Shah, « Exploring China's Border with Russia », 23 juillet 2019 ; Invest in China, « China (Heilongjiang) Pilot Free Trade Zone », 13 novembre 2019 ; Cécile Marin, « Une frontière stratégique », in Manière de voir, octobre-novembre 2019 ; « Accord historique entre la Chine et la Russie sur leur frontière orientale », in Le Monde, 2 juin 2005
Carto n° 64, 2021 © Areion/Capri

行（World Bank）抗衡的機構。俄羅斯對中國出售現代化武器系統，開放戰略企業的股權，舉行中俄聯合軍事演習，也讓中國參與大型油氣田的開發。俄羅斯很少在公開場合表達對於中國擴張的擔憂，然而，失望之處所在多有，例如：貿易往來不平衡，對中國更有利；貿易結構由原物料組成；中國的投資低於預期等（參見圖5）。俄烏戰爭期間，俄羅斯也盼望獲得中國援助，尤其在西方的制裁下，中國的援助維繫著莫斯科當局的經濟存亡。然而，北京政府表現出務實的態度，中國企業亦謹慎對待美國的境外制裁。莫斯科政府未來將更加依賴北京；畢竟藉由強化與印度、北韓等亞洲國家的關係來達成貿易多樣化的目標，對俄羅斯而言仍充滿變數。

一手拉攏中東與非洲，一手挑撥歐洲

為了提升自身在國際間的聲量，俄羅斯對動用武力沒有絲毫猶豫，無論對象是喬治亞、敘利亞或烏克蘭皆是如此。針對敘利亞的軍事行動是俄羅斯首次在前蘇聯地區之外進行軍事干預（參見圖6）。然而，儘管該行動在軍事上取得成功，順利讓敘利亞總統阿薩德（Bashar Al-Assad，2000年就任）保住權位，但政治問題卻懸而未決。不過，俄羅斯在中東的影響力已然大增，尤其是能居中與向為宿敵的兩造對話，例如沙烏地阿拉伯和伊朗、土耳其和庫德族、以色列和黎巴嫩真主黨（Hezbollah）。

與土耳其的關係對俄羅斯非常重要。身為北約成員國的土耳其向俄羅斯購買S-400防空系統，引發美國不滿。2020年1月，土耳其總統艾爾多安（Recep Tayyip Erdoan，2014年就任）偕同普丁為「土耳其溪」（TurkStream）天然氣管線揭幕，此一管線將向土耳其和南歐輸送俄羅斯的天然氣。然而，俄土雙方在敘利亞、利比亞、南高加索和黑海地區的利益並不一致，例如土耳其支持烏克蘭維護領土完整，因此提供烏克蘭「旗手」（Bayraktar）TB2無人機。此外，非洲坐擁豐富的自然資源也令莫斯科當局垂涎，而且俄羅斯在當地得以發揮戰略影響力，與西方（特別是法國）同台較勁，爭取相同的利益。莫斯科政府在非洲簽署了多項軍事和軍火合作協議（參見圖7）。2019年10月底，俄羅斯－非洲經濟論壇暨領袖高峰會首次於黑海沿岸城市索契（Sochi）舉行，標誌著俄國勢力正式重返非洲。除了這些傳統管道外，俄羅斯還採取「混合戰」（hybrid warfare）的手段，不僅在非洲（尤其是利比亞）部署傭兵，也受到許多西方國家指控在其領土內透過網路跨國干預內政、操縱訊息。俄羅斯擁有的行動優勢和非對稱反應能力，促使西方國家建立起各種應對機制。

俄羅斯在各個前蘇聯加盟共和國境內仍擁有軍事基地，同時握有經濟、能源、文化等其他發揮影響力的手段。然而，即使是在昔日的蘇聯勢力範圍內，俄羅斯仍面臨來自美國、中國、土耳其和伊朗等強權愈來愈激烈的競爭。不僅如此，幾個前蘇聯加盟共和國看來並不支持莫斯科當局的發展路線，除了借道給俄羅斯入侵烏克蘭的白俄羅斯以外，就連俄國最親密的盟友哈薩克也支持烏克蘭的領土完整，致力於發展自身的經濟夥伴關係多元化。

自併吞克里米亞以來，俄羅斯與西方的關係便充滿對抗、缺乏信任。然而，歐盟至今仍是俄羅斯最大的貿易夥伴（占俄羅斯貿易總額的40%）。俄羅斯希望藉由北溪二號（Nord Stream 2）天然氣管線增加向歐盟出口的天然氣運輸量，但該計畫在俄國入侵烏克蘭後便中止。近年來，申請申根簽證的俄羅

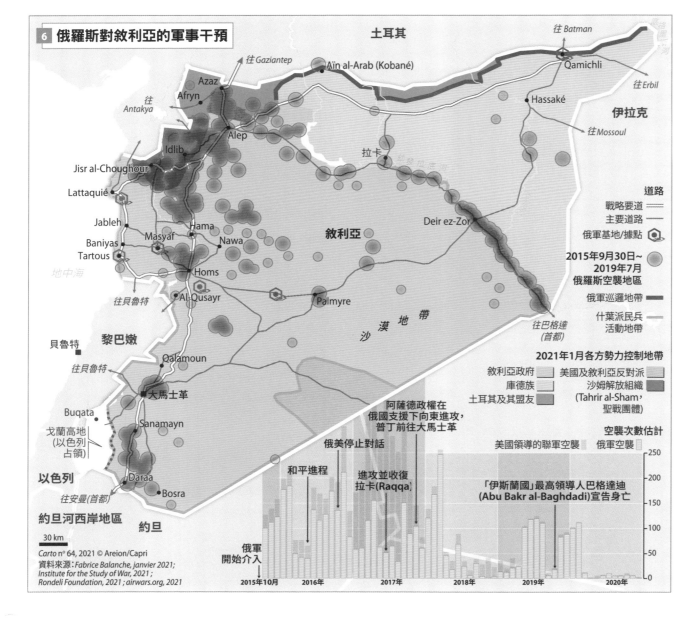

圖6 俄羅斯對敘利亞的軍事干預

往 Batman
往 Gaziantep
Aïn al-Arab (Kobané)
Azaz
Afryn
往 Antakya
Qamichli
往 Erbil
Hassaké
往 Mossoul
土耳其
Alep
Idlib
Jisr al-Choughour
拉卡
伊拉克
Lattaquié
Jableh
Masyaf
Hama
Nawa
敘利亞
Deir ez-Zor
Baniyas
Tartous
地中海
Homs
Al-Qusayr
Palmyre
沙漠地帶
往巴格達
(首都)
往貝魯特
黎巴嫩
貝魯特
Qalamoun
往貝魯特
2021年1月各方勢力控制地帶
大馬士革
阿薩德政權在俄國支援下向東進攻，普丁前往大馬士革
Buqata
戈蘭高地
(以色列占領)
Sanamayn
俄美停止對話
以色列
Daraa
Bosra
往安曼(首都)
約旦河西岸地區
約旦
30 km
Carto n° 64, 2021 © Areion/Capri
資料來源：Fabrice Balanche, janvier 2021;
Institute for the Study of War, 2021;
Rondeli Foundation, 2021; airwars.org, 2021

道路
戰略要道
主要道路
俄軍基地/據點
2015年9月30日～
2019年7月
俄羅斯空襲地區
俄軍巡邏地帶
什葉派民兵
活動地帶

敘利亞政府
美國及敘利亞反對派
庫德族
沙姆解放組織
(Tahrir al-Sham，聖戰團體)
土耳其及其盟友

空襲次數估計
美國領導的聯軍空襲
俄軍空襲

和平進程
進攻並收復
拉卡(Raqqa)
「伊斯蘭國」最高領導人巴格達迪
(Abu Bakr al-Baghdadi)宣告身亡
俄軍開始介入
2015年10月   2016年   2017年   2018年   2019年   2020年

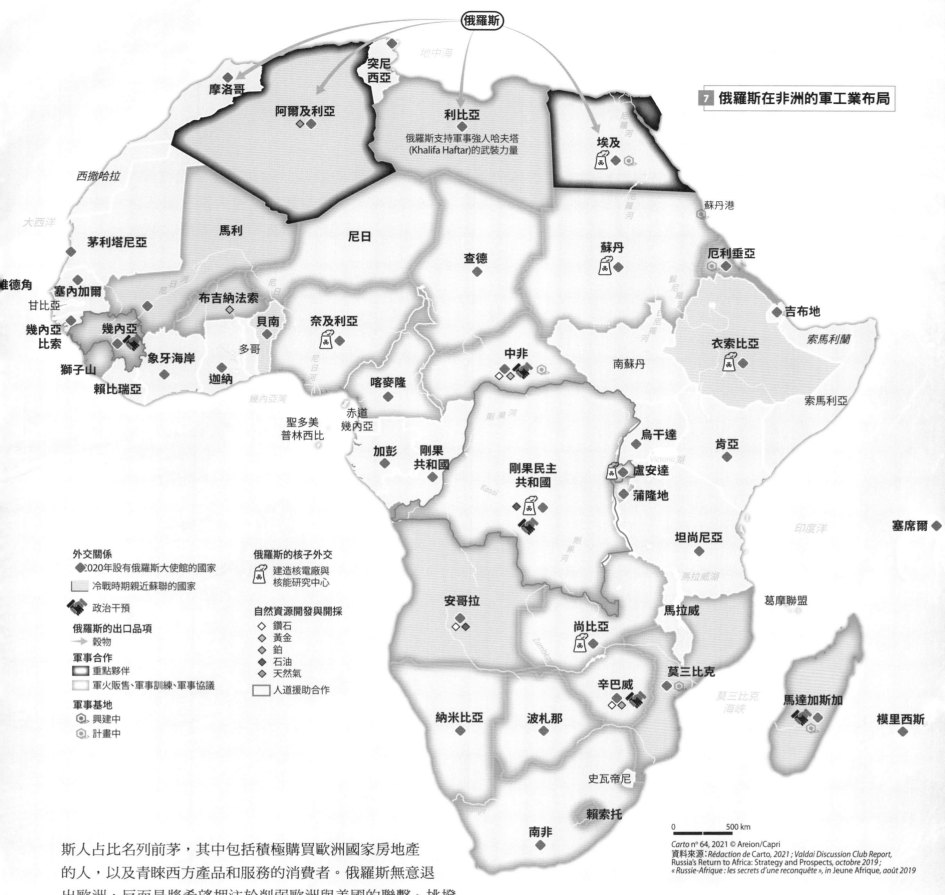

俄羅斯

摩洛哥　突尼西亞　阿爾及利亞　利比亞
俄羅斯支持軍事強人哈夫塔（Khalifa Haftar）的武裝力量　埃及

地中海

西撒哈拉　大西洋　茅利塔尼亞　馬利　尼日　查德　蘇丹　蘇丹港　厄利垂亞

維德角　塞內加爾　甘比亞　幾內亞比索　幾內亞　布吉納法索　貝南　奈及利亞　中非　南蘇丹　吉布地　衣索比亞　索馬利蘭

獅子山　象牙海岸　多哥　迦納　喀麥隆　聖多美普林西比　赤道幾內亞　加彭　剛果共和國　剛果民主共和國　烏干達　盧安達　蒲隆地　肯亞　索馬利亞

賴比瑞亞　安哥拉　尚比亞　坦尚尼亞　馬拉威　塞席爾

印度洋　莫三比克　辛巴威　納米比亞　波札那　馬達加斯加　模里西斯

史瓦帝尼　賴索托　南非

尼羅河　青尼羅河　白尼羅河　剛果河　Kasai　Victoria 湖　馬拉威湖　Zambezi　莫三比克海峽　葛摩聯盟　幾內亞灣　尼日河

外交關係
◆ 2020年設有俄羅斯大使館的國家
▨ 冷戰時期親近蘇聯的國家
🖐 政治干預

俄羅斯的出口品項
→ 穀物

軍事合作
▨ 重點夥伴
▨ 軍火販售、軍事訓練、軍事協議

軍事基地
⊙ 興建中
⊙ 計畫中

俄羅斯的核子外交
⚛ 建造核電廠與核能研究中心

自然資源開發與開採
◇ 鑽石
◈ 黃金
◈ 鉑
◆ 石油
◆ 天然氣
▢ 人道援助合作

0　500 km

Carto n° 64, 2021 © Areion/Capri
資料來源：*Rédaction de Carto, 2021 ; Valdai Discussion Club Report, Russia's Return to Africa: Strategy and Prospects, octobre 2019 ; « Russie-Afrique : les secrets d'une reconquête », in Jeune Afrique, août 2019*

斯人占比名列前茅，其中包括積極購買歐洲國家房地產的人，以及青睞西方產品和服務的消費者。俄羅斯無意退出歐洲，反而是將希望押注於削弱歐洲與美國的聯繫、挑撥歐洲各國之間的分歧或利用內部的親俄勢力（通常是極右派）以影響歐洲政策。照現況看來，俄羅斯與西方之間在能源、貿易、投資、科技上的結構性連結，很可能會因為制裁而逐漸減弱，甚至完全斷裂。

文 • T. Kastouéva-Jean

❷編注：意指交戰方之間雖處於停火狀態，但並未簽訂任何協議加以約束，也未達成各方滿意的解決方案或共識，因此衝突隨時可能再度爆發。此一情形又稱「冷衝突」（frozen conflict，也作「凍結衝突」）。

❸編注：俄羅斯於2014年吞併克里米亞，2022年又將盧甘斯克（Lugansk）、頓內茨克（Donetsk）、赫爾松（Kherson）和札波羅熱（Zaporizhzhia）納入領土，宣布行政區劃增加為89個。

❹譯注：俄羅斯行政區劃，包含州、共和國、邊疆區、自治區、聯邦直轄市、自治州等6類。

❺編注：transfer payment，由政府無償提供的社會福利、各類型補助與津貼等。

❻編注：根據世界銀行，2022年俄羅斯人口為1億4,356萬人。

❼編注：excess mortality，指一般情況下預估死亡數減去特殊事件下預計死亡數之差額。根據世界衛生組織，2020～2021年間，全球超額死亡人數估計達1,490萬人。

❽編注：由北約領導的多國軍事干預，以協助利比亞內部反政府勢力起義，最後推翻了格達費（Muammar Gaddafi）的獨裁軍政府。

❶編注：此區域於蘇聯時期為亞塞拜然管轄的「納戈爾諾・卡拉巴赫自治州」，蘇聯解體後，當地的亞美尼亞人尋求獨立，成立「納戈爾諾・卡拉巴赫共和國」（又稱「阿爾察赫共和國」〔Republic of Artsakh〕），但未獲國際承認。多次衝突後，目前納卡共和國僅實質控制一小塊區域，其餘皆歸亞塞拜然所有。

喬治亞：民主轉型未竟全功？

2020年10月31日和11月21日喬治亞的國會選舉中，自2012年起執政的政黨「喬治亞之夢」（Georgian Dream）取得了勝利，贏得48%的選票、150個席次中的90席，在政治危機中邁入第三個任期。即使境內的分離主義組織背後有俄羅斯的勢力支持，喬治亞政府仍不懈追求向歐盟與北約靠攏的夢想。

喬治亞長久以來公認是蘇聯數一數二繁榮的共和國。該國擁有舉世聞名的葡萄園、北部高加索山脈和南部安納托利亞（Anatolia）的高山牧場景觀，以及中部通往黑海、位居戰略要津的農耕平原。喬治亞自1991年4月9日宣布獨立以來，為求轉型歷盡艱辛。獨立後，該國隨即面臨經濟和境內分離主義勢力危機，引發喬治亞政府與國內少數民族地區阿扎拉（Adjara）、阿布哈茲（Abkhazia）、南奧塞梯（South Ossetia）之間的衝突，與俄羅斯的關係也江河日下。喬治亞雖然建立起民主模式與多元政治，昔日社會主義政權的做法卻遺留下來，黑幫勢力也崛起。蘇聯時代的異議人士加姆薩胡爾季阿（Zviad Gamsakhurdia，1939～1993年）於1991年成為喬治亞首任民選總統，然而他卻漸漸傾向專制，最終被前蘇聯外交部長（任期1985～1990年）謝瓦納茲（Eduard Shevardnadze，1928～2014

年）於1992年1月發動政變推翻，隨後謝瓦納茲三度當選總統（1992、1995、2000年），執政的手段也愈來愈專制。

歐洲或是亞洲，自由選邊站？

1994年，歐洲理事會議員大會（Parliamentary Assembly of the Council of Europe）以是否具備數項歐洲特質為標準，界定各個前蘇聯加盟共和國是否屬於歐洲，由此劃出歐洲的邊界。中亞國家一般不被視為歐洲國家，但喬治亞、亞美尼亞、亞塞拜然等三個高加索地區的國家，根據不同的地圖，有時歸於亞洲、有時又歸於歐洲，於是大會決定讓三國自己選擇。喬治亞選擇了歐洲，因此得以在1999年加入歐洲理事會。

2001年，喬治亞前法務部長薩卡希維利（Mikheil Saakashvili，任期2000～2001年）成立中右翼反對派聯盟

◎ 基本資料

正式國名
喬治亞

國家元首
佐拉比契維利
（Salome Zourabichvili，2018年就任總統）

面積
69,700平方公里
（世界排名第121位）

官方語言
喬治亞語

首都
提比里斯

2023年人口
371萬人

人口密度
每平方公里53人

貨幣
拉里（Lari）

歷史
喬治亞在十九世紀初被俄羅斯帝國併吞，1918年宣布獨立，卻又於1921年併入蘇聯。該國於1991年再次成為主權國家，然而1992年阿布哈茲、南奧塞梯兩個地區分離（未獲聯合國承認），導致國土縮減。

2022年人均GDP
（依購買力平價計）
20,113美元

2021年人類發展指數（HDI）
0.802
（排名第63位）

1 喬治亞社會與經濟概況

各族群人口占比

Yazidis人 0.6%
希臘人 1.9%
猶太人 0.5%
亞美尼亞人 8.1%
亞塞拜然人 5.7%
烏克蘭人 1%
俄羅斯人 6.3%
奧塞梯人 3%
阿布哈茲人 1.8%
其他 1%

1989年
全國人口
540萬800人

喬治亞人 70.1%

Yazidis人 0.3% +
希臘人 0.1%
亞美尼亞人
亞塞拜然人
烏克蘭人 0.2%
俄羅斯人 0.7%
奧塞梯人 0.4%
6.3%
4.5%
其他 0.7

2014年
全國人口
371萬3,800人

喬治亞人 86.8%

2020年第三季外國投資估計
單位：億美元

金融部門占外國投資的42.4%

英國	荷蘭	美國	日本	巴拿馬
1.177	0.793	0.242	0.156	0.146

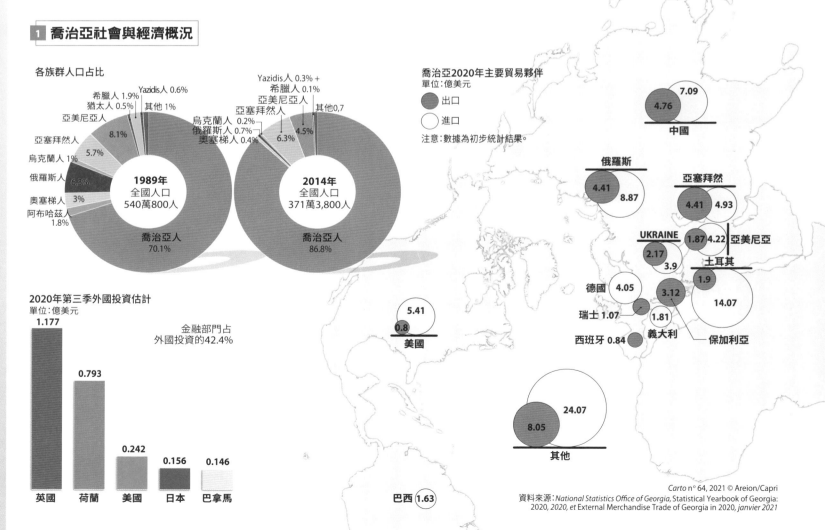

喬治亞2020年主要貿易夥伴
單位：億美元

- 出口
- 進口

注意：數據為初步統計結果。

中國 7.09 / 4.76
俄羅斯 4.41 / 8.87
亞塞拜然 4.41 / 4.93
UKRAINE 1.87 / 2.17 / 4.22 亞美尼亞
土耳其 3.9 / 1.9 / 14.07
德國 4.05 / 3.12
瑞士 1.07 / 1.81 義大利
西班牙 0.84 保加利亞
美國 5.41 / 0.8
其他 24.07 / 8.05
巴西 1.63

Carto n° 64, 2021 © Areion/Capri
資料來源：*National Statistics Office of Georgia, Statistical Yearbook of Georgia: 2020, 2020, et External Merchandise Trade of Georgia in 2020, janvier 2021*

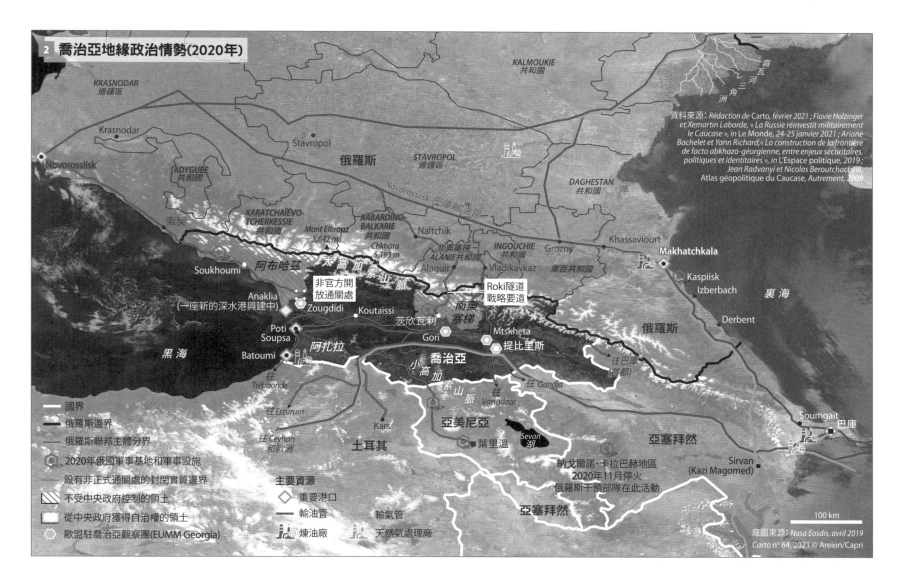

2 喬治亞地緣政治情勢(2020年)

KRASNODAR 邊疆區

Krasnodar

Novorossiisk

ADYGUEE 共和國

Stavropol

KALMOUKIE 共和國

俄羅斯

STAVROPOL 邊疆區

高瓦河三角洲

資料來源：*Rédaction de Carto, février 2021 ; Flavie Holzinger et Xemartin Laborde, « La Russie réinvestit militairement le Caucase », in Le Monde, 24-25 janvier 2021 ; Ariane Bachelet et Yann Richard,« La construction de la frontière de facto abkhazo-géorgienne, entre enjeux sécuritaires, politiques et identitaires », in L'Espace politique, 2019 ; Jean Radvanyi et Nicolas Beroutchachvili, Atlas géopolitique du Caucase, Autrement, 2009*

Novorossiisk-巴庫輸油管

DAGHESTAN 共和國

索契

KARATCHAÏÉVO-TCHERKESSIE 共和國

KABARDINO-BALKARIE 共和國

Mont Elbrouz 5,642 m

Naltchik

Chkhara 5,193 m

北奧塞梯 ALANIE共和國

INGOUCHIE 共和國

Grozny

Vladikavkaz

車臣共和國

Khassaviourt

Makhatchkala

Kaspiisk

Izberbach

裏海

阿布哈茲

大高加索山脈

Alaguir

Soukhoumi

非官方開放通關處

Anaklia (一座新的深水港興建中)

Zougdidi

Koutaïssi

Roki隧道戰略要道

南奧塞梯

茨欣瓦利

Mtskheta

提比里斯

Derbent

Poti Soupsa

阿扎拉

Gori

小高加索山脈

喬治亞

往巴庫(首都)

俄羅斯

黑海

Batoumi

往 Trébizonde

往 Erzurum

往 Vanadzor

往 Gandja

Soumgaït

巴庫

往 Ceyhan 和歐洲

Kars

亞美尼亞

葉里溫

Sevan 湖

亞塞拜然

Sirvan (Kazi Magomed)

土耳其

納戈爾諾‧卡拉巴赫地區 2020年11月停火 俄羅斯干預部隊在此活動

亞塞拜然

100 km

底圖來源：*Nasa Eosdis, avril 2019*
Carto n° 64, 2021 © Areion/Capri

圖例

― 國界
― 俄羅斯邊界
― 俄羅斯聯邦主體分界
◎ 2020年俄國軍事基地和軍事設施
― 設有非正式通關處的封閉實質邊界
▨ 不受中央政府控制的領土
▢ 從中央政府獲得自治權的領土
◎ 歐盟駐喬治亞觀察團(EUMM Georgia)

主要資源
◇ 重要港口
― 輸油管
☒ 煉油廠
☒ 輸氣管
☒ 天然氣處理廠

「統一民族運動」（United National Movement），承諾打擊對國家為害至深的貪汙腐敗。2003年的國會選舉，出口民意調查（exit poll）❶和獨立監督機構平行計票（PVT）❷皆顯示該聯盟囊括最多選票，獲得勝利，但在官方公布的結果中卻只排名第三❸。示威抗議導致謝瓦納茲辭職下台，重新進行選舉。這是前蘇聯加盟共和國的第一場人民反抗運動，史稱「玫瑰革命」。薩卡希維利隨後贏得2004年的總統和國會選舉。他奉行親近歐盟與北約的政策，盼望能夠加入其中，同時獲得美國每年1億美元的發展援助，並要求俄羅斯撤離在喬治亞境內的軍事基地，自此與莫斯科當局漸行漸遠。

內部嚴重分裂，人民抗議未曾停歇

2004年，薩卡希維利領導的政府重新掌控境內的阿扎拉自治共和國。2008年薩卡希維利成功連任，隨即於8月7日對南奧塞梯首府茨欣瓦利（Tskhinvali）發動攻勢，希望收復南奧塞梯。然而支持南奧塞梯的俄羅斯大規模閃電反擊，部隊直逼喬治亞首都提比里斯（Tbilisi），迫使喬治亞政府軍撤退。此後，喬治亞脫離獨立國家國協（Commonwealth of Independent States, CIS），俄羅斯則承認阿布哈茲、南奧塞梯是獨立國家，並在當地設立數座軍事基地，駐紮約7,600名士兵（參見圖2）。此次行動失敗後，喬治亞執政黨遭到反對派迎頭痛擊。反對派與億萬富翁艾萬尼斯維利（Bidzina Ivanishvili）創建並資助的政黨聯盟

「喬治亞之夢」聯合，於2012年國會選舉中獲勝；該聯盟提名的總統候選人馬格雷希維利（Giorgi Margvelashvili）和佐拉比契維利（Salome Zurabishvili）分別在2013、2018年贏得總統大選。為了逃避司法追訴，薩卡希維利離開喬治亞，定居烏克蘭，並取得烏克蘭國籍。

喬治亞的政治至今仍嚴重分化，對民主亦缺乏信心。「喬治亞之夢」執政八年後，2020年第三度贏得國會選舉，卻在與「統一民族運動」的競爭中失去25個席次；後者取得27%的得票率及36席。選舉結果備受質疑，引發多場示威抗議要求執政黨下台；2021年2月，「統一民族運動」主席麥利亞（Nika Melia）遭到警方逮捕，緊張局勢升溫。即使艾萬尼斯維利已於2021年1月11日退出政壇，抗議運動仍未停歇，因為民眾懷疑艾萬尼斯維利依然在幕後操控。俄羅斯入侵烏克蘭後，喬治亞於2022年3月2日申請加入歐盟，但是執政當局卻不表態譴責該國經濟上依賴甚深的俄羅斯（參見圖1）；而作為交換，俄羅斯則拒絕南奧塞梯與阿布哈茲併入俄國的請求。

文 ● T. Courcelle

---

❶ 編注：指對剛投完票的選民所進行的意向調查，一般而言準確度較選前民調更高。
❷ 編注：Parallel Vote Tabulation，以各投票所派駐之觀察員即時回報開票結果獨立統計製表，以驗證選舉結果。
❸ 編注：根據歐安組織民主制度與人權辦公室（ODIHR）報告，該選舉舞弊行為嚴重，例如政府公布之選民名單不完整，剝奪部分選民選舉權等情事。

烏克蘭：世界戰火的中心

俄羅斯與烏克蘭的衝突原已淪為次要的國際時事，卻從2022年2月24日起發生了出乎意料的劇烈變化。雖說烏克蘭與美國已預想到俄羅斯可能入侵頓巴斯、甚至整個烏克蘭，但從俄羅斯總統普丁於2月21日發表的談話，完全無法預料戰事會升級到如此程度。如今，這場戰爭不僅震撼歐洲，甚至對全世界的地緣政治皆造成重大影響。

◉ 基本資料

正式國名
烏克蘭

國家元首
澤倫斯基
（Volodymyr Zelensky, 2019年就任總統）

面積
603,550平方公里
（世界排名第48位）

官方語言
烏克蘭語

首都
基輔
1995年，烏克蘭首都的名稱從源自俄語的「Kiev」改為烏克蘭語轉寫的「Kyiv」。2022年2月俄烏戰爭爆發後「Kyiv」變得更為普及。

2022年人口
3,300萬人

人口密度
每平方公里63人

貨幣
荷林夫納（Hryvnia）

歷史
烏克蘭民族的起源可追溯至基輔羅斯，此政權由瓦良格人（維京人的一支）於九世紀建立。然而，烏克蘭的土地長久以來都是不同帝國衝突的目標，尤以俄羅斯為最。1918年，烏克蘭曾短暫獨立，隨後又併入蘇聯。蘇聯解體後，於1991年獨立。

2022年人均GDP
（依購買力平價計）
12,571美元

2021年人類發展指數（HDI）
0.773
（排名第77位）

2014年，烏克蘭爆發「廣場革命」（Maidan Revolution）；是年春天，頓內茨克與盧甘斯克宣布脫離烏克蘭，成立「人民共和國」。自那時起，基輔當局與頓巴斯地區便一直「維持現狀」。同年3月，克里米亞「回歸祖國懷抱」，俄羅斯心滿意足之餘，又以支持頓巴斯分離勢力為基礎，再加上經濟戰策略，向烏克蘭發動混合戰，意圖分裂烏國政治。烏克蘭與俄羅斯的衝突源自於一系列歷史與地緣政治的決裂，反映出後蘇聯的場域和秩序轉向多極世界（multipolar world）的種種重大挑戰。

攸關歐洲集體安全的戰略要地

烏克蘭處於黑海之北，橫跨歐亞大草原和歐洲中部的波利西亞（Polesia）地區，四周幾乎沒有天然邊界，地理位置特殊，可說是一個各方強權投射勢力的空間。烏克蘭是歐洲最大的國家，包括克里米亞在內，面積為60萬3,550平方公里，然而土地卻輪番遭到外來勢力占領。十六世紀，烏克蘭被併入君主制的波蘭－立陶宛聯邦，至1667年又遭到俄羅斯沙皇國控制。其後，烏克蘭便主要固著於俄羅斯世界，西部的加利西亞地區（Galicie）則先後受到奧匈帝國和波蘭統治，直到1939年才併入蘇聯❶，而烏克蘭獨特的國族身分也於焉誕生（參見圖2、3）。

1 基輔羅斯：烏克蘭民族的誕生

- → 九世紀瓦良格人的移動路線
- • 公國首都
- ▭ 912年的基輔羅斯領土
- ▭ 1054年的基輔羅斯領土
- ▮ 十二到十三世紀初諾夫哥羅德控制的領土
- ▢ 莫斯科大公國（1283年建立）
- 拜占庭帝國
- 其他國家/王國國界

資料來源：D'après une carte du Grand Atlas historique de Georges Duby, Larousse　Carto n° 71, 2022 © Areion/Capri

2 1917~1923年俄國內戰下的烏克蘭

- — 1914年俄羅斯帝國西部邊界
- — 1922年蘇聯邊界
- ▮ 始終受蘇維埃控制的領土
- ▨ 分離的共和國
- ▢ 蘇聯失去的俄羅斯帝國領土
- ✺ 反蘇維埃起義
- --- 1919年6月的前線
- → 協約國軍事介入　協約國乃法國、義大利、大英帝國、俄羅斯帝國（1917年退出）、美國（1917年加入）組成的聯盟
- → 俄國白軍攻勢
- → 俄國紅軍反攻
- → 波蘭軍隊攻勢

1. 編注：波蘭與俄國於拉脫維亞的里加簽訂此條約，結束1919~1920年的波俄戰爭。
2. 編注：捷克與斯洛伐克於1918年組成國家，直到1993年正式宣布各自獨立。

資料來源：D'après une carte du Grand Atlas historique de Georges Duby, Larousse　Carto n° 71, 2022 © Areion/Capri

一次又一次受到外來者占領，讓烏克蘭在地緣戰略上更顯得至關重要。日耳曼人（Germanic）認為烏克蘭是中歐與東歐和平的關鍵。對於當時正在尋找資源和機會的日耳曼人而言，德國一旦控制了烏克蘭，不僅能大大增強實力，進而創造一個自主經濟空間，脫離盎格魯－撒克遜人（Anglo-Saxon）主導的世界經濟；同時也能在俄羅斯帝國將觸角日漸深入德意志帝國的斯拉夫（Slav）少數民族之際，打造出一面防禦俄羅斯勢力的屏障。此外，控制烏克蘭也意味著打開殖民加利西亞和黑海地區的大門，為德國開闢一條通往中東的陸上通道。到了納粹德國時期，因應其「生存空間」（Lebensraum）理論的概念，控制烏克蘭的主張再度浮上檯面。不過，賦予烏克蘭重大地緣政治意義的，是英國地理暨政治學家麥金德（Halford John Mackinder，1861～1947年）。1904年他發表論文〈歷史的地理樞紐〉（*The Geographical Pivot of History*），指稱烏克蘭為一個「開放空間」，亞洲強權透過這個「開放空間」來「打擊」歐洲半島。為了歐洲全體的安全，控制烏克蘭是生死攸關之事。

自1991年蘇聯解體後，在俄羅斯、美國與歐洲競爭影響力的戰場上，烏克蘭的戰略地位顯得更為關鍵。烏克蘭於2014年爆發廣場革命以前，公民社會便已呈現「親西方 vs. 親俄羅斯」的兩極分化，同時也反映在烏克蘭的政治場域。基輔當局搖擺不定，不確定自己是否盼望與自由解放的歐洲（重新）建立連結，就此與俄羅斯分道揚鑣。烏克蘭早已獨立，至今卻仍未能從俄羅斯世界抽身，而俄烏戰爭更反映出這樣的地理現實所孕育的權力關係。

俄羅斯虛構的烏克蘭歷史？

2021年7月，普丁發表的一篇文章中提及，烏克蘭和俄羅斯人民組成同一個、且是唯一一個政治實體，因此烏克蘭這個國家的存在缺乏正當依據。蘇聯內部的崩解、1990年代的政治混亂深深烙印在普丁心裡，他於1999年甫上台，便著手重建俄羅斯強權，而在他的計畫裡，烏克蘭至關重要。自2014年併吞克里米亞以來，普丁不僅著眼於戰略與經濟上的利害關係，更企圖披上「蘇聯解體後散落各地的『俄羅斯民族』的聚集者」、「『歷史俄羅斯』的捍衛者」的外衣；這個所謂「歷史俄羅斯」的領土範圍號稱與已解體的蘇聯邊界一致，烏克蘭則被視為一個應該糾正的歷史錯誤，被迫接受源自帝俄、蘇聯時代的老舊歷史與地理虛構的神話。

而俄羅斯所謂關於烏克蘭的「歷史真理」，建基於中世紀的基輔羅斯（參見圖1）。基輔羅斯（Kievan Rus'，約880～1240年）在中世紀時期由來自斯堪地那維亞（Scandinavia）的瓦良格人（Varangian）所建立，曾是歐洲數一數二龐大且繁榮的國家，於988年更成為斯拉夫東正教的搖籃。而1721年才成立的俄羅斯帝國

3 烏克蘭與蘇聯的誕生

1. 喬治亞蘇維埃社會主義共和國
2. 亞塞拜然蘇維埃社會主義共和國
3. 亞美尼亞蘇維埃社會主義共和國
4. Tatar蘇維埃社會主義自治共和國
5. Bashkir蘇維埃社會主義自治共和國
6. Dagestan蘇維埃社會主義自治共和國
7. Kabardines蘇維埃社會主義自治共和國
8. Maris蘇維埃社會主義自治共和國
9. Mordves蘇維埃社會主義自治共和國
10. 北奧塞梯蘇維埃社會主義自治共和國
11. Oudmourtes蘇維埃社會主義自治共和國
12. Tchouvaches蘇維埃社會主義自治共和國
13. 阿布哈茲蘇維埃社會主義自治共和國
14. 阿扎拉蘇維埃社會主義自治共和國
15. Nakhitchevan蘇維埃社會主義共和國
16. Adyguéens自治州
17. Tcherkesses自治州
18. 南奧塞梯自治州
19. 納戈爾諾·卡拉巴赫自治州

Karelia－芬蘭蘇維埃社會主義共和國
愛沙尼亞
拉脫維亞
立陶宛
白俄羅斯
莫斯科
KOMIS
烏克蘭
摩爾多瓦
IAKOUTIE
哈薩克
KHAKASSES
Buryat－蒙古蘇維埃社會主義自治共和國
猶太
HAUT ALTAÏ
圖瓦
KARAKALPAKS
土庫曼
烏茲別克
吉爾吉斯
HAUT-BADAKCHAN

— 1924~1940年的蘇聯邊界
— 1947年的蘇聯邊界

■ 俄羅斯蘇維埃聯邦社會主義共和國（RSFSR）
■ 蘇維埃社會主義共和國（SSR）
■ 蘇維埃社會主義自治共和國（ASSR）
■ 自治州（RA）

注意：1954年克里米亞劃歸烏克蘭蘇維埃社會主義共和國。

Carto n° 71, 2022 © Areion/Capri
資料來源：*D'après une carte du Grand Atlas historique de Georges Duby, Larousse*

（Russian Empire，1721 ～ 1917年），其前身「莫斯科大公國」（Grand Duchy of Moscow，1283 ～ 1547年）與基輔羅斯相差四個世紀，卻毫不猶豫地自詡為羅斯人的「長女」。這個在史學界飽受爭議的「血緣關係」餵養了現今的俄羅斯論述，當代文本更為這種論述增添羽翼，例如諾貝爾文學獎得主索忍尼辛（Aleksandr Solzhenitsyn，1918 ～ 2008年）於1990年發表的《重建俄羅斯》（Rebuilding Russia），文中不僅創造了一個由俄羅斯人、白俄羅斯人和烏克蘭人構成的「混合」俄羅斯民族，更合理化俄羅斯在烏克蘭東南部「收復領土」的行徑。

普丁的論點將俄羅斯民族精粹（essentialize）為語言及東正教文化，也呼應了他「編造共同記憶」政策的主要基底──蘇聯歷史。在2022年2月21日的演說中，普丁表示，烏克蘭是由列寧（Vladimir Lenin，1870 ～ 1924年）在1917 ～ 1923年的內戰之後建立的。儘管這種說法忽視烏克蘭曾於1918年獨立的事實，卻也讓1929年史達林（Joseph Stalin，1878 ～ 1953年）無預警終止的「列寧對蘇聯各加盟國政策」重新浮上檯面。此一政策對烏克蘭的主要方針是讓此前禁用的烏克蘭語（參見圖4）重新啟用和發展，目的是使當時新誕生的蘇聯成為一個可信賴的立國計畫，將一群國家、一群民族團結起來，走向共同的命運──共產主義。總而言之，「烏克蘭民族」此一概念既被過去某些與納粹德國合作的民族主義運動妖魔化，又在蘇聯反法西斯的戰爭論述中遭到忽視（好讓俄羅斯民族躍升為反法西斯的主要戰士），而普丁的目的就是合理化所謂「統一」的正當性。

普丁重拾「帝國塵埃」❷的野心

俄羅斯意圖在烏克蘭發動多方攻擊。烏克蘭首都基輔當然是俄軍最初的主要目標之一──占領基輔將是足以與1945年5月1日蘇聯紅軍占領德國國會大廈（Reichstag）媲美的象徵，同時能夠合理化普丁「為烏克蘭『去納粹化』」的主張。但實際上，俄羅斯卻花了最多力氣在烏克蘭東部，這一點於2022年3月29日獲得證實。

併吞克里米亞能為俄羅斯聯邦帶來巨大的利益。克里米亞昔日曾是克里米亞自治蘇維埃社會主義共和國，1954年在「去史達林化」的實施者赫魯雪夫（Nikita Khrouchtchev，1894 ～ 1971年）的主導下，劃入烏克蘭蘇維埃社會主義共和國。克里米亞半島的地理位置極為關鍵，因為其領海橫跨黑海和亞速海（Sea of Azov），對於俄羅斯來說是個重要的資源開採基地。自2000年代中期以來，烏克蘭便企圖降低對俄羅斯的能源依賴，而俄羅斯也設法應對。黑海底部至少蘊藏3,000億立方公尺的化石燃料資源，在2014年俄羅斯併吞克里米亞之前，烏克蘭政府一直積極開採黑海礦藏，相繼與產業巨頭埃克森美孚（ExxonMobil；2012年）、殼牌（Shell；2013年）和布里斯瑪控股公司（Burisma

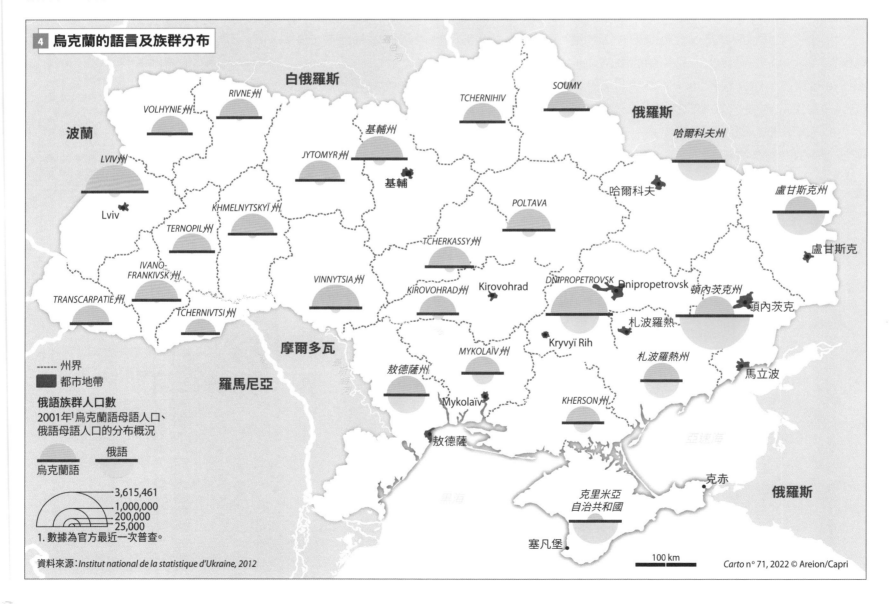

4 烏克蘭的語言及族群分布

白俄羅斯
俄羅斯
波蘭
摩爾多瓦
羅馬尼亞

RIVNE
VOLHYNIE
SOUMY
TCHERNIHIV
哈爾科夫州
LVIV
Lviv
JYTOMYR
基輔州
基輔
POLTAVA
哈爾科夫
盧甘斯克州
KHMELNYTSKYÏ
盧甘斯克
TERNOPIL
TCHERKASSY
IVANO-FRANKIVSK
VINNYTSIA
KIROVOHRAD
Kirovohrad
DNIPROPETROVSK Dnipropetrovsk
頓內茨克州
頓內茨克
TRANSCARPATIE
TCHERNIVTSI
Kryvyï Rih
札波羅熱
札波羅熱州
馬立波
MYKOLAÏV
敖德薩州
KHERSON
Mykolaïv
敖德薩
克赤
俄羅斯
克里米亞自治共和國
塞凡堡

------ 州界
■ 都市地帶
俄語族群人口數
2001年¹烏克蘭語母語人口、俄語母語人口的分布概況

俄語
烏克蘭語
─ 3,615,461
─ 1,000,000
─ 200,000
─ 25,000
1. 數據為官方最近一次普查。

資料來源：Institut national de la statistique d'Ukraine, 2012

Carto n° 71, 2022 © Areion/Capri

100 km

Holdings；2014年）簽訂多項合約。一旦併吞克里米亞，俄羅斯便擁有專屬管道可以取得重要的談判資源，與歐盟對抗。此外，羅馬尼亞、保加利亞和土耳其這三個北約成員國共享黑海水域，俄羅斯若要與北約在黑海對抗，克里米亞是重要的軍事據點。自從收回1997年以來與烏克蘭共享的塞凡堡（Sevastopol）港口後，俄羅斯在黑海的軍事存在感大增（參見圖6）。克里米亞半島至今仍是一座「四面楚歌的圍城」，在國際制裁下，該半島與大陸之間為數不多的陸路通道受阻，不僅依賴俄羅斯投資，還得聽憑烏克蘭擺布，因為烏克蘭能藉由聶伯河（Dnipro River）上的水壩控制其85%的水源供應（參見圖5）。因此，俄羅斯從克里米亞發動攻勢，相當於用武力助克里米亞掙脫重圍。

頓巴斯地區昔日是蘇聯工業蓬勃發展的堡壘，在莫斯科政府的戰略中屬於符合「人道主義」的目標。普丁操弄「烏克蘭的『納粹政權』準備使頓巴斯地區的俄語族群種族滅絕」的說法，讓頓巴斯的分離主義死灰復燃，同時也正面回應西方支持科索沃（Kosovo）獨立（2008年生效）的作為。經年累月的戰火讓頓巴斯的工業和生態環境飽受摧殘，榮景不再（參見圖7）。亞速海旁的馬立波（Mariupol）是俄羅斯野心的焦點，這個擁有46萬2,000人（戰前統計）的大都會，工業生產占全烏克蘭的10%，

共有50家大型企業聚集於此，且大部分是冶金業。其中首屈一指的要數亞速鋼鐵廠（Azovstal）和煉焦廠（Markhokhim），自2014年廣場革命以來，這家聯合企業就一刻不得閒。此外還有烏克蘭東南部，從頓內茨克一路延伸到敖德薩（Odessa），這塊區域可謂是地中海等溫暖海域的「陽台」，也是「新俄羅斯」（Novorossiya）這個歷史名詞的誕生地。「新俄羅斯」源自俄羅斯帝國女皇凱瑟琳二世（Catherine II，1762～1796年在位）提出的「希臘計畫」，此一計畫於1780年代驅使俄羅斯帝國征服克里米亞，是一個帶有末世論東正教彌賽亞（Messiah）色彩的地緣政治虛構神話。

驅動俄羅斯與普丁的恐懼

俄羅斯渴望能藉由編造歷史記憶定義自己的身分，且永遠無法饜足。這種執念反映出一個橫跨歐亞兩洲的大陸國家害怕遭受圍困，因而產生不適感，同時也導向俄羅斯的國家主義（statism）❸以及與邊陲地區的關係。自從遭受來自東方（十五世紀的蒙古人）與西方（十七世紀的波蘭人）的入侵後，自給自足的閉關自守策略在俄羅斯大行其道，深化發揚。這類所謂的「堡壘國家」不能承受領土縮減，因為或許會導致國家消失，而普丁

5 烏克蘭農業生產地圖

資料來源：*Rédaction de Carto, 2022；USDA, 2022；Direction générale du Trésor, «Relations économiques bilatérales France-Ukraine», 2022；OMC, The Crisis in Ukraine, 2022；SEEPX, Ukraine's Power Infrastructure 2020, 2021*

Carto n° 71, 2022 © Areion/Capri

2019年歐盟與烏克蘭的自由貿易協定
烏克蘭前三大歐洲進口貿易夥伴占總進口量的比重

- 德國 9.9%
- 波蘭 6.7%
- 義大利 3.4%

烏克蘭主要發電廠
2020年資料
- ◆ 燃煤發電廠
- ◇ 核能發電廠
- ◈ 水力發電廠
- ◇ 燃氣發電廠
- ◇ 風力發電廠

━━ 國界
‑‑‑‑ 州界
▭ 2014年遭俄羅斯或親俄運動勢力吞併的領土
▭ 2014年烏克蘭與歐盟簽署的《烏克蘭—歐洲聯盟聯合協議》(EU-Ukraine Association Agreement)於2017年生效，旨在建立自由貿易區，逐漸將烏克蘭整入歐盟的內部市場

主要的農業生產地帶
農業及農產加工業於2018年占烏克蘭16%以上的GDP，至今仍是該國經濟的重要部門，也是近20%人口的生計來源
▭ 葵花籽　▭ 小麥

高度依賴俄烏兩國生產並經黑海轉運之小麥的國家
2019年統計的進口占比
- 黎巴嫩 87%
- 埃及 73%
- 突尼西亞 53%
- 阿聯 52%

> **❝** 俄烏戰爭的衝擊才剛開始發酵，
> 然而與普丁期望的相反，
> 這場衝突喚醒了北約。**❞**

極其重視這個問題。1989年以前，俄羅斯自認中、東歐能夠不受西方國家影響，因為中、東歐的「利害區」（area of interest，烏克蘭即是其中一部分）與蘇聯及其一黨專政緊密連結，而鐵幕和華沙公約組織（Warsaw Pact）的成員國也能為俄羅斯與西方和北約之間提供緩衝區。過去，這些邊陲地區皆有邊界且等級劃分清楚，如今則變得老舊僵化。歐盟與北約在2000年代相繼擴張，讓普丁再次產生歷史重演的想法。且由於美國的「體制競爭對手」（systemic rival）中國開始在一場場新的影響力戰爭中現身，帶動強化區域結構的趨勢，更加深了俄羅斯的恐懼。

　　2014年烏克蘭的廣場革命與2020年8月的白俄羅斯革命，都讓俄羅斯措手不及；而2020年11月納戈爾諾‧卡拉巴赫地區的衝突過後，儼然是新一代鄂圖曼帝國的北約成員土耳其，也重新返回南高加索地區；緊接著，哈薩克又在2022年1月爆發政治衝突。對俄羅斯而言，這些鄰近國家皆是打破昔日均勢的風險因子（參見圖8），其帶來的壓力在在威脅到冷戰後艱難維持的平衡。因此，莫斯科當局把烏克蘭當作籌碼，挾持烏克蘭與西方重新討價還價，提議回到1993年以前大部分中、東歐國家都未加入北約的狀態。

　　莫斯科當局透過宣傳合理化這個「新《雅爾達密約》❹」（new Yalta），扭曲了真正的力量對比。首先，衝突爆發前，北約在烏克蘭部署的部隊人數從未超過4萬人，而在烏克蘭邊境集結的俄羅斯士兵卻有15萬人；再者，蘇聯最後一任領導人戈巴契夫（Mikhail Gorbachev）也澄清，美國從未口頭承諾北約不會向東擴張。

俄烏衝突加速全球地緣政治重組？

　　俄烏戰爭的衝擊才剛開始發酵，然而與普丁期望的相反，這場衝突喚醒了北約。芬蘭和瑞典加強邊境兵力，計畫申請加入北約❺。美國確認重返歐洲，主導制裁措施，同時向俄羅斯的鄰國派兵，提供武器給烏克蘭，並將俄羅斯的銀行排除在環球銀行金融電信協會（SWIFT）支付系統之外❻。對美國而言，從長遠來看，支持烏克蘭至關重要，因為有助於展現力量對比，以嚇阻覬覦台灣的中國。而中國國家主席習近平（2013年就任）也完全沒有把經濟擴張的前途押在中國與俄羅斯的「永恆聯盟」上。短短幾星期內，歐洲的和平就變成了刀光劍影，也讓各國認清最新的優先事項——加強能源主權及擘畫歐洲防務。這是一條漫漫長路，但德國的抉擇（投入1,000億歐元強化軍隊、分散天然氣供給）、各國軍援烏克蘭並與90%為婦女及兒童的526萬烏克蘭難民（聯合國2022年4月25日的數據）站在一起，凡此種種皆證實歐洲將防範俄羅斯的威脅納入近程展望中。烏克蘭加

6 俄烏衝突第一線：亞速海的地緣政治情勢

經由協議劃定的邊界
領海界線
淺水區
（水深少於5公尺）
天然氣田
都市區
主要道路

2022年3月經濟情勢
海路
主要港口
次要港口
主要的貨運鐵路
每年進港的穀物有70%經由鐵路運達
占烏克蘭出口比例超過15%的州
頓內茨克產業區
礦業、冶金業聚集於此

糧港
主要糧港
次要糧港

主要發電廠
燃煤發電廠
核能發電廠
水力發電廠

2019年2月烏克蘭軍事化概況
州界
烏克蘭軍事基地
遭俄羅斯占領的烏克蘭軍事基地

2022年3月俄羅斯軍事化概況
邊疆區/州/自治共和國界
現代「新俄羅斯」計畫[1]
2014年以來遭俄羅斯或親俄運動併吞的烏克蘭領土[2]
2022年2月24日以來俄羅斯控制的領土
俄羅斯控制的領海
俄羅斯的戰略要道
俄羅斯軍事基地
從克里米亞半島前往歐洲大陸的進入點

1. 2014年親俄的宣傳詞令運用了「新俄羅斯」的概念，尤其用來強調烏克蘭東南部的歷史歸屬。
2. 譯注：2022年9月烏克蘭發動反攻，成功收復大部分圖中標示的俄占地區，奪回赫爾松、聶伯河西岸、哈爾科夫州，以及頓內茨克、盧甘斯克兩州的部分區域。

通往戰略要道博斯普魯斯海峽（Bosporus）和達達尼爾海峽（Dardanelles），世界1/5的小麥出口（主要來自俄羅斯、烏克蘭和哈薩克）經由此地，但烏克蘭海域無法通行

哈爾科夫

哈爾科夫州
(KHARKIV)

Poltava

往 Poltava

往 Kharkiv.

往哈爾科夫

盧甘斯克

Kremenchouk
水庫

POLTAVA州

往 Volgograd

盧甘斯克州

Oleksandriia

Dnipropetrovsk

頓內茨克

頓巴斯地區的
分離主義地區
(遭親俄分離主義者
占據的地區)

往
Volgograd

KIROVOHRAD

俄羅斯
ROSTOV州

Kryvyï Rih

DNIPROPETROVSK州

頓內茨克州

Novyï
Bouh

Nikopol

札波羅熱

Rostov-
sur-le-Don

亞速

Kakhovka 水庫

Vassylivka

Bataïsk

Taganrog

Novoazovsk

往 Armavir

Snihourivka

Druzhbivka

Melitopol

馬立波
(主要出口鐵金屬)

Taganrog灣

Ieïsk

札波羅熱州

赫爾松

Kakhovka

Yakymivka

Pryazovsk

別爾江斯克
(Berdiansk)

俄羅斯

Nova Kakhovka

烏克蘭

Tsyrupynsk

赫爾松州

亞速海

俄羅斯海軍[3]
黑海艦隊：
62艘船艦／25,000人
(裏海艦隊：17艘船艦，
有能力轉往亞速海)

Kalanchak

Primorsko-
Achtarsk

Armiansk

Novooleksiyivka
Henitchesk

Krasnoperekopsk

KRASNODAR
邊疆區

克赤—Yenikale航道

Djankoï

Temryukskiy

Daleke

克里米亞自治共和國
2014年遭俄羅斯併吞

Krym

克赤

3. 俄羅斯為2018年12月的數據；
烏克蘭則是2021年的數據。

4. 根據1997年簽訂的一項協議，俄羅斯可以租
借烏克蘭在克里米亞的軍事基礎設施，直到
2017年為止(之後又延期到2042年)；烏克蘭則
可收取每年1億美元的租金，並且用較低的價
格從俄羅斯購買天然氣。自2014年俄羅斯吞吞
克里米亞半島後，這項協議便隨之失效。

5. 編注：船隻吃水線到最高點的垂直距離。

Taman

Ievpatoriia

Saky

Primorsky

俄羅斯

Anapa

往 Krasnodar

Feodossiia

克赤海峽

Simferopol

2018年5月由
俄羅斯落成啟用的
克里米亞大橋，
是克里米亞連結大陸的通道，
大橋不允許淨空高度(air draft)[5]
超過33公尺的船隻通過，因而限制
烏克蘭別爾江斯克港及馬立波港的航運往來

Novorossiisk

Perevalnoe

黑海

Soudak

100 km

塞凡堡

克里米亞諾峰

Alouchta

Mont
Roman-Koch
1,545 m

Carto nº 71, 2022 © Areion/Capri

俄羅斯黑海艦隊司令部

Balaklava

雅爾達

Sarytch 乌

Foros

資料來源：ISW, Russian Offensive Campaign Assessment, 18 avril 2022 ; FAO, The importance of Ukraine and the Russian
Federation for global agricultural markets and the risks associated with the current conflict, 25 mars 2022 ; Logistics Cluster,
Eastern Europe - General planning map, mars 2022 ; Joseph Henrotin, février 2019 ; www.blackseanews.net, janvier 2019 ;
www.marinetraffic.com, janvier 2019 ; Nations unies, « Réuni d'urgence, le Conseil de sécurité examine le regain de tension en mer
d'Azov entre l'Ukraine et la Russie et appelle les parties à la retenue », 26 novembre 2018 ; Graphic News, novembre 2018 ; « Dangerous
Waters: As Russia monopolizes Azov Sea, Mariupol feels heightened danger », in Kyiv Post, 3 août 2018 ; German Advisory Group
Ukraine, The impact of the new Kerch strait bridge on Ukraine's trade, février 2018 ; Le Monde : « En cartes : batailles pour le
contrôle de la mer Noire », 13 octobre 2018, « Russie-Ukraine : un front devient frontière », 21-22 février 2015, « Pourquoi l'est de
l'Ukraine n'est pas la Crimée », 15 avril 2014, « Sébastopol : une base navale russe clé en Ukraine », 28 février 2014 ; Louis Pétiniaud, La
Nouvelle Russie : un objectif stratégique russe ?, 2014 ; Isabelle Facon, « La présence militaire russe à l'étranger : aujourd'hui,
demain », in Les cahiers de Mars, nº 206, Fondation pour la recherche stratégique, décembre 2010 ; NOAA, Azov Sea Atlas, 2007

7 頓巴斯工業與分離主義勢力分布圖

國界
州界
2021年可供通行的過境點
主要道路
其他道路

以頓巴斯為根據地的分離主義勢力
2018年8月的接觸線（line of contact）
2014年4月自行宣布成立的「頓內茨克人民共和國」和「盧甘斯克人民共和國」實體
2021年3月由烏克蘭控制的區域
2014年4月~2021年6月發生衝突及違反停火協議的主要地點

2014~2015年的環境損害
獲報受到干擾的工業廠區及煤礦礦區
自然保護區遭到損害的區域
水資源輸送及供應受到干擾的區域
森林火災發生的位置
2014年以來遭親俄分離主義分子控制地區
遭俄羅斯控制的烏克蘭領土（2022年4月18日的情況）
不受烏克蘭政府控制的通關過境點

2014年7月17日，馬來西亞航空一架波音777客機於此遭飛彈擊落

資料來源：ISW, Russian Offensive Campaign Assessment , 18 avril 2022 ; OSCE, juin 2021 ; UNHCR, Going Around The Contact Line, juin 2021 ; G. Lepesant, « Entre européanisation et fragmentation, quel modèle de développement pour le territoire ukrainien ? », Les Études du CERI, n° 212, juin 2015 ; Zoi Environment Network, War in Eastern Ukraine: Damage to Donbas Environment, 2015

25 km

Carto n° 71, 2022 © Areion/Capri

入歐盟的問題已搬上檯面，雖然莫斯科當局大概會將此舉視作戰爭的藉口，而且通過的機會也不大，但烏克蘭仍於2022年2月28日正式提交申請，成為歐盟候選國。歐洲的重心正逐漸改變，區域強權國家將愈來愈舉足輕重，其中波蘭在地理上鄰近俄羅斯和烏克蘭，在歷史上與兩國也曾為對手，勢必會在此次歐洲重組中扮演要角。在進入後疫情時代的現今，俄烏戰爭將加速改寫歐洲的聯合陣營與強權。

文 ● Nonjon

❶ 編注：1918 年，加利西亞的烏克蘭人脫離奧匈帝國，宣布成立「西烏克蘭人民共和國」；而俄羅斯帝國境內、反布爾什維克（Bolshevik）的烏克蘭人則在十月革命後成立「烏克蘭人民共和國」，1918 年宣布獨立。兩者於 1919 年合併，但最終還是在 1922 年成為蘇聯的一部分。

❷ 譯注：對於許多昔日曾隸屬於俄羅斯帝國或蘇聯的獨立國家，俄羅斯稱之為「帝國的塵埃」，認為這些地區應該自然而然屬於俄羅斯的勢力範圍，並試圖將其重新納入其影響或控制之下。

❸ 譯注：國家主義指國家對經濟和社會事務進行干預或控制的政策方針，國家通常在經濟和社會領域中扮演積極的角色，包括對企業、市場和個人的監管、干預或管理。

❹ 編注：1945 年英美蘇三方召開雅爾達會議，討論戰後的德國及歐洲重組。會議中史達林基於國家安全策略，要求蘇聯應該有權左右中、東歐的政治。但隨著冷戰爆發，此會議也引發諸多爭議。

❺ 譯注：芬蘭已於 2023 年 4 月 4 日加入北約。目前僅剩土耳其、匈牙利尚未同意瑞典加入。

❻ 編注：SWIFT 是全球 200 多國仰賴的貨幣跨境交易系統，遭逐出此系統的國家國際金融交易管道將大幅受限，並引發貨幣波動與資金外流。

⑧ 俄羅斯鄰國瀕臨失衡的區域均勢(2022年4月)

集體安全條約組織(CSTO)

白俄羅斯 · 俄羅斯 · 哈薩克 · 亞美尼亞 · 吉爾吉斯 · 塔吉克

獨立國家國協(CIS)

白俄羅斯 · 俄羅斯 · 摩爾多瓦 · 哈薩克 · 烏茲別克 · 土庫曼(聯繫國) · 亞美尼亞 · 亞塞拜然 · 吉爾吉斯 · 塔吉克

英國 · 挪威 · 瑞典 · 芬蘭 · 丹麥 · 柏林 · 波蘭 · 華沙 · 布拉格 · 捷克 · 斯洛伐克 · 匈牙利 · 羅馬尼亞

巴倫支海 · 波羅的海 · 裏海

北溪二號天然氣管線 · 北溪一號天然氣管線

加里寧格勒(俄國飛地) · 立陶宛 1990 · 拉脫維亞 1990 · 塔林 · 里加 · 愛沙尼亞 1990 · 維爾紐斯 · 聖彼得堡

白俄羅斯 1991 · 明斯克 · Lviv · 莫斯科 · 基輔 · 烏克蘭 1991 · 摩爾多瓦 1991 · 聶斯特河沿岸地區 · 基希涅夫 · Dniepr · 頓巴斯 · 克里米亞2014年遭俄羅斯併吞 · 俄羅斯聯邦 1990

土耳其溪天然氣管線 · 藍溪天然氣管線 · 卡拉

喬治亞 1991 · 阿布哈茲 · 南奧塞梯 · 提比里斯 · 俄屬高加索 1990 · 亞美尼亞 · 葉里溫 · 亞塞拜然 1991 · 納戈爾諾卡拉巴赫 · 巴庫

阿斯塔納 · 哈薩克 1991 · 阿拉木圖 · 烏茲別克 1991 · 土庫曼 1991 · 阿什哈巴特 · 塔什干 · 比斯凱克 · 吉爾吉斯 1991 · 塔吉克 1991 · 杜尚貝 · 中國

圖例

- 前蘇聯加盟共和國
- 前「東方集團」²國家
- 昔日的「南斯拉夫社會主義聯邦共和國」疆域
- ◇ 戈巴契夫統治蘇聯期間爆發的重大起義與示威(1987~1990年)
- XX 宣布獨立的年分
- ★ 俄軍的基地和集中地
- ✸ 衝突區與情勢緊張地帶
- 在後蘇聯域裡有影響力的強權
- ⇒ 2018年俄羅斯在前「東方集團」國家中的主要貿易夥伴
- —— 現有天然氣管線
- ---- 中止的天然氣管線計畫
- 歐盟
- ◆ 北約在前蘇聯和社會主義國家的據點
- ◇ 申請加入北約的國家³

資料來源:*Rédaction de Carto, mars 2022 ; OTAN, 2022 ; OEC, 2020 ; www.gfsis.org, 2020*

1. 阿富汗、白俄羅斯、北韓、古巴、吉爾吉斯、尼加拉瓜、蘇丹、敘利亞、委內瑞拉和辛巴威承認克里米亞為俄羅斯領土。
2. Eastern Bloc,冷戰期間西方對中、東歐共產陣營國家的稱呼。
3. 譯注:瑞典和芬蘭在2022年5月正式遞交加入北約申請書,芬蘭已於2023年4月加入,瑞典則受匈牙利和土耳其杯葛,尚未成功加入北約。
4. 譯注:承注3,由於芬蘭加入,北約截至2023年4月底共有31個成員國。

北大西洋公約組織(NATO)擁有30個成員國⁴,加入的國家依序為:比利時、加拿大、丹麥、美國、法國、冰島、義大利、盧森堡、挪威、荷蘭、葡萄牙、英國、希臘、土耳其、德國、西班牙、匈牙利、波蘭、捷克、保加利亞、愛沙尼亞、拉脫維亞、立陶宛、羅馬尼亞、斯洛伐克、斯洛維尼亞、阿爾巴尼亞、克羅埃西亞、蒙特內哥羅、北馬其頓

Carto n° 71, 2022 © Areion/Capri

250 km

歐洲天然氣：仰賴俄羅斯的鼻息？

2021年1～10月，法國的天然氣公定價格上漲超過50%[1]。天然氣據估計尚有將近150年的儲量，公認是存量豐富且環境危害比石油或煤炭更低的化石燃料，至今仍是歐洲能源組合中不可或缺的一部分。不過，天然氣很容易受到全球地緣政治動盪的影響，對於生產國與消費國而言，皆是關鍵戰略的核心。

天然氣價格上漲，主要源於疫情過後全球經濟復甦，亞洲、南美洲、歐洲的天然氣需求強勁。單單是能源密集產業（如鋼鐵業、汽車業、食品加工業、化學工業）的龐大需求就占據全球天然氣產量的3/4。而歐盟決定提高碳排放配額價格，同樣也促使歐洲揚棄煤炭，增加天然氣發電比例。又適逢北海鑽井平台的維護作業導致挪威對歐盟出口的天然氣量減少，而2020年過渡到2021年的冬天氣溫低於往常，也造成天然氣消費增加、歐洲各地天然氣儲量降低。最終，上述現象致使各產業與一般消費者對於天然氣的費用大感吃不消，對於不僅用天然氣煮飯燒水，還需要用其暖房的人來說更是如此。

曾被棄如敝屣，如今卻是搶手能源

反觀1970年代以前，天然氣其實沒什麼市場。與煤炭和石油相比，天然氣的使用者較少，而且在相同體積下蘊含的能量較低，也更難運輸，因為天然氣必須在管線內進行壓縮，或是以低溫液化後再裝入專用載運船。這種利潤不足的資源，長期以來一直未被開發，甚至在油井中就直接燒掉了。直到兩次石油危機（1973年與1979年）以及環境保護意識抬頭後，各國才促進天然氣的開發，使其更具優勢。天然氣是一種不可再生的化石燃料，但卻是乾淨的能源，既不排放硫氧化物、固態顆粒和煤煙，二氧化碳的排放量也是煤炭的1/2、石油的2/3。

1950年代，義大利的波河平原（Po Plain）、奧地利的維也納地區、法國的拉克鎮（Lacq）、德國和荷蘭的格羅寧根省（Groningen）等地，紛紛著手開採天然氣，歐洲的天然氣生產至此才有所進展。而鄰近英國和挪威的北海也發現了第一批天然氣礦藏，此後數十年間，隨著技術進步促進開採和運輸，歐洲天然氣生產的速度大幅提升。漸漸地，天然氣取代燃油和煤炭運用於火力發電，消費量不斷增加。需求上升致使歐洲開始依賴外部供給，歐洲消費的天然氣75%以上都是進口能源。

以天然氣掌控歐洲的俄羅斯

部分歐洲國家不再生產天然氣，轉而完全仰賴外部進口，法國就是如此。俄羅斯是歐盟天然氣的最大供應者，占歐盟天然氣進口量的50%左右[2]（參見圖1），其次是挪威（25%）和阿爾及利亞（15%）。世界上僅有二十幾個國家生產石油，生產天然氣的國家更是只有十餘個，皆分布在歐洲四周。

俄羅斯獨占鰲頭，2020年時擁有全球天然氣探明儲量的

19.9%、高達37.兆立方公尺的蘊藏量，伊朗和卡達居於其後，分別是32.1兆和24.7兆立方公尺。由此可知歐洲為何難以擺脫對俄羅斯天然氣的依賴。俄羅斯深諳此理，面對2014年併吞克里米亞後引發的各國制裁，莫斯科當局便操弄這項神效的能源武器來拓展外交關係，開發通往歐洲的「北溪一號」、「北溪二號」、「土耳其溪」、「藍溪」天然氣管線等多項基礎建設，使其得以繞開抗拒俄羅斯的東歐國家（烏克蘭和波蘭），達到出口市場多樣化，對亞洲出口天然氣（以中國為主，已開通「西伯利亞力量」管線）。2022年2月24日俄羅斯入侵烏克蘭後，德國隨即中止啟用北溪二號管線之計畫。歐洲國家計畫在2022年年底前，減少對俄羅斯石油的依賴至1/3，並透過多樣化天然氣供應、大規模加速開展各項再生能源及大幅節省耗能等方式，於2027年完全擺脫俄羅斯的天然氣。

美國生產的天然氣過去大多供應內需，如今因為外銷利潤增加而試圖在緊繃的歐洲天然氣市場占據一席之地。波羅的海國家、希臘和波蘭等國則著手開發液化天然氣、建設接收站，以期促成天然氣來源多樣化；同時也建設新的離岸儲氣設施，例如東地中海上的幾座儲氣庫，致力於擺脫對俄羅斯的依賴。

文 ● T. Courcelle

[1] 譯注：在未實施天然氣價格管制的歐洲國家，如德國與荷蘭，天然氣價格飆升更為劇烈，一年內漲為原本的三倍。

[2] 譯注：歐盟執行委員會（European Commission）資料顯示，俄羅斯天然氣占歐盟天然氣進口的比例自2021年年初起從50%左右穩定下滑，至2022年秋冬已降至10%上下。

Carto n° 68, 2021 © Areion/Capri
資料來源：Rédaction de Carto, octobre 2021 ; Commision européenne, Quarterly Report Energy on European Gas Markets, 2021 ; ENTSOG, The European Natural Gas Network 2019, octobre 2019 ; AEI, Natural Gas Information 2017 ; Eurogas, Statistical Report 2015

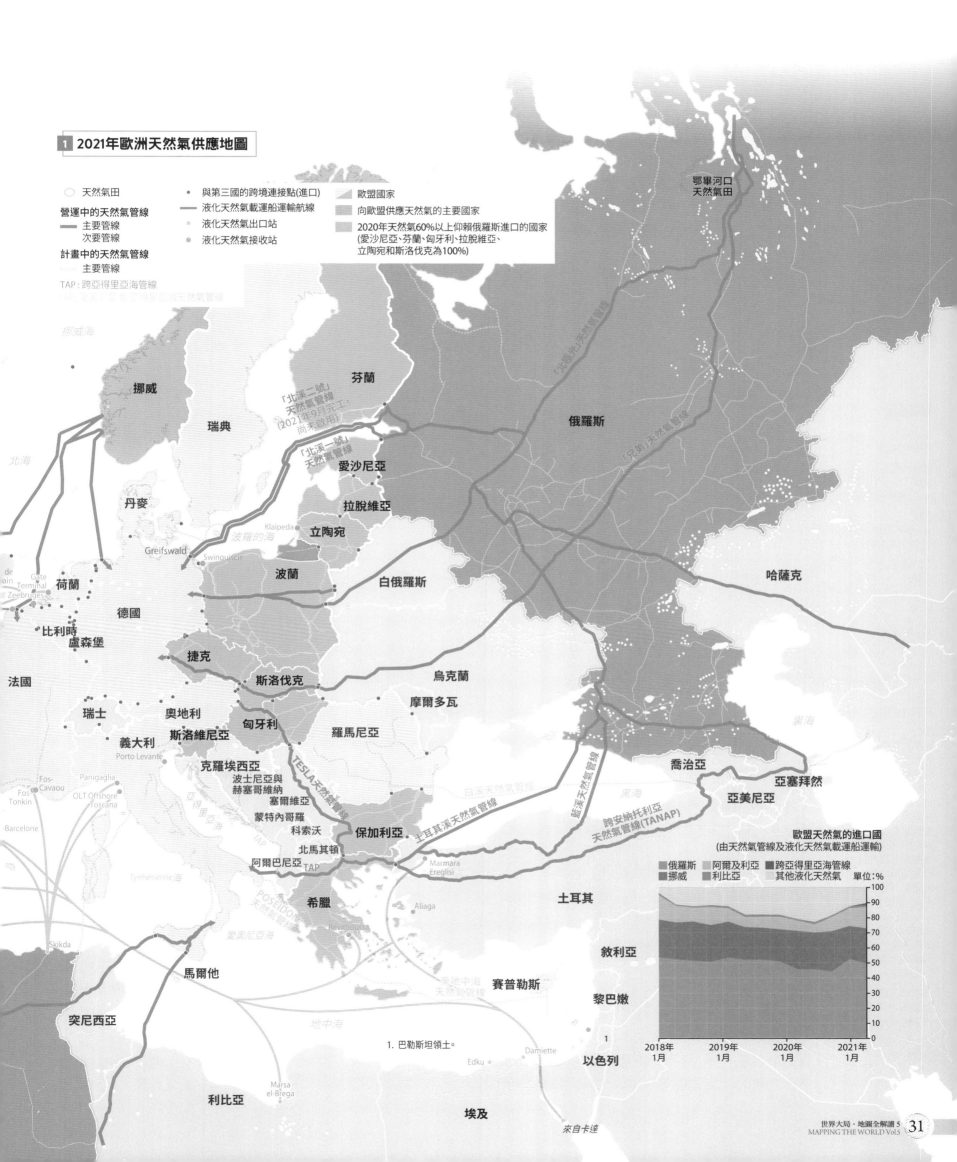

1 2021年歐洲天然氣供應地圖

○ 天然氣田

營運中的天然氣管線
━━ 主要管線
　　次要管線

計畫中的天然氣管線
┄┄ 主要管線

TAP：跨亞得里亞海管線

· 與第三國的跨境連接點(進口)
── 液化天然氣載運船運輸航線
· 液化天然氣出口站
· 液化天然氣接收站

▨ 歐盟國家
▨ 向歐盟供應天然氣的主要國家
▨ 2020年天然氣60%以上仰賴俄羅斯進口的國家
(愛沙尼亞、芬蘭、匈牙利、拉脫維亞、
立陶宛和斯洛伐克為100%)

鄂畢河口
天然氣田

挪威海

芬蘭

挪威

俄羅斯

瑞典

丹麥

「北溪二號」
天然氣管線
(2021年9月完工，
尚未啟用)

「北溪一號」
天然氣管線

愛沙尼亞

拉脫維亞

立陶宛

Klaipeda

波羅的海

Greifswald

Swinoujscie

哈薩克

荷蘭

de
Gate
ain Terminal
Zeebruges

德國

比利時
盧森堡

波蘭

白俄羅斯

捷克

法國

瑞士

奧地利

斯洛伐克

烏克蘭

摩爾多瓦

東海

喬治亞

亞塞拜然

義大利

Porto Levante

斯洛維尼亞

匈牙利

羅馬尼亞

亞美尼亞

Fos
Fos-
Cavaou

Panigaglia

OLT Offshore
Toscana

克羅埃西亞

波士尼亞與
赫塞哥維納

TESLA天然氣管線

黑海

Barcelone

塞爾維亞

蒙特內哥羅

科索沃

保加利亞

土耳其溪天然氣管線

藍溪天然氣管線

跨安納托利亞
天然氣管線(TANAP)

白溪天然氣管線

歐盟天然氣的進口國
(由天然氣管線及液化天然氣載運船運輸)

IAP

北馬其頓

Marmara
Ereglisi

阿爾巴尼亞

TAP

POSEIDON
天然氣管線

希臘

Tyrrhenienne海

土耳其

■俄羅斯　■阿爾及利亞　■跨亞得里亞海管線
■挪威　　■利比亞　　　其他液化天然氣　單位：%

Skikda

Aliaga

Revithoussa

敘利亞

馬爾他

賽普勒斯

黎巴嫩

突尼西亞

地中海
天然氣管線

地中海

1. 巴勒斯坦領土。

利比亞

埃及

Marsa
el-Brega

以色列

Damiette

Edku

來自卡達

	2018年 1月	2019年 1月	2020年 1月	2021年 1月

波蘭：
「疑歐論」抬頭，極右派帶頭鬧脫歐？

2021年年底，波蘭面對一系列重大挑戰，包括在白俄羅斯施加的壓力下，其東部邊境出現移民危機；歐盟則因為牴觸歐洲價值及法律等議題，對波蘭實施第一輪制裁，雙方關係緊繃。上述情況是否將導致「波蘭脫歐」（Polexit）？

◎基本資料

正式國名
波蘭共和國

國家元首
杜達
（2015年就任總統）

面積
312,685平方公里
（世界排名第71位）

官方語言
波蘭語

首都
華沙

2022年人口
3,756萬人

人口密度
每平方公里120人

貨幣
茲羅提（Zlote）

歷史
波蘭於2004年加入歐盟。此前，波蘭深受區域強權的野心所苦。該國領土於十八世紀被普魯士、奧地利和俄羅斯瓜分，二戰期間又被納粹德國和蘇聯占領。戰後成為共產主義國家，仍為蘇聯控制。賈魯塞斯基（Wojciech Jaru-zelski）將軍是波蘭共產主義政權（1947~1989年）的末代領導人。

2022年人均GDP
（按購買力平價計）
43,269美元

2021年人類發展指數（HDI）
C.876
（排名第34位）

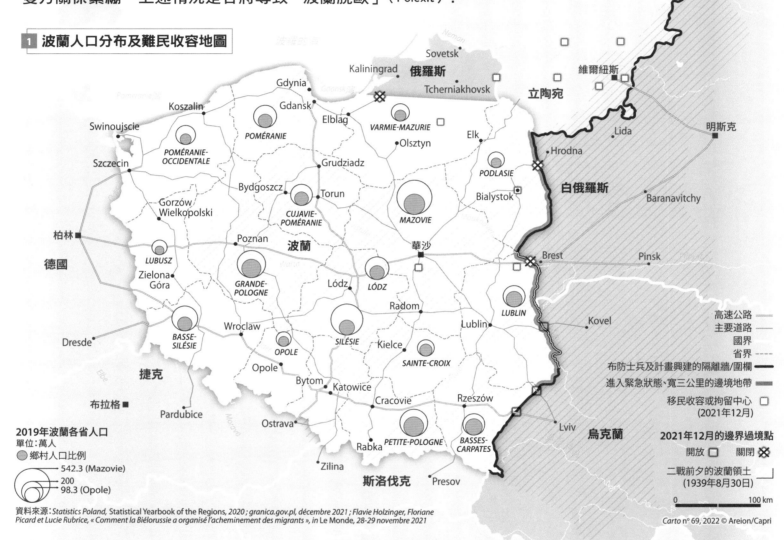

1 波蘭人口分布及難民收容地圖

2019年波蘭各省人口
單位：萬人
⬤ 鄉村人口比例
542.3 (Mazovie)
200
98.3 (Opole)

高速公路
主要道路
國界
省界
布防士兵及計畫興建的隔離牆/圍欄
進入緊急狀態、寬三公里的邊境地帶
移民收容或拘留中心 □
（2021年12月）

2021年12月的邊界過境點
開放 □ 關閉 ⊗

二戰前夕的波蘭領土
（1939年8月30日）

0   100 km

資料來源：Statistics Poland, Statistical Yearbook of the Regions, 2020 ; granica.gov.pl, décembre 2021 ; Flavie Holzinger, Floriane Picard et Lucie Rubrice, « Comment la Biélorussie a organisé l'acheminement des migrants », in Le Monde, 28-29 novembre 2021

Carto n° 69, 2022 © Areion/Capri

2021 年12月3~4日，歐洲15個主要的極右運動團體於波蘭首都華沙齊聚一堂，參加由剛展開新一輪五年任期的波蘭總統杜達（Andrzej Duda，2015年上台、2020年成功連任）領導之「法律與正義黨」（PiS）所主持的會議。此一盛況空前的事件表明，法律與正義黨藉由鼓吹一種文化與政治的新秩序（著重於價值觀與法治層面），已然成為擁護歐洲懷疑論的反歐盟領頭羊。

右派勢力崛起，與歐盟短兵相接

波蘭於2004年5月加入歐盟，此舉被譽為重返歐洲懷抱的象徵，令人不禁回想起波蘭在歐洲大陸歷史上扮演的角色，以及文藝復興以降，該國知識分子和藝術家對文化思潮的貢獻。然而，加入歐盟的第二年，法律與正義黨在國會選舉中大獲全勝，顯示出波蘭民眾對執政當局失望且對歐盟不信任；而對於波蘭親歐洲、抱持自由主義的政治陣營來說自然是一次失敗。2007年，波蘭提前舉行國會選舉，後者扳回一城，由波蘭前總理圖斯克（Donald Tusk，任期2007~2014年）領導的「公民論壇黨」（PO）旗開得勝。

法律與正義黨的策略並非脫離歐盟，而是意圖從內部改造歐盟。2016年10月，華沙當局邀請匈牙利總理歐班（Viktor Orbán，2010年就任）連袂倡議在歐洲發起以家庭、民族和教會等傳統價值為基礎的「文化逆革命」。波蘭政府打破體制的制衡力量，強行任命親近執政當局的法官進入憲法法院，使司法獨立備受質疑。華沙政府

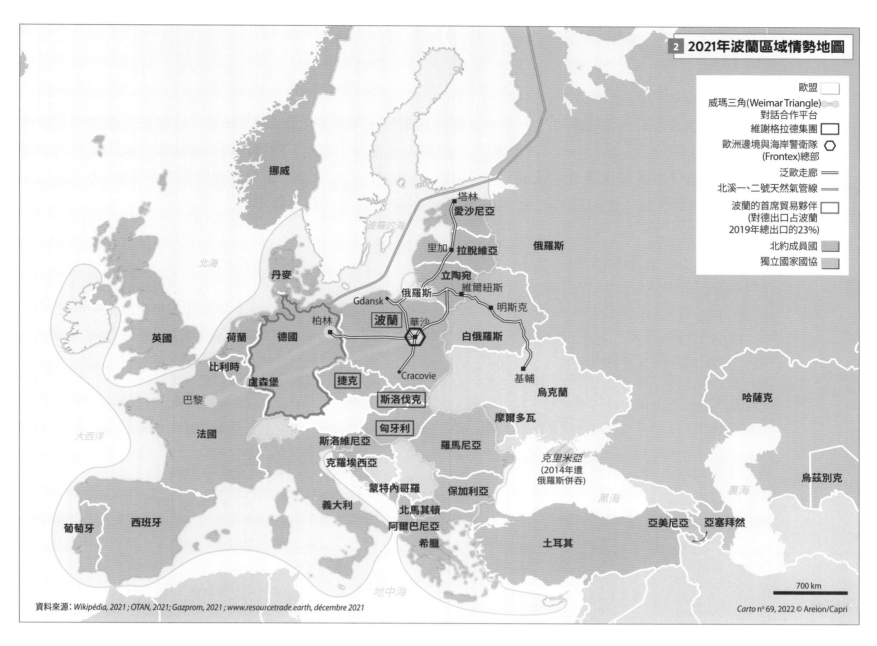

資料來源：*Wikipédia*, 2021 ; OTAN, 2021; Gazprom, 2021; www.resourcetrade.earth, décembre 2021

2 2021年波蘭區域情勢地圖

歐盟
威瑪三角(Weimar Triangle)
對話合作平台
維謝格拉德集團
歐洲邊境與海岸警衛隊
(Frontex)總部
泛歐走廊
北溪一、二號天然氣管線
波蘭的首席貿易夥伴
(對德出口占波蘭
2019年總出口的23%)
北約成員國
獨立國家國協

挪威　塔林　愛沙尼亞　俄羅斯　里加　拉脫維亞　立陶宛　丹麥　俄羅斯　維爾紐斯　北海　Gdansk　明斯克　柏林　波蘭　華沙　英國　荷蘭　德國　白俄羅斯　比利時　盧森堡　巴黎　捷克　Cracovie　基輔　哈薩克　法國　斯洛伐克　烏克蘭　斯洛維尼亞　匈牙利　摩爾多瓦　羅馬尼亞　克羅埃西亞　克里米亞（2014年遭俄羅斯併吞）　烏茲別克　蒙特內哥羅　保加利亞　黑海　裏海　義大利　北馬其頓　阿爾巴尼亞　希臘　葡萄牙　西班牙　土耳其　亞美尼亞　亞塞拜然　大西洋　地中海　波羅的海

700 km

Carto n° 69, 2022 © Areion/Capri

建立了一個實質上的專制制度，從而導致波蘭與歐洲機構發生衝突，緊張情勢在2021年10月7日達到高峰，波蘭憲法法院宣布《馬斯垂克條約》（*Maastricht Treaty*，又稱《歐洲聯盟條約》〔*Treaty on European Union*〕）的部分條款違反波蘭憲法，因此拒絕承認歐洲法律高於各國法律。作為回應，同年10月18日，歐盟執行委員會凍結了「新世代歐盟」（NextGenerationEU）振興計畫原本預計撥付給波蘭的360億歐元中的第一期款項（50億歐元）。10月27日，歐盟法院對波蘭處以有史以來對歐盟成員國的最高罰款——每日100萬歐元，懲罰波蘭拒絕暫停實施專門針對法官、箝制司法獨立的法官紀律審查機制。

移民危機反倒成為親歐契機？

　　波蘭是外國人口比例最低的歐盟國家，與羅馬尼亞不相上下，據統計，2020年的占比為0.8%，比歐洲平均低10倍。波蘭的出生率為每名婦女1.46個孩子，年輕人大量往西歐外移，導致該國面臨人口老化問題。然而，2015年歐洲爆發移民危機，華沙政府及其「維謝格拉德集團」（Visegrád Group，參見圖2）❶盟友卻拒絕接受「容克計畫」（Juncker Plan）❷中規定的配額政策，使歐盟強制各國共同分配尋求庇護者（asylum seeker）❸的

制度功虧一簣。2021年夏天，情況發生變化。為了回應2020年白俄羅斯鎮壓革命運動後西方對該國的制裁，白俄總統盧卡申科（Alexander Lukashenko，1994年就任）引誘中東難民前來，再煽動他們穿越邊境、進入波蘭，波蘭則在邊境部署約1萬5,000名軍人作為應對（參見圖1）。自2022年2月俄羅斯入侵烏克蘭以來，難民危機益發嚴重。為協助照顧入境波蘭的烏克蘭難民，歐盟撥付波蘭5億6,200萬歐元❹。

　　不過，「波蘭脫歐」看來遙遙無期。根據2021年8月「歐洲氣壓計」（Eurobarometer）的民調，72%的波蘭人贊成「歐盟在成員國執政當局尊重並實行法治及民主原則的情況下對其撥付資金」；只有5%的波蘭人希望波蘭脫離歐盟。

文 ● T. Courcelle

❶ 編注：由波蘭、匈牙利、斯洛伐克、捷克四個中歐國家組成的聯盟，始於1991年，旨在促進軍事、經濟、文化和能源等方面的合作。這四國也都是歐盟的成員國。
❷ 譯注：得名於時任歐盟執行委員會主席的容克（Jean-Claude Juncker，或譯容科），又稱「歐盟基礎設施投資計畫」（EU Infrastructure Investment Plan）。
❸ 譯注：尋求庇護者需通過審查，才能獲得難民（refugee）身分。
❹ 譯注：為照應烏克蘭難民，「歐盟重啟」（React-EU）疫情後振興計畫之資金動撥35億歐元給27個成員國。其中波蘭獲撥金額最高，次為義大利（4億5,200萬歐元）、羅馬尼亞（4億5,000萬歐元）、西班牙（4億3,400萬歐元）。

斯洛維尼亞：歐盟模範生的反叛？

2021年，斯洛維尼亞慶祝獨立三十周年，同時迎來另一件盛事：繼2008年後，該國第二度擔任歐盟理事會（Council of the European Union）主席國，任期為7～12月。然而，該國同時也面臨關於法治國原則的爭議，時任總理的民粹主義領袖楊薩（Janez Janša，任期2020～2022年）領導的保守派政府與歐盟27國之間關係日趨緊繃，在人民的基本自由（fundamental freedoms）方面尤其針鋒相對。

◉ 基本資料

正式國名
斯洛維尼亞共和國

國家元首
穆莎(Nataša Pirc Musar，2022年就任總統)

面積
20,273平方公里(世界排名第154位)

官方語言
斯洛維尼亞語

首都
盧比安納

2022年人口
211萬人

人口密度
每平方公里104人

貨幣
歐元

歷史
斯洛維尼亞從十四世紀起到1918年為止，皆受奧地利哈布斯堡(Habsburg)王朝統治，直到1945年南斯拉夫社會主義聯邦共和國成立，斯洛維尼亞作為其中的一員組建國家。自1989年起，斯洛維尼亞致力於脫離南斯拉夫，且在兩年後的1991年宣布獨立，進而引發十日戰爭。斯洛維尼亞因此逃過1990年代南斯拉夫的悲劇，轉而親近歐盟，最終於2004年加入。

2022年人均GDP(依購買力平價計)
30,032美元

2021年人類發展指數(HDI)
0.918(排名第23位)

斯洛維尼亞西鄰義大利，北接奧地利，東北與匈牙利相通，南邊則與克羅埃西亞接壤。1991年，該國僅有200萬人口，意圖脫離受專制的塞爾維亞主導的南斯拉夫，卻不得不面對英國、法國、美國等西方國家的質疑，僅有德國、奧地利和梵蒂岡支持其決定。這是自二戰結束以來，歐洲邊界初次發生變化，也是長達十年以上的南斯拉夫內戰（Yugoslav Wars）之起點，其中與斯洛維尼亞的衝突歷時十日（十日戰爭），導致約100人傷亡。斯洛維尼亞以特里格拉夫（Triglav）國家公園中心的特里格拉夫峰為象徵，國旗上也有此山丰姿，突顯出其坐落於拉丁語系、日耳曼語系和斯拉夫語系世界交會處的地理位置。該國也被稱為「巴爾幹的瑞士」（Switzerland of the Balkans）或「阿爾卑斯山的向陽處」（sunny side of the Alps），然而作為西歐和東南歐的十字路口，諸多地緣糾葛也由此而生。

與歐盟若即若離的關係

斯洛維尼亞自2004年起即是歐盟的成員國，並在2007年加入歐元區和申根區（參見圖1）。該國擁有民主政治體制（1990年4月舉行第一次自由選舉），與其他幾個前南斯拉夫共和國相比，經濟表現也更好，而且尊重少數族群的權益，經常被視為歐盟的「模範生」。斯洛維尼亞因政治穩定而備受稱譽，1992～2004年由中左翼政黨執政，2004～2008年則首度輪替至右派執政。但左派再度執政後，於2011年提前舉行國會選舉，隨後在2014年、2018年再度舉辦改選，使該國陷入長期不穩定。

斯洛維尼亞於2021年輪值歐盟主席的態度別具一格，因為楊薩並不信任歐洲機構；這與2008年的情況迥然相異，當時他以親歐洲的保

守派領袖自居，但即使是極右派的政黨都沒有批評歐盟。直到2012年秋天的示威抗議及極左政黨「左派黨」（Levica）成立以後，才逐漸出現批評歐洲一體化（European integration）的聲浪。因此在外界看來，斯洛維尼亞似乎跟楊薩相當迷戀的歐班所領導的匈牙利一樣，並不信任歐盟。但斯洛維尼亞的議會選舉制度採用完全比例代表制（Proportional Representation）❶，必然會導致政治聯盟難以維繫，無論誰在選舉中勝出，都不保證一定能領導政府。保守右派「斯洛維尼亞民主黨」（SDS）在該國紮根最深（特別是在農村地區），楊薩可說是該國唯一的政治人物。在缺乏可信任替代選項的情況下，楊薩利用自己的經驗與組織網絡持續執政，甚至對文化圈和媒體界施壓，以灌輸民族主義的願景。然而，主要都會地區和公民社會對他的作為相當反感。自2020年春季以來，首都盧比安納（Ljubljana）每週五晚間都會舉行示威活動，要

1 2021年斯洛維尼亞地緣政治情勢

芬蘭
挪威　瑞典
　　愛沙尼亞
　　拉脫維亞
　　立陶宛
愛爾蘭　丹麥
荷蘭　德國　波蘭
比利時
盧森堡　捷克　斯洛伐克
法國　瑞士　奧地利　匈牙利
　　　　　　克羅埃西亞　羅馬尼亞
斯洛維尼亞　保加利亞
　　義大利
葡萄牙
西班牙
　　　　希臘
　　　馬爾他　　賽普勒斯

國際組織的成員國
　歐盟
Ⓔ　歐元區
　申根區
(圖中未涵蓋的冰島亦屬申根區)
　維謝格拉德集團
　前南斯拉夫疆界

0　　　500 km

Carto n° 68, 2021 © Areion/Capri　資料來源：www.touteleurope.eu, 2021

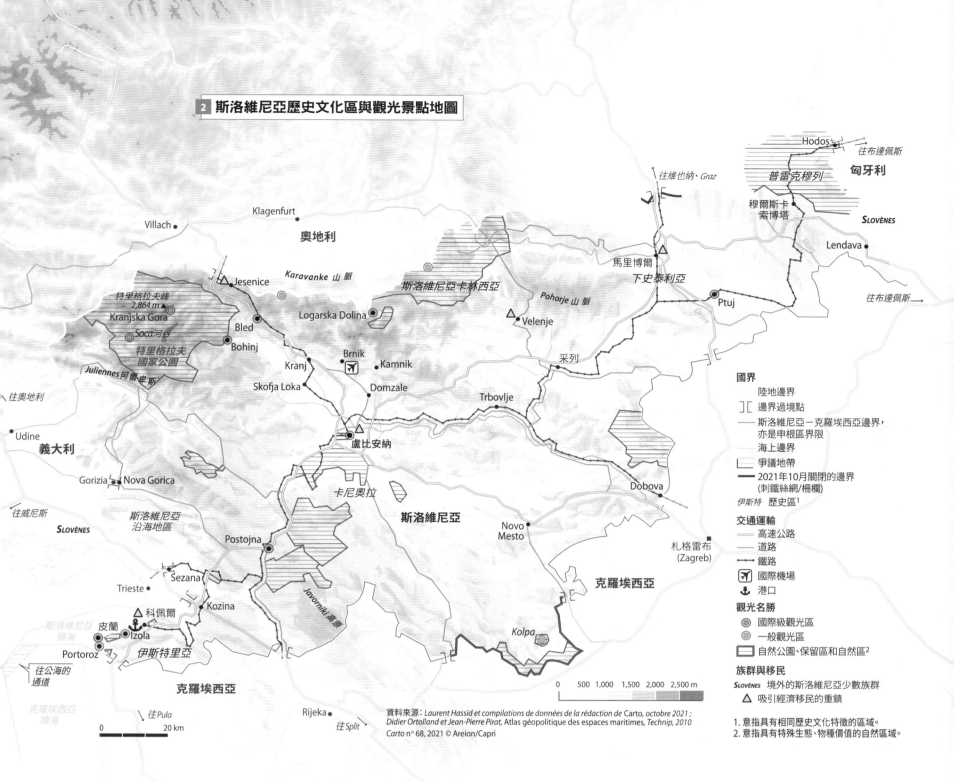

2 斯洛維尼亞歷史文化區與觀光景點地圖

Hodos
往布達佩斯
匈牙利
普雷克穆列
穆爾斯卡索博塔
SLOVÈNES
往維也納、*Graz*
Lendava
馬里博爾
下史泰利亞
Klagenfurt
Villach
奧地利
Karavanke 山脈
斯洛維尼亞卡林西亞
Pohorje 山脈
Ptuj
往布達佩斯
Mura
Jesenice
特里格拉夫峰 2,864 m
Kranjska Gora
Logarska Dolina
Soca 河谷
Bled
特里格拉夫國家公園
Bohinj
Velenje
Drave
Juliennes 阿爾卑斯
Brnik
采列
往奧地利
Kranj
Kamnik
Skofja Loka
Domzale
Trbovlje
Udine
義大利
盧比安納
Save
Gorizia
Nova Gorica
卡尼奧拉
斯洛維尼亞沿海地區
斯洛維尼亞
Dobova
Novo Mesto
札格雷布 (Zagreb)
Postojna
SLOVÈNES
Javorniki 高原
克羅埃西亞
Sezana
Trieste
科佩爾
Kozina
斯洛維尼亞領海
皮蘭
Izola
Portoroz
伊斯特里亞
Kolpa
往公海的通道
克羅埃西亞
克羅埃西亞領海
往*Pula*
Rijeka
往*Split*
0 500 1,000 1,500 2,000 2,500 m
0   20 km

國界
陸地邊界
邊界過境點
斯洛維尼亞－克羅埃西亞邊界，亦是申根區界限
海上邊界
爭議地帶
2021年10月關閉的邊界（刺鐵絲網/柵欄）
伊斯特 歷史區[1]

交通運輸
高速公路
道路
鐵路
國際機場
港口

觀光名勝
國際級觀光區
一般觀光區
自然公園、保留區和自然區[2]

族群與移民
SLOVÈNES 境外的斯洛維尼亞少數族群
吸引經濟移民的重鎮

1. 意指具有相同歷史文化特徵的區域。
2. 意指具有特殊生態、物種價值的自然區域。

資料來源：*Laurent Hassid et compilations de données de la rédaction de Carto, octobre 2021；Didier Ortolland et Jean-Pierre Pirat, Atlas géopolitique des espaces maritimes, Technip, 2010*
Carto nº 68, 2021 © Areion/Capri

求楊薩辭職下台。2021年2月和5月，楊薩皆順利挺過彈劾，因為反對派未能在議會中獲得足夠的票數罷免他。儘管斯洛維尼亞陷入左派（共產主義時代的承繼者）與右派（鼓吹民族主義）對立的情勢，環保主義者戈洛布（Robert Golob）仍於2022年4月贏得國會選舉，成為總理。

國境內的地緣政治挑戰

對斯洛維尼亞而言，與歐盟往來密切是一種肯定。然而，這個國家仍然鮮為人知。斯洛維尼亞於十六世紀統一了語言，建立起強而有力的國族標誌；不過，許多方言仍存續下來，地緣政治的複雜情勢也由此彰顯。融合多民族的斯洛維尼亞極具多樣性，不僅有各式各樣的方言，也存在許多差異鮮明的地區，例如：圍繞著盧比安納、身為斯洛維尼亞國族中心的卡尼奧拉（Carniola）；下史泰利亞（Lower Styria）地區長久浸潤日耳曼文化的馬里博爾（Maribor）、采列（Celje）；伊斯特里亞（Istria）半島上曾為義大利統治的科佩爾（Koper）；匈牙利割讓的穆爾

斯卡索博塔（Murska Sobota，位於普雷克穆列〔Prekmurje〕地區），以及1920年大部分回歸奧地利的卡林西亞（Carinthia，參見圖2）。而從前南斯拉夫各共和國移入的人口，更深化了斯國的多樣性。不過，本國人並非總是歡迎這些移民，從所謂的「被刪者」（The Erased）便可見一斑——斯洛維尼亞獨立後，將近2萬5,000人從國家登記冊裡消失。

隨著歐盟擴張，斯洛維尼亞持續以「歐盟與其他前南斯拉夫國家的中間人」自居。然而，2021年春天，楊薩發布的一份非官方文件震動外交界，其內容是重劃邊界，希望將一部分的波士尼亞與赫塞哥維納以及科索沃領土劃歸斯洛維尼亞。不僅如此，斯洛維尼亞與克羅埃西亞雖然保持友好聯繫，但兩國在皮蘭灣（Piran）的海上劃界爭端仍未解決。

文●L. Hassid

❶編注：一般認為比例代表制較能避免議會被大黨壟斷，讓小黨也能獲得席次。

MIDDLE EAST
中東篇

杜拜朱美拉棕櫚島
圖中是杜拜的人造群島「朱美拉棕櫚島」（Palm Jumeirah），這座沙漠之城如今已成為過度都市化的全球性象徵。2021年10月1日～2022年3月31日，杜拜舉辦了因疫情而推遲的2020年世界博覽會。
（© Shutterstock/Delpixel）

杜拜：沙漠中崛起，著眼未來的國際之城

受Covid-19疫情影響，杜拜主辦的2020年世界博覽會（Expo 2020 Dubai）推遲至2021年10月1日～2022年3月31日舉辦。本次世博會適逢阿拉伯聯合大公國建國50周年，不僅象徵對杜拜國際都市地位的空前肯認[1]，籌備這場盛會也成為這座城市自2008年金融危機以來的主要發展動力。杜拜體現了全球化都市的迷人風貌，其中也包含種種不平等與矛盾。

杜拜人口在2020年為340萬[2]，雖算不上大都會，卻體現了國際城市的一種新型態。這座城市擁有強大的吸引力和影響力，是大量人員、貨物、思想、資訊和資本來往的樞紐。杜拜在1892～1971年間受英國保護，因為珍珠捕撈產業以及可供印度航線船隻停靠的港口而興起。由於其化石燃料蘊藏量低，自1960年代以來便採取迥異於首都阿布達比的發展策略，著力於國際貿易，從地產創造財富，並引進外國勞動力。杜拜逐漸成為海運中心，並發展為航運樞紐，例如傑貝阿里港（Jebel Ali Port）即名列世界十大貨櫃港口（參見圖2），而1985年創建的阿聯酋航空公司（Emirates）也為杜拜機場的成功做出貢獻。

高人流、高金流、高耗能的超現代城市

杜拜這座「城市企業」巧妙融合自由主義和國家資本主義，在「邦長兼副總統兼總理」（2006年起由穆罕默德親王〔Sheikh Mohammed bin Rashid Al Maktoum〕擔任）的統治下，憑藉壯觀無度、未來主義的都市規畫，打造出一套「目眩神迷經濟學」。城市景觀背負著野心勃勃的行銷策略，亟欲為杜拜博取國際能見度。杜拜的市容謳歌消費主義休閒社會和高度能源消耗（空調和海水淡化）所打造出的超現代城市生活，而使之具可行性的是能源成本低廉。杜拜四周圍繞著沙漠，卻打造出全球化的領土以填補缺憾，就算這塊領土是由人手打造、自海洋與天空巧取豪奪，就算要進口其他地方的景觀模式（展現出世界多樣性的購物中心、遊樂園和新城區，參見圖3），也在所不惜。

杜拜的人口多樣性足以獨占世界紀錄，外國人占人口的大多數（92%），其中一半以上來自南亞。這座城市既吸引了低技術勞動人口（建築工、家庭幫傭），也吸引許多具高教育水準者。然而，其移民政策和卡法拉制度（kafala system）[3]卻是為了避免移民長久定居而設計，只有極少數人有機會獲得國籍。外國人的脆弱處境使杜拜成為一座「臨時城邦」，把大多數居民都變作「過客」。杜拜統治者歌頌杜拜的多元和寬容，以加強杜拜的經濟吸引力和統治家族的政治正當性。各種多元之所以能和平共存，原因在於杜拜密切監視著都市的公共空間與男男女女，任何人都可能隨時遭到驅逐。

從移民儲蓄金的蓬勃流動亦可看出這座城市的跨國性格，而阿拉伯聯合大公國更是世上數一數二的匯款匯出國。在危機與衝突頻仍而積弱的中東，杜拜運用其穩定性、利於經商的環境和自由風氣，一躍成為全球經濟的重要節點（參見圖1）。杜拜也是國際名流的娛樂勝地（尤以來自新興國家者為最），以及眾多非法販運活動（毒品、賣淫、洗錢）的中心。

疫情危機加速移民政策開放

Covid-19疫情為杜拜帶來嚴重打擊，運輸業和觀光業危機削弱杜拜的經濟，使其成長大幅放緩，並導致外國勞工失業，被迫返回母國。然而，杜拜很可能挺得住。阿拉伯聯合大公國很早就展開有效率的疫苗接種行動，而為了提振經濟，杜拜被迫在2020年底向國際觀光客重啟邊界（阿布達比則未開放）。疫情也給了這座城市更進一步對世界開放的機會——杜拜放寬部分法律（飲酒除罪化、允許未婚同居、可創立100%的外資企業），讓外國居民更便於在此生活，也使這座城市在全球都市的競爭中更有吸引力。疫情危機甚至加速了典範轉移。2021年初，杜拜宣布開放特定身分外籍人士（投資者、醫師、科學家、藝術家）可獲得國籍，以吸引或留住高技術人才為國家貢獻。然而，這樣的轉變恐怕不夠徹底，因為入籍許可只保留給少數內定者，一切都操之於統治家族和行政部門。

常有人指責杜拜是為極端自由資本主義炮製的人造城市典型，是西方現代性蒼白無力的仿製品。但這座擁有與西方不同歷史的城市，或許正完美體現了「非城市」（non-ville）的概念。杜拜會不會反而是新城市模式的典範，可供我們思索當代城市的景況？世界是否可能「杜拜化」？

文 ● D. Pagès-El Karoui

---

[1] 編注：杜拜是中東、非洲和南亞地區（MEASA）的第一個世博會主辦城市，由國際展覽局（Bureau International des Expositions, BIE）在2013年11月27日的巴黎大會上正式授權。

[2] 編注：根據杜拜統計中心（Dubai Statistics Center），2022年杜拜總人口達到355萬，相較去年成長2.1%。

[3] 編注：又稱「外籍勞工擔保制度」，多為波斯灣國家採用，外籍勞工舉凡申請簽證、出入境、換工作等事宜皆須經由國內保證人（通常是雇主）核可，勞資雙方權力不對等導致剝削情況嚴重。

1 杜拜的全球化經濟圖像

港口吞吐量
單位：20呎標準貨櫃(TEU)[1]

| | 2018 | 2019 | 2020 |

1. 一個20呎標準貨櫃的裝載體積為33.2立方公尺。

外貿
單位：阿聯迪拉姆(Dirhams)
10迪拉姆=2.4歐元(2021年11月30日匯率)

外貿
- 進口貿易
- 轉口貿易
- 出口貿易

自由貿易區

海關貨棧

非貨櫃裝運貨物運載量
單位：萬噸

| | 2018 | 2019 | 2020 |

2019年外國投資存量總額中各類經濟活動占比
外資金額總計5,695億迪拉姆

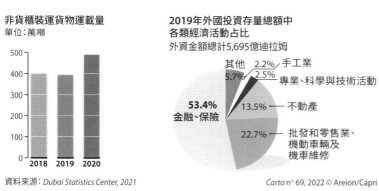

- 其他 5.7%
- 手工業 2.2%
- 專業、科學與技術活動 2.5%
- 53.4% 金融、保險
- 不動產 13.5%
- 22.7% 批發和零售業、機動車輛及機車維修

資料來源：*Dubai Statistics Center, 2021*

Carto n° 69, 2022 © Areion/Capri

2 杜拜—沙迦—阿吉曼大都會圈

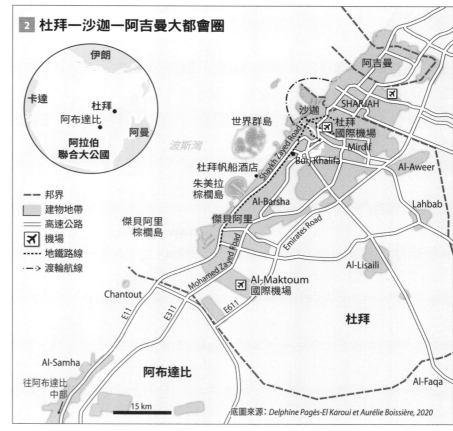

- 卡達
- 伊朗
- 杜拜
- 阿布達比
- 阿曼
- **阿拉伯聯合大公國**
- 波斯灣

圖例：
- --- 邦界
- 建物地帶
- 高速公路
- ✈ 機場
- ⋯ 地鐵路線
- ⇢ 渡輪航線

地名：阿吉曼、SHARJAH、世界群島、杜拜國際機場、Mirdif、Al-Aweer、Lahbab、Al-Barsha、Shaykh Zayed Road、Burj Khalifa、杜拜帆船酒店、朱美拉棕櫚島、傑貝阿里、傑貝阿里棕櫚島、Emirates Road、Al-Lisaili、Mohamed Zayed Road、Al-Maktoum 國際機場、Chantout、E11、E311、E611、**杜拜**、**阿布達比**、往阿布達比中部、Al-Samha、Al-Faqa

15 km

底圖來源：*Delphine Pagès-El Karoui et Aurélie Boissière, 2020*

3 杜拜：波斯灣中心的世界之都

圖例：
- 購物中心 ●
- 宗教場所 ★
- 工業區
- 自由貿易區 ◆
- 勞工營 ▲▲
- 門禁社區
- 邦界 ---
- 建物地帶
- 杜拜運河(杜拜灣延伸)
- 地鐵路線
- 機場 ✈
- 空運基礎建設
- 港口 ⚓

地名：傑貝阿里棕櫚島、傑貝阿里港、傑貝阿里、基督教教堂、錫克教廟宇、傑貝阿里自由貿易區、朱美拉棕櫚島、波斯灣、朱美拉湖塔、杜拜媒體城、杜拜網路城、杜拜港、Ibn Battuta 購物中心、阿聯酋購物中心、阿聯酋山莊、朱美拉群島、The Springs、Al-Barsha、2020世界博覽會、Al-Maktoum 國際機場、杜拜工業城、阿布達比、杜拜南區、**杜拜**、Arabian Ranches、Al-Barari、Global Village、世界群島、杜拜帆船酒店、Shaykh Zayed Road、Al-Quoz、哈里發塔(Burj Kalifa)、阿聯酋大廈、世界貿易中心、杜拜矽谷、Dragon Mart、Warsan、杜拜國際學術城、City Walk、杜拜海灘、杜拜國際金融中心(DIFC)、Rachid港、印度教神廟、Bur Dubaï、Al-Satwa、購物中心、Al-Karama、基督教教堂、Al-Seef、DEIRA、Saeed港、沙迦、Al-Qusais、杜拜國際機場、Al-Rashidiya、Sonapur(Muhaisnah)、Oud Al-Muteena、Al-Mizhar、杜拜國際城

5 km

底圖來源：*Delphine Pagès-El Karoui et Aurélie Boissière, 2020*

土耳其：強人總統也忌憚的軍方勢力

土耳其共和國自1923年成立以來，軍隊便位處國家（政府）和社會的核心，尤其是在經濟層面深具影響力。在2016年7月軍方政變未遂後，總統艾爾多安（Recep Tayyip Erdoğan，2014年就任）❶的權力獲得鞏固，土耳其軍隊則被派遣到世界各地的戰場。2020年的納戈爾諾·卡拉巴赫戰爭❷，還有敘利亞和利比亞至今未了的衝突，都讓我們一再注意到這點。

國際戰略研究所（International Institute for Strategic Studies, IISS）的2021年版《軍力平衡報告》（*Military Balance*）指出，土耳其2020年計有35萬5,200名現役軍人（不包括準軍事組織）及37萬8,700名後備人員（參見圖1）。以人數來說，該國坐擁中東第二大軍隊，僅次於伊朗（61萬名現役軍人）；在歐洲範圍內，土耳其軍隊人數亦位居第一，超過法國（20萬3,250人）。土耳其在冷戰期間投向西方陣營，1952年加入北約並參與韓戰（1950～1953年），因此提升了軍事專業化程度。自此以降，美國就利用北約位在土耳其南部的因吉利克（Incirlik）空軍基地，將土耳其領土當作「盾牌」。

對外，土耳其軍隊視以下事務為優先：賽普勒斯與希臘的衝突（賽普勒斯島自1974年以來分割為二）、庫德族問題，以及伴隨著土俄競爭日趨激烈而生的東地中海擴張主義戰略。對內，土耳其軍隊仍然是國家安全和完整的保障者。1960、1971、1980及1996年，土軍四度以政變干政，消滅眼中的內部威脅（極左運動、庫德分離主義、伊斯蘭教政治）來恢復其認定的秩序。1961年，土耳其軍隊成立了國家安全委員會（MGK），以維持一定程度的政治掌控力。

經濟優勢使土軍屹立不搖

2010年艾爾多安成功限縮國家安全委員會權力，將軍人送回軍營；2007～2019年間，針對疑似與軍方有牽連的祕密組織「額爾古納昆」（Ergenekon）啟動一系列審判；2016年政變失敗使軍隊遭到大規模清洗——即使經歷上述風波，土耳其軍方仍然擁有強大勢力。首先土軍在經濟領域舉足輕重，並有兩個為土軍挹注資金的主要組織：軍隊退輔基金（OYAK），以及強化武裝部隊基金會（TSKGV）。前者是一家軍工控股公司，掌管三十幾家企業，涵蓋建築暨公共工程、汽車、食品加工、保險到觀光旅遊業，甚至握有一家銀行的經營權。後者則集合多家軍火公司，業務包括設計和製造軍事電子系統、F-16戰鬥機、雷達及其他常規武器。這兩個控股公司每

年合計產生數十億美元的營業收入。

國際戰略研究所估計土耳其在2020年的國防開支為133億美元，2010年則為141億美元。隨著國防工業迅速發展，土耳其軍隊的供應商除了本土公司（MKEK、ASELSAN、BLC、TAI、Otokar、Roketsan、Tübitak），也有外國企業。外國供應商以美國為首，接著是歐洲，法國也是其中一員。土耳其出口武器的國家則以巴基斯坦為最大客戶，該國一向是土耳其的戰略盟友；沙烏地阿拉伯、馬來西亞、約旦和阿爾及利亞等國也向土國進口軍火。

重啟對外武裝干預

土耳其於1974年入侵賽普勒斯，至今賽普勒斯島北面仍有3萬3,800名土軍士兵持續駐紮。除此之外，在外部戰場作戰本非土軍傳統，然而如今情勢已經不同。在土耳其近鄰地區，土軍占領從庫德部隊手中奪取的敘利亞領土，還有伊德利布省（Idlib）的部分土地，並在該地支持薩拉菲主義（Salafism，屬於激進基本教義派）叛亂活動。土軍也在伊拉克建立幾十座基地，遏

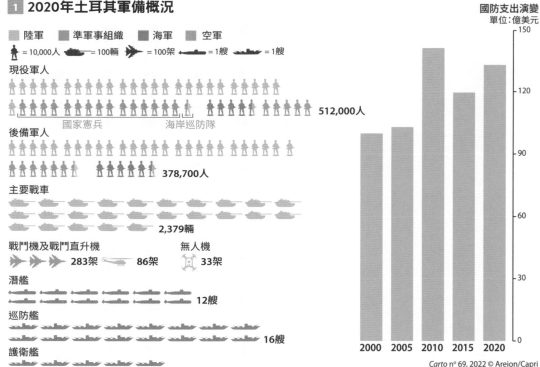

1 2020年土耳其軍備概況

■ 陸軍　■ 準軍事組織　■ 海軍　■ 空軍

🚶 = 10,000人　🚜 = 100輛　✈ = 100架　🛥 = 1艘　⛴ = 1艘

現役軍人

國家憲兵　　海岸巡防隊　　512,000人

後備軍人

378,700人

主要戰車

2,379輛

戰鬥機及戰鬥直升機　283架　86架　　無人機　33架

潛艦　12艘

巡防艦　16艘

護衛艦　10艘

國防支出演變
單位：億美元

年	150	120	90	60	30	0
2000	2005	2010	2015	2020		

Carto nº 69, 2022 © Areion/Capri

資料來源：*DSI, Turquie, Hors-série n° 77, 2021；IISS, The Military Balance 2021*

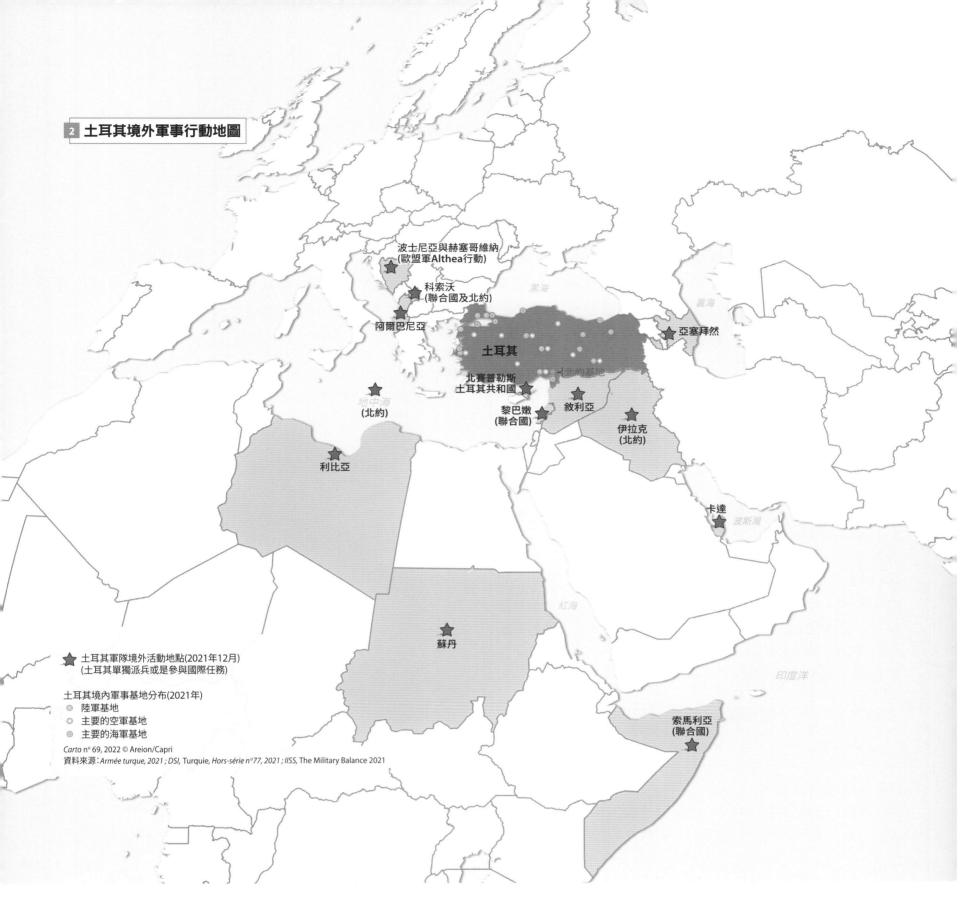

2 土耳其境外軍事行動地圖

波士尼亞與赫塞哥維納
(歐盟軍Althea行動)

科索沃
(聯合國及北約)

阿爾巴尼亞

黑海

裏海

亞塞拜然

土耳其

北約基地

北賽普勒斯
土耳其共和國

地中海
(北約)

黎巴嫩
(聯合國)

敘利亞

伊拉克
(北約)

卡達

波斯灣

利比亞

紅海

蘇丹

印度洋

索馬利亞
(聯合國)

★ 土耳其軍隊境外活動地點(2021年12月)
　(土耳其單獨派兵或是參與國際任務)

土耳其境內軍事基地分布(2021年)
　◉ 陸軍基地
　◉ 主要的空軍基地
　◉ 主要的海軍基地

Carto n° 69, 2022 © Areion/Capri
資料來源：*Armée turque, 2021 ; DSI, Turquie, Hors-série n°77, 2021 ; IISS, The Military Balance 2021*

制庫德游擊隊，並參與北約和聯合國的軍事任務（參見圖2）。最重要的是，土軍藉參戰之便，建立了數座軍事設施與基地，主要分布在亞塞拜然、卡達與利比亞。

此外，土耳其政府正在安卡拉（Ankara）市郊展開一項宏大無比的計畫，未來將有一座「土耳其五角大廈」拔地而起。這會是一座占地1,260萬平方公尺、可容納1.5萬人、造型宛如土耳其國旗之新月和星芒的軍事綜合建物，國防部、參謀總部、陸海空三軍總部將在此合署辦公。土耳其軍隊的另一個特殊之處是成為國際私人軍事公司的搖籃，這類公司專門提供軍事顧問和訓練。薩達特（SADAT）國際防衛顧問公司成立於2012年，因為在敘利亞招募傭兵赴利比亞和納戈爾諾‧卡拉巴赫而廣受

注目。這家私人公司與土耳其軍隊保持著良好關係，因為土軍是該公司主要的軍官招募人才庫，而這些軍官的派任取決於其對宗教信仰的投入。薩達特為敘利亞反對派提供顧問與訓練服務，在土國境內，據信則充任艾爾多安政權的政治民兵。

文 ● T. Yegavian

❶ 編注：艾爾多安於2003～2014年間擔任土耳其總理，2014年起就任總統，2023年5月28日再度連任成功，任期將延續至2028年。

❷ 編注：納戈爾諾‧卡拉巴赫位處亞塞拜然與亞美尼亞兩國之間，因「納戈爾諾‧卡拉巴赫共和國」主權爭議多次爆發衝突。2020年戰事規模升級，引起美、俄介入調停。

戈蘭高地：
以色列殖民加速，迎向最終吞併

戈蘭高地（Golan Heights）面積約1,160平方公里，與法屬馬丁尼克（Martinique）面積相當。該地是敘利亞領土，自1967年以來被以色列占領，後於1981年遭以國併吞，是中東地區的一大戰略要地。2021年12月，以色列政府宣布加速殖民這塊充作軍事觀察哨的地區，藉此確保能在敘利亞戰爭告終前能夠牢牢掌控戈蘭高地。

1923年，國際聯盟（League of Nations）在中東建立法英託管地（mandate），導致敘利亞和巴勒斯坦之間出現一條貼合戈蘭高地西面山麓的邊界，也使得戈蘭高地成為敘利亞的領土。1948年以色列建國後，敘利亞當局將廣闊的戈蘭高地打造成軍事化地區，藉此牽制鄰國以色列，防範其可能的入侵。以色列在1967年的六日戰爭（Six-Day War）中成功奪取整片戈蘭高地；六年後戰事再起，聯合國為防範暴力情勢惡化，於1974年透過談判在兩國之間建立一個非軍事區，由聯合國維和部隊看管（參見圖1）。儘管如此，以色列議會仍無視聯合國的決議和國際社會的抗議，於1981年投票通過併吞大部分的戈蘭高地。1967年以來，以色列對戈蘭高地的占領已導致15萬名敘利亞人離開該地。以色列在當地建立了數十個移民社區，約有2.5萬名以色列殖民者入住戈蘭高地，然而當地還居住著2.3萬名敘利亞籍德魯茲（Druze）教徒。

水源豐富的戰略制高點

戈蘭高地北倚黑門山（Mount Hermon，海拔2,814公尺），東崎大馬士革平原，西面俯瞰加利利（Galilee）和約旦河，為以色列提供了優越的防禦陣地。因此，以色列在該地設置好幾座軍事基地，以利遭遇外部攻擊時先發制人。然而，經歷數十年的平靜歲月後，敘利亞2011年爆發的起義重新點燃敘利亞－以色列邊境左近的緊張局勢。在以色列政府眼中，黎巴嫩真主黨和伊朗很可能趁著衝突局勢向敘利亞南部擴張，而近幾年來，敘利亞親伊朗武裝團體發動的幾起迫擊炮襲擊也都瞄準了以色列占領的戈蘭高地。不過，以色列的防空武器庫還是能夠遏制這些攻擊。為了回應挑釁，以色列軍隊增加對敘利亞境內敵方陣地的定點打擊，其中在2022年1月的攻擊行動甚至就發生在非軍事區周邊。

除了國防考量，現在的以色列政府對戈蘭高地還有一項更重要的盤算，那就是當地地底的含水層。戈蘭高地坐擁中東地區第二大淡水蘊藏，僅次於黎巴嫩山（Mount Lebanon）。2019年，以色列用水需求中的35%（相當於2.5億立方公尺）已由戈蘭高地的泉水供應。高地肥沃的火山土壤也利於發展重要的農業活動，其中畜牧業因享有廣袤牧場而得益最多，而戈蘭高地溫

和的氣候、充足的日照則適合種植釀酒用葡萄。此外，以色列總理納夫塔利·班奈特（Naftali Bennett，任期2021～2022年）宣布

1 以色列在戈蘭高地的占領地圖（2021年）

黎巴嫩
（南黎巴嫩）

Kiryat-Shmona

約旦河

Gadot

800 m

200 m

往 Acre

Route 90

Route 85

Capharnaüm

- 200 m

Route 65

往 Nazareth

Tibériade

往 Nazareth

Route 77

以色列

2.5 km

360 m

衛星圖來源：*Landsat/Copernicus, 2022*
資料來源：*Rédaction de Carto, février 2022 ; Economic Cooperation Foundation, Israeli Settlements in the Golan Heights (from 1967), janvier 2022 ; ONU, UNDOF, janvier 2021*
Carto n° 70, 2022 © Areion/Capri

發展太陽能和風電的計畫，希望將戈蘭高地打造為以色列的「再生能源首都」。

把握有利局勢，砸 2.8 億歐元加速殖民

2021年12月26日，以色列政府官員集體登上戈蘭高地，發表一項以加強殖民為目的、金額高達 2.8 億歐元的投資計畫。這筆資金的一半將用於建立兩個新的移民社區，並建造 7,000 間住宅以容納未來幾年將增加的 10 萬名居民，其餘資金則用於支持經濟發展、建立公共基礎建設。這項計畫違反了國際法，卻是由左派到極右派共同組成的執政聯盟政府所達成的內部共識。以色列社會中，只有幾個環境保護組織公開反對將戈蘭高

地人工化，拒絕破壞該地長久維持的自然原貌。

以色列政府之所以加速殖民戈蘭高地的時程表，實則與國際情勢息息相關，當前局勢對以國可謂天賜良機。2019年時，美國是世界上唯一承認以色列對戈蘭高地擁有主權的國家，而2021年1月新總統上任後，拜登（Joe Biden）政府並沒有改變這項立場。此外，敘利亞總統巴沙爾·阿薩德（Bachar al-Assad）2000年起在敘利亞持續掌權也讓以色列得利，殊難想像國際社會要求以色列將戈蘭高地歸還給敘利亞阿薩德政權。綜觀當前趨勢，在國際社會幾近漠不關心的氛圍中，以色列似乎終將併吞戈蘭高地。

文 ● D. Lagarde

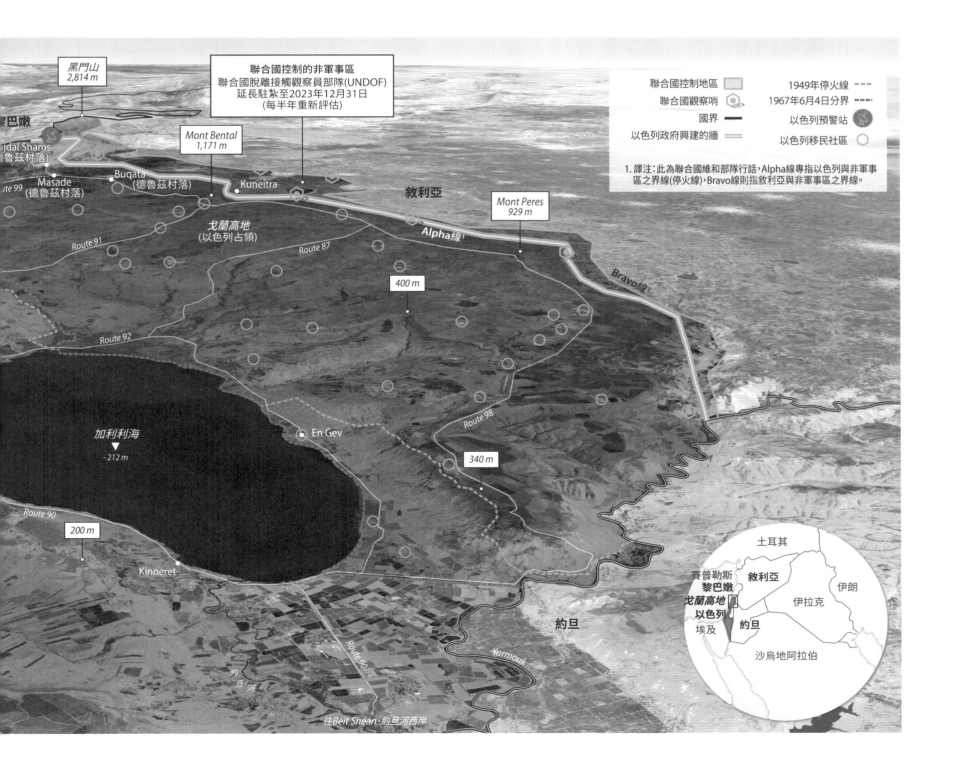

紅海：歐亞戰略熱點，海權爭霸愈演愈烈

紅海是蘇伊士運河（Suez Canal）的出口，也是世界貿易的樞紐。自從2015年葉門戰爭攪亂平穩局勢以來，紅海便受到周遭國家與國際強權的覬覦，導致商業競爭愈發激烈，軍事情勢也漸趨緊繃，兩者更相互助長。

葉門、厄利垂亞、吉布地、埃及、蘇丹、以色列、約旦和沙烏地阿拉伯有什麼共同點？這些國家都位在紅海沿岸。紅海是一片300公里寬、2,000公里長的狹長海域，在南側經由葉門和吉布地之間30公里寬的曼德海峽（Bab el-Mandeb Strait）與印度洋相接。長久以來，紅海只被看作是分隔非洲和亞洲的「鹹水湖」，在國際處於邊緣地位。然而，蘇伊士運河於1869年開通，使紅海北側得以連接地中海，因此逐漸成為歐亞之間的關鍵通道。如今，全球40%以上的貨物運輸都經過紅海❶。除此之外，每天有500萬桶石油從紅海漂洋而過，而這個數量勢必還會因為波斯灣（伊朗和沙烏地阿拉伯）局勢緊繃而增加。

軍事、商貿雙管齊下，中國強勢進駐東非

近年來，以沙烏地阿拉伯、阿拉伯聯合大公國為首的阿拉伯半島君主國持續投資半島兩岸的港口基礎建設，但現在出現了競爭對手。我們可以觀察到土耳其比以往更加關注紅海——目前最新的舉措是2018年起在蘇丹薩瓦金（Suakin，參見圖1）開展的軍事－港運計畫，1989～2019年統治蘇丹的巴希爾（Omar al-Bachir）政權垮台後，該計畫一度停擺。

中國日益增長的影響力也同樣引人注目。2018年5月，中國國有企業招商局集團在吉布地開設占地廣闊的自由貿易區❷，損害了阿聯國有企業杜拜環球港務集團（DP World，該企業是阿聯在石油之外的一大經濟支柱）的利益。該貿易區的設立也與中國2017年8月耗資5.9億美元在吉布地建立的第一個海外軍事基地相互呼應，在「一帶一路」政策下，中國勢必會藉此加強對非洲之角（Horn of Africa）❸的經濟滲透。

吉布地就像是一座實驗場，正適合觀察紅海一帶盤根錯節的商貿與軍事情勢。此區域的衝突有些已陷入僵持狀態，好比吉布地的鄰國索馬利亞和厄利垂亞；有些則正熾熱，比如蘇丹革命、南蘇丹內戰、葉門內戰。在這大小衝突不斷、飽受蹂躪的區域，吉布地這個占地2萬3,200平方公里、曾為法國殖民地（1884～1977年）的小國是一個平穩的中心點，因而成為外國軍隊駐紮的一時之選。法國軍事基地在吉布地獨立後仍保留下來，與中國、美國、阿聯、日本、德國、西班牙和義大利的軍事設施共存，此外吉布地邊界還有一支衣索比亞軍團。

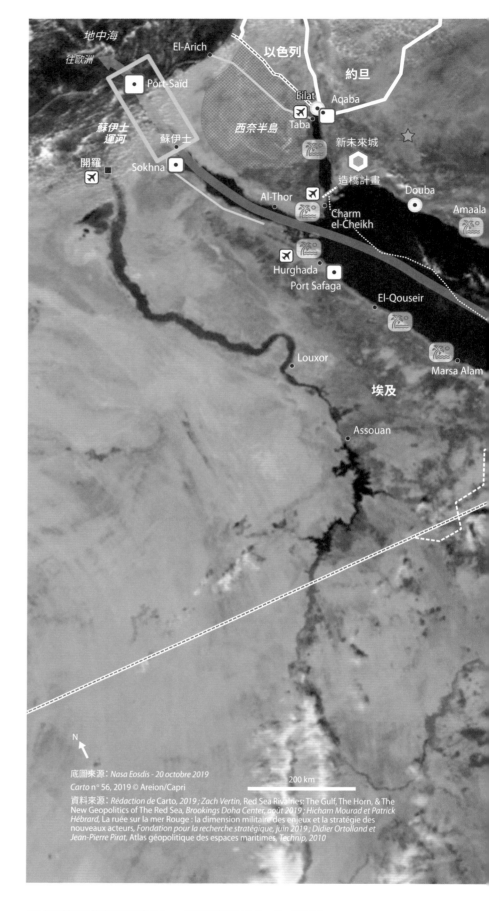

底圖來源：*Nasa Eosdis - 20 octobre 2019*
Carto n° 56, 2019 © Areion/Capri
資料來源：*Rédaction de Carto, 2019 ; Zach Vertin, Red Sea Rivalries: The Gulf, The Horn, & The New Geopolitics of The Red Sea, Brookings Doha Center, août 2019 ; Hicham Mourad et Patrick Hébrard, La ruée sur la mer Rouge : la dimension militaire des enjeux et la stratégie des nouveaux acteurs, Fondation pour la recherche stratégique, juin 2019 ; Didier Ortolland et Jean-Pierre Pirat, Atlas géopolitique des espaces maritimes, Technip, 2010*

從海盜到葉門戰爭，不平靜的紅海局勢

外國部隊駐紮紅海是為了因應區域安全情勢變化。回顧歷史，軍事與商貿方面的緊張情事多發生在紅海北部，原因大多與蘇伊士運河管理有關。1979年以色列與埃及簽署和平協定後，紅海北部自1980年代起相對穩定。二十一世紀初以來，則以紅海南部常見局勢升溫。

各國展開軍事部署，主要是為了應對兩項重大安全挑戰。2000年代，索馬利亞動亂頻仍，沿岸地區的居民陷入貧困，導致曼德海峽沿岸的海盜活動急劇增加。為護送跨國商船，打擊

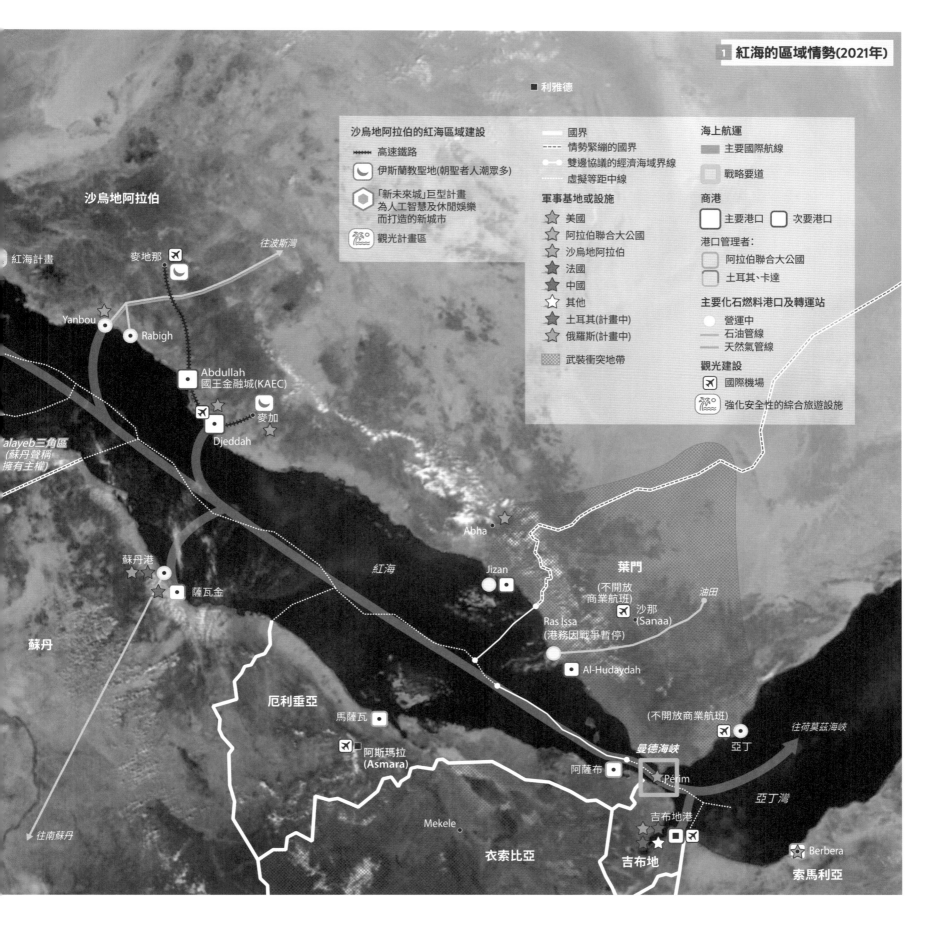

■ 利雅德

沙烏地阿拉伯的紅海區域建設

├┼┼┼ 高速鐵路

☾ 伊斯蘭教聖地(朝聖者人潮眾多)

⬡ 「新未來城」巨型計畫
為人工智慧及休閒娛樂
而打造的新城市

🏖 觀光計畫區

國界

──── 國界

──── 情勢緊繃的國界

●──● 雙邊協議的經濟海域界線

······ 虛擬等距中線

軍事基地或設施

★ 美國

★ 阿拉伯聯合大公國

★ 沙烏地阿拉伯

★ 法國

★ 中國

☆ 其他

★ 土耳其(計畫中)

★ 俄羅斯(計畫中)

▨ 武裝衝突地帶

海上航運

▬ 主要國際航線

□ 戰略要道

商港

■ 主要港口　　□ 次要港口

港口管理者:

□ 阿拉伯聯合大公國

□ 土耳其、卡達

主要化石燃料港口及轉運站

● 營運中

── 石油管線

── 天然氣管線

觀光建設

✈ 國際機場

🏖 強化安全性的綜合旅遊設施

沙烏地阿拉伯

紅海計畫

麥地那 ✈ ☾

Yanbou ★ ●

Rabigh ●

Abdullah
國王金融城(KAEC) ■

✈ ★

麥加 🏖 ☾

Djeddah ■

alayeb三角區
(蘇丹聲稱
擁有主權)

往波斯灣

蘇丹

蘇丹港 ★ ●

薩瓦金 ★ ■

往南蘇丹

厄利垂亞

馬薩瓦 ■

✈ 阿斯瑪拉
(Asmara) ■

Mekele ●

衣索比亞

紅海

Abha ★

Jizan ● ■

葉門

(不開放
商業航班)

✈ 沙那
(Sanaa) ★

油田

Ras Issa
(港務因戰爭暫停) ●

■ Al-Hudaydah

(不開放商業航班) ✈

曼德海峽

■ 亞丁 ●

往荷莫茲海峽

阿薩布 ■

★ Périm

吉布地

吉布地港 ■ ✈
★ ★ ★ ★

索馬利亞

☆ Berbera

亞丁灣

海盜成為中國、美國、歐洲等國家的共同任務,而多國護送商船也讓2010年代海盜案件大幅減少。然而,海盜現象才稍平息,又爆發新的緊急安全問題──葉門戰爭爆發,再加上其背後的深遠成因(伊朗與沙烏地阿拉伯於暗中較勁),使得海灣國家在葉門南岸長期駐軍。

衝突也導致紅海兩岸既有的移民流動加劇。一如地中海,世界上數一數二富有的地區和發展程度居全球末座的地區在紅海交會,每年都有數以萬計的人出於經濟和人道原因,試圖冒險橫越紅海。1990年代以來,這樣的移民潮為貪婪求取勞動力

的各個波斯灣君主國推動了經濟發展,然而移民也開始往反方向流動──數以萬計的索馬利亞和厄利垂亞難民近年來紛紛離開葉門,再次橫越曼德海峽,在來來往往的國際貨櫃船陰影下穿梭,返回充滿未知數的母國。

文 ● T. Chabre

---

❶ Hicham Mourad et Patrick Hébrard, *La ruée sur la mer Rouge : la dimension militaire des enjeux et la stratégie des nouveaux acteurs*, Fondation pour la recherche stratégique, juin 2019.

❷ 編注:正式名稱為「吉布地國際自由貿易區」(DIFTZ),占地48.2平方公里,根據中國新華網2022年9月報導,2018年開設至今已有200多家企業入駐。

❸ 譯注:非洲大陸東北角半島,深入阿拉伯海,包含吉布地、衣索比亞、厄利垂亞、索馬利亞等國,是世界上局勢最不穩定的地區之一。

石油國：「石油至上」帶來的地緣政治危機

石油是一種由生物組織殘餘物組成的油，深埋於土地和海底的地層之中，這種物質之所以成為全球經濟不可或缺的「黑金」，過程實屬意外。包括汽油、化妝品等，各種五花八門的產品都與石油有關，而生產這種能源的核心地帶就是中東。2021年12月中旬，巴黎的98無鉛汽油價格最高攀升至每公升2歐元，在在提醒我們能源市場波動如何影響日常生活。

在地中海一帶，人們自從古代（Antiquité）[1]以來就懂得運用石油。1850年代以後，東歐（羅馬尼亞、烏克蘭）、亞塞拜然和美國等地才開始以工業化方式開採石油。原油競爭促使人類在二十世紀初發現一些重要礦脈，特別是1908年在伊朗的馬斯吉德蘇萊曼（Masjed Soleyman）發現了中東首座油田。其後，波斯灣引來西方大集團的注目；1920、1930年代，巴林等中東國家（當時除1932年建國的沙烏地阿拉伯外，多數皆為英國的保護國）陸續發掘出這項財富。一個世紀後，石油帶來的發展徹底改變了巴林的樣貌，

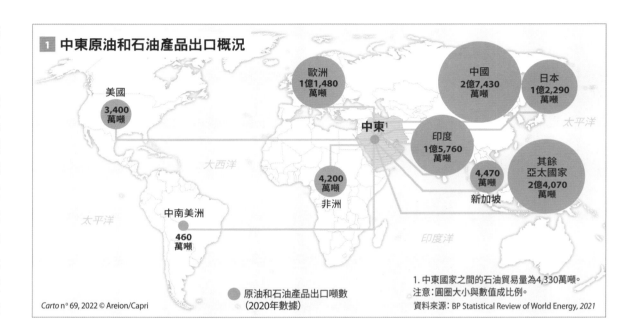

1 中東原油和石油產品出口概況

歐洲 1億1,480萬噸

美國 3,400萬噸

中國 2億7,430萬噸

日本 1億2,290萬噸

中東

印度 1億5,760萬噸

4,470萬噸 新加坡

其餘亞太國家 2億4,070萬噸

4,200萬噸 非洲

中南美洲 460萬噸

太平洋

大西洋

太平洋

印度洋

● 原油和石油產品出口噸數（2020年數據）

1. 中東國家之間的石油貿易量為4,330萬噸。
注意：圓圈大小與數值成比例。

Carto n° 69, 2022 © Areion/Capri

資料來源：BP Statistical Review of World Energy, 2021

然而，巴林並不處於地緣經濟競賽的中心，因為該國的資源已經幾近枯竭。

馬什里克：坐擁世界近半石油的敏感要地

根據英國石油公司BP發布的《世界能源統計年鑑》（Statistical Review of World Energy），中東暨全球首席石油大國是沙烏地阿拉伯，至2020年底為止擁有2,975億桶探明儲量[2]。沙國也控制地球上最大的油田，即位於該國東部、長280公里、寬30公里的加瓦爾（Ghawar）油田。沙國有能力根據需求「轉開或關閉水龍頭」，而且生產成本低廉，因為這些原油是「乾淨的」，有別於委內瑞拉出產的原油。委內瑞拉擁有全球最大的石油儲量（3,038億桶），卻必須花費高昂的費用來加工原物料。更別提委內瑞拉總是危機頻仍，相比之下，沙烏地政權的政治穩定程度堪稱標竿。

馬什里克（Machrek）[3]這一地理區域擁有比任何地方都更豐富的石油資源，當地石油儲量占世界的48.3%，幾乎全部集中在沙烏地阿拉伯（17.2%）、伊朗（9.1%）、伊拉克（8.4%）、科威特（5.9%）和阿拉伯聯合大公國（5.6%）。該地區還有卡達和伊朗這兩個天然氣巨頭，兩國分別擁有24.7兆和32.1兆立方公尺的探明儲量（參見圖2），但國際間制裁伊朗使卡達占有優勢。地層裡蘊藏著這樣的天然財富，讓波斯灣地區在世界經濟中享有特殊地位，也突顯出荷莫茲海峽（Strait of Hormuz）的戰略價值。

荷莫茲海峽位處全球局勢的最敏感處，任何風吹草動都可能使其受影響，因此有些運輸計畫會刻意迴避經過，然而全球1/3的化石燃料依舊由此轉運，主要的客戶是歐洲和中國（參見圖1、2）。美國則隨著自身石油產業發展，進口石油的比例愈來愈少。沙烏地阿拉伯位居石油產業榜首，2020年每天出口約800萬桶（世界總量約每日6,500萬桶）[4]，而沙烏地阿拉伯國家石油公司（Saudi Aramco）在2018年更創造高達1,110億美元的淨利，創下石油產業的世界紀錄。

油價決定國家收入，食租國體質脆弱

只要歐洲不能一天沒有石油，就必須持續關注中東事務。在北非，利比亞的石油和埃及的天然氣吸引義大利國家碳化氫公司（ENI）等大公司的垂涎；阿爾及利亞則無庸置疑是「天然氣天堂」，能為歐洲國家供應能源（參見圖3）。像土耳其這樣的地域大國深諳此理，憑藉外交、經濟（透過土耳其國家石油公司〔TPAO〕）和軍事參與，涉入這場地中海大競賽。然而，利比亞2011年至今長期動盪，令人無法樂觀看待，因此歐洲有必要加強地中海兩岸、特別是與阿爾及利亞之間的聯繫。

在供應和需求的博弈中，石油輸出國組織（Organisation of the Petroleum Exporting Countries, OPEC）成員以談判激烈交鋒，關係緊繃。石油輸出國組織成立於1960年，有13個成員國，包括阿爾及利亞、安哥拉、沙烏地阿拉伯、剛果、阿拉伯聯合大公國、

赤道幾內亞、加彭、伊朗、伊拉克、科威特、利比亞、奈及利亞、委內瑞拉。成員國間之所以劍拔弩張，是因為許多依賴石油收入來實施建設、滿足日常需求、發展產業多元化的國家，其預算取決於石油的價格。在波斯灣各君主國國內，長期存在著這樣的「社會契約」：只要領導人懂得管理石油收入來增進臣民福祉，就能一直在位。此種邏輯在阿爾及利亞和利比亞也看得見，這兩個國家的民眾受夠國家控制的能源部門貪汙腐敗，於是挺身示威抗議，推翻了以穩定聞名的政權。儘管太陽能等石油替代品已經問世，卻仍不足以供應能源需求。隨著一次次經濟危機爆發，特別是2020年Covid-19全球疫情導致經濟衰退，這種「食租國家」體制（rentier state）❺再次受到質疑，也促使人們思考是否該捨棄「石油至上」的做法。

文 • G. Fourmont

❶ 譯注：指史前時代結束、文字發明，一直到西元476年西羅馬帝國滅亡的這段時間。適用範圍為歐洲、西亞、北非。
❷ 編注：根據石油輸出國組織，2021年沙國原油探明儲量為2,672億桶。
❸ 譯注：指阿拉伯世界東部地區，意為「日出之處」，與指稱阿拉伯世界西部北非阿語國家的「馬格里布」（Maghreb，日落之處）相對。
❹ 編注：根據2023年初發布的《世界能源統計年鑑》，2022年沙國每日出口量約738萬桶，全世界每日出口總量為4,276萬桶。
❺ 編注：意指國家的主要收入來自外來財源，如石油等天然資源或是外國援助，而非國內的稅收。

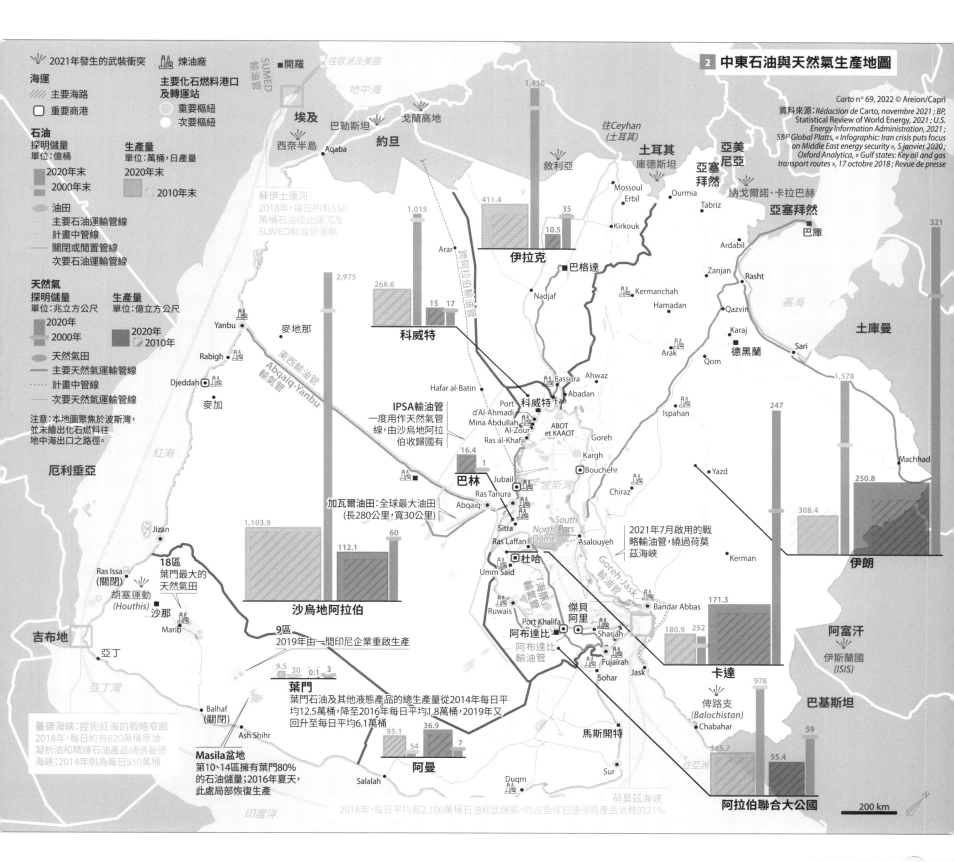

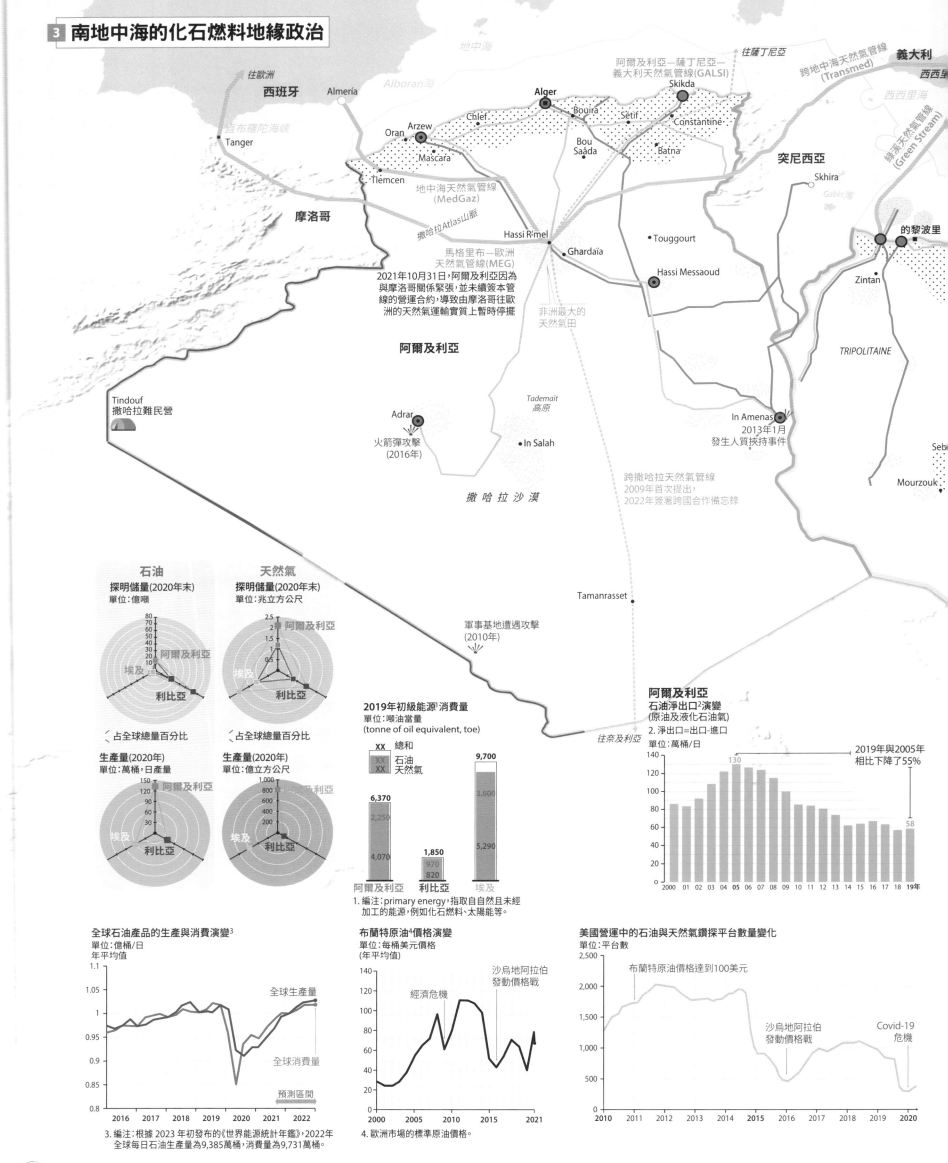

3 南地中海的化石燃料地緣政治

往歐洲

西班牙　Almería
地中海　往薩丁尼亞　阿爾及利亞—薩丁尼亞—義大利天然氣管線(GALSI)　跨地中海天然氣管線(Transmed)　義大利　西西里
Alboran海
直布羅陀海峽
Tanger　Oran　Arzew　Chlef　Alger　Bouira　Sétif　Skikda　Constantine
摩洛哥　Mascara　Bou Saâda
Tlemcen
地中海天然氣管線(MedGaz)　Batna
撒哈拉Atlas山脈　Hassi R'mel
綠溪天然氣管線(Green Stream)
突尼西亞　Skhira　Gabès灣
馬格里布—歐洲天然氣管線(MEG)　Ghardaïa　Touggourt　的黎波里
2021年10月31日，阿爾及利亞因為與摩洛哥關係緊張，並未續簽本管線的營運合約，導致由摩洛哥往歐洲的天然氣運輸實質上暫時停擺　Hassi Messaoud　Zintan
非洲最大的天然氣田
阿爾及利亞　TRIPOLITAINE
Tindouf　撒哈拉難民營
Tademaït高原
Adrar　In Salah　Mourzouk
火箭彈攻擊(2016年)
撒哈拉沙漠
In Amenas　2013年1月發生人質挾持事件　Seb...
跨撒哈拉天然氣管線2009年首次提出，2022年簽署跨國合作備忘錄
Tamanrasset
軍事基地遭遇攻擊(2010年)
往奈及利亞

石油
探明儲量(2020年末)
單位：億噸
阿爾及利亞　埃及　利比亞

↗ 占全球總量百分比

生產量(2020年)
單位：萬桶，日產量
阿爾及利亞　埃及　利比亞

天然氣
探明儲量(2020年末)
單位：兆立方公尺
阿爾及利亞　埃及　利比亞

↗ 占全球總量百分比

生產量(2020年)
單位：億立方公尺
阿爾及利亞　埃及　利比亞

2019年初級能源[1]消費量
單位：噸油當量
(tonne of oil equivalent, toe)

XX　總和
XX　石油
XX　天然氣

	阿爾及利亞	利比亞	埃及
總和	6,370	1,850	9,700
石油	2,250	970	3,600
天然氣	4,070	820	5,290

1. 編注：primary energy，指取自自然且未經加工的能源，例如化石燃料、太陽能等。

阿爾及利亞
石油淨出口[2]演變
(原油及液化石油氣)
2. 淨出口=出口-進口
單位：萬桶/日

2019年與2005年相比下降了55%
130　58
2000 01 02 03 04 05 06 07 08 09 10 11 12 13 14 15 16 17 18 19年

全球石油產品的生產與消費演變[3]
單位：億桶/日
年平均值

全球生產量
全球消費量
預測區間
2016　2017　2018　2019　2020　2021　2022
3. 編注：根據2023年初發布的《世界能源統計年鑑》，2022年全球每日石油生產量為9,385萬桶，消費量為9,731萬桶。

布蘭特原油[4]價格演變
單位：每桶美元價格
(年平均值)

經濟危機
沙烏地阿拉伯發動價格戰
2000　2005　2010　2015　2021
4. 歐洲市場的標準原油價格。

美國營運中的石油與天然氣鑽探平台數量變化
單位：平台數

布蘭特原油價格達到100美元
沙烏地阿拉伯發動價格戰
Covid-19危機
2010 2011 2012 2013 2014 2015 2016 2017 2018 2019 2020

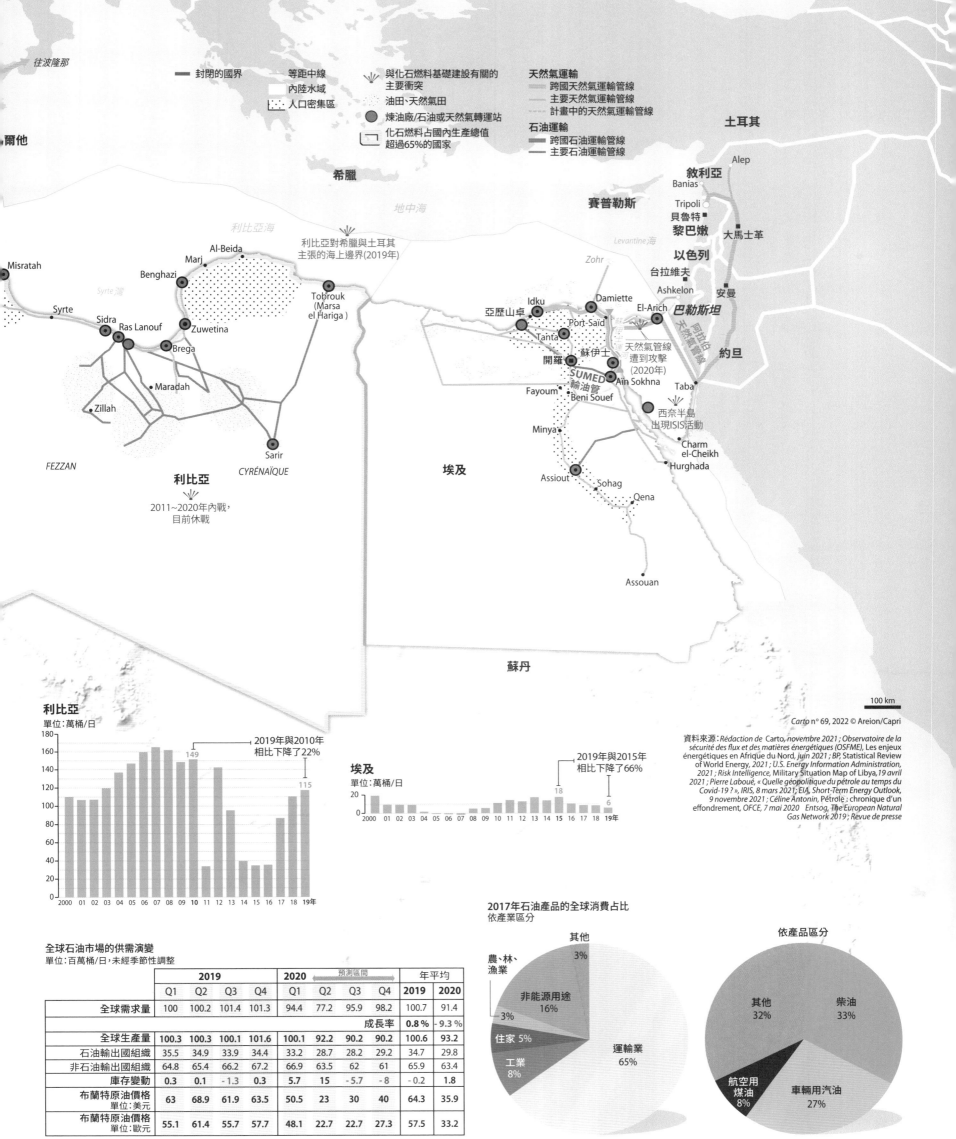

圖例

封閉的國界　　等距中線　　與化石燃料基礎建設有關的主要衝突
　　　　　　　內陸水域　　油田、天然氣田
　　　　　　　人口密集區　　煉油廠/石油或天然氣轉運站
　　　　　　　　　　　　　　化石燃料占國內生產總值超過65%的國家

天然氣運輸
跨國天然氣運輸管線
主要天然氣運輸管線
計畫中的天然氣運輸管線

石油運輸
跨國石油運輸管線
主要石油運輸管線

爾他　　希臘　　土耳其　　敘利亞　　賽普勒斯　　黎巴嫩　　以色列　　巴勒斯坦　　約旦

往波隆那

地中海　　利比亞海　　Levantine海

Alep　　Banias　　Tripoli　　貝魯特　　大馬士革　　台拉維夫　　Ashkelon　　安曼　　El-Arich　　Taba

Misratah　　Al-Beida　　Marj　　Benghazi　　Syrte灣　　Tobrouk (Marsa el Hariga)　　Zohr

利比亞對希臘與土耳其主張的海上邊界(2019年)

亞歷山卓　　Idku　　Damiette　　Port-Saïd　　Tanta　　蘇伊士　　開羅　　SUMED輸油管　　Ain Sokhna

天然氣管線遭到攻擊(2020年)　　阿拉伯天然氣輸氣線

西奈半島出現ISIS活動

Sidra　　Ras Lanouf　　Zuwetina　　Brega　　Maradah　　Zillah　　Sarir

Fayoum　　Beni Souef　　Minya　　Assiout　　Sohag　　Qena　　Charm el-Cheikh　　Hurghada

FEZZAN　　CYRÉNAÏQUE　　利比亞　　埃及　　蘇丹

2011~2020年內戰，目前休戰

Assouan

100 km

Carto n° 69, 2022 © Areion/Capri

資料來源：*Rédaction de Carto, novembre 2021 ; Observatoire de la sécurité des flux et des matières énergétiques (OSFME)*, Les enjeux énergétiques en Afrique du Nord, *juin 2021 ; BP, Statistical Review of World Energy, 2021 ; U.S. Energy Information Administration, 2021 ; Risk Intelligence, Military Situation Map of Libya,19 avril 2021 ; Pierre Laboué, « Quelle géopolitique du pétrole au temps du Covid-19 ? », IRIS, 8 mars 2021; EIA, Short-Term Energy Outlook, 9 novembre 2021 ; Céline Antonin, Pétrole : chronique d'un effondrement, OFCE, 7 mai 2020　Entsog, The European Natural Gas Network 2019 ; Revue de presse*

利比亞
單位：萬桶/日

2019年與2010年相比下降了22%

149　　115

埃及
單位：萬桶/日

2019年與2015年相比下降了66%

18　　6

2000 01 02 03 04 05 06 07 08 09 10 11 12 13 14 15 16 17 18 **19年**

全球石油市場的供需演變
單位：百萬桶/日，未經季節性調整

	2019				2020　預測區間				年平均	
	Q1	Q2	Q3	Q4	Q1	Q2	Q3	Q4	2019	2020
全球需求量	100	100.2	101.4	101.3	94.4	77.2	95.9	98.2	100.7	91.4
成長率									**0.8%**	-9.3%
全球生產量	100.3	100.3	100.1	101.6	100.1	92.2	90.2	90.2	100.6	93.2
石油輸出國組織	35.5	34.9	33.9	34.4	33.2	28.7	28.2	29.2	34.7	29.8
非石油輸出國組織	64.8	65.4	66.2	67.2	66.9	63.5	62	61	65.9	63.4
庫存變動	0.3	0.1	-1.3	0.3	5.7	15	-5.7	-8	-0.2	1.8
布蘭特原油價格 單位：美元	63	68.9	61.9	63.5	50.5	23	30	40	64.3	35.9
布蘭特原油價格 單位：歐元	55.1	61.4	55.7	57.7	48.1	22.7	22.7	27.3	57.5	33.2

注意：2020年的預測數值由法國經濟觀測中心(OFCE)根據該年能取得的首批數據計算而得。

2017年石油產品的全球消費占比
依產業區分

其他 3%
農、林、漁業 3%
非能源用途 16%
住家 5%
工業 8%
運輸業 65%

依產品區分

其他 32%
柴油 33%
航空用煤油 8%
車輛用汽油 27%

AFRICA
非洲篇

卡宗古拉大橋（Kazungula Bridge）

尚比西河（Zambezi River）上這座新的基礎建設於2021年5月啟用，
長達923公尺，連接波札納與尚比亞。
（© AFP/Monirul Bhuiyan）

尼羅河流域：
衣索比亞建發電大壩，引爆水權糾紛

衣索比亞在尼羅河上建造大壩，導致該國與埃及、蘇丹關係緊繃。埃、蘇當局皆譴責該水壩建設無度，恐威脅本國脆弱的水資源。在這個地區，水資源不僅對人類日用不可或缺，更攸關國家經濟運途，各國若無法協調出長久的水資源共享之道，未來甚至可能爆發水權戰爭。

一個多世紀以來，尼羅河廣大流域（320萬平方公里）所涵蓋的各個國家，為了控制這條河而紛爭不休。1929年起，埃及對在尼羅河上游河段內進行的建設享有獨家否決權，範圍包括匯流於蘇丹首都喀土穆（Khartoum）的白尼羅河（占流域水體的15%）和藍尼羅河（占85%）。這項權利由英國（代表其非洲殖民地）授予埃及，當時這個阿拉伯國家獨立已滿七年。

1959年，蘇丹和埃及達成水資源共享協議，埃及仍占上風，囊括了2/3的水量；1960年，埃及開始興建亞斯文大壩（Aswan Dam，參見圖1），並於1970年啟用。在那之後，先前受到協議所忽視的尼羅河上游國家用水需求上升，終於促成了1999年的《尼羅河流域倡議》（The Nile Basin Initiative），旨在重新構想尼羅河的共享問題。然而，埃及始終以霸權心態掌握水資源而不予妥協，於是衣索比亞、坦尚尼亞、烏干達、盧安達、肯亞和蒲隆地六個上游國家又於2010年簽訂《恩德培協議》（Entebbe Agreement），決心擺脫開羅的監管。

衣索比亞建大壩，搶救缺電危機

衝突未解，衣索比亞又於2011年4月逕行動工興建一座巨大的基礎建設：衣索比亞復興大壩（Grand Ethiopian Renaissance Dam）。這座大壩位於藍尼羅河上，距離衣國與蘇丹邊界約15公里，規模宏偉而鋪張——高170公尺、長1,800公尺，包含一座容量500萬瓩的水力發電廠（相當於五座核電廠機組），以及一座體積740億立方公尺的水庫，預計覆蓋面積1,700平方公里。

儘管埃及、蘇丹和衣索比亞2015年在喀土穆簽署了「原則宣示」，確保大壩的興建不會危及下游用水，埃、蘇兩國仍在水庫進入蓄水階段時（第一階段完成於2020年夏天，第二階段完成於2021年7月）❶感到相當憂慮。蘇丹擔心其農業灌溉受影響，以及國內水壩進水量減少；埃及的水資源97%仰賴尼羅河供應，因此更是關乎國家安全的大事。

對於衣索比亞當局來說，復興大壩牽涉了多重利害關係。這座2022年2月開始發電的大壩，對正拚搏成為地域大國的衣索比亞而言具有重要的象徵地位，不論在地緣政治或經濟方面皆意義非凡。畢竟衣國雖在這二十年間以強勁的經濟成長贏得「非洲之虎」稱號，卻面臨嚴重電力短缺，亟待復興大壩為該

國全體人口（2022年為1億2,338萬居民）提供能源。根據衣國當局的說法，大壩僅供能源生產，貯水不用於灌溉土地，這或許能消除蘇丹和埃及對尼羅河流量能否維持正常的擔憂。

水利政治的權力關係逆轉

因此，大壩水庫如何達到蓄水目標便成為新的爭議焦點。埃及希望大壩水庫以15年為期，漸次蓄水，衣索比亞則希望蓄水在2024年之前完成。然而，一連串事件導致地域權力關係重新洗牌。2019年4月，自1989年起長期擔任蘇丹總統的巴希爾遭到推翻，讓喀土穆與開羅當局的關係得以邁向正常化，也使昔日支持衣索比亞的蘇丹改變立場，與埃及總統塞西（Abdel Fattah el-Sissi，2014年就任）達成一致共識。此外，衣索比亞提格雷州（Tigré）的分離主義削弱了該國總理阿邁德（Abiy Ahmed）自2018年上任以來即堅持不容妥協的民族主義基調，2020年11月以來，地方政府部隊和聯邦政府部隊持續在提格雷州交戰。

建造復興大壩也造成衣索比亞許多內政問題。數千名農牧業人口流離失所，其中一些人認為沒有得到足夠的補償。建造大壩預計將耗資超過80億美元，是最初估計的兩倍，導致衣索比亞政府不得不扣減公務員薪水、辦樂透、把農地賣給外國投資者，引發部分人民不滿。另外，衣索比亞企業缺乏足夠技術，迫使政府求助於中國專家，令人更加懷疑菁英階層貪汙腐敗。

2019年以來，此區域的水利衝突漸趨國際化。在各大國如俄羅斯、美國和阿拉伯聯合大公國調解失敗後，尼羅河流域國家轉而求助國際組織（世界銀行、非洲聯盟、聯合國），但都徒勞無功。面對衣索比亞毫不妥協的姿態，達成協議難上加難。儘管維持現狀不無可能，但尼羅河流域仍有機會爆發武裝衝突。

文 • É.janin

❶ 編注：第三階段蓄水於2022年8月完成。

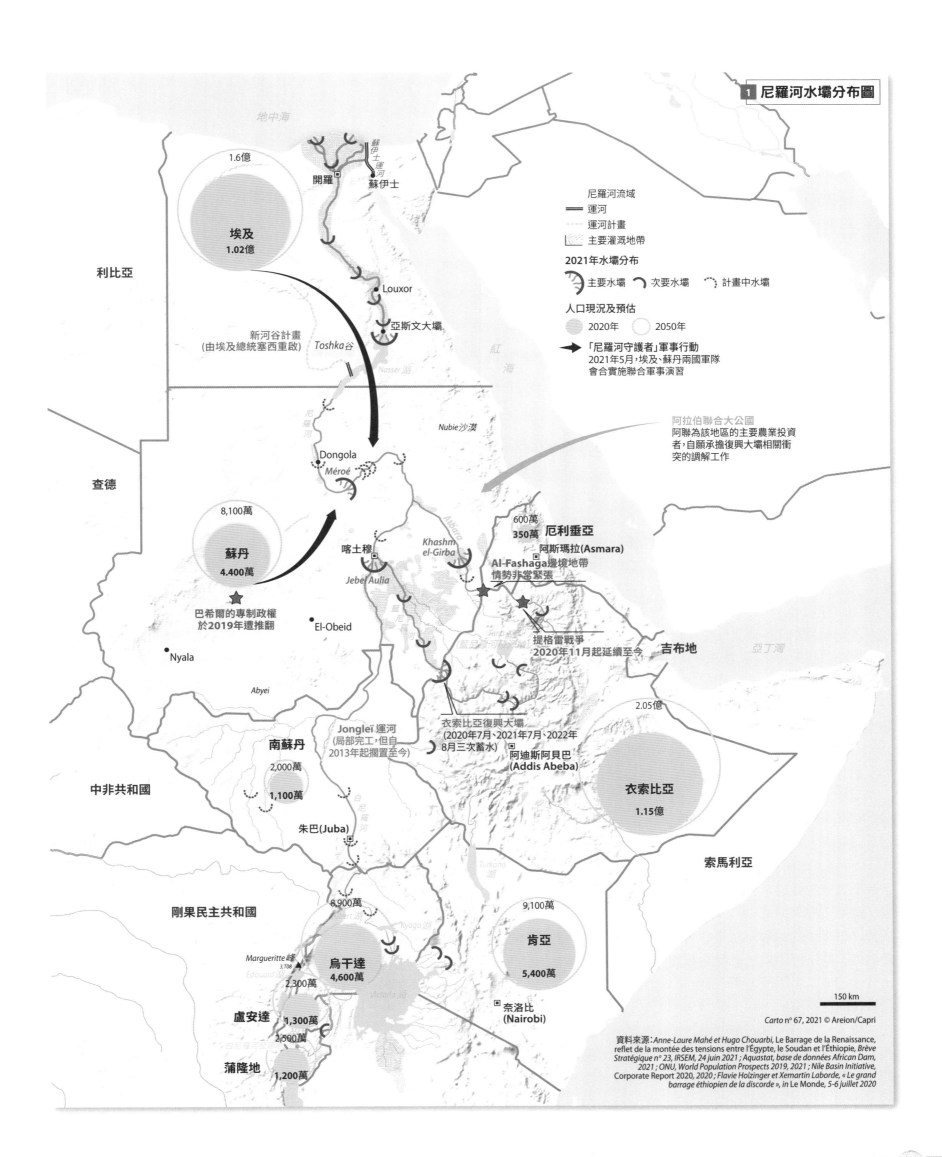

地中海

蘇伊士運河

1.6億

開羅

蘇伊士

利比亞

埃及
1.02億

尼羅河流域
━━ 運河
┄┄ 運河計畫
主要灌溉地帶

2021年水壩分布
主要水壩　　次要水壩　　計畫中水壩

人口現況及預估
2020年　　2050年

「尼羅河守護者」軍事行動
2021年5月，埃及、蘇丹兩國軍隊
會合實施聯合軍事演習

Louxor

亞斯文大壩

新河谷計畫
(由埃及總統塞西重啟)

Toshka谷

Nasser湖

紅海

Nubie沙漠

阿拉伯聯合大公國
阿聯為該地區的主要農業投資
者，自願承擔復興大壩相關衝
突的調解工作

查德

Dongola

Méroé

8,100萬

600萬
350萬 厄利垂亞

阿斯瑪拉(Asmara)

Atbara

蘇丹
4,400萬

喀土穆

Khashm
el-Girba

Al-Fashaga邊境地帶
情勢非常緊張

巴希爾的專制政權
於2019年遭推翻

Jebel Aulia

2.05億

亞丁灣

吉布地

提格雷戰爭
2020年11月起延續至今

El-Obeid

Nyala

藍尼羅河

衣索比亞復興大壩
(2020年7月、2021年7月、2022年
8月三次蓄水)

Abyei

中非共和國

南蘇丹

Jongleï 運河
(局部完工，但自
2013年起擱置至今)

阿迪斯阿貝巴
(Addis Abeba)

衣索比亞
1.15億

2,000萬
1,100萬

白尼羅河

朱巴(Juba)

Turkana
湖

索馬利亞

剛果民主共和國

8,900萬

Albert湖

Kyoga湖

9,100萬

肯亞
5,400萬

Margueritte 峰
3,108

Édouard湖

烏干達
4,600萬

Victoria湖

奈洛比
(Nairobi)

2,300萬

150 km

盧安達
2,500萬
1,300萬

蒲隆地
1,200萬

Carto n° 67, 2021 © Areion/Capri

資料來源：*Anne-Laure Mahé et Hugo Chouarbi, Le Barrage de la Renaissance, reflet de la montée des tensions entre l'Égypte, le Soudan et l'Éthiopie, Brève Stratégique n° 23, IRSEM, 24 juin 2021 ; Aquastat, base de données African Dam, 2021 ; ONU, World Population Prospects 2019, 2021 ; Nile Basin Initiative, Corporate Report 2020, 2020 ; Flavie Holzinger et Xemartin Laborde, « Le grand barrage éthiopien de la discorde », in Le Monde, 5-6 juillet 2020*

非洲：氣候變遷最大受害者

非洲大陸飽受洪水、乾旱和氣旋襲擊，安全情勢亦不斷惡化。氣候變遷帶來的影響是巨大的，環境因素也促使這個地區持續發生頻繁衝突，或者讓原有紛爭更為惡化。2020年11月在衣索比亞北部爆發的提格雷戰爭如今陷入僵局，這片大陸正經歷人道危機。

撒哈拉以南非洲對氣候變遷須負的責任甚微，卻承受著嚴重的後果。世界銀行指出，2016年非洲的人均二氧化碳排放量為0.83噸，也就是平均每位非洲人所製造的溫室氣體僅有法國人（人均二氧化碳排放量5.2噸）的1/6。整體來看，非洲人口占全世界的14%，排放量卻僅占全球總量的2～3%。

作物與土地飽受威脅

氣候變遷對非洲造成各種影響，而且愈來愈顯著。首先是氣溫持續上升，非洲各地的平均氣溫相較於十九世紀增加攝氏0.3～1.5度不等，而2019年是非洲有史以來最熱年份的前三名。此外，降雨變得十分不穩定，薩赫爾（Sahel）地區[1]的雨量在過去30年間下降了25%，2019年卻爆發洪災；非洲南部於2018～2019年發生的嚴重乾旱也足以證明。極端氣候事件的頻率和強度亦逐步增加，例如2019年3月登陸莫三比克的強烈熱帶氣旋伊代（Cyclone Idai），為南半球帶來前所未見的嚴重災情。人口密集的大城市，如象牙海岸的阿必尚（Abidjan）、南非的開普敦（Cape Town）和埃及的亞歷山卓港（Alexandria），都面臨海平面上升威脅。在可預見的未來，非洲農業將遭受衝擊：基本穀糧的生產力預估將明顯下降，而荒漠化日趨嚴重、土壤退化導致耕地面積減少（撒哈拉沙漠的面積在二十世紀增加了10%），更會讓情勢進一步惡化。漁業也將遭遇漁獲量下降的問題，魚類這種當地不可或缺的蛋白質來源會更難取得。

環境危機的影響日趨嚴重，威脅著非洲這片脆弱大陸。美國印第安納州的聖母大學結合多項指標（水、糧食、健康、生態系、人類居所、基礎建設）設計出「聖母大學全球適應指數」（Notre Dame Global Adaptation Index，參見圖1），該指數顯示，2018年全球最易受氣候變遷傷害的30個國家有23個位於非洲[2]。無論是氣候、政治、經濟或衛生方面的變故，共通點都是最貧困者最無防備、最禁不起衝擊。正如Covid-19疫情再次向我們展現的，非洲的貧窮率原本以極緩慢的速度下降，疫情又讓該比率再度上升，迫使二十大工業國（G20）對38個撒哈拉以南非洲國家所欠債務進行重整。

儘管自2015年《巴黎協定》成立以來，人類制定了各項宏大目標，非洲國家卻不具備充足的因應能力，讓人不禁質疑國際間的團結意願和綠色氣候基金（Green Climate Fund）有多少能耐。

環境危機使衝突激增，多國陷入惡性循環

氣候變遷事實上是加劇許多既存問題的重要因素。在1/5人口挨餓、30%兒童發育遲緩的非洲地區，氣候變遷結合人口因素將大大威脅糧食安全——到了2050年，非洲人口預計將會倍增至25億。

人口成長讓日益耗竭的資源承受更多壓力。薩赫爾地區儲水不斷減少，使得畜牧者和農民關係緊繃，為恐怖組織博科聖地（Boko Haram）的興起提供了沃土。2007年，聯合國祕書長潘基文（Ban Ki-moon，任期2007～2016年）將蘇丹達佛（Darfur）地區的局勢描述為「氣候變遷的第一場戰爭」，而競爭水資源同時也是蘇丹與南蘇丹衝突的原因。2020年，非洲之角在重大政治危機的打擊下，再無力應對毀滅性的蝗災。環境惡化和政治動盪使得流離失所的人民遽增，導致許多地區脆弱的平衡遭到破壞；衝突又反過來惡化非洲人的生活條件、破壞當地發展，形成惡性循環。由此可見，區域衝突、環境損害和嚴峻的人道情勢息息相關，而2019年接受聯合國糧食援助的41個國家裡，非洲就占了3/4[3]。

非洲大陸仍存在許多衝突熱點。恐怖組織伊斯蘭國（ISIS）的一個分支掌控了莫三比克北部，似乎正要擴展至坦尚尼亞；伊斯蘭馬格里布蓋達組織（AQIM）持續壓迫薩赫爾地區，當地居民面臨的恐怖威脅有增無減。Covid-19疫情肆虐，衛生情勢愈形險峻，導致大規模的移民危機。據聯合國統計，在馬利、布吉納法索、尼日三國交界地帶，難民和流離失所者總計超過300萬人，該地區因環境退化而面臨嚴峻考驗，更因為貧困與暴力而動盪不安。

非洲各國內部的衝突也層出不窮，如喀麥隆的動亂（英語區人士遭到歧視）及肯亞、象牙海岸和查德的族群衝突；在奈及利亞，民族與宗教衝突結合了石油利益及土地分配問題，造成至今難解的南北對立情勢。利比亞內戰及索馬利亞內戰最終導致領土分裂，國家分崩離析。某些衝突則死灰復燃，西撒哈拉即是如此，摩洛哥軍隊於2020年11月入侵緩衝區，再度與撒哈拉人劍拔弩張。與此同時，衣索比亞北部的提格雷爆發戰爭，使該地區面臨嚴峻的人道危機。

文 • C.Loïzzo

維德角

茅利塔尼亞

塞內加爾

甘比亞

幾內亞比索

幾內亞

獅子山

賴比瑞亞

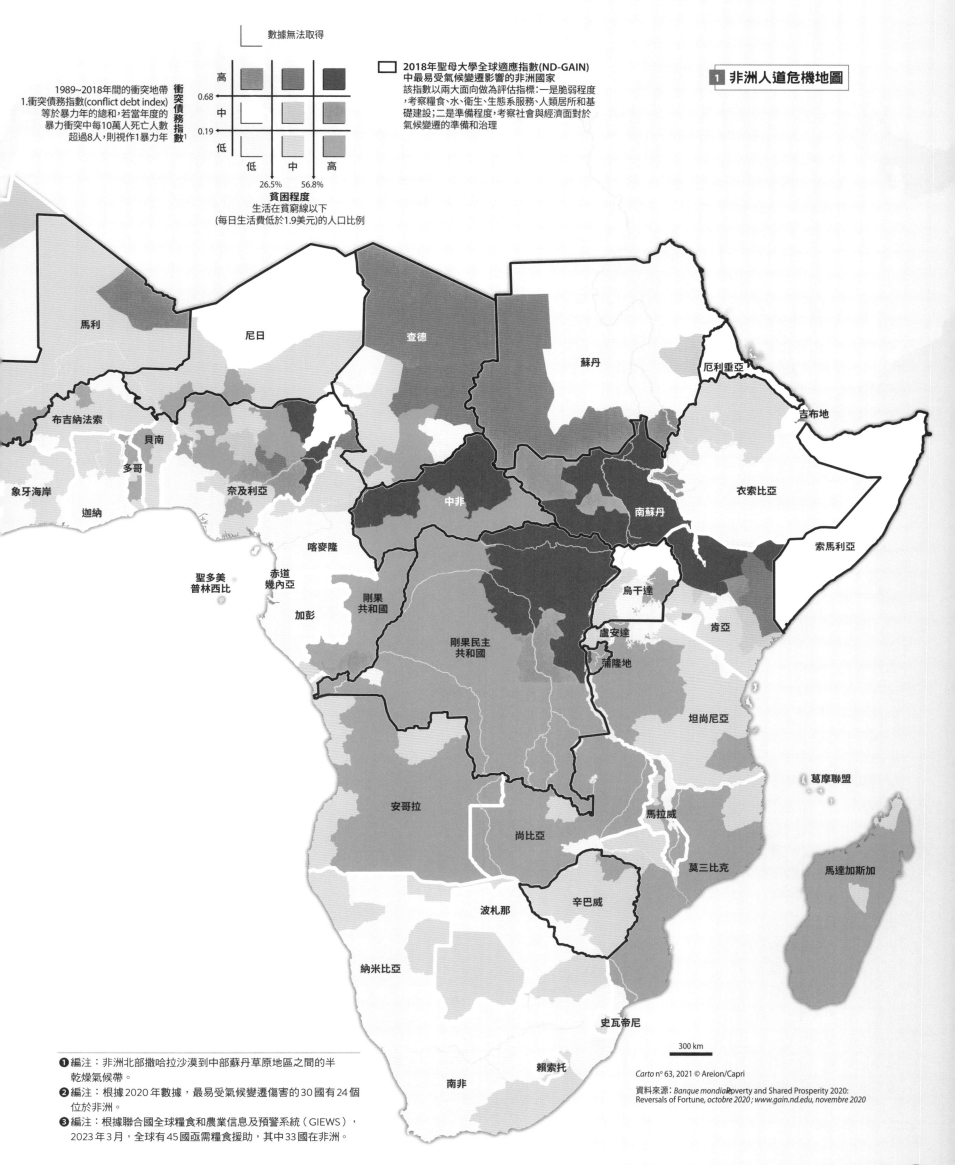

數據無法取得

高
0.68
中
0.19
低

衝突債務指數
衝突債務指數

1989~2018年間的衝突地帶
1.衝突債務指數(conflict debt index)
等於暴力年的總和,若當年度的
暴力衝突中每10萬人死亡人數
超過8人,則視作1暴力年[1]

低 中 高
26.5% 56.8%
貧困程度
生活在貧窮線以下
(每日生活費低於1.9美元)的人口比例

2018年聖母大學全球適應指數(ND-GAIN)
中最易受氣候變遷影響的非洲國家
該指數以兩大面向做為評估指標:一是脆弱程度
,考察糧食、水、衛生、生態系服務、人類居所和基
礎建設;二是準備程度,考察社會與經濟面對於
氣候變遷的準備和治理

馬利
尼日
查德
蘇丹
厄利垂亞
吉布地
布吉納法索
貝南
多哥
奈及利亞
中非
南蘇丹
衣索比亞
象牙海岸
迦納
索馬利亞
喀麥隆
聖多美
普林西比
赤道
幾內亞
加彭
剛果
共和國
剛果民主
共和國
烏干達
盧安達
蒲隆地
肯亞
坦尚尼亞
葛摩聯盟
安哥拉
馬拉威
尚比亞
莫三比克
馬達加斯加
納米比亞
辛巴威
波札那
史瓦帝尼
賴索托
南非

300 km

Carto nº 63, 2021 © Areion/Capri

❶ 編注:非洲北部撒哈拉沙漠到中部蘇丹草原地區之間的半
乾燥氣候帶。
❷ 編注:根據2020年數據,最易受氣候變遷傷害的30國有24個
位於非洲。
❸ 編注:根據聯合國全球糧食和農業信息及預警系統(GIEWS),
2023年3月,全球有45國亟需糧食援助,其中33國在非洲。

資料來源:*Banque mondiale*,*Poverty and Shared Prosperity 2020:
Reversals of Fortune, octobre 2020 ; www.gain.nd.edu, novembre 2020*

南非：貪汙總統入獄，為何導致貧民窟暴動？

衰退、疫情、貧困化⋯⋯正如同世界上的其他角落，困擾著南非的種種問題，首當其衝的都是最弱勢的族群。2021年6月，南非前總統朱瑪（Jacob Zuma，任期2009～2018年）被判處有期徒刑，這件事成為導火線，引發城市中最為貧窮、生活條件也不斷惡化的居民群起暴動。

2000 年代，南非的經濟活力體現在每年3～5%的穩定成長；然而在下一個十年中，去工業化❶浪潮加上亞洲加入競爭行列，造成南非的經濟活力下降。2020年，該國經濟甚至陷入衰退（-8.2%）。衰退的首要原因是Covid-19疫情，南非當局實施世界上數一數二嚴格的封城政策，並讓12歲以上的國民接種疫苗。綜上所述，南非自2013年以來的非洲大陸第一強權（以GDP計算）地位已經被奈及利亞取代，而如今，埃及也即將超越南非，躍居非洲經濟亞軍。

世界上最不平等的國家，死亡率依種族攀升

儘管1948～1991年的種族隔離制度業已告終，其影響仍然深刻塑造著南非社會，以世界銀行的數據來看，南非是世界上最不平等的國家。南非1%的人口擁有90%的財富，卻有75%的黑人家庭生活在貧窮線以下，收入差距至今仍然十分懸殊。幾個獨立消息來源指出，該國將近50%的勞動人口面臨失業，而根據官方數據，2021年第二季南非的失業率為34.4%，且失業情況對黑人（失業率38.2%）、混血兒（28.5%）和亞洲／印度人（19.5%）的影響遠大於白人（8.6%）。在教育方面，2016年的南非仍有7.1%的黑人未受教育，而白人未受教育的比例只有1.6%。這些社會不平等也可以從南非的空間區劃裡看出端倪。2000年代初以降，簡陋自建房舍的密度飆升，貧窮街區的人口密度特別高，基礎建設極端脆弱。在約翰尼斯堡（Johannesburg）索維托（Soweto）遼闊無邊的「城鎮」（township，貧窮的市郊街區）裡，莫茨爾萊迪貧民窟（Motsoaledi slum）只有48個自來水供水點，卻由4萬人共享。

這些不平等同樣表現在衛生領域。2020年，聯合國估計南非有780萬名HIV帶原者，占該國5,930萬人口的13%❷。黑人居多的農村和城市貧窮地帶比白人居住的住宅區更容易受到病毒侵襲。Covid-19疫情更加劇了這些衛生條件上的社會不平等。專家估計，南非截至2021年10月中旬有超過16萬人死於Covid-19，而該國官方統計數字是8萬8,500人❸，咸認如此大規模的死亡應部分歸因於HIV帶原者較缺乏免疫力。藉由評量空間分布與居住條件，我們對Covid-19的傳播動態也能有更加透澈的理解，遭到感染的人大多生活在貧民窟，而貧民窟居民沒有機會遵行防疫措施和實行隔離。

朱瑪入獄引發大規模暴動，造成350人死亡

南非前總統朱瑪於2009年上台時，宣稱有意解決讓南非陷入分裂的社會不平等。他的執政卻完全沒有回應窮困人民的期待，反而充斥著裙帶關係、挪用公款和性侵害控訴，成為經濟衰退的代名詞。朱瑪所屬政黨為非洲民族議會（African National Congress），自2019年選舉以來在國會中占多數，在400席的國民議會（下議院）中擁有230席，在90席的全國省務會（上議院）中擁有62席。然而，朱瑪甚至在自己的政黨裡也失去了支持，於2018年被迫辭職，由拉瑪佛沙（Cyril Ramaphosa）接任。在這之後，朱瑪被傳喚到南非政治腐敗調查委員會出庭，以回應對他提出的指控。由於拒絕出庭，他於2021年6月被憲法法院判處15個月監禁。

同年7月7日，朱瑪入獄服刑，這激怒了他最忠實的支持者，他們與朱瑪一樣都是祖魯族（Zulu）人。7月9日，在朱瑪故鄉瓜祖魯那他省（KwaZulu-Natal）的數座貧民窟爆發了第一波騷亂，隨後蔓延到豪登省（Gauteng），尤以約翰尼斯堡和首都普利托利亞（Pretoria）的貧困街區為最。此後兩週內搶劫案和都市暴動劇增，造成約350人死亡。朱瑪於9月初獲釋，官方給的理由與健康因素有關❹。這場動亂影響4萬多家商店，蹂躪多個商業和工業街區。南非政府指出，暴亂造成29億歐元的損失，僅僅在瓜祖魯那他省就威脅到約15萬個就業機會。南非經濟遭受Covid-19疫情摧殘後已備顯衰弱，恐怕很難找回昔日的動能。聯合國開發計劃署（United Nations Development Programme, UNDP）指出，這場暴亂恐造成超過100萬南非人陷入貧窮，進一步加劇貧困和不平等。

文●D.Lagarde

❶ 編注：deindustrialization，指製造業比例大幅下降，社會整體過渡至以服務業為主的經濟型態。

❷ 編注：根據聯合國統計，2021年，南非有750萬名HIV帶原者，占其5,939萬人口的12.6%。

❸ 編注：根據南非官方統計，截至2023年2月初，南非死於Covid-19人數已超過10萬人。

❹ 編注：同年12月，南非法院裁定該醫療假釋無效，予以駁回。

南非的社經不平等

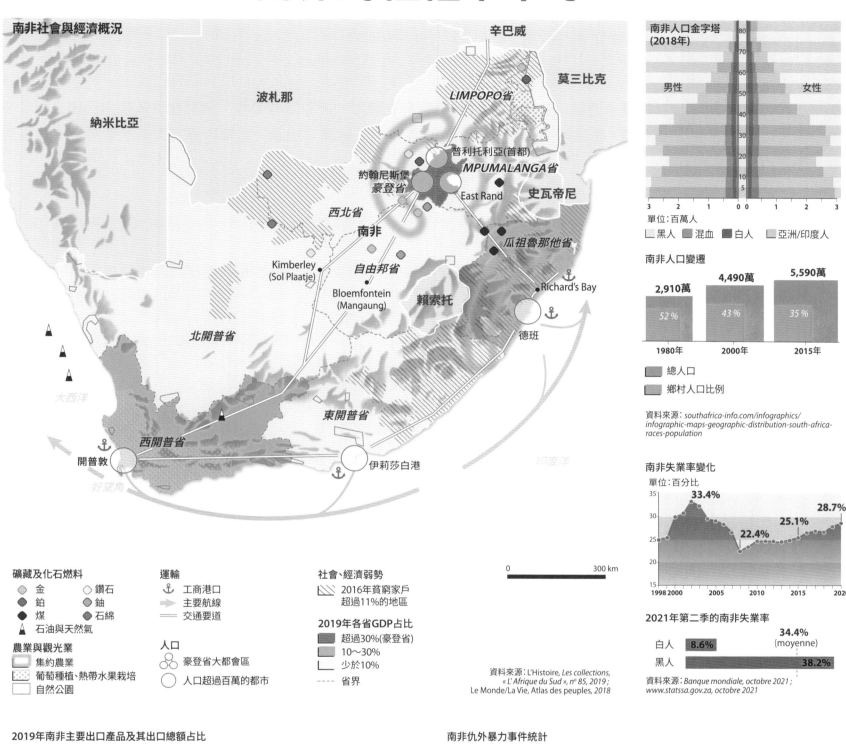

南非社會與經濟概況

辛巴威
波札那
納米比亞
LIMPOPO省
莫三比克
普利托利亞(首都)
MPUMALANGA省
約翰尼斯堡 豪登省
East Rand
史瓦帝尼
西北省
南非
瓜祖魯那他省
Kimberley (Sol Plaatje)
自由邦省
Bloemfontein (Mangaung)
賴索托
Richard's Bay
北開普省
德班
西開普省
開普敦
伊莉莎白港
東開普省
大西洋
好望角
印度洋

礦藏及化石燃料
- ◓ 金
- ◇ 鑽石
- ◆ 鉑
- ◓ 鈾
- ◆ 煤
- ◒ 石綿
- ▲ 石油與天然氣

農業與觀光業
- ▭ 集約農業
- ▦ 葡萄種植、熱帶水果栽培
- ▭ 自然公園

運輸
- ⚓ 工商港口
- ⇒ 主要航線
- ══ 交通要道

人口
- 豪登省大都會區
- ○ 人口超過百萬的都市

社會、經濟弱勢
- ▨ 2016年貧窮家戶超過11%的地區

2019年各省GDP占比
- 超過30%(豪登省)
- 10～30%
- 少於10%
- ---- 省界

0 ———— 300 km

資料來源：L'Histoire, Les collections, « L' Afrique du Sud », nº 85, 2019 ; Le Monde/La Vie, Atlas des peuples, 2018

南非人口金字塔 (2018年)
男性　女性
3 2 1 0 0 1 2 3
單位：百萬人
- ▢ 黑人
- ▨ 混血
- ■ 白人
- ▢ 亞洲/印度人

南非人口變遷
- 2,910萬　52%　1980年
- 4,490萬　43%　2000年
- 5,590萬　35%　2015年
- ■ 總人口
- ▨ 鄉村人口比例

資料來源：southafrica-info.com/infographics/ infographic-maps-geographic-distribution-south-africa- races-population

南非失業率變化
單位：百分比
33.4%
22.4%
25.1%
28.7%
1998 2000　2005　2010　2015　2020

2021年第二季的南非失業率
- 白人　8.6%
- 黑人　38.2%
- 34.4% (moyenne)

資料來源：Banque mondiale, octobre 2021 ; www.statssa.gov.za, octobre 2021

2019年南非主要出口產品及其出口總額占比

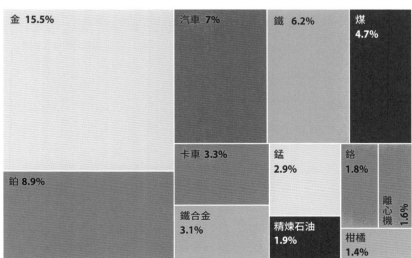

- 金 15.5%
- 汽車 7%
- 鐵 6.2%
- 煤 4.7%
- 鉑 8.9%
- 卡車 3.3%
- 錳 2.9%
- 鉻 1.8%
- 離心機 1.6%
- 鐵合金 3.1%
- 精煉石油 1.9%
- 柑橘 1.4%

資料來源：Observatory of Economic Complexity, 2019

南非仇外暴力事件統計

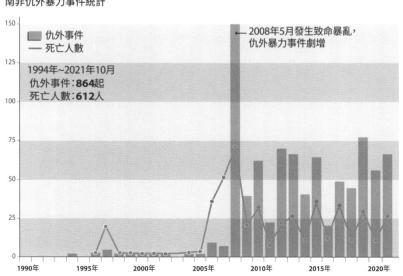

- ▨ 仇外事件
- — 死亡人數

2008年5月發生致命暴亂，仇外暴力事件劇增

1994年～2021年10月
仇外事件：864起
死亡人數：612人

1990年　1995年　2000年　2005年　2010年　2015年　2020年

資料來源：www.xenowatch.ac.za/statistics-dashboard, octobre 2021

Carto nº 68, 2021 © Areion/Capri

中國港口在非洲：
超越軍事的戰略盤算

美國一份機密報告於2021年12月透露，中國繼2017年在吉布地啟用一座軍事基地後，預計在赤道幾內亞建立第二座軍事基地。此消息若獲得證實，將突顯出中國對非洲的盤算結合了經濟、能源、戰略等多方面的利益考量，並在國家主席習近平所重視的「一帶一路」計畫框架內逐步進行。

中國正在對非洲施展一套涵蓋多個層面的戰略計畫，並逐漸提升積極程度，企圖加強自身在非洲的影響力。除了發展貿易、促進移民，中國已成為非洲最大的出資者，大量投資基礎建設。2022年1月，中國外交部長王毅（任期2013～2022年）首訪對象即是肯亞、厄利垂亞和葛摩，也反映出這項意圖。

中國作為全球首席貿易國，進出口都依賴海路，因此視港口為最具戰略價值的重點。如今，對於已成為非洲主要貿易夥伴的中國（2020年與非洲的貿易額高達1,760億美元❶）來說，商業貿易是最重要的戰場，因為在中國眼中，非洲既是資源庫，也是都市中產階級崛起且蓬勃發展的市場。

鎖定戰略熱點大規模投資，打通海路商貿經脈

在吉布地，由中國管理的多哈雷港（Port of Doraleh，參見圖2）是非洲最大的貨櫃碼頭，亦是通往衣索比亞的捷徑。坦尚尼亞也因為地理位置而引來中國的垂涎，在2021年5月簽署的雙邊協議中，計畫將以鐵路連接中非、東非國家（蒲隆地、剛果民主共和國、盧安達、烏干達）與三蘭港（Dar es Salaam Port）。同樣地，中國之所以與埃及交好，是因為埃及擁有能控制蘇伊士運河、通往地中海的戰略位置。

中國2020年在非洲的投資額達到42.3億美元❷，在2005年時為3.91億美元，15年來不斷成長。利用中國進出口銀行提供的貸款，中國耗資3.53億美元在肯亞的蒙巴薩（Mombasa）建造新的港口，該港口由鐵路連接至肯亞首都奈洛比（Nairobi），而鐵路工程本身亦有90%由中國出資。北京當局也對蘇丹、坦尚尼亞和厄利垂亞的港口很感興趣，這導致非洲國家的債務不斷增加且愈來愈難以承受，其中某些貸款更是以這些戰略基礎建設的轉讓作為擔保。

經濟利益也是中國在納米比亞扎根的原因。中國在納米比亞哈薩布（Husab）鈾礦礦場進行開採，投資近40億美元，

下分幾個計畫，包括幾條高速公路和華維斯灣港（Walvis Bay Port，參見圖1）的現代化。

有傳聞指出中國在納米比亞設置軍事設施，位置就在波札那首都嘉伯隆里（Gaborone）美國基地的對面，不過北京當局對此一概否認。中國在非洲南部另有許多計畫，不僅對南非的德班（Durban）和伊莉莎白港（Port Elizabeth）深感興趣，也資助莫三比克大型漁港貝拉（Beira）的重建工程，而該港口位於連接波札那、辛巴威和尚比亞的運輸廊道端點。

放眼大西洋，赤道幾內亞將建中國軍事基地？

掌握非洲港口能夠為中國帶來戰略上的利益，確保貿易路線受其控制。非洲大陸上的首座中國軍事基地於2007年落成，位在吉布地的曼德海峽，亦即紅海、亞丁灣和印度洋的交界處，據非洲之角門戶。根據美國情資，中國企圖在赤道幾內亞建立基地，藉此打開通往大西洋的航路。此外，為了拓展海軍作戰能力，北京當局也將眼光投向肯亞、茅利塔尼亞、安哥拉和坦尚尼亞的海岸。上述種種都屬於中國深化外交介入的布

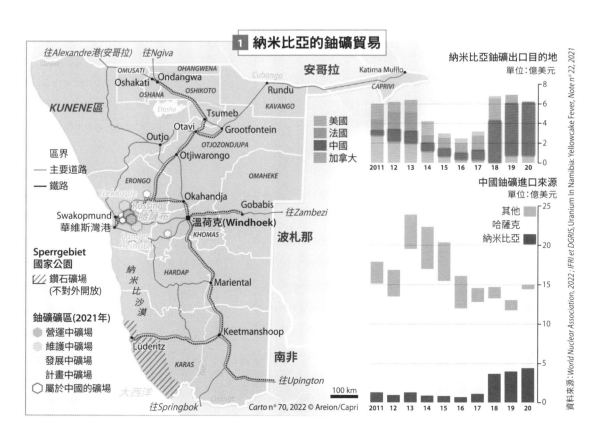

維德角

普萊亞
(Praia)

1 納米比亞的鈾礦貿易

往Alexandre港(安哥拉) 往Ngiva
OMUSATI OHANGWENA
Oshakati Ondangwa OHANGWENA 安哥拉 Katima Mulilo
OSHANA OSHIKOTO Cubango
KUNENE區 Rundu CAPRIVI
Etosha Tsumeb KAVANGO
Outjo Otavi Grootfontein
區界 OTJOZONDJUPA
—— 主要道路 Otjiwarongo
—— 鐵路 ERONGO OMAHEKE
Okahandja
Swakopmund Gobabis 往Zambezi
華維斯灣港 溫荷克(Windhoek)
KHOMAS 波札那
Sperrgebiet
國家公園
鑽石礦場
(不對外開放) HARDAP
納 Mariental
米
鈾礦礦區(2021年) 比
營運中礦場 亞
維護中礦場 沙
發展中礦場 漠
計畫中礦場 Keetmanshoop
屬於中國的礦場 Lüderitz 南非
KARAS
大西洋 往Upington
100 km
往Springbok Carto n° 70, 2022 © Areion/Capri

納米比亞鈾礦出口目的地
單位：億美元
美國
法國
中國
加拿大
2011 12 13 14 15 16 17 18 19 20

中國鈾礦進口來源
單位：億美元
其他
哈薩克
納米比亞
2011 12 13 14 15 16 17 18 19 20

資料來源：World Nuclear Association, 2022 ; IFRI et DGRIS, Uranium in Namibia: Yellowcake Fever, Note n° 22, 2021

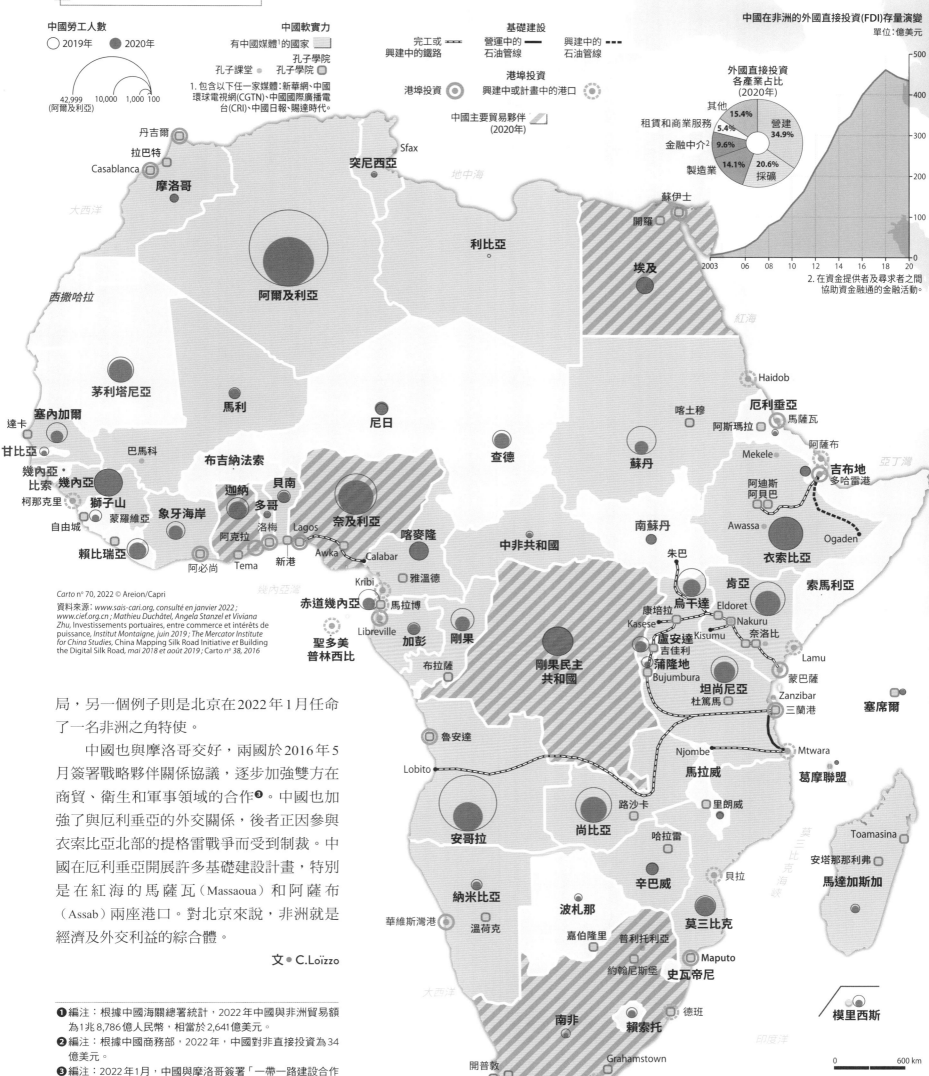

② 中國的「非洲展望」(2021年)

中國勞工人數
○ 2019年 ● 2020年

42,999 10,000 1,000 100
(阿爾及利亞)

中國軟實力
有中國媒體[1]的國家
孔子學院
孔子課堂　孔子學院
1. 包含以下任一家媒體:新華網、中國環球電視網(CGTN)、中國國際廣播電台(CRI)、中國日報、賜達時代。

基礎建設
完工或 ----- 營運中的 —— 興建中的 -----
興建中的鐵路　　石油管線　　石油管線

港埠投資
港埠投資 ◉　興建中或計畫中的港口 ◉

中國主要貿易夥伴 ◢
(2020年)

中國在非洲的外國直接投資(FDI)存量演變
單位:億美元

外國直接投資各產業占比 (2020年)
其他 15.4%
租賃和商業服務 5.4%
金融中介[2] 9.6%
製造業 14.1%
營建 34.9%
採礦 20.6%

2. 在資金提供者及尋求者之間協助資金融通的金融活動。

Carto n° 70, 2022 © Areion/Capri
資料來源: www.sais-cari.org, consulté en janvier 2022 ; www.cief.org.cn ; Mathieu Duchâtel, Angela Stanzel et Viviana Zhu, Investissements portuaires, entre commerce et intérêts de puissance, Institut Montaigne, juin 2019 ; The Mercator Institute for China Studies, China Mapping Silk Road Initiative et Building the Digital Silk Road, mai 2018 et août 2019 ; Carto n° 38, 2016

局,另一個例子則是北京在2022年1月任命了一名非洲之角特使。

中國也與摩洛哥交好,兩國於2016年5月簽署戰略夥伴關係協議,逐步加強雙方在商貿、衛生和軍事領域的合作❸。中國也加強了與厄利垂亞的外交關係,後者正因參與衣索比亞北部的提格雷戰爭而受到制裁。中國在厄利垂亞開展許多基礎建設計畫,特別是在紅海的馬薩瓦(Massaoua)和阿薩布(Assab)兩座港口。對北京來說,非洲就是經濟及外交利益的綜合體。

文 ● C.Loïzzo

❶ 編注:根據中國海關總署統計,2022年中國與非洲貿易額為1兆8,786億人民幣,相當於2,641億美元。
❷ 編注:根據中國商務部,2022年,中國對非直接投資為34億美元。
❸ 編注:2022年1月,中國與摩洛哥簽署「一帶一路建設合作規劃」協議,包含興建液化天然氣碼頭、高鐵、丹吉爾(Tanger)科技城等計畫。

ASIA
亞洲篇

中國共產黨建黨百年
2021年6月，為慶祝1921年成立、1949年以來持續統治中國的共產黨成立一百週年，北京街道上設置了裝飾物。
（© Shutterstock/Tarek Islam）

習近平的中國夢：
好戰、獨裁、富強，邁向2049年的新中國？

1921年7月，一小群對中國帝制結束後的發展感到失望的人，在上海召開了中國共產黨的第一次代表大會。1949年，中國共產黨統治中國，並在一個世紀後擁有近9,200萬名黨員，成為世界上數一數二龐大的政黨。在建黨一百週年之際，國家主席習近平宣布中國是「不可阻擋的」。事實真是如此嗎？

● 中國共產黨百年史

● 1919年5月4日
反對日本擴張主義的五四運動

● 1921年
中國共產黨於7月1日成立，
7月23日在上海(法租界)
召開第一次代表大會

● 1927年
中國共產黨與中國國民黨的
國共內戰開始；
中國人民解放軍成立

● 1931年
中華蘇維埃共和國誕生，
由毛澤東領導，後於1937年消亡

● 1934年
「長征」：解放軍在對抗國民黨軍隊的
內戰中，持續撤退了一整年

● 1937-1945年
中日戰爭

● 1939年
西藏共產黨成立，1949年併入中國共產黨

● 1943年
毛澤東成為中國共產黨中央政治局及
書記處主席

● 1947年
中國共產黨與內蒙古人民革命黨合併

● 1949年
內戰結束，由毛澤東領導的
中華人民共和國宣布成立

● 1958-1960年
大躍進

● 1960年
中蘇關係緊張

● 1966-1976年
文化大革命

● 1976年
毛澤東去世，華國鋒接任
中國共產黨中央委員會主席

● 1978年
中國最高領導人鄧小平開始實施
經濟改革開放，持續至1992年

● 1989年
5月，北京天安門廣場爆發示威抗議

● 5月4日
江澤民於11月接掌中國共產黨，
持續掌管該黨到2002年，
並於1993~2003年兼任中華人民共和國主席

● 2001年
中國加入世界貿易組織

● 2002年
胡錦濤獲任命為中國共產黨總書記，
持續至2012年，同時於2003~2013年
擔任國家主席

● 2010年
中國成為僅次於美國的
世界第二大經濟體

● 2012年
習近平成為中國共產黨的新任總書記，
並於2013年當選中華人民共和國主席

● 2017年
習近平思想納入中共黨章，
與毛澤東思想並肩

● 2018年
中國國家主席的兩屆任期上限遭到廢除

● 2019年
1997年英國交還給中華人民共和國的
香港開始對北京統治提出抗議

● 2020-2021年
中國嚴格控管Covid-19疫情，
並鎮壓西藏和維吾爾少數民族

習近平在2012年成為中共領導人，並於次年就任中國國家主席，此後他的一舉一動幾乎都是為了追求「中國夢」。這個舉國一心的中國夢，便是鞏固過去數十年來經濟發展所取得的成就，打造繁榮的社會，甚至贏得全球最富強國家的地位 —— 他認為這是中國理所應得的。

中國共產黨在贏得國共內戰（1927～1949年）後上台，成立了中華人民共和國。如今中國共產黨引領著這個國家的所有方面面，從政府、軍隊到經濟與社會皆無所遺漏。五位最高領導人先後掌控該黨：毛澤東（1943～1976年）、鄧小平（1978～1989年）、江澤民（1989～2002年）、胡錦濤（2002～2012年）和習近平，各自建立了自己的教條。儘管馬克思列寧主義在一百年前的中國共產黨建黨過程中占有重要地位，不過該黨始終根據自己的需要調整這一意識形態。例如毛澤東主張農民領導革命，從農村地區開始革命，逐步征服城市；鄧小平強調經濟改革和發展，以外國投資、貿易和市場經濟使中國對外開放。在政治上，鄧小平在1979年提出了「四項基本原則」：堅持社會主義道路；堅持無產階級專政；堅持共產黨領導；堅持馬列主義、毛澤東思想。1989年天安門廣場鎮壓事件後，成為中共總書記的江澤民也提出了「三個代表」理論，該理論指出，黨代表文化、生產力和廣大人民的利益。實踐上，「三個代表」提

供了理論基礎，讓私部門企業主、知識分子和中產階級得以加入中國共產黨並參與政治。胡錦濤時代的施政風格則更為技術官僚化，強調以建設「社會主義和諧社會」為目標。

2018年，習近平修改了憲法，讓自己可以在兩屆任期後繼續留任。他的學說體現在一個分為14期的複雜國家計畫裡，該計畫旨在使中國於2049年，也就是中華人民共和國成立一百年時，成為一個「富強、民主、文明、和諧的社會主義現代化國家」。中國學生在學校裡學習「習近平思想」，習思想強調必須提升中國共產黨地位，以嚴格黨紀律主導中國社會的所有方面；習思想意在使中國成為全球影響力的先鋒，消滅赤貧，繼續開放中國市場，並使中國軍隊成為世界級的力量。

「中國崛起」勢在必行，卻鑿出不平等鴻溝

「中國崛起」基本上可以視作一種政治進程，自文化大革命（1966～1976年）後，中國共產黨試圖藉此鞏固其正當性。該黨意識到只有透過政績贏得正當性才可能延長統治，於是經濟發展成為最重要的政治考量，支配所有重大決策，1979年的一胎化政策就是如此。繼1971年以來的計畫生育政策（一個不少、二個正好、三個多了）後，為避免國家人口過多（1949年中國人口數為5億4,200萬，至1979年時已達9億7,000萬）並支持加速發展，鄧小

1 中國兒少人口分布圖

- 省級行政區區界
- 2004年一歲以下兒童疫苗苗接種率低於80%的省分
- 2010年農村地區被忽視兒童數量超過200萬的省分
- 一胎化政策實施最嚴厲的省分

2013年各省未滿14歲人口
- 1,613.3萬人 (河南)
- 1,000萬人
- 500萬人
- 100萬人
- 59.9萬人 (西藏)

2013年各省嬰兒死亡率
單位:每千名兒童死亡數
- 16-22.72人
- 12-15.99人
- 8-11.99人
- 2.33-4.99人
- 5-7.99人

俄羅斯

蒙古

新疆維吾爾自治區

青海省

西藏自治區

印度

緬甸

寧夏回族自治區

甘肅省

陝西省

四川省

重慶市

雲南省

貴州省

廣西壯族自治區

越南

海南省

內蒙古自治區

北京市
天津市
河北省
山西省
山東省
河南省
湖北省
安徽省
江蘇省
上海市
浙江省
江西省
湖南省
福建省
廣東省

黑龍江省
吉林省
遼寧省

北韓
南韓
渤海
東海
台灣

200 km

資料來源: China Statistical Yearbook 2020 ; Steven Lee Myers, Jin Wu et Claire Fu, « China's Looming Crisis: A Shrinking Population », in The New York Times, 17 janvier 2020 ; Isabelle Attané, La Chine, un géant démographique aux pieds d'argile, INED ; UNICEF, Children in China: An Atlas of Social Indicators, 2014 ; « Only and lonely », in The Economist, 21 juillet 2011

中國歷年人口變化
單位:%

- 大饑荒
- 在「晚、稀、少」政策下,出生率受到限制
- 一胎化政策開始
- 一胎化政策入憲
- 中國夫婦獲准生育最多兩個孩子
- 中國夫婦獲准生育第三個孩子

1951 1960 1970 1980 1990 2000 2010 2020 2030 2040 2050

預估值

2 中國貧富差距地圖

2013年 以中國全國家戶平均年所得18,311人民幣為100%,各省級行政區家戶平均年所得的相對百分比

高於全國平均年所得
- 超過200%
- 111~170%
- 101~110%

低於全國平均年所得
- 85%-99%
- 69%-84%
- 低於69%

新疆 甘肅 青海 西藏 四川 重慶 雲南 貴州 廣西 廣東 湖南 江西 福建 浙江 上海 江蘇 安徽 湖北 河南 陝西 寧夏 山西 河北 山東 北京 天津 遼寧 吉林 內蒙古 黑龍江 海南

2021年10月25日匯率:
1,000人民幣=156.6美元

Carto n° 68, 2021 © Areion/Capri

2019年 以中國全國家戶平均年所得30,733人民幣為100%,各省級行政區家戶平均年所得的相對百分比

高於全國平均年所得
- 超過200%
- 111~170%
- 101~110%

低於全國平均年所得
- 85%-99%
- 69%-84%
- 低於69%

新疆 甘肅 青海 西藏 四川 重慶 雲南 貴州 廣西 廣東 湖南 江西 福建 浙江 上海 江蘇 安徽 湖北 河南 陝西 寧夏 山西 河北 山東 北京 天津 遼寧 吉林 內蒙古 黑龍江 海南

1978~2019年所得變遷
以1978年所得為基數100
- 全國
- 農村
- 城市

1978 80 90 2000 2005 2010 2015 19

100 500 1,000 1,500 2,000 2,500 3,000

3 中國工業事故與汙染統計圖

中國各省工業事故次數[1]
2014年12月～2016年12月

省級行政區界
甘肅省 省級行政區

115 (山東省)
100
80
60
40
20
0

1. 因無官方資料，數據參考自「中國勞工通訊」。

□ 2013年汙染工業集中地帶

2014年4月～2015年8月懸浮微粒汙染
PM2.5：直徑小於2.5微米的懸浮微粒，能深入肺泡
單位：微克/立方公尺(μg/m³)
每小時平均值
0   5

資料來源：*China Labour Bulletin*, Work Accident Map, *2017*；*OCDE*, Industrial upgrading for green growth in China, *juin 2017*；*Berkeley Earth*, Air Pollution in China: Mapping of Concentrations and Sources, *août 2015*；*T. Sanjuan*, Atlas de la Chine, Autrement, *2015*

中國製造業GDP全球占比演變
單位：%

2015年，中國製造業在全球製造業GDP中的占比超過1/4

美國
日本
德國
中國

Carto n° 68, 2021 © Areion/Capri

平於1979年實施一胎化反生育政策。習近平在2016年廢除一胎化政策，放寬上限至可生兩個孩子，然後又在2021年放寬為可生三個孩子（參見圖1），目的是為了牽制人口老化，試圖解決退休金資金來源不足的問題，並提前應對勞動力短缺。不同年代的中國共產黨領導人便是如此讓中國成為第一等經濟大國。過去五十年來，中國的年平均成長率為8%，國內生產總值從1971年的998億美元上升到2020年的14.7兆美元。在出口和外匯存底等領域，中國在世界排名中亦名列前茅；在過去十年中，中國已成為全球成長的主要引擎。中國人民的生活水準也有所提升，1990～2020年間，以購買力平價計算的人均GDP從982美元增加到17,312美元，不過這個數字仍然遠遠落後於美國的63,543美元和歐盟的44,491美元。

這些數字的背後隱藏著收入差距的鴻溝（參見圖2）。2020年，前1%富有的中國人坐擁中國30%的財富，而在二十年前，中國前1%的有錢人只擁有該國20%的財富。官方數據指出，中華人民共和國有6億人的平均月收入落在150美元上下。如此懸殊的不平等導致人民不滿，更讓北京當局感到擔憂。中國的城鄉差距極大，都市化比例從1978年的17.9%上升到2020年的61.4%；2020年，中國農村居民的年收入為17,131人民幣（約2,483美元），都市居民的年收入則為43,834元（約6,355美元）。儘管與2013年相比，農村收入成長了82%，高於城市居民收入66%的成長，然而這是因為農村收入的基數更低。

都市擴張也導致工業化程度攀升，連帶引發資源匱乏和環境惡化。在中國，各種危險因子是發病和死亡的主要根源，其中又以空氣汙染和水汙染為最。環境汙染、工業事故增加（參見圖3），以及民工❶和當地居民在獲取醫療服務方面的不平等，在在造成健康風險，也因此引發社會抗議。

武漢的空氣汙染

© Shutterstock/Barnaby Chambers

全球最嚴重的空氣汙染

中國快速工業化對環境產生了毀滅性的影響，各大都市的天空自清晨起就因汙染而晦暗不明。中國擁有全球汙染最嚴重的數個大都會區，為早在Covid-19大流行前就已習慣戴口罩的居民帶來種種健康問題。根據估計，2000～2016年間，空氣汙染在中國及鄰近的台灣已造成3,080萬成年人過早死亡。

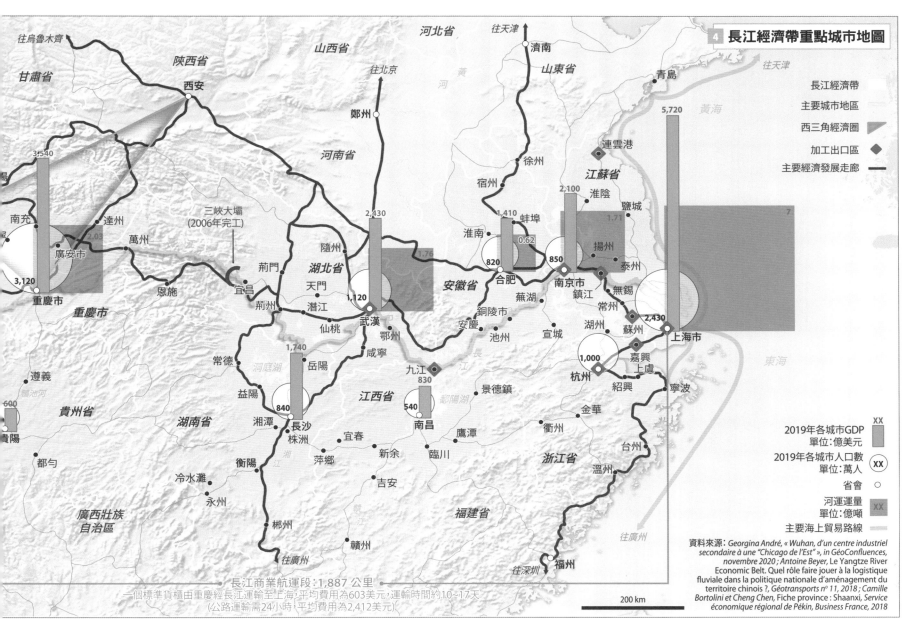

4 長江經濟帶重點城市地圖

長江經濟帶
主要城市地區
西三角經濟圈
加工出口區
主要經濟發展走廊

2019年各城市GDP
單位：億美元

2019年各城市人口數
單位：萬人

省會
河運運量
單位：億噸
主要海上貿易路線

長江商業航運段：1,887公里
一個標準貨櫃由重慶經長江運輸至上海，平均費用為603美元，運輸時間約10~17天
（公路運輸需24小時，平均費用為2,412美元）

200 km

資料來源：Georgina André, « Wuhan, d'un centre industriel secondaire à une "Chicago de l'Est" », in GéoConfluences, novembre 2020 ; Antoine Beyer, Le Yangtze River Economic Belt. Quel rôle faire jouer à la logistique fluviale dans la politique nationale d'aménagement du territoire chinois ?, Géotransports nº 11, 2018 ; Camille Bortolini et Cheng Chen, Fiche province : Shaanxi, Service économique régional de Pékin, Business France, 2018

為了減緩不平等，中國政府自2000年代初期開始向發展仍大幅落後於沿海地區的西部省分提供財政支持。這種干預主義也反映在「西部大開發」政策中，有鑑於2000年代末，占中國領土56%的西部地區僅居住11%的人口，對國家財富的貢獻率僅有8%，北京便企圖藉由增建基礎建設、仰賴重慶等重鎮都會來開放並發展以鄉村為主的西部省分。

從邊疆、歐亞到拉美，「一帶一路」放眼全球的野心

2013年啟動的「一帶一路」計畫延續了西部大開發政策，旨在發展基礎建設，特別是建立公路、鐵路和海上走廊，以連接中國和亞洲其他地區以及歐洲、非洲，甚至是拉丁美洲，藉此振興中國的中西部。這個龐大的計畫由北京在2014年創建的亞洲基礎建設投資銀行（AIIB）挹注資金，具有多層面的目標。

在中國境內，一帶一路使北京當局能夠為中國企業提供商機，還能發展中、西部省分。從2015年開始，計畫成果反映在長江沿岸的基礎建設和物流網的現代化，而「長江經濟帶」戰略政策也使武漢地區獲益匪淺（參見圖4）。此外，西藏、雲南、新疆等偏遠地區的整合與發展目標，則是成為中國與歐亞大陸其他地區的連結樞紐和聯繫平台。除了帶來經濟利益，這些振興政策也有助於北京當局確保領土完整。例如，新疆擁有豐富的原物料，又位於化石燃料運輸路線的交會處，經常陷入族群衝突（參見圖5）；因此，中國對新疆及鄰國（阿富汗、哈薩克、塔吉克、吉爾吉斯）施予發展援助，以求減少邊境和國內動盪。

在亞洲層面，中國政府的干預主義使西部的大都市成為通往中亞的戰略中繼站。中亞五國（哈薩克、烏茲別克、吉爾吉斯、塔吉克、土庫曼）都沒有通往外海的通道，但透過一帶一路以及經此流通的貨物貿易，再加上交流管道的普及，有望使這些國家

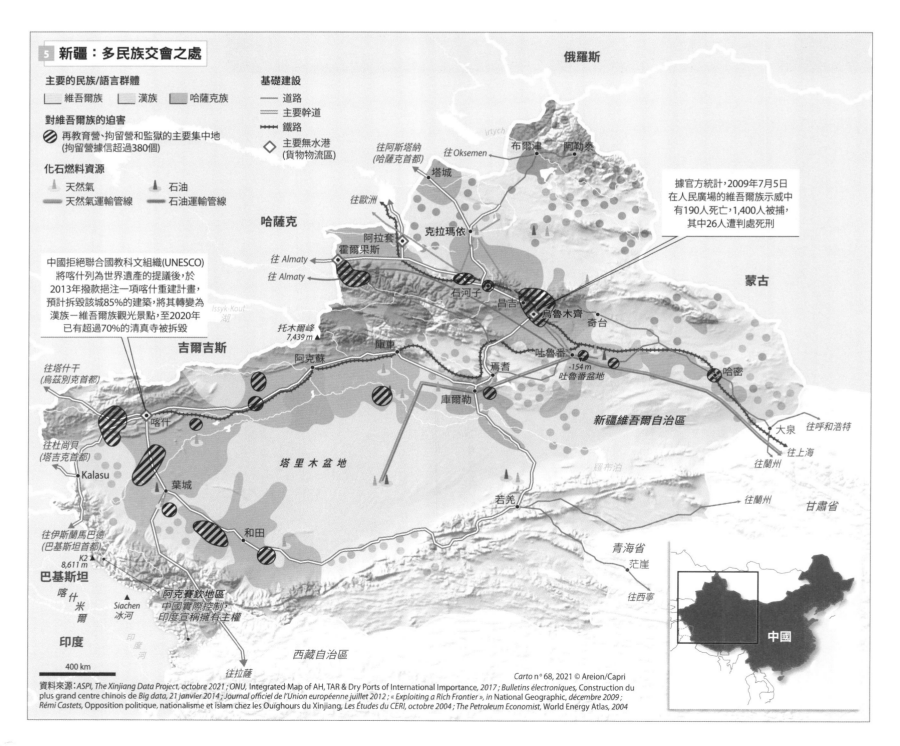

資料來源：ASPI, The Xinjiang Data Project, octobre 2021 ; ONU, Integrated Map of AH, TAR & Dry Ports of International Importance, 2017 ; Bulletins électroniques, Construction du plus grand centre chinois de Big data, 21 janvier 2014 ; « Exploiting a Rich Frontier », in National Geographic, décembre 2009 ; Rémi Castets, Opposition politique, nationalisme et islam chez les Ouighours du Xinjiang, Les Études du CERI, octobre 2004 ; The Petroleum Economist, World Energy Atlas, 2004

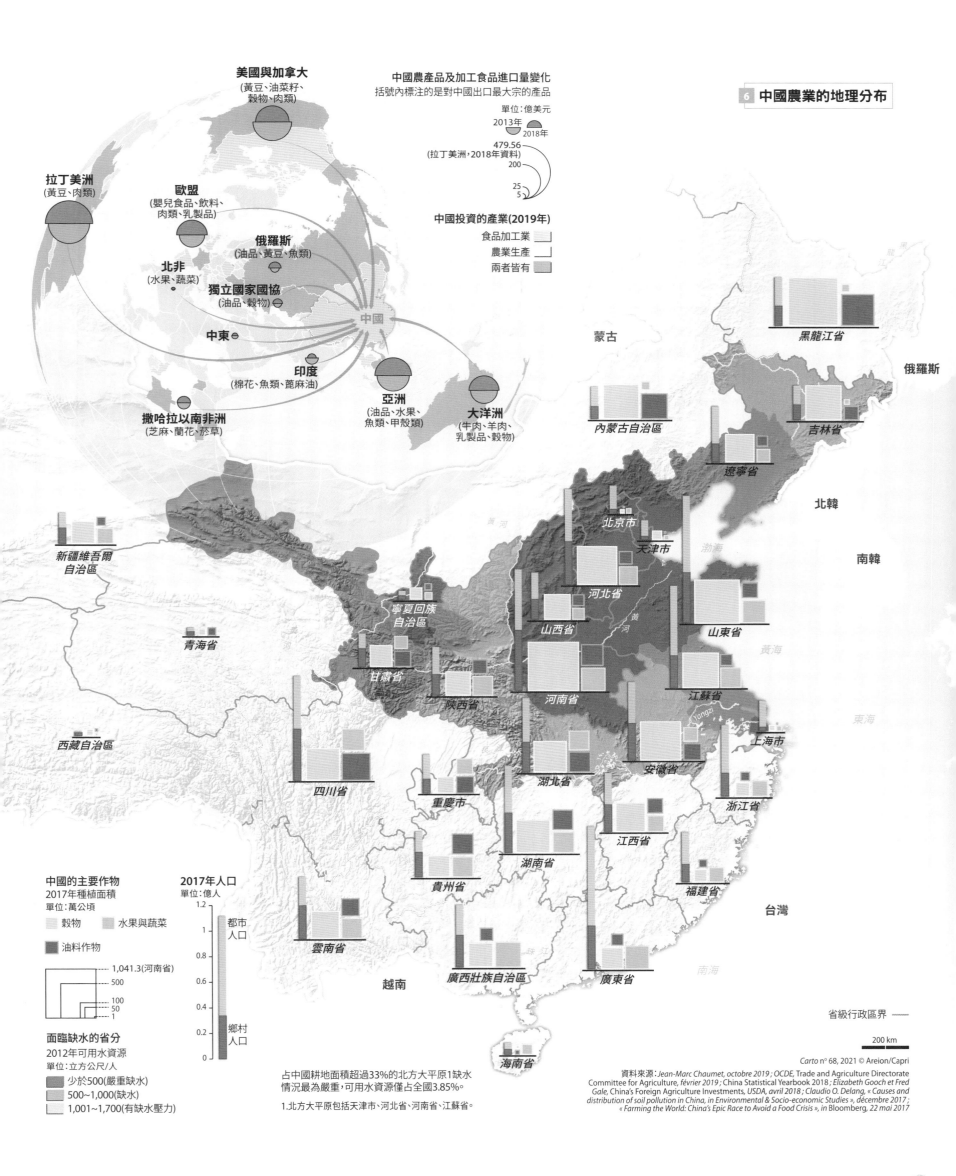

美國與加拿大
(黃豆、油菜籽、
穀物、肉類)

中國農產品及加工食品進口量變化
括號內標注的是對中國出口最大宗的產品

單位：億美元

2013年
2018年
479.56
(拉丁美洲，2018年資料)
200
25
5

中國投資的產業(2019年)

食品加工業
農業生產
兩者皆有

拉丁美洲
(黃豆、肉類)

歐盟
(嬰兒食品、飲料、
肉類、乳製品)

俄羅斯
(油品、黃豆、魚類)

北非
(水果、蔬菜)

獨立國家國協
(油品、穀物)

中東

印度
(棉花、魚類、蓖麻油)

亞洲
(油品、水果、
魚類、甲殼類)

大洋洲
(牛肉、羊肉、
乳製品、穀物)

撒哈拉以南非洲
(芝麻、蘭花、菸草)

中國

蒙古

俄羅斯

黑龍江省

內蒙古自治區

吉林省

遼寧省

北韓

北京市

天津市

渤海

河北省

黃河

山西省

山東省

黃海

南韓

新疆維吾爾
自治區

寧夏回族
自治區

青海省

甘肅省

陝西省

河南省

江蘇省

Yangzi

東海

西藏自治區

四川省

重慶市

湖北省

安徽省

上海市

浙江省

江西省

湖南省

福建省

台灣

貴州省

雲南省

廣西壯族自治區

廣東省

越南

南海

海南省

中國的主要作物
2017年種植面積
單位：萬公頃

穀物
水果與蔬菜
油料作物

1,041.3(河南省)
500
100
50
1

2017年人口
單位：億人

1.2

1.0

0.8

0.6

0.4

0.2

0

都市
人口

鄉村
人口

面臨缺水的省分
2012年可用水資源
單位：立方公尺/人

少於500(嚴重缺水)
500~1,000(缺水)
1,001~1,700(有缺水壓力)

占中國耕地面積超過33%的北方大平原1缺水
情況最為嚴重，可用水資源僅占全國3.85%。

1.北方大平原包括天津市、河北省、河南省、江蘇省。

省級行政區界

200 km

Carto nº 68, 2021 © Areion/Capri

資料來源：*Jean-Marc Chaumet, octobre 2019 ; OCDE, Trade and Agriculture Directorate Committee for Agriculture, février 2019 ; China Statistical Yearbook 2018 ; Elizabeth Gooch et Fred Gale, China's Foreign Agriculture Investments, USDA, avril 2018 ; Claudio O. Delang, « Causes and distribution of soil pollution in China, in Environmental & Socio-economic Studies », décembre 2017 ; « Farming the World: China's Epic Race to Avoid a Food Crisis », in Bloomberg, 22 mai 2017*

7 中國數位科技與新創發展地圖

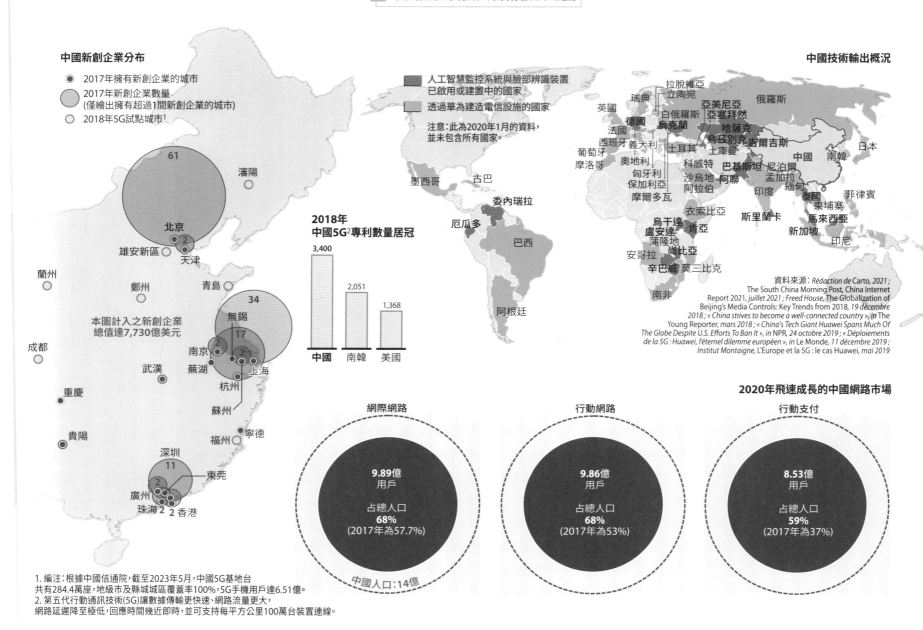

中國新創企業分布
- ● 2017年擁有新創企業的城市
- ⬤ 2017年新創企業數量
  (僅繪出擁有超過1間新創企業的城市)
- ○ 2018年5G試點城市[1]

■ 人工智慧監控系統與臉部辨識裝置
已啟用或建置中的國家
■ 透過華為建造電信設施的國家

注意：此為2020年1月的資料，
並未包含所有國家。

中國技術輸出概況

資料來源：*Rédaction de Carto, 2021*；
The South China Morning Post, China Internet
Report 2021, *juillet 2021*；*Freed House, The Globalization of
Beijing's Media Controls: Key Trends from 2018, 19 décembre
2018*；*« China strives to become a well-connected country », in The
Young Reporter, mars 2018*；*« China's Tech Giant Huawei Spans Much Of
The Globe Despite U.S. Efforts To Ban It », in NPR, 24 octobre 2019*；*« Déploiements
de la 5G : Huawei, l'éternel dilemme européen », in Le Monde, 11 décembre 2019*；
Institut Montaigne, L'Europe et la 5G : le cas Huawei, mai 2019

2018年中國5G[2]專利數量居冠
- 中國 3,400
- 南韓 2,051
- 美國 1,368

本圖計入之新創企業總值達7,730億美元

2020年飛速成長的中國網路市場

網際網路	行動網路	行動支付
9.89億用戶	9.86億用戶	8.53億用戶
占總人口68% (2017年為57.7%)	占總人口68% (2017年為53%)	占總人口59% (2017年為37%)

中國人口：14億

1. 編注：根據中國信通院，截至2023年5月，中國5G基地台
共有284.4萬座，地級市及縣城城區覆蓋率100%，5G手機用戶達6.51億。
2. 第五代行動通訊技術(5G)讓數據傳輸更快速、網路流量更大，
網路延遲降至極低，回應時間幾近即時，並可支持每平方公里100萬台裝置連線。

的新興市場融入亞洲和歐洲市場。為此，北京加強對中亞近鄰的影響力，以遏制俄羅斯對中亞地區的掌控。在國際層面，一帶一路的目的是讓中國躋身當代重大利害關係的中心。北京正在利用自身市場增強對出口國家的影響力，推行其全球化願景、發展軟實力，並為地緣戰略預先布局。

力圖成為世界研發中心，將一切納入中共法眼下？

中國的經濟模式長期以來侷限在「世界工廠」的角色，如今已有所轉變。2020年，農業部門（參見圖6）為中國貢獻大約7%的GDP，工業貢獻37%，服務業則為54%❷。作為科技大國，中國也逐漸在國內與海外發揮其創新力量，在以下四大類別取得重要進展：製造業、數位平台及其相關市場、手機應用程式，以及資訊和生物科技等領域的基礎科學研究與開發。在中國共產黨所青睞的這些領域內，國內大型私人和公共企業紛紛獲得優待，只要符合政策目標，就可以優先接觸中國的14億消費者。2020年底，中國有9.89億網路用戶，其中9.86億人使用行動網路❸（參見圖7）。中國政府不但以針對性法規支持創

新，更在2017年6月施行《網路安全法》，要求所有在中國營業的公司將其數據儲存在中國，將科技業的競爭平衡扳向中國企業。

北京政府計畫在2025年底前，將中國製造的高科技製造業零組件和基礎材料比例提高到70%。為了實現目標，中國為本國企業提供的資金於2017年超過了美國（674億美元對471億美元），且在2020年超越美國成為世界上最大的研發投資國。另外，中國在專利申請方面領先世界，占全球總數的40%，是美國的兩倍多、日本的四倍。如果按照目前的趨勢，預計至2025年，人工智慧領域引用次數最多的前1%文獻出自中國的占比將超過美國。

世界最大債權國，投巨資進行「放款外交」

中國是世界上最大的債權國。2020年，中國持有G20國家債務總額的63%。雖然缺乏貸款條件的資料，但根據美國與德國四家研究機構在2021年3月發表的報告，中國的契約包含不尋常的保密條款，以及非常政治性的條款。中國國家開發銀行

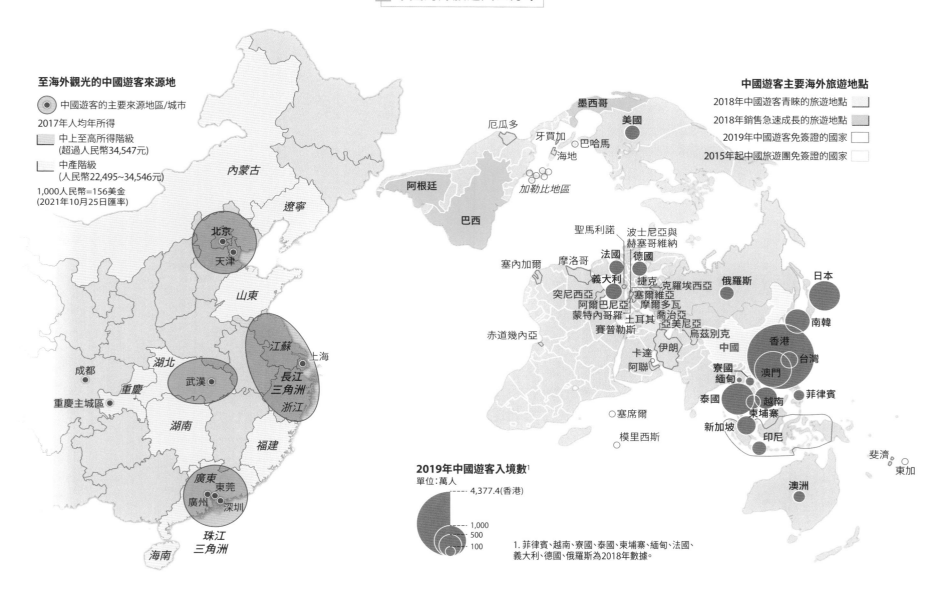

至海外觀光的中國遊客來源地
- 中國遊客的主要來源地區/城市
- 2017年人均年所得
  - 中上至高所得階級（超過人民幣34,547元）
  - 中產階級（人民幣22,495~34,546元）
- 1,000人民幣=156美金（2021年10月25日匯率）

中國遊客主要海外旅遊地點
- 2018年中國遊客青睞的旅遊地點
- 2018年銷售急速成長的旅遊地點
- 2019年中國遊客免簽證的國家
- 2015年起中國旅遊團免簽證的國家

2019年中國遊客入境數[1]
單位：萬人
- 4,377.4(香港)
- 1,000
- 500
- 100

1. 菲律賓、越南、寮國、泰國、柬埔寨、緬甸、法國、義大利、德國、俄羅斯為2018年數據。

資料來源：Rédaction de Carto, 2021 ; Asian Development Bank, The Economic Impact of the COVID-19 Outbreak on Developing Asia, ADB Briefs, n° 128, 6 mars 2020 ; Wikipedia, Chinese passport, avril 2020 ; World Tourism Organization et China Tourism Academy, Guidelines for Success in the Chinese Outbound Tourism Market, 2019 ; China Statistical Yearbook 2018

Carto n° 68, 2021 © Areion/Capri

簽訂的協議中，有一半規定如果債務國出現不利於「中華人民共和國實體」的行動，則應提前償還貸款。另一項條款則規定，雙邊外交關係的破裂等同於違約。此外，該報告所檢視的協議幾乎都允許中國債權人在債務國發生重大政治或法律變化時要求還款。

中國對合作夥伴和債務國的影響力足以左右其地緣政治立場，特別是針對台灣的態度。大多數國家在1949年仍然承認台灣，但在1971年只剩68個國家承認，再過五十年只剩13個國家。在非洲，僅史瓦帝尼承認台灣的主權；在南美洲，巴拉圭亦是唯一與台灣保持外交關係的國家。為了加入中國的一帶一路計畫並獲得其貸款與投資，多明尼加共和國和薩爾瓦多不得不終止與台灣的所有外交關係。2021年1月，19個拉丁美洲和加勒比海國家加入了一帶一路；2005～2018年間，北京一共向這些國家放款1,410億美元，比世界銀行多400億美元。

印太衝突升溫，軍備競賽暗濤洶湧

雖然中國及其一眾鄰國的關係充滿衝突，尤其是在喜馬拉雅山脈一帶，但衝突最劇烈的仍屬印度－太平洋（印太）地區。軍備競賽讓各國軍事支出劇增。近十年來，印太各國軍費支出增加了52%，在2018年達到3,920億美元，中國占了其中的64%❹。南海擁有豐富的自然資源、魚類和化石燃料，也是重要的戰略十字路口，位居這場軍備競賽的核心。在四個主要群島中，西沙和南沙是主要衝突熱點。中國聲稱擁有西沙與南沙的所有群島，其目標範圍涵蓋狀如「牛舌」的廣闊區域，反映出中國的征服野心❺。中國聲稱擁有主權的群島區域幾乎擴及整片南海，與周遭其他國家的專屬經濟海域重疊，甚至還與台灣、越南、菲律賓、馬來西亞、汶萊等國家的領海重疊。

習近平的中國強大、充滿活力、創新、好戰、獨裁，擁有複雜的特質而難以預見其未來數年的發展（參見圖8、9）。儘管中國近年來已取得進步，習近平上台以來，自由卻遭到扼緊。習近平掌管中國共產黨短短幾個月內就頒布禁令，禁止討論一切被認定會「造成威脅」的話題，包括西方憲政民主、人權，

或者共產黨過去犯的錯，同時網路箝制也愈來愈嚴厲。在香港，2020年實施的《國安法》讓反對派失聲，使自由倒退。中國的公民壓力經常衝破審查制度，繞過審查的策略不斷增加，偶爾也聽得見抗議運動的聲音；然而，公民若持續發出不平，便可能衝撞到習近平的「中國夢」與國家利益至上的專制觀念。

文 ● N. Rouiaï

① 編注：為了工作而從農村來到都市的人。
② 編注：根據世界銀行，2022年中國GDP為18兆美元，其中農林漁業占7.3%，工業占40%，服務業占53%。
③ 編注：根據中國互聯網絡信息中心，2022年年底中國網路用戶達10.67億人，其中10.65億人使用行動網路。
④ 編注：根據斯德哥爾摩國際和平研究所（SIPRI），2022年中國軍事支出為2,920億美金，僅次於美國（8,770億），且28年來持續增長。
⑤ 編注：中國將南海聲索範圍的疆域線稱為「九段線」，越南則因其形狀如舌而稱之為「牛舌線」。2013年菲律賓對此提出申訴，2016年海牙常設仲裁法院判決「九段線」無法源依據，已侵害菲國經濟海域權利，但中方不承認此仲裁。

來自中國

太平洋

大西洋

美國

● 洛杉磯

拉丁美洲

● 錢凱港(Chancay)
秘魯的新港口，
60%股份由中遠集團
(中國船東)持有

Bilbao
西班牙
Valence
丹吉爾
Marse
Casablanca

□ 諾克少
□ Ndiago
馬爾他

茅利塔尼亞

幾內亞
□ 柯那克里

象牙海岸
Abidjan
□ 多哥
□ 洛梅
□ 奈及利亞
Lagos

喀麥隆
□ Kribi
聖多美
普林西比

非洲

Lobito

Luau

納米比亞
□ 華維斯灣港

資料來源：Rédaction de Carto, octobre 2021 ; Mathieu Duchâtel, Angela Stanzel et Viviana Zhu, Investissements portuaires, entre commerce
et intérêts de puissance, Institut Montaigne juin 2019 ; The Mercator Institute for China Studies, China Mapping Silk Road Initiative et Building the Digital Silk Road, mai 2018 et août 2019 ; Laurent Bouit, Chine,
à la conquête de l'Ouest, ARTE France, 2017 ; Thierry Garcin, « Les Enjeux internationaux », France culture, émission du 22 juin 2017 ; Council on Foreign Relations, « Beijing's Silk Road Goes Digital », 6 juin 2017 ; United Nations ESCAP, 2017 ; China Unicom Global, Global Network Map, 2017 ; China Telecom, 2017 ; « Projets de nouvelles "routes de la soie" et libre-échange »,
in Courrier International, n° 1257, du 4 au 10 décembre 2014 ; Alain Cariou, Le Xinjiang : une nouvelle frontière pour la Chine, 2013

2019年在香港示威現場飄揚的台灣國旗

9 2049年的中國：習近平的擴張野心地圖

2014年起啟用的貨運鐵路
(每週3~4趟貨運列車，
運輸10,300公里只需12天，
走海路則需8週，但列車貨運費用是海運的2倍)

2021年「一帶一路」計畫發展概況

經濟走廊
— 已建成
〇〇〇〇 建造中
◇ 主要無水港
(貨物物流區)
〇〇〇〇 計畫中
— 海路

中國的貿易站
港口投資
□ 既存港口   ⊡ 建造中或計畫中的港口

數位絲路
✳ 北斗衛星三號系統(BDS-3)於2020年7月啟用
(該衛星系統由布置在三種不同軌道高度的
30顆人造衛星組成)
〇 有中國雲端服務的主要地區

中國共產黨的「2049年中國」，習近平的中國夢

◼ 必須納入中華人民共和國的領土
對南海的控制

◻ 新疆：一帶一路的關鍵省分(中國政府
決定開放新疆，發展其經濟潛力)

★ 海軍基地   ★ 未來的後勤及
戰略支援點

▭ 上海合作組織成員國
*觀察員國：阿富汗、蒙古、白俄羅斯
*對話夥伴國：亞美尼亞、亞塞拜然、巴林、埃及、
柬埔寨、卡達、科威特、馬爾地夫、緬甸、尼泊爾、
阿聯、沙烏地阿拉伯、土耳其、斯里蘭卡

▭ 衛星國
主要夥伴

□ 中國出口主力發展市場及
新勢力範圍

XXX 與中國關係緊張、
不信任

▨ 中國的經濟與
外交競爭對手

Carto n° 68, 2021 © Areion/Capri

中國VS.台灣：
台灣海峽兩岸會開戰嗎？

北京當局在2022年1月宣布充實中國核子武器庫，有鑑於中國與台灣之間的緊繃關係，令人不禁思索海峽兩岸是否可能發生戰爭。台灣自1949年以來一直是實質上的獨立國家，卻被中華人民共和國視為其省分，在聯合國沒有席位。中國國家主席習近平更表示，中華民族的團結讓統一「不可避免」。

160 公里寬的海峽及數十年的苦痛歷史分隔了中華人民共和國與中華民國，兩者在全球經濟和地緣政治博弈上的地位並不平等。中國是世界第二大經濟體，占地960萬平方公里，2022年有14.1億人口；台灣是全球第二十一大經濟體，占地3.6萬平方公里，擁有2,326萬居民。軍事方面也相當不平衡：中國2023年編列的軍事預算達人民幣1.55兆元（約新台幣6.8兆元），台灣則為新台幣5,863億元；中國軍隊有逾200萬現役軍人，而台灣軍隊有21.5萬人。自中華人民共和國於1951年吸收西藏、1997年吸收香港、1999年吸收澳門以後，兩者的差異更加劇地區緊張局勢。1971年以降，中華人民共和國一直是「中國」在聯合國的唯一合法代表，並在南海不斷施加壓力。

實彈演習、戰機越界，不間斷的台海軍事進犯

2021年，北京當局加強在台灣周圍的軍事行動，部署了破天荒數量的軍機。在10月1日中國國慶當天，中國派出包括戰鬥機和轟炸機在內的38架飛機飛向台灣，突入其防空識別區（防空緩衝區，外國飛機若侵犯該區域便會引發軍事警報）。接下來三天，中國又派出111架飛機，而台灣也做出了應對，在模擬戰爭的演習中讓空軍戰鬥機升空。

2021年年底，中國海軍在台灣海域周圍進行實彈演習。此外，中國也在日本南方和台灣東部附近部署海軍常駐，證明該國正積極擴張海上力量。在琉球群島（日本稱南西諸島）南端以東及以南水域，同樣能見到中國人民解放軍海軍的驅逐艦和飛彈快艇。

台灣是中國海洋戰略的一個重要環節，中國希望將第一道海上防線推進到日本、琉球、台灣和菲律賓北部以外。假如中國海軍有能力嘗試將「第一島鏈」的戰略概念轉化為自身前線防禦的現實，那麼，確保台灣受中國支配就變得更加重要且有價值，因為北京當局認為能夠在南海水域自由活動是充分發揮其海軍力量的關鍵要素。

地緣戰略以外，中國亟欲併吞台灣的考量

除了當前的戰略問題，中國若想要恢復在世界上的「正當地位」，就必須圓滿解決台灣問題。就此一議題而言，沒有任何領土在北京當局眼中比台灣更富象徵意義。根據中國憲法，該島是中國「神聖不可分割的領土」。從北京政府的角度看來，台灣未來是否重新併入中國，將影響中國共產黨維持其正當性的能力。隨著民族主義高漲，再加上中國融入世界的願景，北京當局無法允許台灣擁有獨立於中國之外的未來。實現「中國夢」，也就是讓經濟發展更加蓬勃、使中國成為繁榮社會，甚至獲取其自認應得的「最富有國家」地位，對習近平來說意味著必須將台灣納入計畫。北京政府將台灣視為該國利益的基本元素，意即對該島的主權聲索將不會有所妥協，必要時可能動武以確保台灣與中國統一。

台美交流更緊密，牽動兩岸局勢

但戰爭對北京而言深具風險。一方面，台灣軍隊和民眾將會強烈抵抗任何形式的占領；另一方面，台北政府仍維持著與華盛頓當局的關係，美中兩國的商業和外交競爭更促使美國加強對台灣的支持，而在烏克蘭戰爭爆發後更是如此。2022年4月，台灣軍方發布了《全民國防手冊》，以應對中國可能的攻擊。

然而，台海兩岸依然維持著密切聯繫。經濟上，許多台灣工廠自1970年代以來遷移到廣東和福建，台灣的技術移轉則幫助了「祖國」迅速發展。台灣也大量投資中國，1991年至2022年11月，台灣對中國的投資金額累計達2,027億美元；2022年，海峽兩岸貿易額則為2,051億美元（參見圖1）。2019年有271萬名中國觀光客造訪台灣[1]，該學年（2019年9月～2020年6月）亦有25,049名中國學生在台灣攻讀學位[2]。

文 • N. Rouiaï

---

[1] 編注：此數據未計入港澳觀光客人數。
[2] 編注：此數據不含港澳學生10,677人。又，根據台灣陸委會與教育部統計資料，2022學年來台攻讀學位的中國學生有3,143人，港澳學生則有11,189人。

台灣與中美的貿易往來演變
單位：億美元

■ 出口額
■ 進口額

台灣對中國的進出口額
1,400
1,200
1,000
800
600
400
200
0
90　92　94　96　98　2000　2　4　6　8　10　12　14　16　18　20　22

台灣對美國的進出口額
800
700
600
500
400
300
200
100
0
90　92　94　96　98　2000　2　4　6　8　10　12　14　16　18　20　22

在台灣攻讀學位的中國學生人數演變
各學年人數，單位：萬人

■ 港澳學生
■ 中國大陸學生

6
5
4
3
2
1
0
2011　2012　2013　2014　2015　2016　2017　2018　2019　2020　2021　2022

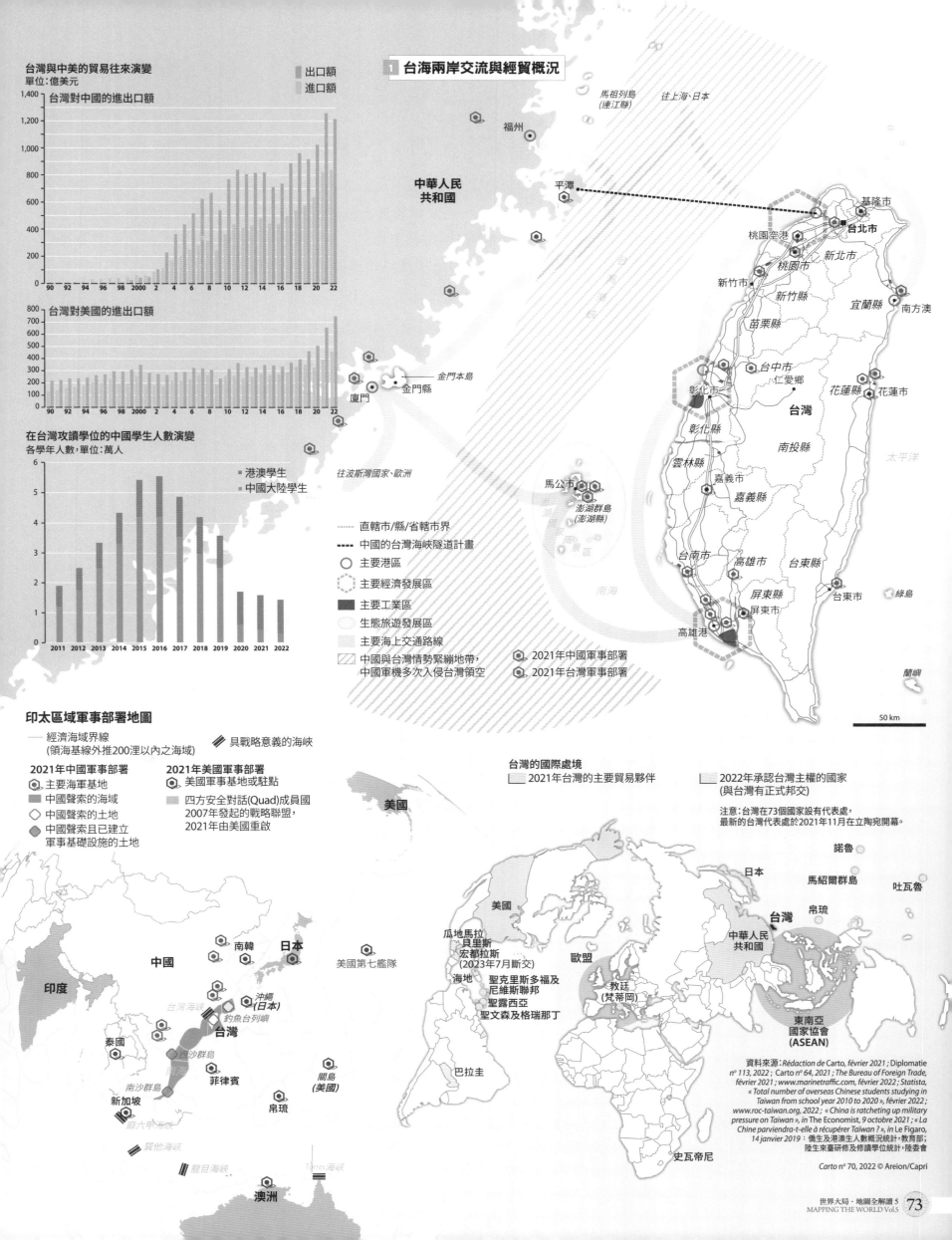

馬祖列島
(連江縣)
往上海、日本
福州
中華人民
共和國
平潭
基隆市
桃園空港
台北市
新北市
桃園市
新竹市
新竹縣
宜蘭縣
南方澳
苗栗縣
台中市
仁愛鄉
花蓮縣
花蓮市
彰化市
台灣
彰化縣
南投縣
太平洋
雲林縣
嘉義市
嘉義縣
馬公市
澎湖群島
(澎湖縣)
台南市
高雄市
台東縣
南海
台東市
綠島
屏東縣
屏東市
高雄港
蘭嶼

往波斯灣國家、歐洲

金門本島
金門縣
廈門

----- 直轄市/縣/省轄市界
━━━ 中國的台灣海峽隧道計畫
◎ 主要港區
⬡ 主要經濟發展區
■ 主要工業區
◯ 生態旅遊發展區
▨ 主要海上交通路線
▨ 中國與台灣情勢緊繃地帶，中國軍機多次入侵台灣領空
⬡ 2021年中國軍事部署
⬡ 2021年台灣軍事部署

50 km

印太區域軍事部署地圖

— 經濟海域界線
(領海基線外推200浬以內之海域)
◈ 具戰略意義的海峽

2021年中國軍事部署
◎ 主要海軍基地
■ 中國聲索的海域
◻ 中國聲索的土地
◉ 中國聲索且已建立軍事基礎設施的土地

2021年美國軍事部署
⬡ 美國軍事基地或駐點
■ 四方安全對話(Quad)成員國2007年發起的戰略聯盟，2021年由美國重啟

印度
中國
南韓
日本
美國第七艦隊
台灣海峽
沖繩(日本)
釣魚台列嶼
台灣
泰國
西沙群島
菲律賓
南沙群島
關島(美國)
新加坡
帛琉
麻六甲海峽
巽他海峽
龍目海峽
Torres海峽
澳洲

台灣的國際處境
◻ 2021年台灣的主要貿易夥伴
◻ 2022年承認台灣主權的國家(與台灣有正式邦交)

注意：台灣在73個國家設有代表處，最新的台灣代表處於2021年11月在立陶宛開幕。

美國
瓜地馬拉
貝里斯
宏都拉斯
(2023年7月斷交)
海地
聖克里斯多福及尼維斯聯邦
聖露西亞
聖文森及格瑞那丁
巴拉圭
史瓦帝尼
教廷(梵蒂岡)
歐盟
日本
台灣
中華人民共和國
諾魯
馬紹爾群島
吐瓦魯
帛琉
東南亞國家協會(ASEAN)

資料來源：Rédaction de Carto, février 2021 ; Diplomatie nº 113, 2022 ; Carto nº 64, 2021 ; The Bureau of Foreign Trade, février 2021 ; www.marinetraffic.com, février 2021 ; Statista, « Total number of overseas Chinese students studying in Taiwan from school year 2010 to 2020 », février 2022 ; www.roc-taiwan.org, 2022 ; « China is ratcheting up military pressure on Taiwan », in The Economist, 9 octobre 2021 ; « La Chine parviendra-t-elle à récupérer Taïwan ? », in Le Figaro, 14 janvier 2019；僑生及港澳生人數概況統計，教育部；陸生來臺研修及修讀學位統計，陸委會

Carto nº 70, 2022 © Areion/Capri

東南亞：在中國陰影下捍衛自身利益

在中國的外交政策中，東南亞向來占有關鍵地位。近年來，由於中美貿易及外交關係緊張，東南亞在戰略和經濟上的重要性更有增無減，而幾乎所有東南亞國家最重要的合作夥伴都是中國。然而Covid-19危機爆發以後，就算東南亞國家未能因此反思對中關係，這場危機也已體現出持續對中國加深依賴將帶來何等挑戰。

東南亞是全球化的十字路口，接納中國僑民（全球共約3,500萬人）的歷史最為悠久，規模也最大。東南亞包含11個獨立國家 —— 緬甸、泰國、越南、寮國、柬埔寨、印尼、東帝汶、菲律賓、馬來西亞、新加坡和汶萊，這些國家連接太平洋和印度洋，位居戰略要津，在中國政治領域裡也同樣地位特殊。1949年中國共產黨執政以來，北京政府曾多次涉入東南亞事務。1997年，國家主席江澤民宣示「睦鄰友好」原則；2012年起領導中國共產黨的習近平在2013年升任國家主席，上台以來重申中國對東南亞的興趣，試圖將東南亞納入被中國形容為「命運共同體」的天朝秩序之下。

中國企圖打造一套囊括一切的政治修辭，該國與東南亞各國的關係卻因地理、文化、歷史和經濟現實而各有不同。中國在緬甸和寮國北部的存在感相當強烈，當地以中國遊客和移民為中心，形成了如假包換的飛地。中國在泰國經濟中的身影同樣難以忽視。相反地，越南與北京當局的關係則搖擺不定，經濟上合作、地緣政治上對抗，在南海問題上尤其針鋒相對。

東協能否成為抗衡中國的利器？

東南亞國家協會（Association of Southeast Asian Nations, ASEAN）簡稱「東協」，自1967年創立以來即對東南亞國家發展發揮關鍵作用，並成為各會員國表達關切的外交工具，特別是針對中國，因為中國的崛起正在改變地緣戰略局勢。此外，東協並非軍事組織，成員國卻與美國、澳洲和日本保持緊密聯繫，甚至組成戰略聯盟，這有助於避免東協國家受到孤立。1996年以來，在越南和菲律賓當局的推動下，東協開始與中國談判「南海行為準則」，正說明了這種夥伴關係能夠在戰略架構下發揮助益。

中國已經看到了與東協合作的價值，特別是在經濟方面。東協與中國的貿易額從1991年的83億美元成長到2020年的6,866億美元，這使得中國成為東南亞最大的貿易夥伴，超越歐盟（6,514億美元）和美國（5,870億美元）❶。中國也是東南亞國家的一大投資者，件數最多的是透過基礎建設契約進行的投資。儘管美國仍然是東協的最大投資者（2020年為347億美元），但來自中國的外國直接投資在過去十年中增加了65%，從2011～2015年的年均69億美元增加到2016～2020年的年均115億美元❷。中國的主要投資目的地是印尼、馬來西亞和新加坡，但對某些國家（尤其是柬埔寨和寮國）而言，中國已是最主要的投資來源。大多數中國投資契約涉及運輸、電力和電信領域，許多契約被認為與一帶一路計畫有關。

面對中國覬覦，捍衛南海利益將成挑戰

上述國際關係的核心皆在於能源問題。國際能源總署（IEA）研究顯示，2017～2040年間，東南亞的能源需求預計將增加65%，這樣的趨勢源於經濟和人口成長。缺電對部分東協國家而言仍是持續存在、媒體不斷報導的挑戰 —— 2016年，東南亞無電可用的總人數為4,700萬人，主要分布在緬甸（2,200萬人）、菲律賓（900萬人）、柬埔寨（800萬人）和印尼（600萬人）。湄公河流域同樣多處情勢緊繃，北京政府出資建設的水壩讓中國得利，流域內其他國家的水資源則遭到剝奪。

中國加強對東南亞的影響力，背後隱含著龐大的地緣政治企圖，目的是為了滿足北京當局的野心。經濟聯盟與投資計畫旨在確保中國在東南亞的利益，然而這一戰略也引起東協國家對中國的不信任。對於東協來說，在中美競爭中捍衛自身利益已成為重大挑戰。

眼見美國的影響力遍及東南亞各處，中國渴望將第一道海上防線擴展到日本和菲律賓以外。台灣便是達成這份野心的關鍵，南海也是如此。西沙群島和南沙群島是緊繃情勢的中心，中國宣稱擁有這兩個群島的主權，企圖控制其鄰國的經濟海域及財富（參見圖1）。

文 • N. Rouiaï

---

❶ 編注：根據日本時報（The Japan Times）報導，2022年東協與中國的貿易額達9,753億美元，與美國為4,522億美元，與歐盟則為3,423億美元。

❷ 編注：根據東協報告，2021年美國對東協投資402億美元，中國則為138億美元。

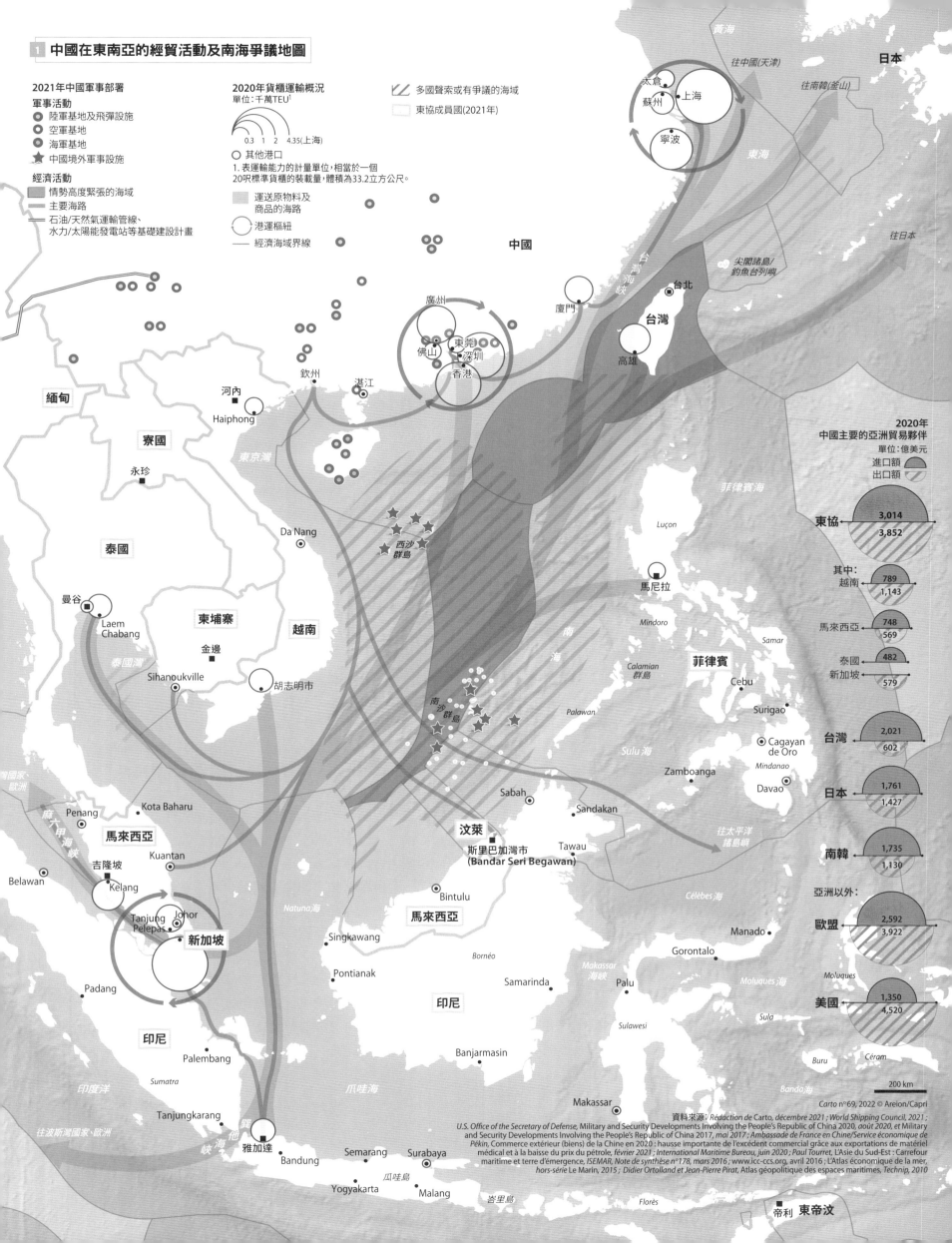

1 中國在東南亞的經貿活動及南海爭議地圖

西伯利亞：
俄羅斯不為人知的祕密武器？

西伯利亞氣候極端、基礎建設老舊、人口流失，至今仍是俄羅斯聯邦內一塊孤絕的土地。2021年8月，俄羅斯國防部部長蕭依古（Sergei Shoigu，2012年就任）提出建立五座「未來城市」的想法，旨在振興西伯利亞經濟，阻止俄羅斯東部居民向西遷移。對克里姆林宮而言，此一倡議也蘊含著與中國有關的地緣政治意圖。

地理上，西伯利亞是俄羅斯最大的區域，在俄羅斯1,712萬平方公里的土地中，西伯利亞就占了1,312萬平方公里。西伯利亞由西到東分為三個聯邦管區：烏拉爾（Ural）聯邦管區、西伯利亞聯邦管區、遠東聯邦管區。然而，直到2020年，1億4,678萬名俄羅斯人之中依然僅有25%住在西伯利亞，令其成為全球人口數一數二稀疏的地區。面對莫斯科的超強吸力，西伯利亞的人口數量難以維持，這對俄羅斯當局而言至今仍是重大問題。

扭轉孤絕的地理環境，力圖發展未來城市

歷屆蘇聯政府皆以西伯利亞工業化為重大目標。為了維繫這片過大、過遠、過於複雜而難以管理的土地不致廢棄，蘇聯利用政策系統性地強迫人口遷移至這片嚴寒土地、試圖抹除國內的文化自主意識，並設立勞改營以建立鐵路基礎建設（西伯利亞鐵路、貝加爾－阿穆爾〔Baikal–Amur〕鐵路）。1991年以來，俄羅斯不僅要應對遷入莫斯科的大規模移民（俄國近25%的GDP來自莫斯科），更要面對西伯利亞都市人口外流，以及新西伯利亞（Novosibirsk）、海參崴（Vladivostok）等東部經濟重鎮極度集中的人口。西伯利亞70%的居民生活在都市，棄置了渺無人煙、不宜人居的數百萬平方公里土地。2017年初，俄羅斯聯邦政府提出公民可免費獲取遠東地區土地的政策，最多可獲取一公頃土地，希望藉此刺激偏遠地區，使其變得能夠利用、適合居住。然而，2019年只有44,000人大膽邁開這一步，與當局希望看到的爭先恐後情景相去甚遠。

前述蕭依古所提出並獲當局支持的「未來城市」計畫，就是在這樣的背景下產生，但提案僅牽涉行政區劃上的西伯利亞，也就是西伯利亞聯邦管區。蕭依古主張建立新的大型經濟中心，尤其是在克拉斯諾亞爾斯克（Krasnoyarsk）和布拉茨克（Bratsk）之間，不過並未具體指出應該建在何處。這些經濟中心預計將容納30萬到100萬居民，並以特定產業為發展導向，比如電子資源生產、電氣工程、石油化工或木材加工。新西伯利亞將在這樣的脈絡下，發展成為「西伯利亞的芝加哥」。蕭依古希望能藉此吸引俄羅斯公民，以及許多生活在國外，尤其是獨立國家國協成員國的同胞。

西伯利亞「雪松大道」將成歐亞轉運樞紐？

中俄兩國在上海合作組織攜手合作，進行聯合軍事演習，莫斯科和北京政府更簽署許多雙邊協議，顯示出兩國一同站在反美陣線。然而，中俄之間仍存在競爭。由此可見，俄羅斯亟欲建立「未來城市」，是為了與中國領導人習近平在2016年啟動的「一帶一路」競爭。哈薩克、烏茲別克等與俄羅斯接壤的鄰國，傳統上屬於俄羅斯勢力範圍，卻被納入中國的一帶一路計畫之內。2015年，俄羅斯盧克石油公司（Lukoil）將其哈薩克Karakudouk油田的股份出售給中國能源巨頭中國石化（Sinopec）。在這場競爭經濟影響力的競賽中，俄羅斯政府選擇了西伯利亞現代化這條路。蕭依古於2021年9月對「雪松大道」（Cedar Tract）計畫表示支持，該計畫旨在建立一條歐亞安全鐵路走廊，提供一個有別於迎合中國願景的選項。隨後，計畫內容逐漸出爐，包含建造鐵路、隧道和橋梁，以及西伯利亞鐵路電氣化。「雪松大道」也得到工業巨頭德里帕斯卡（Oleg Derpaska）的財務支援，這位億萬富翁是俄羅斯總統普丁的親信。若此計畫成功，連結歐亞兩洲的俄羅斯將因轉運國的身分受益，並可在西伯利亞發展強而有力的生產及工業重鎮，不過計畫細節還有待確定。

值得一提的是，西伯利亞聯邦管區充滿豐富的自然資源，尤以石油、天然氣、黃金、鎳等為最（參見圖1）。當地還擁有煤炭礦藏，對於像克麥羅沃（Kemerovo）這種大城市來說堪比經濟命脈，全俄羅斯最大的煤炭礦脈正坐落在此。此外，湖泊和大面積的野生北方針葉林（taiga）也引起房地產開發商和旅行社的興趣。例如，俄羅斯國家開發銀行（VEB）提交了一項計畫，打算活化貝加爾湖區的一座舊造紙廠，將其轉變為「國際水準的生態村」。然而，該地區生態環境脆弱，洪水、火災、極端溫度等自然災害一再發生。由此可見，在經濟發展、地緣政治穩定和保護生態系之間尋得恰當平衡，將是西伯利亞在二十一世紀面臨的最大挑戰。

文 ● T. Marrec

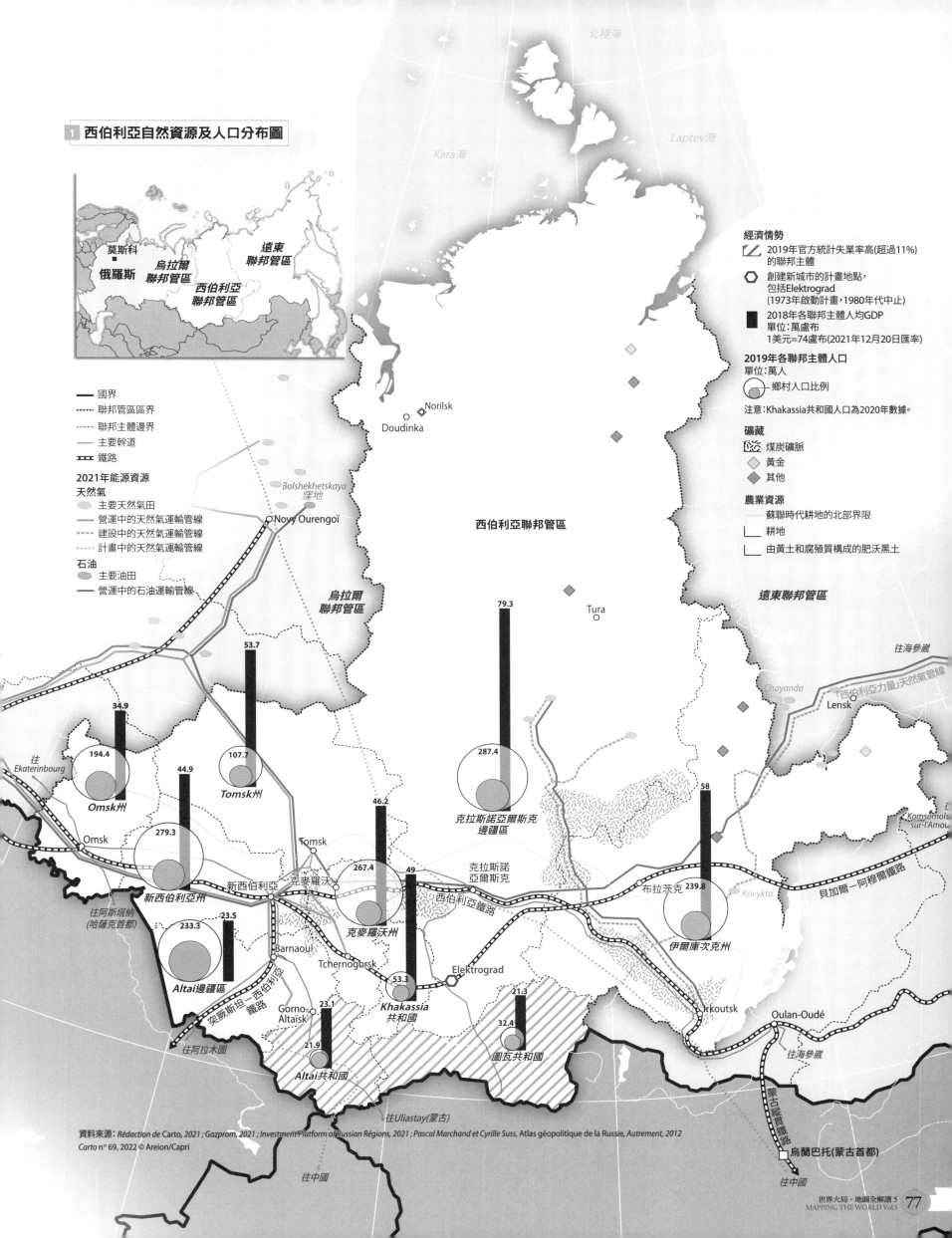

哈薩克：
革命中的亞洲天然氣王國

2022年1月2日，哈薩克西南部扎瑙津（Zhanaozen）的居民齊聚抗議天然氣價格急遽上漲。抗議浪潮逐漸開始染上政治色彩，並蔓延整個曼吉斯陶州（Manguistaou），接著延燒到該國西部和南部（參見圖1）。在哈薩克經濟大城阿拉木圖（Almaty），示威者和安全部隊發生極為暴烈的衝突，甚至動搖該國政權。俄羅斯採取謹慎的軍事干預手段以恢復該國秩序，此舉不但強化莫斯科當局在中亞的地位，也削弱西方國家與土耳其在該地區的聲望。

◉ 基本資料

正式國名
哈薩克共和國

國家元首
托卡葉夫
（2019年就任總統）

面積
2,724,900平方公里（世界排名第10位）

官方語言
哈薩克語、俄語

首都
阿斯塔納

2022年人口
1,962萬人

人口密度
每平方公里7人

貨幣
堅戈（Tenge）

歷史
今日隸屬於哈薩克的土地，游牧民族長久以來馳騁其上。該地在十三世紀受蒙古帝國統治，十九世紀又受到俄羅斯和中國壓迫。1920年，哈薩克蘇維埃社會主義自治共和國成立，1936年併入蘇聯，後於1991年宣布獨立。

2022年人均GDP（依購買力平價計）
30,810美元

2021年人類發展指數（HDI）
0.811
（世界排名第56位）

哈薩克總統托卡葉夫（Kassym-Jomart Tokayev）窮於應付示威抗議，最初展現和解態度，不僅降低天然氣價格，更解僱總理馬明（Askar Mamine），後來卻轉趨強硬。這場動盪主要源自內部權力鬥爭，總統托卡葉夫卻宣稱是由國外訓練和資助的「恐怖分子」所策畫，原因何在？

以暴動為契機，除盡前任領導人勢力

2019年3月19日，哈薩克強人納扎爾巴耶夫（Nursultan Nazarbayev）在執政三十年後辭去總統職務，由托卡葉夫繼任總統。然而，納扎爾巴耶夫持續垂簾聽政，繼續擔任國家安全委員會主席，並安插親信擔任關鍵職位——他讓馬明擔任政府首腦，並讓自己總統任內的總理馬西莫夫（Karim Massimov，任期2007～2012年、2014～2016年）及外甥艾比西（Samat Abich）掌控情報部門。此外，中亞國家元首高峰會談和歐亞經濟最高理事會❶榮譽主席的身分，也讓納扎爾巴耶夫得以保持區域影響力。

2022年1月5日，托卡葉夫趁著暴動引發政權危機，奪下國家安全委員會的領導權，標誌著兩代領導人交接結束。隨後，他在譴責境內外部勢力威脅的聲明中斥責忠於納扎爾巴耶夫的安全部門，從而掌握實權，並將親信沙昆巴耶夫（Ermek Saguimbaïev）和努爾特盧（Mourat Nourtleou）安排進國家安全委員會的領導層。托卡葉夫也攻擊納扎爾巴耶夫，指責他讓哈薩克出現「高級社會階級、極其富有的個人」。示威者高呼對納扎爾巴耶夫不友好的口號，而現任總統這種洋溢民粹色彩的修辭則預示著昔日的富人將遭逢一段艱困時光，托卡葉夫承諾將令富人對人民盡義務。「去納扎爾巴耶夫化」的風潮開始吹遍商界，前任領導人的三名女婿紛紛被逐出國營企業管理層，包含石油運輸公司KazTransOil、天然氣公司QazaqGas和化肥生產商KazAzot，而納扎爾巴耶夫則宣布退出政壇。至於高階官員，托卡葉夫解除了總理和戰略規畫與改革機構負責人的職務；然而，他所發表的新政府名單中有1/3官員遭到更替，仍然令人驚詫。

俄羅斯謀定而後動，「不鎮壓」賺好感度

總統托卡葉夫之所以將示威歸咎於外部勢力策動，是為了能夠適用1992年5月15日於烏茲別克首都塔什干（Tashkent）簽訂的《集體安全條約》（Collective Security Treaty），該條約是集體安全條約組織（CSTO，由亞美尼亞、白俄羅斯、哈薩克、吉爾吉斯、俄羅斯和塔吉克組成的六國聯盟）的創始憲章。其中，第4條為軍事援助設下了條件：任何成員國遭受外國侵略，皆可向組織請求軍援。集體安全條約組織迅速回應了托卡葉夫的呼求，令眾人驚訝不已，因為以往發生讓後蘇聯空間陷入動盪的危機時，該組織以缺乏作為而臭名遠播，不論2021年吉爾吉斯與塔吉克的衝突，或是2022年亞美尼亞與亞塞拜然的戰爭，皆是如此。至於2010年在吉爾吉斯邊境爆發的種族（吉爾吉斯人與烏茲別克人）暴動，同樣並未引起集體安全條

資料來源：Michaël Levystone, février 2022 ; Novaya gazeta, « Кто, надолго пи », 11 janvier 2022 ; Republic of Kazakhstan Bureau of National statistics, 2022 ; Kazatomprom, 2022 ; Teva Meyer, « Le Kazakhstan : Moteur convoité de l'industrie nucléaire civile mondiale », août 2021 ; OCDE, Uranium 2020 : Ressources, production et demande, 2021 ; Benno Zogg, Kazakhstan: A Centrepiece in China's Belt and Road, CSS Analyses in Security Policy, n° 249, septembre 2019 ; Arthur Fouchère, « Les "routes de la soie" passent par le Kazakhstan », in Le Monde diplomatique, septembre 2017

往莫斯科與歐洲

Kapustin Yar
試射場

往烏克蘭

俄羅斯

新西伯利亞

喬治亞

Batoumi

提比里斯

往土耳其
與歐洲

黑海

土耳其

亞美尼亞

亞塞拜

250 km

Carto n° 70, 2022 © Areion/Capri

約組織的任何反應，該組織宣告自身無權限解決各國內部危機。

　　集體安全條約組織干預哈薩克一事的特殊之處，在於俄羅斯占據了主導地位。所有成員國都參與了穩定哈薩克局勢的行動，但該組織的維和部隊大部分由俄羅斯提供兵力，受命指揮維和部隊的將軍謝爾久科夫（Andreï Serdioukov）也是俄羅斯人。這支維和部隊有明確的目標：確保戰略要地（公家建築、機場、醫院等）的安全，不涉入鎮壓反抗運動。鎮壓任務由哈薩克總統托卡葉夫的安全部隊執行，他們被授權可以開槍殺人。如此分工讓莫斯科當局十分滿意，因為在哈薩克這個以俄羅斯民族為第

二大族（350萬人）的獨立國家國協成員國，莫斯科當局極不願挑起反俄羅斯的情緒。在俄羅斯忙於就烏克蘭問題與美國談判之際，這次干預哈薩克的行動造就了一次機會，展現出俄國對自身勢力範圍無可妥協、寸土不讓。

文 • M. Levystone

❶ 編注：歐亞經濟聯盟（Eurasian Economic Union, EEU）的最高機構，該聯盟的五個會員國為亞美尼亞、白俄羅斯、哈薩克、吉爾吉斯和俄羅斯。

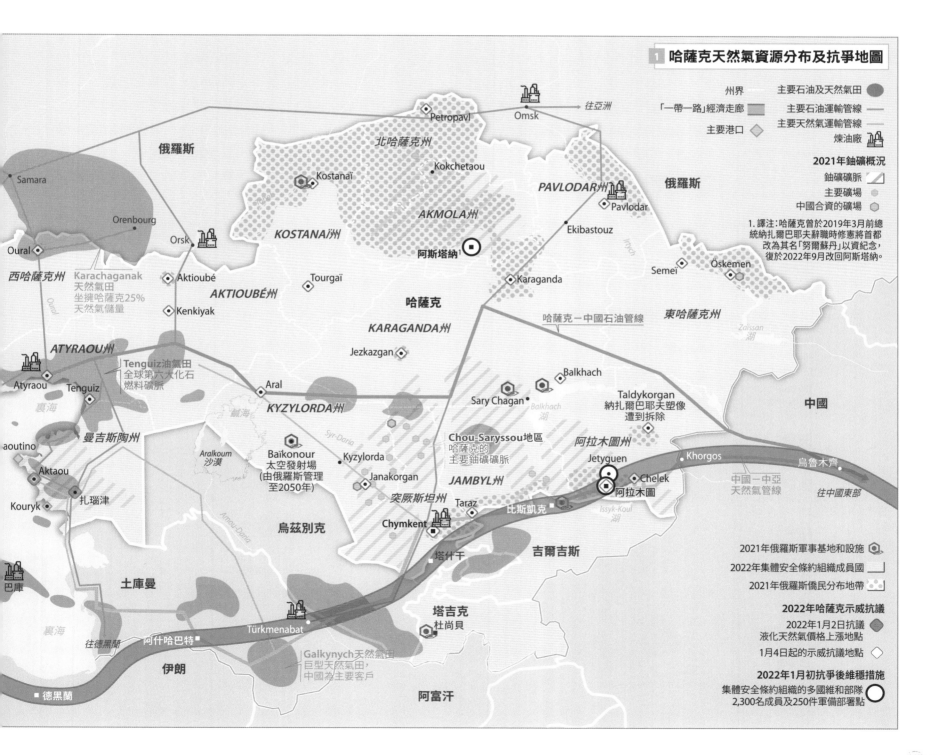

1 哈薩克天然氣資源分布及抗爭地圖

州界　　　主要石油及天然氣田
「一帶一路」經濟走廊　　主要石油運輸管線
主要港口　　主要天然氣運輸管線
煉油廠

2021年鈾礦概況
鈾礦礦脈
主要礦場
中國合資的礦場

1. 譯注：哈薩克曾於2019年3月前總統扎爾巴耶夫辭職時應要將首都改為其名「努爾蘇丹」以資紀念，復於2022年9月改回阿斯塔納。

2021年俄羅斯軍事基地和設施
2022年集體安全條約組織成員國
2021年俄羅斯僑民分布地帶

2022年哈薩克示威抗議
2022年1月2日抗議
液化天然氣價格上漲地點
1月4日起的示威抗議地點

2022年1月初抗爭後維穩措施
集體安全條約組織的多國維和部隊
2,300名成員及250件軍備部署點

阿富汗：
塔利班回歸，帶來和平還是迫害？

1996～2001年支配阿富汗的塔利班（Taliban，意譯為「神學士」）政權垮台二十年後捲土重來，於2021年8月再次主宰阿富汗。從古至今，外來強權都不曾成功恢復阿富汗的秩序，從英國、蘇聯到美國都是如此。若說塔利班這個伊斯蘭基本教義派組織強勢回歸是國際社會的失敗，那麼對阿富汗人民而言更是極大創傷。

早在數年前眾人便已心裡有數，卻不願意接受此事，只認為美國不會坐視不管。然而，2001年勾結國際恐怖主義蓋達組織（al-Qaeda）而遭白宮逐出首都喀布爾的塔利班，以倒退保守的伊斯蘭信仰理解囚禁阿富汗人民的塔利班，如今回來了。對他們能有什麼期望？有人說他們已經改變了，懂得去適應二十一世紀的阿富汗人，有人說他們畢竟代表了尋求和平的多數人，為此不計代價。那麼，為什麼塔利班如此令人恐懼？又如何解釋，為什麼面容愁苦的人群寧願捨棄一切，即使只能緊抱飛機輪也要離開這個國家？

深耕多年有成，從地方開始樹立權威

塔利班之所以能夠支配不曾真正受到中央政府控制的阿富汗，原因或許可從地理統計數據略窺一二（參見圖1）。世界銀行指出，2022年，4,113萬阿富汗人口中僅有27%居於都市。而根據聯合國的數據，過半阿富汗人需要援助，1/3阿富汗人面臨饑荒威脅。阿富汗人民極度貧窮，又無法對抗無處不在的腐敗；在遠離城市的地方，為了滿足人們與日俱增的期待，宗教領袖成為權威，只有塔利班能夠為人民伸張正義，處理土地使用或家族糾紛等簡單但重要的問題。他們的信

1 兩代塔利班政權對阿富汗的支配

2011年阿富汗情勢

各地不安全程度
- 中度風險
- 高度風險(不穩定區域)
- 極端高度風險(塔利班活動頻繁)

叛亂活動
- 塔利班的行動中心
- 陷入戰火的地區

省界
出口道路

國際安全援助部隊
2011年8月概況
該部隊由北約及美軍指揮
- 行動中心
- 主要空軍基地
- 地區司令部轄區界線

北部地區司令部 11,000名士兵
首都地區司令部 9,000名士兵
西部地區司令部 6,500名士兵
東部地區司令部 36,500名士兵
南部地區司令部 35,000名士兵
西南地區司令部 32,000名士兵

往Samarcande
往杜尚貝(塔吉克首都)
往Türkmenabat
Faïzabad
DJOZDJAN省
BALKH省
KONDOZ省
Mazar-é Charif
Kondoz
TAKHAR省
BADAKHCHAN省
SAMANGAN省
往Mary
Sar-é Pol
BAGHLAN省
Maïmana
FARYAB省
SAR-é POL省
巴米揚省
PANCHIR省 NOURESTAN省
PARWAN省 LAGHMAN省 KOUNAR省
往Machhad
Qal'a-yé Naô
BADGHIS省
首都地區司令部
KAPISSA省
Jalalabad
Hérat
HÉRAT
WARDAK省 喀布爾
NANGARHAR省
Peshawar
DEYKANDI省
LOGAR省
往伊斯蘭馬巴德(巴基斯坦首都)
GHOR省
Ghazni
PAKTIA省
FARAH省
OROZGAN省
GHAZNI省
KHOST省 Khost
PAKTIKA省
ZABOL省
Qalat
NIMROZ省
HELMAND省
往Zabol
Zaranj
坎達哈
坎達哈省
Quetta
往喀拉蚩

100 km

2011年阿富汗情勢
往Mary
往Machhad
Qal'a-yé N
Hérat
往Zabol
Zaranj
Farah
Lac

Carto n° 68, 2021 © Areion/Capri

2 阿富汗二十年戰火死傷人數及耗資統計

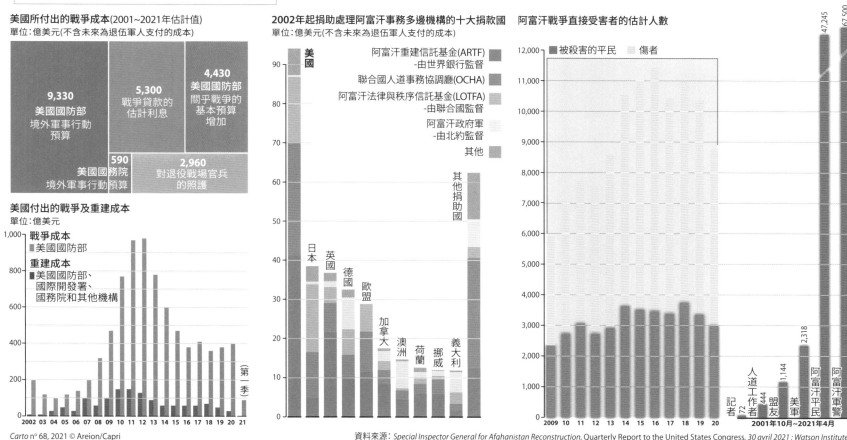

美國所付出的戰爭成本(2001~2021年估計值)
單位:億美元(不含未來為退伍軍人支付的成本)

9,330 美國國防部 境外軍事行動預算	5,300 戰爭貸款的估計利息	4,430 美國國防部關乎戰爭的基本預算增加
590 美國國務院 境外軍事行動預算		2,960 對退役戰場官兵的照護

美國付出的戰爭及重建成本
單位:億美元

戰爭成本
■ 美國國防部

重建成本
■ 美國國防部、國際開發署、國務院和其他機構

1,000
800
600
400
200
0
2002 03 04 05 06 07 08 09 10 11 12 13 14 15 16 17 18 19 20 21
(第一季)

Carto n° 68, 2021 © Areion/Capri

2002年起捐助處理阿富汗事務多邊機構的十大捐款國
單位:億美元(不含未來為退伍軍人支付的成本)

阿富汗重建信託基金(ARTF) -由世界銀行監督
聯合國人道事務協調廳(OCHA)
阿富汗法律與秩序信託基金(LOTFA) -由聯合國監督
阿富汗政府軍 -由北約監督
其他

美國 / 日本 / 英國 / 德國 / 歐盟 / 加拿大 / 澳洲 / 荷蘭 / 挪威 / 義大利 / 其他捐助國

阿富汗戰爭直接受害者的估計人數

■ 被殺害的平民　□ 傷者

12,000
11,000
10,000
9,000
8,000
7,000
6,000
5,000
4,000
3,000
2,000
1,000
0

2009 10 11 12 13 14 15 16 17 18 19 20

記者 72 / 人道工作者 444 / 盟友 1,144 / 美軍 2,318 / 阿富汗平民 47,245 / 阿富汗軍警 67,500

2001年10月~2021年4月

資料來源: *Special Inspector General for Afghanistan Reconstruction*, Quarterly Report to the United States Congress, *30 avril 2021*; *Watson Institute*, « Costs of War », *mai 2021*; *U.S. Dept of Defense*, Casualty Status, *3 mai 2021*; *UNAMA*, Afghanistan Protection of Civilians in Armed Conflict, *février 2021*

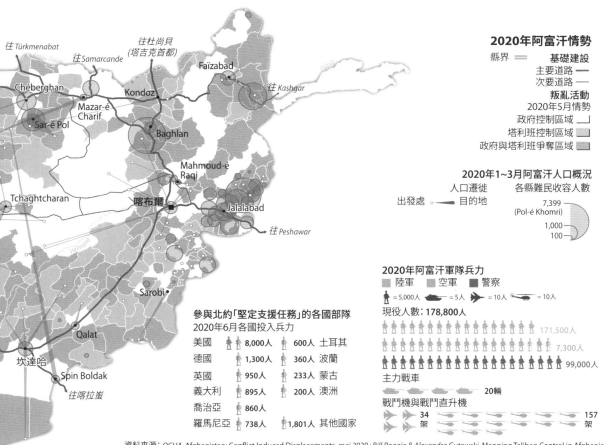

往 Türkmenabat
往 Samarcande
往 杜尚貝(塔吉克首都)
Faïzabad
往 Kashgar
Chéberghan
Kondoz
Mazar-é Charif
Sar-é Pol
Baghlan
Tchaghtcharan
Mahmoud-é Raqi
喀布爾
Jalalabad
往 Peshawar
Sarobi
Qalat
坎達哈
Spin Boldak
往 喀拉蚩

2020年阿富汗情勢

縣界 ▬
基礎建設
主要道路 ▬
次要道路 ▬
叛亂活動
2020年5月情勢
政府控制區域
塔利班控制區域
政府與塔利班爭奪區域

2020年1~3月阿富汗人口概況

人口遷徙
出發處 ○ ▬ 目的地

各縣難民收容人數
7,399 (Pol-é Khomri)
1,000
100

參與北約「堅定支援任務」的各國部隊
2020年6月各國投入兵力

美國	8,000人	600人	土耳其
德國	1,300人	360人	波蘭
英國	950人	233人	蒙古
義大利	895人	200人	澳洲
喬治亞	860人		
羅馬尼亞	738人	1,801人	其他國家

2020年阿富汗軍隊兵力

■ 陸軍　■ 空軍　■ 警察
👤 = 5,000人　⚓ = 5人　✈ = 10人　🚁 = 10人

現役人數:178,800人
陸軍 171,500人
空軍 7,300人
警察 99,000人

主力戰車 20輛

戰鬥機與戰鬥直升機
34架 / 157架

資料來源: *OCHA*, Afghanistan: Conflict Induced Displacements, *mai 2020*; *Bill Roggio & Alexandra Gutowski*, Mapping Taliban Control in Afghanistan, Long War Journal, *consulté en mai 2020*; *OTAN, 2019*; *UNAMA, 24 février 2019*; *IISS*, The Military Balance 2021; *UNAMA*, Afghanistan Midyear Report 2011 Protection Of Civilians In Armed Conflict, *juillet 2011*; *OTAN, 2011*; *Constance de Bonnaventure, 2011*; *The New York Times, 2010*

仰被認為是無可挑剔的能力及道德保證。這些「伊斯蘭教的學生」為了對抗阿富汗及國際武裝力量(包括2001～2014年的法國駐軍),長期以來一直在當地活動,而且不僅僅是軍事行動而已。

另一方面,塔利班2019年12月起正式與華盛頓當局展開談判。時任美國總統的川普急著了結戰爭局勢,宣布恢復雙邊談判;也就是說,阿富汗政府代表在這場談判中是缺席的。當時的阿富汗政府面臨重大危機,2014年和2021年在爭議中當選的總統甘尼(Ashraf Ghani)與主要競爭對手總理阿布杜拉(Abdullah Abdullah)之間關係緊張,兩股平行權力在平民不解的目光中相互纏鬥,而這些平民每天都在為戰爭付出生命 —— 2001年10月～2021年4月,近48,000人在衝突中身亡,美國士兵死於衝突的人數則是2,300人。戰爭也使該國付出巨額成本,耗費大約2兆2,500億美元(參見圖2)。更令人失望的是,阿富汗的基礎建設幾乎全都停擺,包括衛生領域,

3 阿富汗的語言與族群分布

烏茲別克　塔吉克　塔吉克

Roshni

Pamir萬原

SHOGHNI

BADAKHSHI

WAKHI

土庫曼

Sheberghan　Mazar-é Charif

Kondoz　Taloqan

WAKHI

Baghlan

ANDARABI

Maïmana

DAI MIRDAD

伊朗

YEK AWLANG

PANJ SHERI

JAMSHIDI　FIROZ KOHI　SHEIKH ALI

TAIMANI　DAI ZANGI　TIMURI　喀布爾

Hérat　KAKAR　阿富汗　WARDAKI　Jalalabad

TAIMURI　TAIMANI　BESOUD　AHMADZAI　KHUGIANI SHINWARI

TAIMANI　ZOHRI　DAI KUNDI　POLADA　CHAHAR DASTA　MAKHBIL　CHAKMAL　印度

TAIMURI　DALA　JAGHORI　Ghazni　JAJI TANI　GURBAZ

NURZAI　TAIMANI　DAI FAOLADI　DAI KHITAI　ANDAR　WAZIR

BARAKZAI　ALIZAI　POPALZAI　TARAKI　NASRI　ALI KHEL

NURZAI　ALIZAI　BARAKZAI　TOKHI　SUILAIMAN KHEL

NURZAI　ALIKOZAI　坎達哈　HOTAK

Lachkargah　KAKAR

伊朗　NURZAI

巴基斯坦

BARAHUI

0　100 km

Carto n° 68, 2021 © Areion/Capri　　資料來源：Michael Izady, Atlas of the Islamic World and Vicinity, Gulf2000 project, Columbia University, 2017

主要的民族/語言群體

波斯語民族　普什圖語民族

哈扎拉族　　普什圖族

Aimak族　　突厥語民族

波斯語人口(Farsiwan)[1]　烏茲別克族

塔吉克族　　土庫曼族

其他民族/未有民族占主流的地區

人口稀少地帶

主要部落 KAKAR

1. 指講波斯語但不隸屬某一種族或隸屬關係薄弱者。

而該國大多數部門都被非政府組織或在這個「人道主義市場」中誕生的外國小公司所接管。上述現象解釋了白宮讓步的部分原因，美國在2020年2月與塔利班簽署歷史性的協議後正式撤軍，作為基本教義派的塔利班因此在軍事和外交上都取得了勝利。以近幾年的演變來看，塔利班早已為2021年8月奪取政權做好準備，一切都符合「事物的規律」。

「新塔利班」是否有所改變？

新的塔利班政權是否膽敢實行如同1996～2001年那樣的恐怖統治？這個新政權帶給世人的印象是一群年輕男性，因此我們或許會想像，這一代「新塔利班」未浸染1990年代的激進主義 —— 1990年代的阿富汗，伊斯蘭教蔚為一股反抗喀布爾共產主義政權和蘇聯入侵（1979～1989年）的力量。然而，塔利班新政權「阿富汗伊斯蘭大公國」最高領導人艾昆薩達（Haibatullah Akhundzada）出生於1961年左右，被自己人加冕為「信士的長官」（Commander of the Faithful）❶。他曾隸屬以「穆拉」（mullah）❷奧馬（Mohammad Omar）為最高領袖的阿富汗第一代塔利班政權旗下，在勸善懲惡部（Ministry for the Propagation of Virtue and the Pre-vention of Vice）任職，也曾執教於阿富汗南部坎達哈省（Kanda-

har）的伊斯蘭學校。2001年以來，艾昆薩達發布了為數眾多的伊斯蘭教令（fatwa），接著於2016年成為塔利班最高領導人。跟他同一代的還有塔利班新政權的代理總理阿洪德（Mohammad Hasan Akhund）❸及副總理巴拉達（Abdul Ghani Baradar）這些一貫的強硬派，前者是2001年3月塔利班摧毀巴米揚大佛（Buddhas of Bamiyan）的始作俑者，後者在對蘇聯作戰後與奧馬關係密切。艾昆薩達、阿洪德和巴拉達都秉持同樣的一千零一條執政指導原則，那就是「恢復塔利班第一次統治阿富汗時強行實施的律令」。

塔利班2021年8月15日取得勝利後，挪用當代公關手段對外界釋放訊息，企圖讓國際社會放心，這點就與1996～2001年主宰阿富汗的前一代塔利班政權有所差異。當然，時代不同了，而且在奧馬之前的塔利班本就以寡言和孤立聞名。然而，新一代塔利班仍然展現了實行伊斯蘭教法（sharia）的意志，行政部門只由塔利班草創時期成員組成，而且沒有女性。2021年9月17日，塔利班公布新憲法，不僅確保遜尼派中最古老的哈納菲學派（Hanafi）占有重要地位，也建立了一套對當局「效忠」的體制。換言之，選舉權遭到廢除；兵役是強制性的；普什圖語（Pashto）成為官方和「國家」語言，令人想起普什圖人昔日的

教育水準
單位:%

☐ 女孩　■ 男孩

2017年

國小	國中	高中
59.8	63.1	64.8
40.2	36.9	35.2

2018年

國小	國中	高中
60.1	63	64.3
39.9	37	35.7

2016年各部門決策圈性別組成
單位:%

■ 男性　☐ 女性

公部門	私部門	非政府組織
89.7 / 10.3	90.4 / 9.6	79.7 / 20.3

2018年代議民主機關的女性比例

全國層級

- 長老院(上議院) 22.4% — 67 席
- 省議會 21.3% — 451 席
- 協會 19.5% — 523,435人

地方層級

- 省長 — 34 席
- 副省長 7.7% — 39 席
- 縣長 0.3% — 369 席
- 法律顧問 7.6% — 66 席

2018年司法部門女性比例

- 司法官 12.7% — 2,061人
- 檢察官 13.9% — 2,201人
- 律師 12.5% — 2,100人

2018年女性受暴案件統計
注意:此數據僅含阿富汗婦女事務部登記在案的案件。

927案	毆打及家暴
555案	分居
343案	未給付贍養費
283案	離家出走
266案	羞辱
161案	強加宗教義務
156案	騷擾
153案	遭到殺害
138案	離婚
95案	拒婚(始亂終棄)
91案	禁止依己意結婚
85案	強姦
80案	逼婚
73案	無法繼承遺產
60案	未支付嫁妝
41案	無子女監護權
41案	童婚
38案	酷刑處決
35案	毆打致傷
34案	強迫隔離
27案	綁架
23案	無法擁有個人財產
18案	強迫賣淫
10案	自殺
1案	毒品依賴
72案	其他

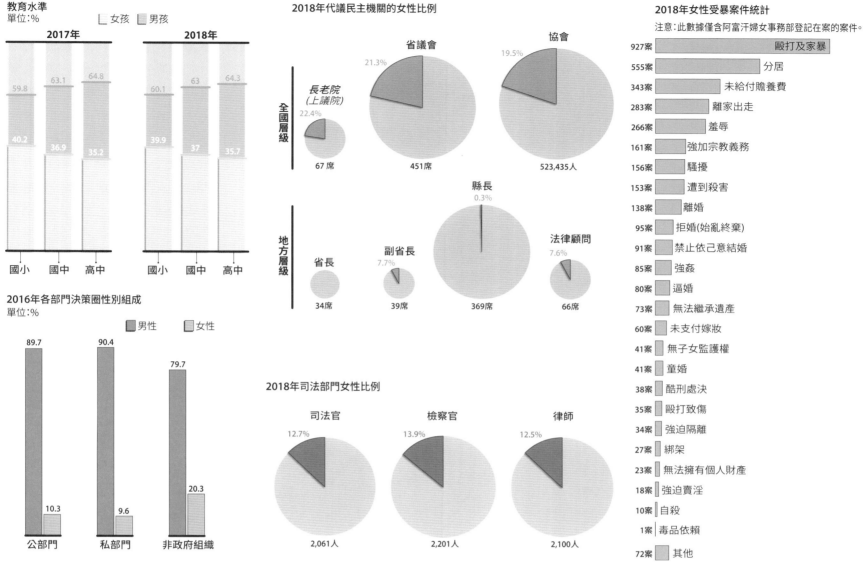

支配(參見圖3)❹；女孩返回國高中學習的路途就此中斷(參見圖4);音樂從廣播和電視中消失;公開處決和石刑已經恢復執行。

失去經濟援助、缺乏行政人才,新政權危機重重

　　儘管塔利班接收了阿富汗國軍二十年來在國際社會資助下打造的所有基礎建設和武器裝備,有能力行使社會學家韋伯(Max Weber)提出的「對暴力的壟斷」來為1979年以來飽受戰火摧殘的國家帶來和平,新政權卻陷入財政困窘,也無法免除本身作為恐怖組織所招來的制裁。塔利班一控制阿富汗,各大非政府組織、世界銀

5 阿富汗礦藏分布圖

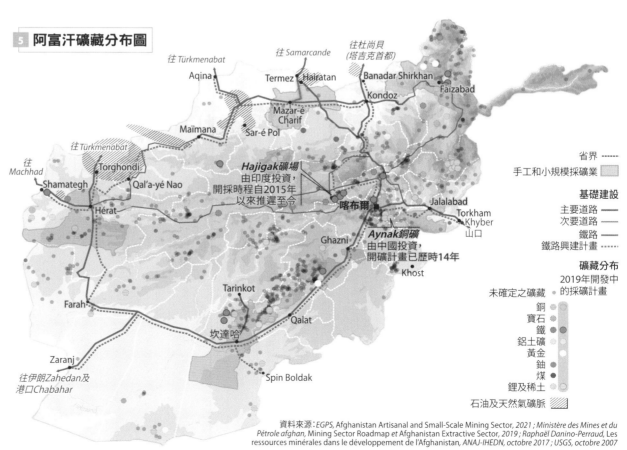

往 Türkmenabat　往 Samarcande　往杜尚貝(塔吉克首都)

Aqina　Termez　Hairatan　Banadar Shirkhan　Faizabad
Kondoz
Mazar-é Charif
Maïmana　Sar-é Pol
往 Türkmenabat
往 Machhad　Torghondi
Shamategh　Qal'a-yé Nao
Hérat

Hajigak礦場
由印度投資,開採時程自2015年以來推遲至今

喀布爾
Jalalabad
Torkham
Khyber 山口

Aynak銅礦
由中國投資,開礦計畫已歷時14年

Ghazni
Khost
Tarinkot
Farah
坎達哈
Qalat
Zaranj
往伊朗Zahedan及港口Chabahar
Spin Boldak

省界 ------
手工和小規模採礦業 ▨

基礎建設
主要道路 ——
次要道路 ——
鐵路 ——
鐵路興建計畫 ·······

礦藏分布
2019年開發中的採礦計畫
未確定之礦藏 ●
- 銅
- 寶石
- 鐵
- 鋁土礦
- 黃金
- 鈾
- 煤
- 鋰及稀土
石油及天然氣礦脈 ▨

資料來源:*EGPS*, Afghanistan Artisanal and Small-Scale Mining Sector, *2021*; Ministère des Mines du Pétrole afghan, Mining Sector Roadmap et Afghanistan Extractive Sector, *2019*; Raphaël Danino-Perraud, Les ressources minérales dans le développement de l'Afghanistan, *ANAJ-IHEDN, octobre 2017*; USGS, octobre 2007

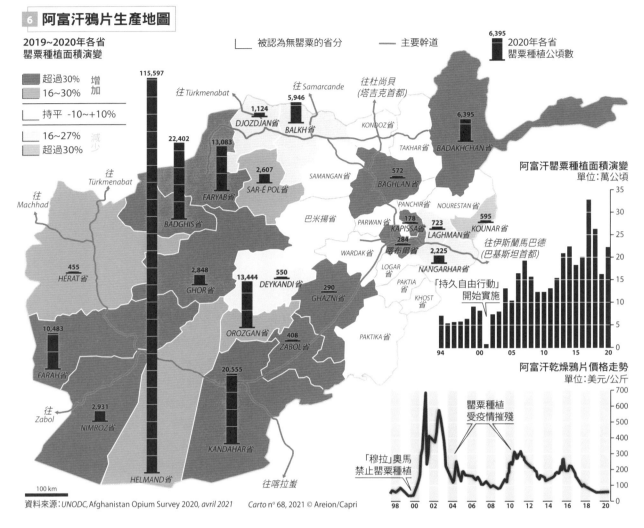

6 阿富汗鴉片生產地圖

2019~2020年各省
罌粟種植面積演變

被認為無罌粟的省分 —— 主要幹道

6,395 2020年各省罌粟種植公頃數

超過30% ┐
16~30% ┘ 增加

持平 -10~+10%

16~27% ┐
超過30% ┘ 減少

阿富汗罌粟種植面積演變
單位：萬公頃

「持久自由行動」開始實施

阿富汗乾燥鴉片價格走勢
單位：美元/公斤

罌粟種植
受疫情摧殘

「穆拉」奧馬
禁止罌粟種植

資料來源：UNODC, Afghanistan Opium Survey 2020, avril 2021　Carto n° 68, 2021 © Areion/Capri

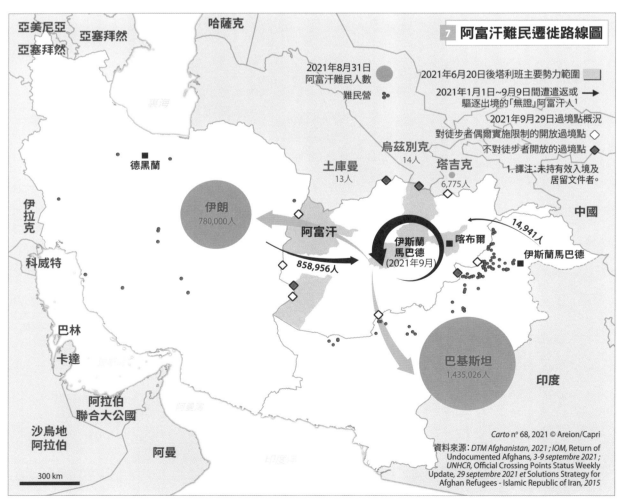

7 阿富汗難民遷徙路線圖

2021年8月31日
阿富汗難民人數

難民營

2021年6月20日後塔利班主要勢力範圍

2021年1月1日~9月9日間遭遣返或
驅逐出境的「無證」阿富汗人[1]

2021年9月29日過境點概況

對徒步者偶爾實施限制的開放過境點 ◇

不對徒步者開放的過境點 ◆

1. 譯注：未持有效入境及
居留文件者。

伊朗
780,000人

858,956人

伊斯蘭
馬巴德
(2021年9月)

14,941人

巴基斯坦
1,435,026人

土庫曼 13人
烏茲別克 14人
塔吉克 6,775人

Carto n° 68, 2021 © Areion/Capri

資料來源：DTM Afghanistan, 2021 ; IOM, Return of
Undocumented Afghans, 3-9 septembre 2021 ;
UNHCR, Official Crossing Points Status Weekly
Update, 29 septembre 2021 et Solutions Strategy for
Afghan Refugees - Islamic Republic of Iran, 2015

行等國際組織就切斷援助資金，美國也是如此；此外，美國還凍結了塔利班中央銀行的儲備。只要國庫空虛，塔利班政權便撐不久，而他們主要的財源是稅收和關稅。塔利班新政權是否受到正式承認並不是小事。2022年初，全球沒有任何國家或機構承認這個政權。巴基斯坦與1996～2001年支配阿富汗的第一代塔利班政權關係密切，至今仍是塔利班運動的強力後盾，透過自身的情報機關三軍情報局（Inter-Services Intelligence, ISI）支持塔利班。然而，就連巴基斯坦也並未承認塔利班政權。如果新的政權不受認可，阿富汗就無法接受來自國外的財政援助。

在經濟層面，阿富汗確實擁有充沛的自然資源，但要進行開發相當困難。一方面，阿富汗礦藏多樣而豐富（參見圖5），卻缺乏重要基礎建設來開採；中國雖暗示有投資意願，卻沒有任何實質進展。另一方面，阿富汗是世界上最大的鴉片生產國（參見圖6），塔利班在第一次執政時曾打擊過這種毒品，鏟除大片罌粟田；「新塔利班」卻將罌粟當成天上掉下來的禮物，在這二十年間利用販運鴉片輕鬆賺得戰爭資金。然而，難以確定他們是否還敢繼續這樣做，因為毒品市場已十分腐敗。如今，失業率和通貨膨脹飆升，塔利班縱然以和平作為其「競選承諾」，首先卻得處理一蹶不振的阿富汗經濟；與此同時，人民也面臨饑荒威脅。在人力層面上，塔利班雖然能在鄉村組織起地方機關，但要控制像喀布爾這樣的大城市卻絕非易事。例如，首都喀布爾「人才外流」已經讓行政部門、衛生和教育中心等機構大幅衰弱（參見圖7）。這也是為什麼塔利班新政權「寬恕」舊政權的公務員，因為

8 塔利班政權對外關係地圖

2022年2月在喀布爾設有大使館的國家 ▭
注意：美國以卡達駐阿富汗大使館作為代表；
歐盟在喀布爾設有人道主義工作辦事處。

承認第一代塔利班政權(1996~2001年)的國家 ▭

2022年2月情勢

伊斯蘭國及向其宣誓效忠的 ◉
主要團體的據點

蓋達組織及其附屬組織的據點 ●

俄軍活動地帶 ▭

邊境軍事演習 ┈┈┈

主要邊界過境點 ◇

美軍軍事人員數量
(2021年6月30日)

4,527(巴林)

500
10

注意：此數據不含後備人員，
亦不含為軍隊工作的平民。
美軍在當地的兵員數量
隨在伊拉克與敘利亞的軍
事行動而變化。
2021年1月時，
阿富汗有2,500名美國軍事人員。

2020年人口估計
單位：億人

14.44
1
0.1

穆斯林人口占比估計
▨ 超過95%　□ 10-18%
▨ 90~95%　□ 少於5%
□ 57~86%

2019年阿富汗主要貿易夥伴
→● 進口
→● 出口

美國

白俄羅斯　　俄羅斯

聶斯特河
沿岸地區

哈薩克

土耳其　喬治亞
　　　　亞美尼亞　亞塞拜然　　烏茲別克　　吉爾吉斯

黎巴嫩　　　　土庫曼　　塔吉克
以色列　敘利亞
巴勒斯坦　　　　伊朗　阿富汗　巴基斯坦　　中國
埃及　伊拉克

科威特　　　　　　　　　　　　尼泊爾
巴林
卡達　　　　　　　　　印度
沙烏地
阿拉伯　　　　　　　　　　　　孟加拉
阿拉伯
聯合大公國　阿曼

阿富汗
伊斯蘭大公國
(即塔利班政權，
含哈卡尼網絡)

葉門

吉布地

伊斯蘭國
Khorassan省
(阿富汗、巴基斯坦、
中亞、伊朗)

斯里蘭卡　　　　　　印尼

資料來源：*Rédaction de Carto, 2022 ; Defense Manpower Data Center (DMDC), juin 2021 ;
www.worldpopulationreview.com, consulté le 19 octobre 2021 ; World Integrated Trade
Solution, octobre 2021 ; Map Action, Afghanistan, septembre 2021*

Carto, 2022 © Areion/Capri

他們需要人手建立自己的行政機關，尤其是多數塔利班部隊皆由缺乏職業訓練的武裝人員所組成。

此外，喀布爾的新主宰與國際恐怖主義之間的關係仍然成謎（參見圖8）。哈卡尼網絡（Haqqani network）因為與蓋達組織的關係而為人所知，在塔利班高層非常有影響力，新政權必須證明自身有能力壓制賓拉登（Oussama ben Laden，1957～2011年）人馬的行動。但這種「對暴力的壟斷」可能會受到來自內部的敵人挑戰，也就是伊斯蘭國組織。伊斯蘭國的多起攻擊行動，特別是針對什葉派哈扎拉（Hazara）少數民族的襲擊，證明了他們有多少能耐，甚至連鄰國巴基斯坦也擔憂伊斯蘭國帶來的威脅。巴基斯坦想必是將塔利班支配的阿富汗放在與印度對抗的區域位置中考量，看出該國具有成為戰略縱深區的價值。中國和伊朗似乎決定作壁上觀，儘管兩者皆表示支持現任的掌權者。卡達則在經歷波斯灣的阿拉伯鄰國封鎖三年多後，終於在2021年1月結束孤立狀態，成為衡量塔利班新政權內部

情況的關鍵角色。

2021年的阿富汗與2001年的阿富汗已截然不同。確實，阿富汗仍然是一個以鄉村為主且遵循傳統的國家，但該國人民年齡中位數是18歲，大多數阿富汗人並未經歷過1996～2001年的噩夢；年輕一代的阿富汗人與世界的聯繫比二十年前更緊密，他們見證並參與自身未來的轟然崩塌。公民社會是否會對當前情勢有所反映很難說得準，因為塔利班政權會箝制言論，且不允許任何干涉。如果塔利班感受到來自國際社會和鄰國的排斥，他們甚至可能變得更加極端，再次把國家關進基本教義派的囚牢。

文 ● G. Fourmont

---

❶譯注：亦譯「信士的埃米爾」，伊斯蘭教初期對政教合一領袖哈里發的尊稱，今日唯摩洛哥國王和阿富汗最高領導人繼續使用此稱謂。
❷譯注：對伊斯蘭教士的尊稱。
❸編注：2023年5月，阿洪德因健康因素休養，暫由卡比爾（Abdul Kabir）擔任代理總理。
❹編注：普什圖人為阿富汗第一大族和巴基斯坦第二大族，多數為哈納菲派穆斯林。

印度北方邦：印度教極端主義的原鄉

◉ 基本資料

正式國名
印度共和國

國家元首
穆爾睦(Droupadi
Murmu，2022年就
任總統)

行政首長
莫迪
(2014年就任總理)

面積
3,287,263平方公里
(世界排名第8位)

官方語言
印度語、英語為通
用語，各行政區亦
自有官方語言

首都
新德里(New Delhi)

2022年人口
14億1,717萬人

人口密度
每平方公里431人

貨幣
印度盧比
(Indian Rupee)

2022年人均GDP
(依購買力平價計)
8,379美元

北方邦

邦長
帕特爾(Anandiben
Patel，2019年就
任)

首長
阿蒂提亞納特
(2017年就任)

面積
236,286平方公里

2022年估計人口
2億3,330萬人

人口密度
每平方公里987人

2021/2022年人均
GDP
860美元

在印度人口最多的北方邦（Uttar Pradesh），宗教社群之間情勢緊張。親近總理莫迪（Narendra Modi，2014就任）的印度教極端主義祭司阿蒂提亞納特（Yogi Adityanath）於2017年成為北方邦首長，在他上台後，反民主的偏激行為大量增加，特別是穆斯林社群飽受仇恨言論攻擊。在這樣的情勢中，議會選舉於2022年2月10日～3月7日舉行。

在印度這個民族與宗教大拼盤裡，北方邦格外引人注目。北方邦占地23萬6,286平方公里，與旁遮普邦（Punjab）同為印度主要糧倉，並且是「印度教環帶」（Hindi Belt），也就是「印度教民族主義環帶」的一部分。2021年人口普查的結果要到2024年才會正式公布，不過根據估計，北方邦2021年的人口為2億3,150萬人。如果北方邦是一個獨立國家，將會是世界第七人口大國。

印度教至上、民主倒退的領頭羊

2017年3月，北方邦選出印度人民黨（Bharatiya Janata Party，BJP）最激進分支的候選人擔任首長。人民黨是印度2014年至今的執政黨，政治傾向為保守主義與印度教民族主義。本名比什特（Ajay Mohan Bisht）的阿蒂提亞納特曾為印度教祭司暨瑜伽士，1998～2017年長期擔任印度議會人民院（Lok Sabha，下議院）議員，總理莫迪對他青睞有加。阿蒂提亞納特是素食節欲者，總是身披番紅花色衣衫，政策方向與印度中央政府亟欲發展的「種族民主」（ethnic democracy）一致。他的獨裁手段施展在北方邦的許多面向，例如：使用暴力手段鎮壓抗議2020年新土地法的農民。個人自由受到威脅，反映出印度的民主正在倒退，國家日漸專制。2021年公布的新聞自由指數排名中，無國界記者組織（Reporters Without Borders, RSF）將印度排在軍政府掌權的緬甸之後，在180個國家裡落居第142位❶。北方邦並未置身事外，甚至位居這股民主倒退的核心地帶。

北方邦在十六至十九世紀隸屬於信奉伊斯蘭教的蒙兀兒帝國，以伊斯蘭文化遺產聞名，是印度穆斯林人數最多的邦。根據官方估計，2021年北方邦穆斯林有4,458萬人，占總人口19.26%。穆斯林社群比印度教社群（占人口79.73%）更為貧困，受當局汙名化的情形越發嚴重。阿蒂提亞納特的施政方向是堅定去世俗化、強化印度教身分認同，過去三十年來反覆遭受劫掠屠戮的穆斯林如今更成為備受針對的標的。

汙名化穆斯林，立法打擊「愛情聖戰」

2020年11月，阿蒂提亞納特立法將跨宗教婚姻定為犯罪，

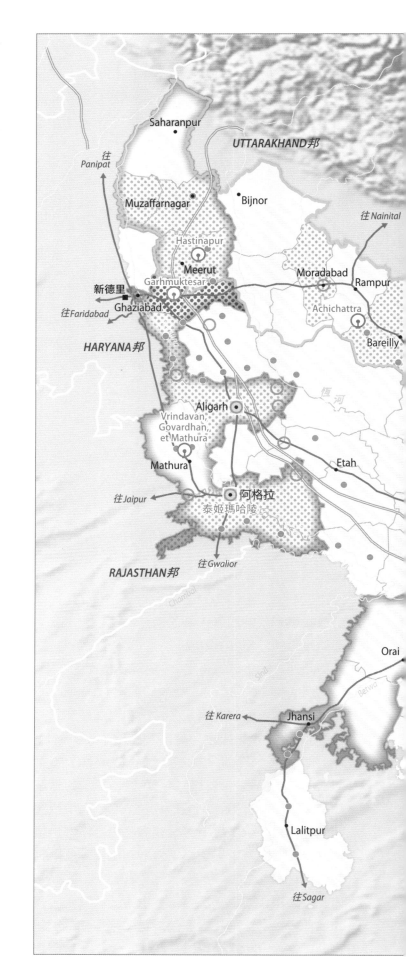

可判處十年有期徒刑，並聲討所謂的伊斯蘭社群「愛情聖戰」祕密計畫，聲稱該計畫鼓勵穆斯林男性與印度教女性結合，使後者皈依伊斯蘭教，從而改變北方邦兩大主要社群，即印度教徒和穆斯林的人口均勢。

除了上述的汙名化，北方邦當局還試圖抹去印度的伊斯蘭歷史遺產，並從學校教科書的內容規畫做起。2017年，北方邦的官方手冊將泰姬瑪哈陵（Taj Mahal）從旅遊路線中刪除，因為這座由蒙兀兒帝國皇帝沙賈汗（Shah Jahan，1628～1658年在位）建於阿格拉（Agra）的陵寢，被認為是穆斯林「殖民」、「奴化」印度教人民的代表性建築。2020年8月，總理莫迪出席北方邦古城阿尤德亞（Ayodhya，參見圖1）新建印度教神廟的動土典禮，該神廟廟址昔日曾存在一座於1992年被狂熱印度教徒摧毀的清真寺，建造神廟的目的是將伊斯蘭信仰從當地人的記憶中抹去。

這種令穆斯林隱形、將公共空間印度教化的政令貫徹也在某些城市的改名政策上。安拉阿巴德（Allahabad）正是因此在2018年改名為普拉亞格拉吉（Prayagraj）❷，與五百年的歷史一刀兩斷。多由穆斯林經營的牛屠宰場（牛對印度教徒來說是神聖的）紛紛關閉，導致穆斯林社群在經濟上遭到邊緣化，甚至使穆斯林因被懷疑私藏肉品而遭受私刑。北方邦實行的自願絕育政策也可能是為了降低穆斯林婦女的生育率，因為她們被認為維持著「戰爭般的生育率」。

不斷變本加厲的國族民粹主義並沒有放過錫克教徒（Sikh）、基督徒、耆那教徒（Jainist）等宗教少數群體，其野心是動員印度教選民，讓他們變得極端。儘管人民對總理莫迪的信任減退、印度人民黨在其他邦選舉失利（2021年5月的西孟加拉邦和喀拉拉邦〔Kerala〕），印度教民族主義者依然得以守住北方邦，在403席中失去57席，保住255席；社會主義黨（Samajwadi Party, SP）則增加64席，來到111席。

文●É. Janin

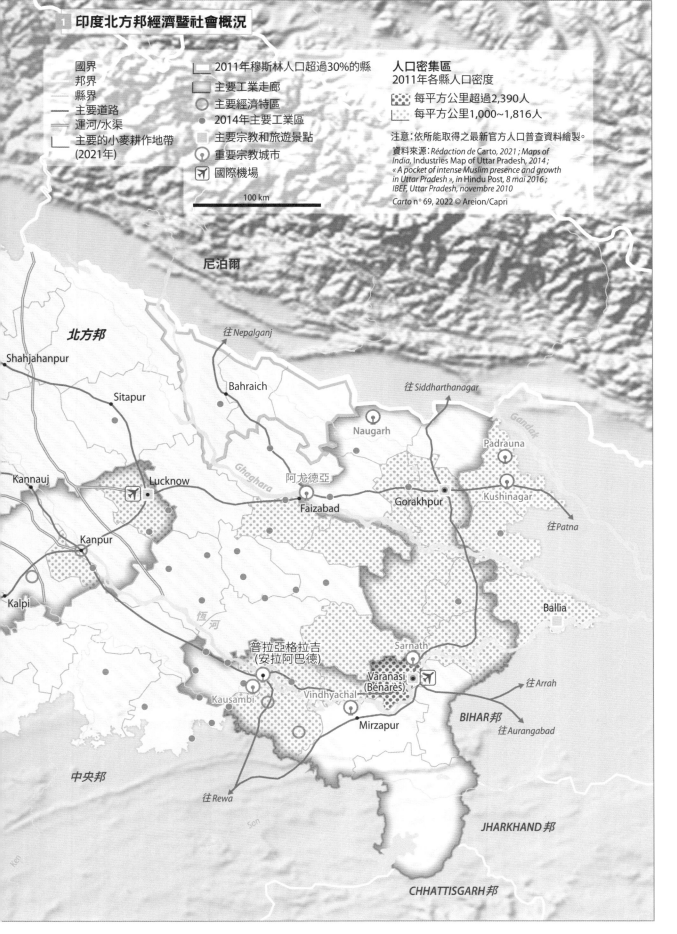

1 印度北方邦經濟暨社會概況

國界
邦界
縣界
主要道路
運河/水渠
主要的小麥耕作地帶（2021年）

2011年穆斯林人口超過30%的縣
主要工業走廊
主要經濟特區
2014年主要工業區
主要宗教和旅遊景點
重要宗教城市
國際機場

人口密集區
2011年各縣人口密度
每平方公里超過2,390人
每平方公里1,000～1,816人

注意：依所能取得之最新官方人口普查資料繪製。
資料來源：*Rédaction de Carto, 2021 ; Maps of India, Industries Map of Uttar Pradesh, 2014 ; « A pocket of intense Muslim presence and growth in Uttar Pradesh », in Hindu Post, 8 mai 2016 ; IBEF, Uttar Pradesh, novembre 2010*
Carto n° 69, 2022 © Areion/Capri

100 km

尼泊爾

北方邦

往 Nepalganj
Shahjahanpur
Sitapur
Bahraich
往 Siddharthanagar
Naugarh
Padrauna
Kannauj
Lucknow
阿尤德亞
Faizabad
Gorakhpur
Kushinagar
往 Patna
Kanpur
Ghaghara
Gandak
Kalpi
恆河
Ballia
普拉亞格拉吉（安拉阿巴德）
Sarnath
往 Arrah
Kausambi
Vindhyachal
Varanasi（Bénarès）
BIHAR 邦
Mirzapur
往 Aurangabad
中央邦
Son
Ken
往 Rewa
JHARKHAND 邦
CHHATTISGARH 邦

❶ 編注：2023年，印度在180國中排名第161位，緬甸則為173位。
❷ 譯注：安拉阿巴德（Allahabad）意為「安拉的城市」，由蒙兀兒帝國皇帝阿克巴（Akbar）大帝於1538年賜名；普拉亞格拉吉（Prayagraj）意為「祭祀之地」，指印度教神祇梵天創造世界後第一次獻祭的地方。

AMERICAS
美洲篇

巴西原住民抗議
2021 年 8 月 22 日，卡亞波（Kayapos）部落成員為了保衛其土地，
於巴西首都巴西利亞（Brasilia）示威抗議。
（© AFP/Carl De Souza）

遊說團體：
獻金換利多，影響力直上白宮？

遊說團體（lobby group）的影響力及其不透明的活動形式，經常受到媒體譴責，尤其在美國，這種遊說行為是政治不可或缺的一部分。過去川普（Donald Trump，2017～2021年任美國總統）政府甚至曾僱用這些利益團體（或稱壓力團體）的前成員。這些人是誰？他們的觸角僅限於國會走廊，或者已伸入所有不同層級的權力場域？

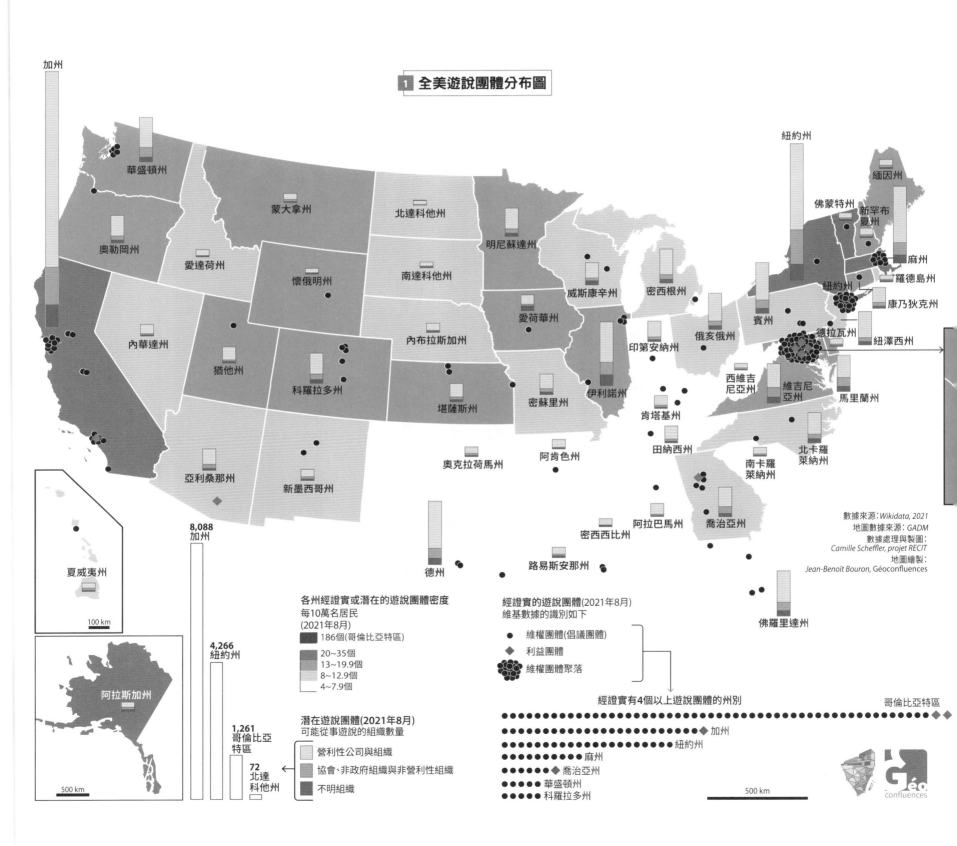

1 全美遊說團體分布圖

數據來源：*Wikidata, 2021*
地圖數據來源：*GADM*
數據處理與製圖：
Camille Scheffler, projet RECIT
地圖繪製：
Jean-Benoît Bouron, Géoconfluences

各州經證實或潛在的遊說團體密度
每10萬名居民
(2021年8月)
- 186個(哥倫比亞特區)
- 20~35個
- 13~19.9個
- 8~12.9個
- 4~7.9個

潛在遊說團體(2021年8月)
可能從事遊說的組織數量
- 營利性公司與組織
- 協會、非政府組織與非營利性組織
- 不明組織

經證實的遊說團體(2021年8月)
維基數據的識別如下
- ● 維權團體(倡議團體)
- ◆ 利益團體
- 維權團體聚落

經證實有4個以上遊說團體的州別

哥倫比亞特區
加州
紐約州
麻州
喬治亞州
華盛頓州
科羅拉多州

8,088 加州
4,266 紐約州
1,261 哥倫比亞特區
72 北達科他州

500 km

夏威夷州
100 km

阿拉斯加州
500 km

在美國，為了維護某些權利或產業，許多領域都有遊說團體介入其中，包括美國塑膠工業協會（Plastics Industry Association）、美國銀行家協會（American Bankers Association）等專業協會及公司；還有針對特定議題的公共利益團體，像是支持擁槍權的美國全國步槍協會（National Rifle Association），或是關注某些人口族群的組織，例如美國退休者協會（American Association of Retired Persons）。此外，外國政府與企業也試圖影響美國的政策及輿論。2020年，中國以6,720萬美元位居美國遊說支出榜首，再來是卡達（5,120萬美元）與俄羅斯（4,250萬美元）。

2 美國參議院登記在案的遊說團體

底圖來源：*U.S. Census Bureau*
資料來源：*U.S. Senate Lobbying Disclosure Act Database, 2019；U.S. Bureau of Economic Statistics, 2020；U.S. Census Bureau, 2020*
數據處理：*Lise Vaudor*
監製：*Florence Nussbaum et J.-B. Bouron, Géoconfluences, 2021*

華盛頓州　蒙大拿州　北達科他州　佛蒙特州　緬因州
奧勒岡州　愛達荷州　明尼蘇達州　新罕布夏州
南達科他州　威斯康辛州　密西根州　麻州　羅德島州
懷俄明州　紐約州　康乃狄克州
內布拉斯加州　愛荷華州　伊利諾州　印第安納州　俄亥俄州　賓州　紐澤西州　德拉瓦州
內華達州　猶他州　科羅拉多州　馬里蘭州　華盛頓特區　維吉尼亞州
加州　堪薩斯州　密蘇里州　西維吉尼亞州
肯塔基州　北卡羅萊納州
亞利桑那州　新墨西哥州　奧克拉荷馬州　阿肯色州　田納西州　南卡羅萊納州
密西西比州　阿拉巴馬州　喬治亞州
德州　路易斯安那州　佛羅里達州

1/3已登記的遊說團體位於哥倫比亞特區、維吉尼亞州與馬里蘭州（9,0488個遊說團體中的29,936個）

500 km

阿拉斯加州
500 km
夏威夷州
200 km

2020年人均GDP
單位：美元
202,657
80,000
70,000
60,000
50,000
38,345

登記遊說團體數量 TOP5州別
2021年8月
1. 哥倫比亞特區：20,656個
2. 加州：8,790個
3. 維吉尼亞州：6,726個
4. 紐約州：5,599個
5. 德州：4,452個

因進行遊說活動而登記的實體數量
2019年
20,656
5,156
1,740
602
86

馬里蘭州
哥倫比亞特區
維吉尼亞州
5 km

從中央到地方層層介入

為了引導立法，遊說團體經常求助於專業的顧問事務所，尤以設立在華盛頓特區的事務所為甚。遊說的主要對象是行政部門，也就是白宮，透過白宮向表決法案的立法機構（參議院和眾議院），以及執法的聯邦部門與機構，提出法案建議。因此遊說組織往往集中在最接近中央權力機構的聯邦首都，在美國運作的遊說組織，有超過1/3位於華盛頓特區，或是鄰近的維吉尼亞州與馬里蘭州（參見圖2）。舉例來說，諸如CCA、MTC、GEO等民營監獄公司，便是全美議會交流理事會（American Legislative Exchange Council，以下稱ALEC）的成員。ALEC是非營利的保守派組織，協助民選官員起草法案，而民營監獄公司藉由資助及參與ALEC的刑事司法工作組影響立法，支持更嚴厲的刑罰，提高監禁的判刑機率及加重刑期。

遊說團體經常根據特定利益（如德州的石油、中西部的農產品加工業）介入聯邦政府，左右各地方市長與市政部門；或者試圖透過媒體影響公眾輿論，尤其是利用宣傳廣告對民選官員施壓。不僅如此，公立大學或學區等機構，也會遊說其他層級，以獲得資金或有利於己的立法。

遊說獻金難以測繪，透明度嚴重不足

針對政府各個層級從事遊說活動的公民團體與私人組織族繁不及備載，使得準確識別與量化十分困難。在美國，主要機構必須公開為了遊說目的而輸送金錢的團體名單。自1995年起，依據《遊說公開法》（Lobbying Disclosure Act），每一季度為了遊說而直接或間接向國會議員支付3,000美元以上金額的團體皆必須登記。透過該資料庫可以得知主要的遊說團體，並且估算與遊說相關的開支，但卻無法看出不同遊說團體之間的關係。倘若遊說團體將業務分配給多個實體公司，其行為將難以追蹤，要是各實體支付的遊說金額皆沒有超過3,000美元上限，就更不用說了。此外，負責判斷各主要機構是否有欺瞞行為的政府部門，也無人力與財力起訴主責人士。

這些遊說活動加深了大眾對於金錢與政權掛勾的印象，然而遊說團體如此五花八門，實在很難精準評估其真正的影響力。維基數據（Wikidata）等資料庫提供了這些團體的相關訊息（參見圖1），卻未深入問題核心[1]。更何況，各個遊說團體的活動形式不盡相同，有些傾向在上位者耳邊竊竊私語，有些則試圖破壞其欲推行的計畫。例如2021年，總統拜登推動的社會福利法案便曾引發保守派的遊說活動，但最終仍於2021年11月在眾議院投票通過。

文 ● F. Nussbaum 和 C. Scheffler

[1] Camille Scheffler et Florence Nussbaum, "Carte à la une. Explorer les acteurs et les lieux du lobby-isme aux États-Unis grâce aux Wikidata", in Géoconfluences, 20 octobre 2021.

退伍軍人：
美國白人至上主義的溫床

2021 年 8 月，美軍撤出阿富汗，為長達二十年的戰爭畫下句點。戰爭期間，白宮在阿富汗部署將近 78 萬名美軍，如今他們將從空軍、陸軍和海軍退役，重返平民生活，加入全美 1,910 萬退伍軍人的行列，而這些軍人占該國 15 歲以上人口的 7%（2021 年統計）。

退伍軍人在美國社會無所不在，像是在阿拉斯加州、維吉尼亞州與緬因州，即有 1/10 的成年人曾經參與二戰以降的戰役。他們往往聚居一地，例如在德州金尼郡（Kinney），男性退伍軍人占比高達 37%。根據美國退伍軍人事務部（U.S. Department of Veterans Affairs），全國僅 1/4 退伍人口於和平時期服役，其餘將近 2/3 皆曾於 1990～2021 年間上過戰場，31% 曾參與越南戰爭（1955～1975 年）。在最高齡的老兵之中，於 1939～1945 年間服役的就有約 22 萬人。

比貧窮與失業更嚴重的問題

2021 年，在世的退伍軍人大多數是非西班牙裔的白人男性（74%），不過女性也有增加的趨勢。因此，官方估計至 2046 年，女性退伍軍人占比將由 2021 年的 11% 成長至 18%。兵員在種族方面也各有消長，白人的比例預計將下降到 62%，非裔從 13% 上升到 15%，而亞裔則由 2% 上升到 4%。其中成長最多的是西班牙裔，預計將從 8% 上升到 16%，反映出美國整體的人口動態（population dynamics）。

經濟方面，九一一事件（其後的反恐戰爭成為美國軍事上的轉捩點）之後的退伍軍人，比現役軍人更為寬裕。2014～2018 年間，退伍軍人（18～54 歲）平均年收入提高為 4 萬 6,000 美元，而現役則是 3 萬 5,000 美元。不過，退伍軍人男女收入差距很大，女性平均少了 1 萬 1,000 美元。這種性別差距在高學歷族群中更加明顯，兩者收入相差高達 1 萬 8,000 美元。

與其他人相比，美國退伍軍人的失業率相當低（2021 年 8 月的統計為 3.8%），不過他們通常從事「藍領」工作，尤其是在維修、運輸等領域。由於法律賦予他們更多優待，很多退伍軍人在公共行政與服務部門工作。例如，警界人士中有 19% 是退伍軍人，保全業中的占比也偏高（約 9%）。且受益於聯邦專案，退伍後陷入貧窮或成為遊民的比例也逐漸下降，後者在 2019 年約為 3 萬 7,000 人，反觀九年前為 7 萬 4,000 人，消長正好與整體人口趨勢相反。

健康是退伍軍人主要面臨的問題。2020 年，曾在伊拉克和阿富汗服役的退伍軍人患有永久性殘疾的比例為 41%，加入軍隊後曾有輕生念頭的占 44%，因此精神不穩定仍是最令人擔心的問題。抑鬱、創傷且難以獲得醫療照護，導致每年有 6,000 多名退伍軍人自殺。

愛國情操與白人至上的象徵

退伍軍人在政治上具有強大的影響力。據 2021 年統計，17% 的國會民選議員是退伍軍人，在 538 席參議員和眾議員中占 91 席。不過，相較於 1975 年的紀錄依然相距甚遠，當時儘管受到韓戰與越戰的影響，公眾輿論激憤且分歧，參議員中的退伍軍人比例仍高達 81%。這股影響力也體現在聯邦政府及相關轄區內，7,559 位民選官員中即有 12% 具軍事經驗。新罕布夏州議會裡的退伍軍人最多，有 72 人；其次是喬治亞州 34 人、密蘇里州 30 人及賓州 27 人。支持這些候選人的選民大部分是共和黨（Republican Party）的支持者，他們認為退伍軍人更具有愛國情操。就連在電影裡，老兵的形象也大多是正面的。隨著「陽剛」價值高漲，軍隊成為白人至上主義的溫床也就不足為奇了。美國《軍事時報》（Military Times）於 2018 年的一項調查中發現，22% 的軍人在武裝部隊裡，注意到種族主義意識形態的徵象。

退伍軍人也透過遊說團體及捍衛其利益的協會發揮影響力，例如為參選而積極活動的退伍軍人投票組織 VoteVets，或是為其提供服務的美國退伍軍人協會（American Legion）。雖然退伍軍人人數日漸下滑，尤其是在 1973 年廢除義務役之後，但是退伍軍人事務部的預算卻不斷增加，至 2021 年已高達 2,430 億美元！即使如此，皮尤研究中心（Pew Research Center）於 2019 年進行的一項調查顯示，72% 的美國人依然贊成將該部門預算列為優先，甚至認為額度可以再提高。醫療、醫療保險、退休金、就業安置、培訓、房屋貸款等林林總總，美國政府給予退伍軍人及其家人的福利不勝枚舉。為了執行這些政策，有關部門僱用了 38 萬 7,000 名員工（其中有 1/3 為退伍軍人），主要負責管理將近 1,500 所醫療機構與 151 座墓園。

文 ● C. Recoquillon

美國退伍軍人群像

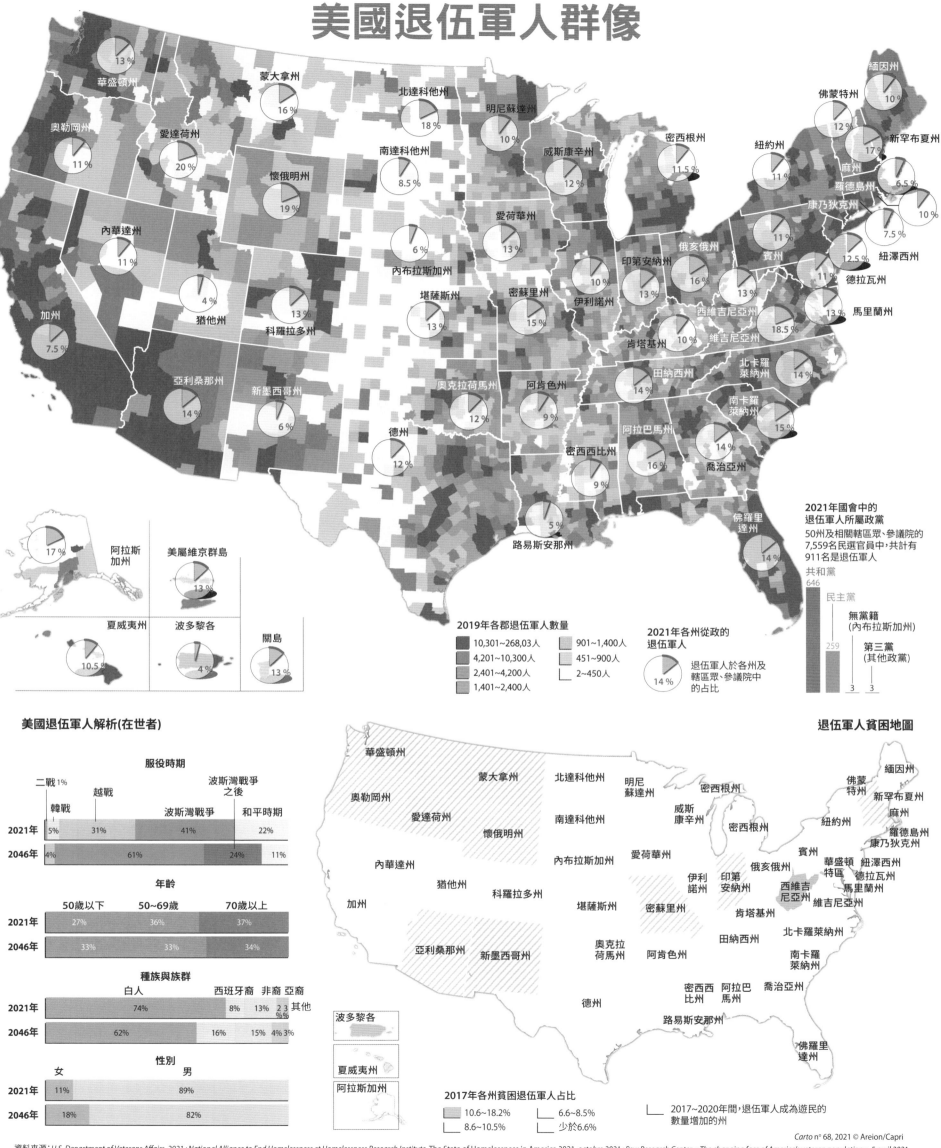

華盛頓州 13%
蒙大拿州 16%
北達科他州 18%
明尼蘇達州 10%
密西根州 11.5%
緬因州 10%
佛蒙特州 12%
新罕布夏州 17%
奧勒岡州 11%
愛達荷州 20%
南達科他州 8.5%
威斯康辛州 12%
紐約州 11%
麻州 6.5%
懷俄明州 19%
愛荷華州 6%
羅德島州 10%
康乃狄克州 7.5%
內華達州 11%
內布拉斯加州 10%
密蘇里州 15%
伊利諾州 13%
印第安納州 13%
俄亥俄州 16%
賓州 11%
紐澤西州 12.5%
德拉瓦州 11%
馬里蘭州 13%
猶他州 4%
科羅拉多州 13%
堪薩斯州 13%
西維吉尼亞州 18.5%
維吉尼亞州 10%
肯塔基州 10%
加州 7.5%
亞利桑那州 14%
新墨西哥州 6%
奧克拉荷馬州 12%
阿肯色州 9%
田納西州 14%
北卡羅萊納州 14%
南卡羅萊納州 15%
德州 12%
密西西比州 9%
阿拉巴馬州 16%
喬治亞州 14%
路易斯安那州 5%
佛羅里達州 14%

阿拉斯加州 17%
美屬維京群島 13%
夏威夷州 10.5%
波多黎各 4%
關島 13%

2021年國會中的退伍軍人所屬政黨
50州及相關轄區眾、參議院的7,559名民選官員中，共計有911名是退伍軍人

共和黨 646
民主黨 259
無黨籍（內布拉斯加州）3
第三黨（其他政黨）3

2019年各郡退伍軍人數量
- 10,301~268,03人
- 4,201~10,300人
- 2,401~4,200人
- 1,401~2,400人
- 901~1,400人
- 451~900人
- 2~450人

2021年各州從政的退伍軍人
14% 退伍軍人於各州及轄區眾、參議院中的占比

美國退伍軍人解析(在世者)

服役時期

二戰 1%
韓戰 5%
越戰 31%
波斯灣戰爭 41%
波斯灣戰爭之後
和平時期 22%

年	韓戰	越戰	波斯灣戰爭	波斯灣戰爭之後	和平時期
2021年	5%	31%	41%		22%
2046年	4%	61%	24%		11%

年齡

	50歲以下	50~69歲	70歲以上
2021年	27%	36%	37%
2046年	33%	33%	34%

種族與族群

	白人	西班牙裔	非裔	亞裔	其他
2021年	74%	8%	13%	2 3%	
2046年	62%	16%	15%	4%	3%

性別

	女	男
2021年	11%	89%
2046年	18%	82%

退伍軍人貧困地圖

華盛頓州 蒙大拿州 北達科他州 明尼蘇達州 密西根州 緬因州 佛蒙特州 新罕布夏州
奧勒岡州 愛達荷州 懷俄明州 南達科他州 威斯康辛州 紐約州 麻州 羅德島州 康乃狄克州
內華達州 猶他州 科羅拉多州 內布拉斯加州 愛荷華州 伊利諾州 印第安納州 俄亥俄州 賓州 華盛頓特區 紐澤西州 德拉瓦州 馬里蘭州
加州 亞利桑那州 新墨西哥州 堪薩斯州 密蘇里州 肯塔基州 西維吉尼亞州 維吉尼亞州
奧克拉荷馬州 阿肯色州 田納西州 北卡羅萊納州
德州 密西西比州 阿拉巴馬州 喬治亞州 南卡羅萊納州
路易斯安那州 佛羅里達州

波多黎各
夏威夷州
阿拉斯加州

2017年各州貧困退伍軍人占比
- 10.6~18.2%
- 8.6~10.5%
- 6.6~8.5%
- 少於6.6%
- 2017~2020年間，退伍軍人成為遊民的數量增加的州

Carto n° 68, 2021 © Areion/Capri

資料來源：U.S. Department of Veterans Affairs, 2021；National Alliance to End Homelessness et Homelessness Research Institute, The State of Homelessness in America 2021, octobre 2021；Pew Research Center, « The changing face of America's veteran population », 5 avril 2021

白宮能源新戰略：成為下一個產鋰大國

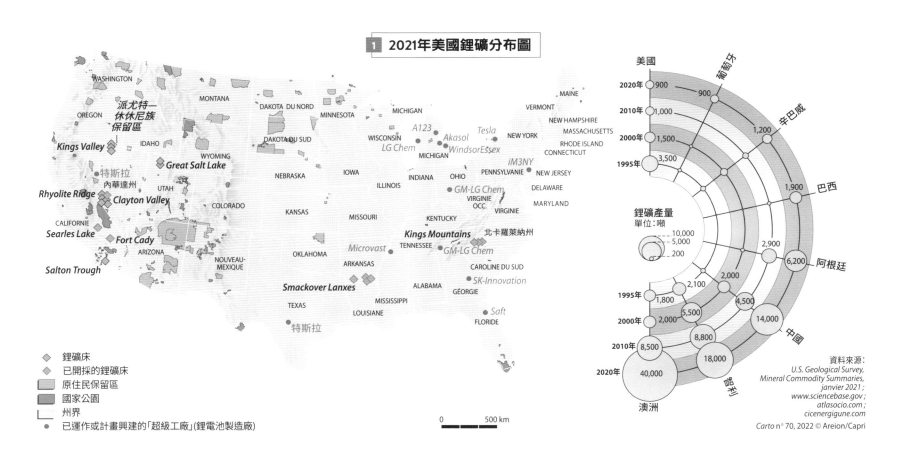

1 2021年美國鋰礦分布圖

圖例：
◇ 鋰礦床
◆ 已開採的鋰礦床
▢ 原住民保留區
▢ 國家公園
└ 州界
● 已運作或計畫興建的「超級工廠」（鋰電池製造廠）

鋰礦產量
單位：噸

資料來源：
U.S. Geological Survey,
Mineral Commodity Summaries,
janvier 2021 ;
www.sciencebase.gov ;
www.atlasocio.com ;
cicenergigune.com

Carto n° 70, 2022 © Areion/Capri

鋰是製造電池的必備元素，因而成為戰略原物料，吸引愈來愈多人覬覦。在全球能源轉型的浪潮下，鋰的需求量暴增，地位更加舉足輕重，尤其是在電動汽車裝備方面。因此，鋰的價格於2021年上漲437%，至2022年1月達到每噸3萬8,000美元。鋰產量以澳洲為大宗，2020年全球總產量為8萬2,000噸[1]，澳洲就占了4萬噸，再來是智利的1萬8,000噸與中國的1萬4,000噸（參見圖1）[2]。其中，中國扮演重要角色，因為其掌握全球80%的鋰轉化產能，從而控制了鋰離子電池的供應鏈。鋰市場發展蓬勃也變化多端，尤其是現今對全球鋰總儲量知之甚少，根據探勘方式不同，得到的數據也有所差異，例如2020年，全球鋰蘊藏量（reserves，經濟上可開採的礦產資源）計為2,100萬噸，鋰資源量（resources，地殼蘊藏具開採價值的礦物總量）則計為8,600萬噸[3]。

掌握鋰的開採與轉化極其重要，美國也為此開始採取行動。目前該國產量僅占全球產量的1%（2020年為900噸），儘管美國鋰礦資源豐富，開採成本卻相當高昂，阻礙了大型計畫的發展。不過，華盛頓政府已將鋰生產列為戰略優先事項。美國能源部（US Department of Energy）於2021年6月提出一項雄心勃勃的方案，目的是減少對外依賴、確保國內供應，並發展具競爭力的國家部門追趕中國。其中部分計畫漸漸開花結果，比如北卡羅萊納州的鋰礦床，將交由澳洲的鋰礦公司 Piedmont Lithium 開採，投資金額預計高達5億美元，產出主要供應汽車大廠特斯拉（Tesla）使用；另外還有位於內華達州的塔克帕斯（Thacker Pass）鋰礦床開採計畫。

根據探勘結果，塔克帕斯估計是全球第二大儲量的鋰礦床，僅次於2019年墨西哥索諾拉州（Sonora）發現的鋰礦床[4]。此一計畫由加拿大的美洲鋰業公司（Lithium Americas）進行，且受益於川普政府一連串採礦條件鬆綁的決策，許可程序加速，預計自2026年起生產量將可高達6萬6,000噸。

極為矛盾的是，塔克帕斯計畫以能源轉型為名義，地點卻是位在內華達州沙漠的保護區內，其中的特有物種生態系統相當脆弱。環保運動人士痛斥此一開採計畫將造成難以預估的巨大衝擊，例如：須鑿開一百多公尺深的井；耗水量龐大，估計每天高達1,000萬公升；須使用硫酸從黏土中提取鋰等。更不用說此舉也引發原住民的反對，因為這裡是派尤特（Paiute）與休休尼（Shoshone）族的聖地，在西部拓荒時期，其族人在此地遭到屠殺。然而，塔克帕斯也是一個依賴礦業為生的地區，如此一來，這個開採計畫無疑會造成當地居民的意見分歧。

文 ● C. Loïzzo

---

[1] 編注：此數據不含美國。

[2] 編注：根據美國地質調查所（USGS）2023年初公布的報告《Mineral Commodity Summaries 2023》，2022年美國除外的全球總產量為13萬噸，其中澳洲產量6.1萬噸，智利產量3.9萬噸，中國產量1.9萬噸。

[3] 編注：承注2，2022年全球鋰蘊藏量總計2,600萬噸，而鋰資源量則為9,800萬噸。

[4] 編注：索諾拉礦床由中國企業「贛鋒鋰業集團」進行開採。

海地：
人禍天災不斷，踏上國家崩潰的不歸路

幾十年來，海地遭遇多方危機導致國家機器失靈甚至癱瘓，因而陷入不穩定的局勢。由於政府針對人民的暴行日益嚴重，總統摩依士（Jovenel Moïse，2017 年就任）於 2021 年 7 月 7 日遇刺身亡，促使該國走向崩潰。正是在這樣的背景下，一場駭人的地震又於同年 8 月 14 日來襲。

● 海地：政變不斷的共和國

● 1492年
哥倫布發現伊斯巴紐拉島(Hispaniola，意為西班牙)，在此建立第一個西班牙殖民地

● 1640年
主要由法國海盜與盜獵者組成的團體將英國人趕出托爾蒂島(Tortuga island，意為龜島)並在此定居

● 1654年
法國人抵達伊斯巴紐拉島，在西岸建立小戈阿沃市(Petit-Goâve)

● 十七世紀
延續葡萄牙十四世紀建立的跨大西洋奴隸貿易，西班牙人與法國人繼續留在島上

● 1687年
實施以促進蔗糖種植與奴隸貿易為目的的《黑人法典》(Code Noir)

● 1697年
由於《雷斯威克條約》(Treaty of Ryswick)[1] 的簽定，以及法王路易十四(Louis XIV)的孫子登上西班牙王位，西班牙放棄殖民地的部分所有權，割讓伊斯巴紐拉島西部1/3給法國，此區域後稱法屬聖多明哥(Saint-Domingue)

● 1777年
法國與西班牙簽訂《阿蘭胡埃斯條約》(Treaty of Aranjuez)以劃定邊界，正式確立法國在島西的主權疆域，而甘蔗與咖啡的種植為該殖民地帶來繁榮

● 1791年8月22日
以盧維圖爾(Toussaint Louverture)與德薩林(Jean-Jacques Dessalines)為首的奴隸起義，最後在1802年演變為革命(參見圖1)

● 1804年
海地(原法屬聖多明哥)獨立

● 1822-1844年
海地併吞西班牙於該島東部的領土，全境廢除奴隸制，成為海地共和國(Republic of Haiti)

● 1844年
該島東部以多明尼加共和國(Dominican Republic)之名宣布獨立；海地隨後經歷長期政治動盪，延續至二十世紀初期

● 1915年
美國擔憂德國的經濟控制，尤其是海上貿易，決定軍事占領海地

● 1929年
全球經濟大蕭條；非常依賴國際市場的海地，物產價格下跌

● 1934年
美國因缺乏經濟利益與當地影響力而撤離海地

● 1957年
經過政治動盪，弗朗索瓦·杜華利(François Duvalier)於1957年當選總統，並自行宣布成為終身總統；1971年杜華利去世，其子尚—克勞德(Jean-Claude)繼承獨裁政權

● 1986年
尚—克勞德引發民怨示威而下台，逃亡法國

● 1991年2月7日
數年政治動盪後，原神父亞里斯第德(Jean-Bertrand Aristide)當選總統，又於9月30日遭軍事政變推翻

● 1994、1996年
亞里斯第德在美國的庇護下回國復任；1996年，蒲雷華(René Préval)繼任總統職位

● 2000年
亞里斯第德再次當選總統

● 2004年
由於人民起義及美方壓力引發政變，聯合國派遣海地穩定特派團(United Nations Stabilization Mission in Haiti)對海地施行國際控管

● 2008-2016年
石油加勒比計畫(Petrocaribe，又稱委內瑞拉能源協定)醜聞爆發，多位內閣與政府官員(包括摩依士)集體貪汙，收受委內瑞拉給予的數億美元

● 2010年1月12日
海地發生規模7.0地震，造成數十萬人死亡；同年11月，聯合國維和部隊引發的霍亂疫情肆虐海地

● 2021年7月7日
總統摩依士遇刺身亡

● 2021年8月14日
海地西南部發生規模 7.2 地震

● 2022年4月
太子港陷入幫派鬥爭

1. 編注：為結束九年戰爭(Nine Years' War，1688~1697年)而締結的條約。九年戰爭又稱大同盟戰爭(War of the Grand Alliance)，英、荷、西、神聖羅馬帝國等組成大同盟，以對抗路易十四擴張領土的野心。最終戰事陷入長期膠著，各國決定以和協議停戰。

1 一座島，分裂為兩個殖民地

十八世紀末期島上局勢
　法國殖民地
　西班牙殖民地
　1791~1793年間起義的主要地區
　2021年的國界線

Port-de-Paix　托爾蒂島
Cap-Français
1791年8月22日全員起義 ✸
Fort-Dauphin
Puerto Plata
Gonaïves
Santiago
Gonâve 灣
大西洋
伊斯巴紐拉島(西部為法屬聖多明哥)
Gonâve 島
太子港
Azua de Compostela
小戈阿沃
聖多明哥市
Les Cayes
Jacmel
Vache 島
Saona
加勒比海

60 km

Carto n° 67, 2021 © Areion/Capri

資料來源：Rédaction de Carto, août 2021 ; « La révolte de Haïti, 1791-1804 », in L'Histoire, 25 mars 2019 ; Marcel Dorigny et Bernard Gainot, Atlas des esclavages, Autrement, 2013 ; Gérard Conreur, « L'histoire d'Haïti en quelques dates », France Culture, novembre 2010 ; Georges Duby, Grand Atlas Historique, Larousse, 2008

◎ 基本資料

正式國名
海地共和國

元首
懸缺

面積
27,750平方公里
(全球排名第147位)

官方語言
法語、克雷奧語
(Créole)

首都
太子港

2021 年人口數
1,145 萬人

人口密度
每平方公里413人

貨幣
古德(Gourde)

歷史
西班牙人在十五世紀末來到伊斯巴紐拉島，當時島上住著阿拉瓦克族(Arawak)、加勒比族(Kalinago)及泰諾族(Taïno)，他們在前來淘金的殖民者壓迫下淪為奴隸。西部因資源稀少而遭西班牙人忽視，直到十七世紀被法國人占領，伊斯巴紐拉島就此一分為二。歷經長期動亂，海地於1804年宣布獨立，多明尼加共和國於1844年獨立。1915~1934年，海地遭美國占領；1957~1986年又陷入杜華利家族的獨裁政權。

2021 年人均 GDP（依購買力平價計）
3,153美元

2021 年人類發展指數 (HDI)
0.535
(排名第163位)

2 海地與多明尼加地圖

海地是全球最貧窮且最不平等的國家之一，1,100萬人口（2020年）中將近60%每日生活費低於2.5美元，且有440萬人需要人道援助，其中一半是兒童。

陷入天災與人禍的泥沼

　　海地艱困的經濟狀況或多或少是地理環境造成的結果。地震、颶風與洪水一再強襲這個加勒比海小國，其中最為人所知的要屬2010年1月12日發生的地震，震央鄰近首都太子港（Port-au-Prince，參見圖2）。這場地震造成約25萬人喪生，超過30萬棟住宅損毀，共計250萬名海地人流離失所，且當地大部分早已崩潰的基礎設施，如交通、公共建築、汙水處理及水電供應系統等也遭到摧毀。然而，很不幸地，2021年8月14日災難再次降臨，海地西南部發生芮氏規模7.2的罕見強震，導致2,200多人死亡，1萬2,000多人受傷，物資損失難以計數，部分緊急救援又因隨後襲來的颶風格蕾絲（Grace）受到阻礙。這場災難猶如一記警鐘，提醒世人多加了解所在地理環境、從過去經驗中記取教訓的必要性。

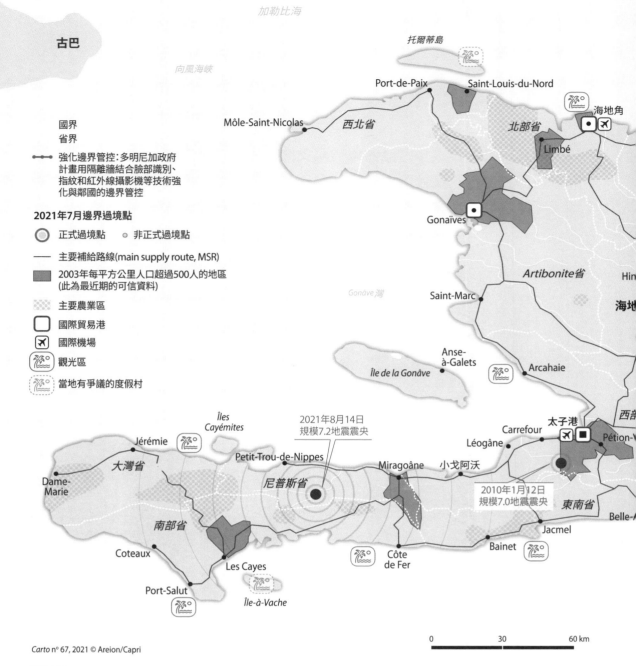

圖例：
- 國界
- 省界
- 強化邊界管控：多明尼加政府計畫用隔離牆結合臉部識別、指紋和紅外線攝影機等技術強化與鄰國的邊界管控

2021年7月邊界過境點
- ◎ 正式過境點　　○ 非正式過境點
- — 主要補給路線（main supply route, MSR）
- ■ 2003年每平方公里人口超過500人的地區（此為最近期的可信資料）
- ▒ 主要農業區
- □ 國際貿易港
- ✈ 國際機場
- 觀光區
- 當地有爭議的度假村

Carto nº 67, 2021 © Areion/Capri

資料來源：*Banque mondiale, 2021 ; IOM,* Flow Monitoring on 20 Border Crossing Points between Haïti and the Dominican Republic, *juillet 2021 ; Gouvernement de la République d'Haïti,* Plan d'action pour le relèvement et le développement national d'Haïti, *2010 ; Comité interministériel d'aménagement du territoire,* Haïti Demain, *mars 2010*

　　2010年，許多觀察家認為，海地獲得的巨額人道救援（光是國際機構就投入近90億歐元）反而加速政府撤資，尤其是在公共衛生方面。2004～2018年間，國家編列公衛相關的預算占比從16.6%降到4.4%。此外，大部分介入的外國非政府醫療組織也在地震後離開海地。上述情況皆導致該國衛生設施運作嚴重失靈（據2013年統計，每1,000名居民僅有0.7張病床），而且難以提供基本服務，因為醫事人員嚴重短缺（據2018年統計，每1,000名居民僅有0.2名醫生），藥品、血液與氧氣亦十分匱乏。自2020年以來，Covid-19疫情也為垂死的衛生體系帶來更大的壓力。儘管疫情初期相對不受影響，然而到了2021年，確診人數明顯攀升，人民卻難以取得疫苗接種。在8月14日地震發生後，太子港街頭的混亂情勢更加惡化，最後甚至落入武裝幫派的掌控之中。

流亡是人民的唯一曙光

　　海地之所以反覆遭遇經濟、社會與公衛危機，與該國政治不穩定息息相關。歷經杜華利父子（François Duvalier，任期1957～1971年；Jean-Claude Duvalier，任期1971～1986年）三十年的獨裁統治後，新憲法通過為改革帶來一絲希望，但是儘管舉辦了自由選舉，政治局勢卻始終混亂不堪，先是1991年的政變、1994年的美國軍事干預❶，隨之而來的還有聯合國特使團（1993～2017年）❷、國際社會以「重建民主」之名施壓等等。

　　2015年10月，海地的總統選舉因大規模舞弊事件而蒙上陰影。經歷長期的選舉危機之後，在農業領域發跡致富的前企業家摩依士於2016年11月當選總統。他以反貪腐作為主要訴求，卻於2019年遭指控上任前曾挪用公款，民間因而發起多次示威遊行，要求他下台。接著在2021年初又爆發總統任期的爭議，使得大眾對他更加不滿。由於2015年的總統大選延宕，直至隔

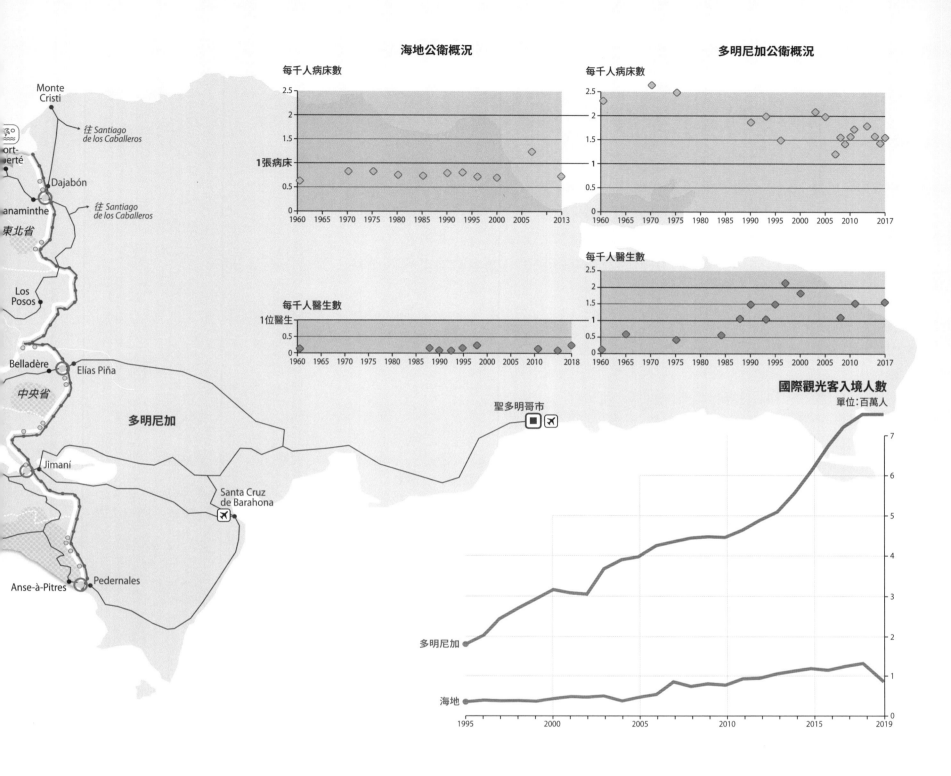

海地公衛概況　　　　多明尼加公衛概況

每千人病床數　　　　每千人病床數

每千人醫生數　　　　每千人醫生數

國際觀光客入境人數
單位：百萬人

多明尼加

海地

Monte Cristi
往 Santiago de los Caballeros
Dajabón
往 Santiago de los Caballeros
東北省
Los Posos
Belladère
Elías Piña
中央省
多明尼加
Jimaní
Santa Cruz de Barahona
聖多明哥市
Anse-à-Pitres
Pedernales

　　年摩依士才當選上任，反對派認為他的任期應在2021年2月結束，但摩依士卻認為應該延長到2022年。

　　混亂的政治局勢助長了社會暴動，讓海地成為暴力與幫派壯大的沃土，據估計，僅僅在太子港就有95個幫派盤據。自2021年初以來，敵對幫派之間的衝突愈來愈多，傷害、死亡與綁架事件頻仍，再加上槍戰與武裝團體設置的路障，導致民生必需品供應困難。2021年7月6日至7日夜間，肆虐海地的極端暴力首次將觸角伸入政府高層，一名外籍突擊隊員刺殺了總統摩依士，幕後黑手以哥倫比亞傭兵嫌疑最大。2021年7月11日，警方逮捕涉嫌暗殺的主謀薩農（Christian Emmanuel Sanon），這位流亡佛羅里達州的海地人，犯案目的據推測是要奪取摩依士的權位。摩依士死後，繼任問題引發爭論，原訂於2021年11月及2022年1月的大選均未舉行，導致總統職位懸缺，最終在昂利（Ariel Henry）的領導下成立了臨時政府。

　　因暴力橫行而流離失所的人數不斷增加，其中有些人前往其他城鎮，也有很多人試圖逃往國外，尤其是與海地共享長達380公里邊界線的多明尼加共和國（Dominican Republic）。摩依士遭暗殺後，多明尼加總統阿畢納德（Luis Abinader，2020年就任）下令關閉邊界，以因應難民潮可能加劇的情況，多明尼加境內已有近50萬名海地非法移民定居。與此同時，美國駐太子港大使館前也排起長龍，擠滿希望到美國尋求庇護的人群。面對日益黯淡的未來，愈來愈多海地人將流亡視為唯一的曙光。

文 ● D. Lagarde

❶ 編注：1991年，海地第一位民選總統亞里斯第德（Jean-Bertrand Aristide）遭到軍事政變推翻，被迫流亡，人民自此陷入軍政府的高壓統治。當時的美國總統柯林頓（Bill Clinton，任期1993～2001年）於1994年決定進行軍事干預，成功讓亞里斯第德重掌政權，但卻無法幫助海地真正實現民主。

❷ 編注：指聯合國安理會在海地進行的多次維和行動。

巴西原住民：
亞馬遜雨林的命運共同體

2021 年 8 月 25 日，數千巴西人民聚集在司法總部前抗議，要求尊重原住民祖傳的權利，迫使巴西最高法院於同年 9 月做出讓步，無限期延後關於原住民土地劃界的判決。這一事件起因於時任總統的波索納洛（Jair Bolsonaro，任期 2019 ～ 2022 年）日益放寬對於環境開發的管制，導致毀林面積創紀錄，嚴重危害亞馬遜雨林。

對於最高法院的 11 名法官來說，此一案件旨在審視波索納洛上任後頒布的「時間框架」（Marco Temporal）條例，該條例規定，美洲原住民僅可將1988年8月憲法頒布當下所居住的土地視為「祖傳」，其餘皆歸國有。這項條例的問題在於，1964 ～ 1985 年間，許多原住民在軍事獨裁統治下被迫流離失所，未來即使返鄉，他們的所有權也很難獲得承認。

自 1970 年代以來的原住民運動不斷要求政府給予原住民更多認可，在此影響下，1988 年頒布的憲法肯定了巴西人口的多元文化主義，且在第 8 章第 231 條中，原則上保障原住民對其居住土地的權利，進而促成 1990 年代與 2000 年代「劃定」原住民的居住地，總計 110 萬平方公里，大部分位於亞馬遜雨林北部（參見圖1）。儘管美洲原住民在巴西人口組成中屬於極少數，僅占 0.5%（根據 2010 年最近一次人口普查為 89 萬 6,917 人），但其中卻包含數百個性質各異的族群，例如瓜拉尼人（Guarani）、亞諾馬米人（Yanomami）和卡亞波人（Kayapo）。

惡法為土地抗爭火上澆油

縱使抗爭運動小有成果，美洲原住民在巴西依然是最弱勢的族群，其發展指標令人擔憂，例如嬰兒死亡率非常高，而且在空間、社會、經濟與文化上都受到排擠。Covid-19疫情也對他們造成嚴重打擊。在覬覦保護區的伐木業、採礦商及農企業等各方壓力下，原住民的土地權遭受愈來愈大的威脅。

最高法院的這項判決也令人擔憂，因為其中的利害關係牽涉甚廣，此案開了先例，可能間接影響其他許多有爭議的案件，且籠罩原住民社群的威脅不僅止於此。2021年6月，原住民團體發起示威抗議，反對第490號法案。此法案降低原住民土地與保護區開發的門檻，且讓非法占領得以合法化，促使原本就衝突不斷且暴力激進的土地抗爭運動變得更為劇烈。

非法採礦猖獗，雨林砍伐速度創新高

波索納洛將原住民土地的劃定工作，交由農牧及食品供應部（MAPA，即農業部）部長克里斯蒂娜（Tereza Cristina，任期2019 ～ 2022年）監管。克里斯蒂娜來自農企業遊說團體，曾是議會裡勢力強大的農村遊說團體領導人，該團體的大多數民選議員都是

1 岌岌可危的亞馬遜雨林

資料來源：*www.globaldamwatch.org*, 2021；*www.gov.br*, 2021；INPE, 2021；François-Michel Le Tourneau, « *Le Brésil et ses Indiens : une réconciliation impossible ?* », in EchoGéo, 2017；*www.portaldemapas.ibge.gov.br*, 2014；*www.terrabrasilis.dpi.inpe.br*, 2007
Carto n° 69, 2022 © Areion/Capri

— 國界
— 區域分界
---- 州界
— 主要交通幹線
• 水壩(2021年)

林地(2021年)
　　亞馬遜雨林
■ 已砍伐

人口25萬以上的城市
2010年，最近期官方統計數據
2,675,656 (Salvador)
1,000,000
500,000
252,596 (Várzea Grande)

美洲原住民
　　2021年已獲承認的原住民土地
（50平方公里以上）

地區內人口總數
(北部15,864,454人)

美洲原住民人口數
(北部342,836人)

0 ___ 250 km

往Pucallpa(秘魯)

Rio Branco
ACRE

哥倫比亞
委內瑞拉
厄瓜多
Caquetá
亞馬遜州
太平洋
秘魯

大地主。根據生態系統地圖（MapBiomas）平台的資料，2010～2020年間，美洲原住民保護區的非法採礦事件增加了五倍，保護區則為三倍，突顯出違反環境法的行為猖獗。波索納洛上任以來，環境開發管制大幅放寬，他還將環境部（MMA）的預算削減了1/4。儘管這位以「氣候懷疑論者」出名的國家元首曾承諾改善，但國際與巴西民間社運人士仍持續譴責生物多樣性保護機構的資金遭到大幅削減、環境違法行為的罰款降低，以及核准超過200種新農藥（部分具極高毒性）等情事。

而今事態的發展令人不禁為亞馬遜雨林的命運擔憂。這座全球第二大的森林有近2/3位於巴西境內，持續遭到非法礦產探勘（以淘金為主）、開墾拓荒（用於種植大豆和畜牧），以及倍增的森林大火❶與基礎設施（水壩、公路、電線）蠶食鯨吞。森林遭砍伐的速度亦前所未見，僅2020年8月1日～2021年7月31日一年間，就有1萬3,235平方公里的森林遭到砍伐❷，比前一年增加21.9%。

文 ● C. Loïzzo

❶ 編注：根據安地斯亞馬遜計畫監測（Monitoring of the Andean Amazon Project, MAAP），2022年亞馬遜雨林共發生938起大火，影響範圍近100萬公頃。
❷ 編注：根據巴西國家太空研究所（INPE）的統計，2021年8月1日～2022年7月31日，森林砍伐面積估計為1萬1,568平方公里。

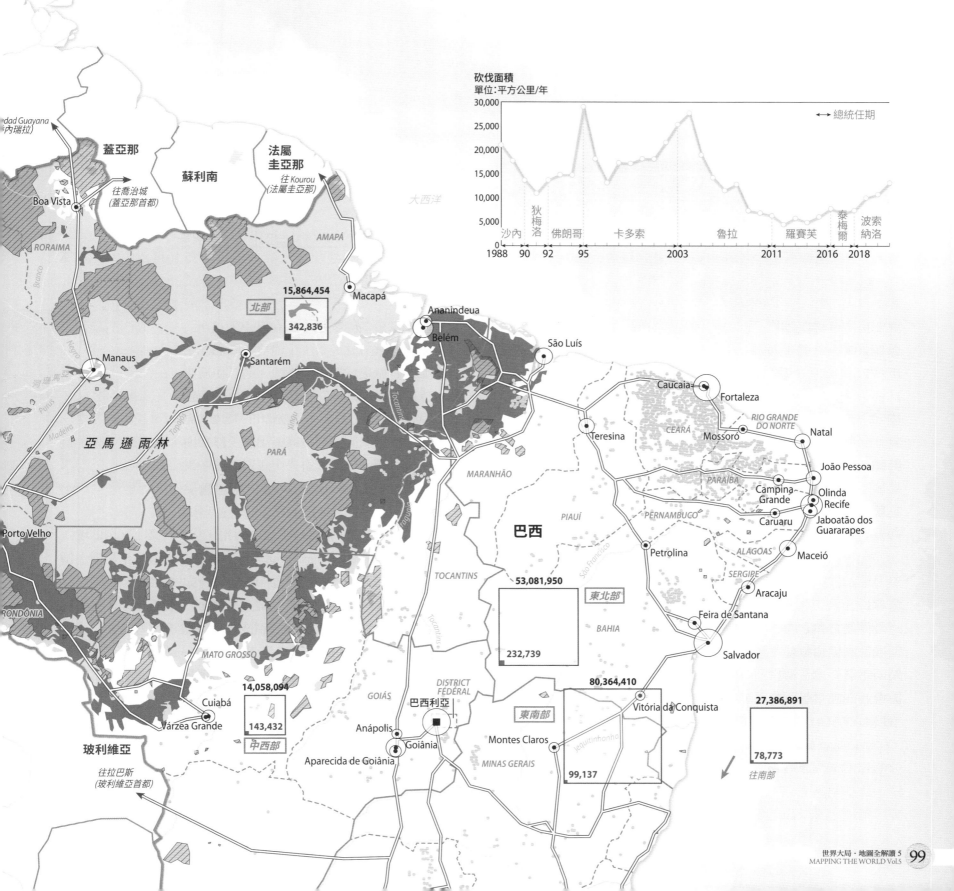

墨西哥「卡特爾」：
以毒品治國的地下政府

2021 年 6 月 6 日墨西哥舉辦大選，原是為了重新選出眾議院 500 席議員、半數州長（31 州有 15 州改選）和 2 萬名地方代表（包括 2,000 名市長），沒想到卻成為墨西哥黑幫「卡特爾」（cartel，原指追求利益最大化的同業聯盟）展示武力的好機會。這些犯罪集團犯下前所未有的暴行，從 2020 年 9 月 7 日到投票當天，整個選舉過程中總計有 102 名政界人士遭到暗殺。

墨西哥人民長期生活在犯罪集團為了維持霸權而施加的恐怖統治之下。根據墨西哥國家地理統計局（National System of Statistical and Geographical Information, INEGI）的清查，2020 年共發生 3 萬 6,773 起謀殺案，儘管 Covid-19 疫情肆虐，仍然創下平均每 10 萬人即有 29 起謀殺案的紀錄，且已連續三年持平❶。不過這個平均數無法反映墨西哥各地截然不同的真實景況，例如：科利馬州（Colima）因黑幫派系鬥爭而位居榜首，每 10 萬人就有 95 起謀殺案；其次是奇瓦瓦州（Chihuahua）92 起，以及瓜納華托州（Guanajuato）87 起。除此之外，自 1964 年以來，墨西哥共計有 9 萬 148 名失蹤人口❷，其中 80% 發生在前總統卡德隆（Felipe Calderón，任期 2006～2012 年）任內，尤其是在他決定武裝打擊販毒活動之後。僅在 2020 年，總統羅培茲（Andrés Manuel López Obrador，2018 年就任）領導的政府便找到 559 座受害者的亂葬崗❸。

黑幫滲透政府高層，甚至能得到警察保護

以「擁抱而非子彈」（Hugs, not bullets）為口號，羅培茲試圖終結政府與黑幫之間的對抗，然而這種綏靖政策的效果令人質疑。根據無國界記者（Reporters Without Borders, RSF）統計，記者在墨西哥因工作而遭到殺害的人數令人不忍卒睹，僅 2020 年就有 8 人❹。而根據國際透明組織（Transparency International, TI），2020 年墨西哥的貪腐問題於全球 180 個國家中排名第 124 位❺。不僅政治醜聞與日俱增，和犯罪集團牽扯不清的州長名單也愈來愈長。

從暴力與貪腐猖獗可知，墨西哥犯罪集團為了控制並滲透當地公家機構無所不用其極。這個策略確保他們能夠獲得政府領導階層的合作與警察的保護，藉此鞏固自己的地盤。此外，從墨西哥黑幫版圖也可看出，當地最大犯罪組織西納羅亞集團（Sinaloa Cartel，又稱太平洋販毒集團）與哈里斯科新世代集團（Jalisco Nueva Generacion Cartel）在積極擴張地盤的同時，旗下也分割出愈來愈多小團體。2020 年，墨西哥政府共列出 19 個幫派，比如洛斯哲塔斯幫（Los Zetas Cartel）、海灣幫（Gulf Cartel）等。集團之所以分化有部分原因在於首領被捕，導致派系間的

敵對與繼承之爭。

數十億美元的毒品商機

2020 年，墨西哥有關當局展開摧毀罌粟田與大麻田的行動，範圍包含格瑞羅州（Guerrero），以及西納羅亞州（Sinaloa）、杜蘭戈州（Durango）與奇瓦瓦州的交界。濱海多山的格瑞羅州由於氣候適合種植罌粟和大麻，再加上與其他五州接壤，又擁有具備戰略地位的海路通道，因而成為走私集散地。歷史最悠久（始於 1960 年代）且勢力強大的西納羅亞集團把持著這片鄰太平洋地區，掌控北下加州（Baja California）、南下加州（Baja California Sur）、索諾拉州（Sonora）及西納羅亞州，並管理杜蘭戈州、哥瓦維拉州（Coahuila）、嘉帕斯州（Chiapas）與奧薩卡州（Oaxaca）的業務。哈里斯科新世代集團則建立於 2009 年，主要掌控中部與沿海地帶，銜接科利馬州、薩卡特卡斯州（Zacatecas）、聖路易波多西州（San Luis Potosí），以及部分米丘亞坎州（Michoacán），同時也在競爭對手的地盤上活動（參見圖 1）。

西納羅亞集團與哈里斯科新世代集團，不僅是墨西哥境內最具影響力且勢力最龐大的組織，在國際上也是如此，分別於 70 個及 50 個國家（或地區）拓展業務。墨西哥跨境犯罪組織一直是美國主要的毒品供應源，每年為當地帶來數十億美元的收入。他們以各種手法（利用「毒騾」❻、移民、偷渡客、無人機等）經由陸海空運輸管道走私，控制吩坦尼（fentanyl）、海洛因、安非他命、古柯鹼與大麻的運輸與供應，再透過與當地幫派結盟，於芝加哥、紐約和洛杉磯街頭兜售毒品。

儘管犯罪集團在墨西哥犯下的暴力事件繁多，但在美國還算節制，以防引起有關當局的注意。然而，根據美國的說法，哈里斯科新世代集團是墨西哥火力最強的犯罪組織，其大部分武器來自美國。據墨西哥政府統計，在犯罪現場發現的武器有 70～90% 皆由北方的鄰國非法輸入，有關當局控訴美國的巴雷

1 墨西哥黑幫派系與毒品地圖

美國

San Diego
Tijuana
Mexicali
Imperial
Ensenada
北下加州
Nogales
Heroica Nogales
Douglas
Agua Prieta
El Paso
Ciudad Juárez
索諾拉州
奇瓦瓦州
Hermosillo
奇瓦瓦
Ciudad Obregón
南下加州
Culiacán
La Paz
SINALOA
Mazatlán
Puerto Valla

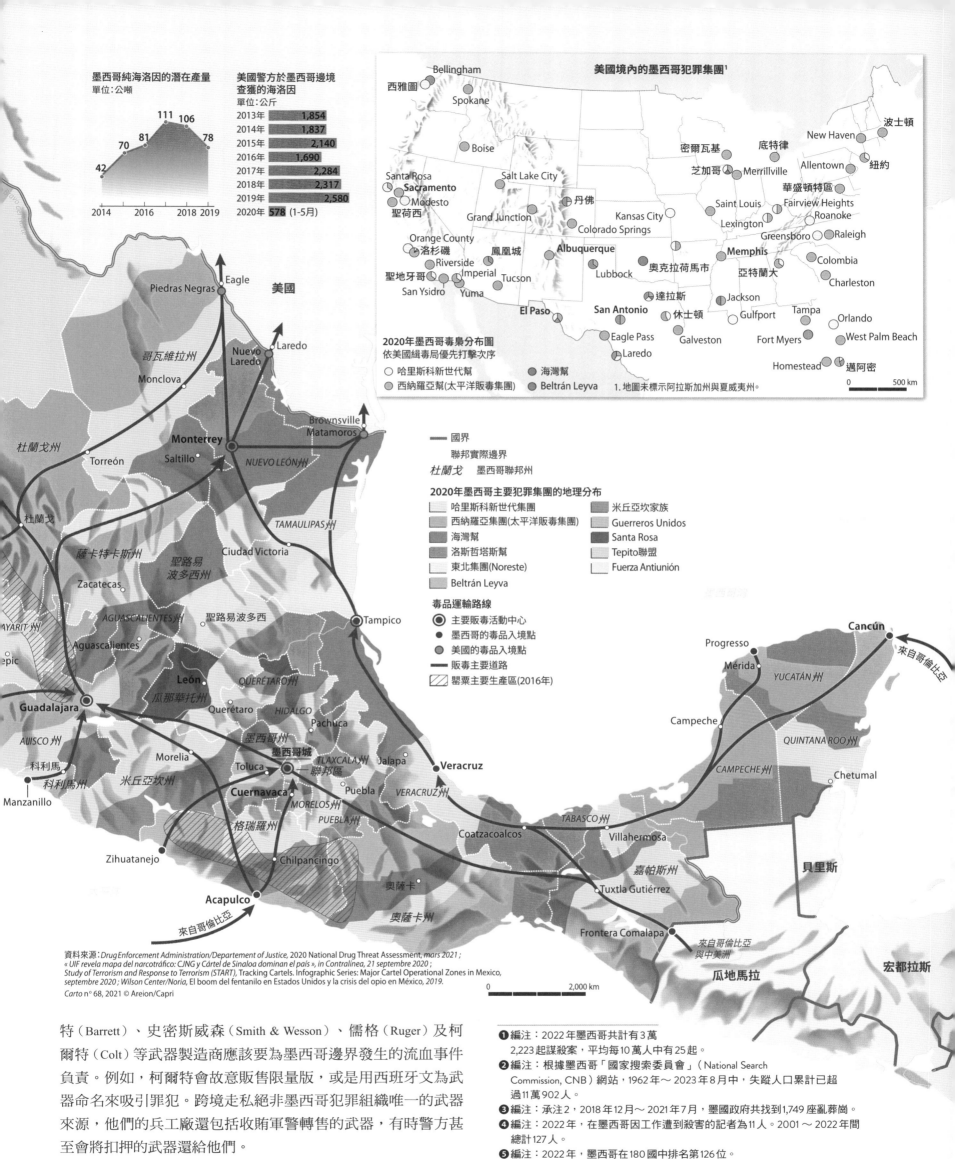

墨西哥純海洛因的潛在產量
單位：公噸

42　70　81　111　106　78
2014　2016　2018 2019

美國警方於墨西哥邊境查獲的海洛因
單位：公斤

年	公斤
2013年	1,854
2014年	1,837
2015年	2,140
2016年	1,690
2017年	2,284
2018年	2,317
2019年	2,580
2020年	578 (1-5月)

美國境內的墨西哥犯罪集團[1]

1. 地圖未標示阿拉斯加州與夏威夷州。

2020年墨西哥毒梟分布圖
依美國緝毒局優先打擊次序
○ 哈里斯科新世代幫　● 海灣幫
● 西納羅亞幫（太平洋販毒集團）　● Beltrán Leyva

0　500 km

國界
聯邦實際邊界
杜蘭戈　墨西哥聯邦州

2020年墨西哥主要犯罪集團的地理分布
哈里斯科新世代集團　米丘亞坎家族
西納羅亞集團（太平洋販毒集團）　Guerreros Unidos
海灣幫　Santa Rosa
洛斯哲塔斯幫　Tepito聯盟
東北集團（Noreste）　Fuerza Antiunión
Beltrán Leyva

毒品運輸路線
◎ 主要販毒活動中心
● 墨西哥的毒品入境點
● 美國的毒品入境點
── 販毒主要道路
▨ 罌粟主要生產區(2016年)

資料來源：*Drug Enforcement Administration/Departement of Justice, 2020 National Drug Threat Assessment, mars 2021 ;*
« *UIF revela mapa del narcotráfico: CJNG y Cártel de Sinaloa dominan el país* », in *Contralínea*, 21 septiembre 2020 ;
Study of Terrorism and Response to Terrorism (START), Tracking Cartels. Infographic Series: Major Cartel Operational Zones in Mexico,
septiembre 2020 ; Wilson Center/Noria, El boom del fentanilo en Estados Unidos y la crisis del opio en México, 2019.
Carto n° 68, 2021 © Areion/Capri

特（Barrett）、史密斯威森（Smith & Wesson）、儒格（Ruger）及柯爾特（Colt）等武器製造商應該要為墨西哥邊界發生的流血事件負責。例如，柯爾特會故意販售限量版，或是用西班牙文為武器命名來吸引罪犯。跨境走私絕非墨西哥犯罪組織唯一的武器來源，他們的兵工廠還包括收賄軍警轉售的武器，有時警方甚至會將扣押的武器還給他們。

文 ● C. Recoquillon

❶ 編注：2022年墨西哥共計有3萬2,223起謀殺案，平均每10萬人中有25起。
❷ 編注：根據墨西哥「國家搜索委員會」（National Search Commission, CNB）網站，1962年～2023年8月中，失蹤人口累計已超過11萬902人。
❸ 編注：承注2，2018年12月～2021年7月，墨國政府共找到1,749座亂葬崗。
❹ 編注：2022年，在墨西哥因工作遭到殺害的記者為11人。2001～2022年間總計127人。
❺ 編注：2022年，墨西哥在180國中排名第126位。
❻ 編注：指將毒品藏於體內運送的人。

INTERNATIONAL ISSUES

國際議題篇

被阻塞的蘇伊士運河
貨櫃船「長賜輪」於蘇伊士運河擱淺，引發了一場全球貿易危機。
圖為2021年3月27日的俄羅斯衛星圖像。
（© AFP/Sergey Kud-Sverchkov/Russian Space Agency Roscosmos）

全球旅遊業：
撐過Covid-19，恢復活力了嗎？

為了遏止新冠病毒造成的嚴重特殊傳染性肺炎（以下稱Covid-19）大流行，各國紛紛採取邊境管制措施，使得全世界旅遊業陷入史無前例的危機，對各大洲的旅遊業者造成災難性的社會經濟創傷。旅遊業作為代表全球化的領航產業，可說是前景堪慮，日益便利的飛航旅行也蒙上了一層陰影。

旅遊業誕生於十八世紀的英國。最初的服務對象僅限社會菁英階層，滿足他們探索歐洲文明起源的渴望。隨著帶薪休假制度在西方國家日漸普及，旅遊業也逐漸走向大眾。過去數十年間，空運價格下降，新興國家生活水準提升，加上高齡人口流動性增加，旅遊成為一種大眾現象，涵蓋全球所有地區及多數人口。根據世界旅遊組織（UNWTO），1950～2019年，每年國際旅客人數從2,500萬增加到15億。然而，若統計全球各地的旅客人數分布，可看出各地區存在重大差異。

動，因此受國家與國際層級的防疫政策影響最鉅。2020年，全球各地區都出現旅客人數縮減的情形。由於疫情源於中國，因此亞太地區的跌幅最大，該年前八個月的入境人數與2019年相比，減少了將近80%。其次則是中東減少了70%，歐洲68%，美洲65%。

根據經濟合作暨發展組織（OECD）報告，旅遊產業產值在疫情前占全球GDP10.4%。按照聯合國初步估計，旅遊運輸產

旅客大多數從哪裡出發？又前往哪裡？

歐洲顯然是最受歡迎的旅遊勝地：2019年遊客人數為7.437億人，其中歐盟成員國占5.79億人。其次受歡迎的是亞太地區（3.601億人）與美洲大陸（2.195億人），最後是非洲（7,190萬人）及中東（6,510萬人）。法國自1990年代以來獨占全球旅客人數榜首，在2018年也以8,940萬人次領先西班牙（8,370萬人）與美國（8,060萬人）。中國則是全球最大的遊客來源國。國際旅遊在這個國家一度專屬特權菁英，直到1990年代初期才開始普及。1995～2018年間，中國出國旅遊人數從450萬增加到1.5億，亞洲國家是最大受益者。事實上，中國旅客的十大旅遊目的地有九個在亞洲，首先是中華人民共和國特別行政區香港（4,900萬人）與澳門（2,000萬人），再來是泰國（1,050萬人）與日本（840萬人）。從這些數字可以看出中國關閉邊境，影響亞洲及全球旅遊業甚鉅（參見圖2）。

旅遊涉及人口流動及個體間的互

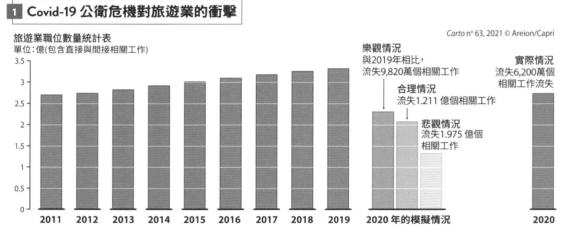

1 Covid-19 公衛危機對旅遊業的衝擊

Carto n° 63, 2021 © Areion/Capri

旅遊業職位數量統計表
單位：億（包含直接與間接相關工作）

樂觀情況
與2019年相比，流失9,820萬個相關工作

合理情況
流失1.211億個相關工作

悲觀情況
流失1.975億個相關工作

實際情況
流失6,200萬個相關工作流失

2020 年的模擬情況

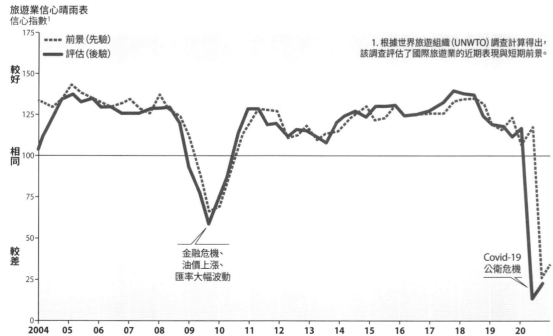

旅遊業信心晴雨表
信心指數[1]

- - - 前景（先驗）
—— 評估（後驗）

較好
相同
較差

1. 根據世界旅遊組織（UNWTO）調查計算得出，該調查評估了國際旅遊業的近期表現與短期前景。

金融危機、油價上漲、匯率大幅波動

Covid-19 公衛危機

資料來源：*WTTC, juin 2021 et* Travel & Tourism Recovery Scenarios 2020 and Economic Impact from Covid-19, *juin 2020 ; OMT*, World Tourism Barometer, *octobre 2020*

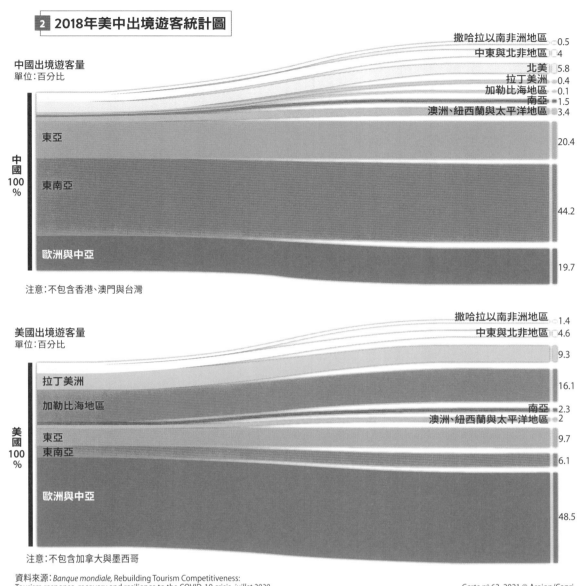

2 2018年美中出境遊客統計圖

中國出境遊客量
單位：百分比

中國
100%

東亞　20.4
東南亞　44.2
歐洲與中亞　19.7

撒哈拉以南非洲地區　0.5
中東與北非地區　4
北美　5.8
拉丁美洲　0.4
加勒比海地區　0.1
南亞　1.5
澳洲、紐西蘭與太平洋地區　3.4

注意：不包含香港、澳門與台灣

美國出境遊客量
單位：百分比

美國
100%

拉丁美洲
加勒比海地區
東亞
東南亞
歐洲與中亞

撒哈拉以南非洲地區　1.4
中東與北非地區　4.6
9.3
16.1
南亞　2.3
澳洲、紐西蘭與太平洋地區　2
9.7
6.1
48.5

注意：不包含加拿大與墨西哥

資料來源：*Banque mondiale,* Rebuilding Tourism Competitiveness: Tourism response, recovery and resilience to the COVID-19 crisis, *juillet 2020*

Carto n° 63, 2021 © Areion/Capri

業崩跌造成的巨額損失在2021年可能達到1.7～2.4兆美元❶。部分國家首當其衝，如泰國，觀光收入占該國GDP將近兩成。其他像是馬爾地夫、維德角（Cape Verde）、塞席爾（Republic of Seychelles），還有加勒比海或太平洋地區，旅客人數暴跌對這些高度倚賴旅遊產業的島國影響尤其嚴重。旅遊業為全球10%人口提供生計，從業人員有數億之多。世界旅遊組織估計，旅遊業大規模停業可能導致全球1.2億以上的人口失業（參見圖1）。牙買加的外匯存底有50%來自旅遊業，由於支撐這項經濟活動的運輸系統中斷，已經導致30萬個相關工作流失。

　　歐洲許多南方國家發展觀光經濟的基礎在於微型、小型企業及非正規經濟勞動者。因此影響最深的可能是婦女、年輕勞動者及某些長期遭到邊緣化的群體。2021年西班牙加那利群島（Canary Islands）發生了大規模的摩洛哥非法移民事件，也反映出疫情造成的附帶損害。成功搭船抵達該島的摩洛哥居民中，有很多人曾在飯店與餐飲業工作，或是經營流動攤販，但是遊客早已離去。

選擇更環境永續的旅遊方式

　　郵輪與大型俱樂部飯店等遊客聚集的場所，受到疫情影響的時間可能最長。旅遊業相當倚賴高汙染且易成為病毒傳播溫床的航空運輸，因此很可能難以恢復疫情前的活力❷。

　　同時間，聯合國呼籲徹底改革旅遊產業，倡導以更安全、公平且無害的方式對待旅遊目的地的社群與環境。因此，未來幾年我們可能持續見到以下趨勢，由疫情前開始便持續發展至今：首先是2019年在經濟合作暨發展組織成員國的旅遊經濟中，國內旅遊就占了75%。因此，旅行方式可做出適度修正，以人性化且友善環境的短距離旅遊優先。選擇火車或是其他較環保的交通方式取代飛機，前往離家更近的地區，認識當地居民，或是減少出國頻率，並規畫較長的停留時間。

文 • D. Lagarde

❶ 編注：根據聯合國世界旅遊組織，自2020年疫情爆發後至2022年，國際觀光收入共損失2.6兆美元。
❷ 編注：根據聯合國世界旅遊組織，2023年第一季入境國際旅客已恢復至2019年同期的80%，推估2023年或更晚能恢復到疫情前的水準。

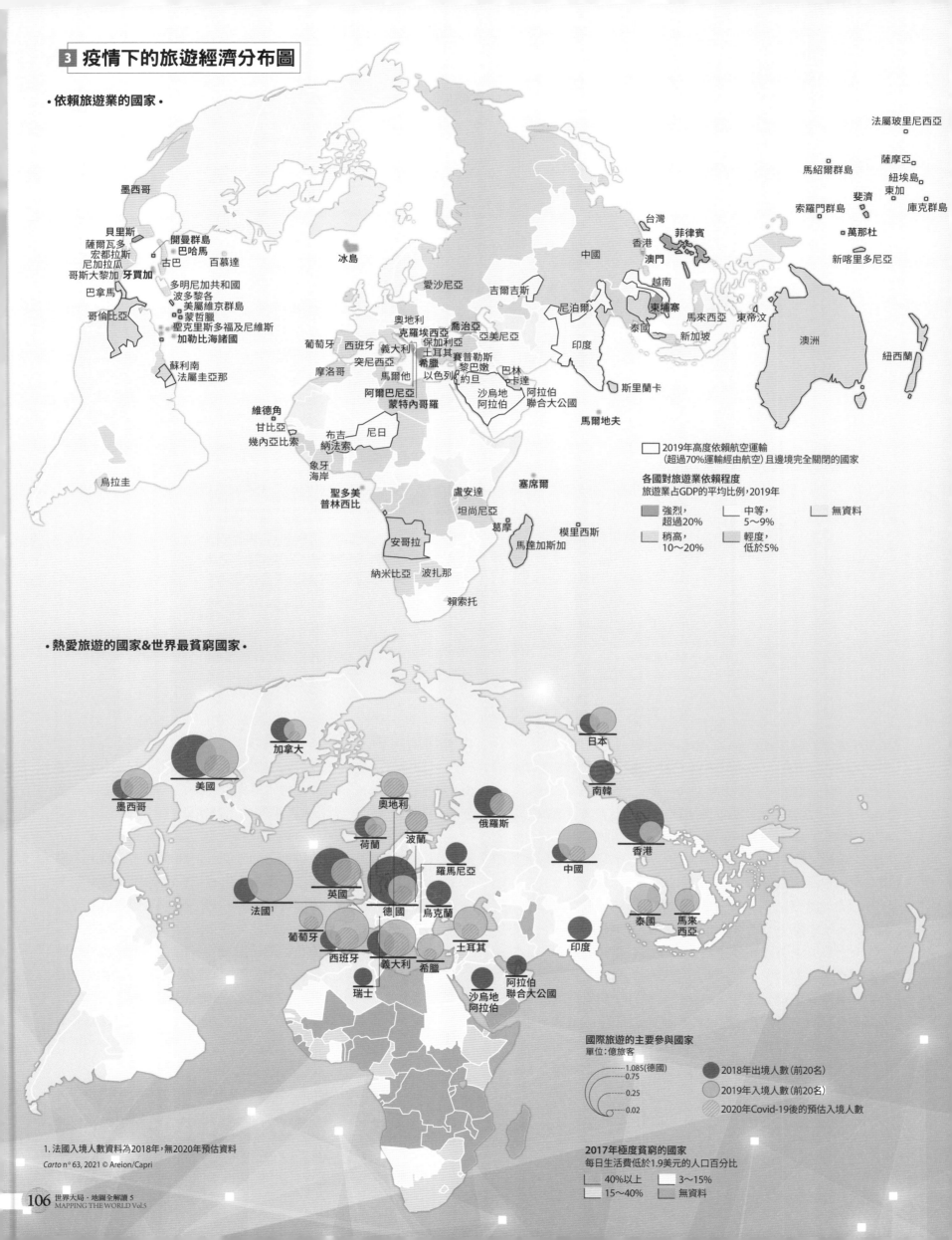

③ 疫情下的旅遊經濟分布圖

・依賴旅遊業的國家・

法屬玻里尼西亞

薩摩亞
馬紹爾群島　　　　　　紐埃島
　　　　　　　　　斐濟　東加
索羅門群島　　　　　　　　　庫克群島

萬那杜

新喀里多尼亞

台灣
香港　菲律賓
澳門
中國
越南
尼泊爾　　　　東埔寨
泰國　馬來西亞　東帝汶
印度　　新加坡

澳洲

紐西蘭

斯里蘭卡

馬爾地夫

墨西哥

貝里斯
薩爾瓦多
宏都拉斯
尼加拉瓜
哥斯大黎加　牙買加
巴拿馬
哥倫比亞

開曼群島
巴哈馬
古巴　百慕達

冰島

愛沙尼亞
吉爾吉斯

喬治亞
亞美尼亞

多明尼加共和國
波多黎各
美屬維京群島
蒙哲臘
聖克里斯多福及尼維斯
加勒比海諸國

奧地利
克羅埃西亞
保加利亞
土耳其
希臘　賽普勒斯
黎巴嫩　巴林
以色列　卡達
約旦

葡萄牙　西班牙　義大利
突尼西亞
摩洛哥　馬爾他

蘇利南
法屬圭亞那

阿爾巴尼亞
蒙特內哥羅

沙烏地
阿拉伯　阿拉伯
聯合大公國

維德角
甘比亞
幾內亞比索

布吉
納法索　尼日

象牙
海岸

聖多美
普林西比

盧安達

塞席爾

坦尚尼亞

烏拉圭

安哥拉

納米比亞　波扎那

賴索托

模里西斯

馬達加斯加
葛摩

□ 2019年高度依賴航空運輸
（超過70%運輸經由航空）且邊境完全關閉的國家

各國對旅遊業依賴程度
旅遊業占GDP的平均比例，2019年

■ 強烈，
超過20%
□ 中等，
5～9%
□ 無資料

□ 稍高，
10～20%
□ 輕度，
低於5%

・熱愛旅遊的國家&世界最貧窮國家・

加拿大
美國
墨西哥

日本
南韓

奧地利
荷蘭　波蘭
英國
法國[1]
葡萄牙
西班牙　義大利
　　希臘
瑞士

俄羅斯

羅馬尼亞
德國
烏克蘭
土耳其

沙烏地
阿拉伯

香港

中國

泰國　馬來
西亞

印度

阿拉伯
聯合大公國

國際旅遊的主要參與國家
單位：億旅客

1.085(德國)
0.75
0.25
0.02

● 2018年出境人數（前20名）
● 2019年入境人數（前20名）
⦷ 2020年Covid-19後的預估入境人數

1. 法國入境人數資料為2018年，無2020年預估資料

Carto n° 63, 2021 © Areion/Capri

2017年極度貧窮的國家
每日生活費低於1.9美元的人口百分比

□ 40%以上　　□ 3～15%
□ 15～40%　　□ 無資料

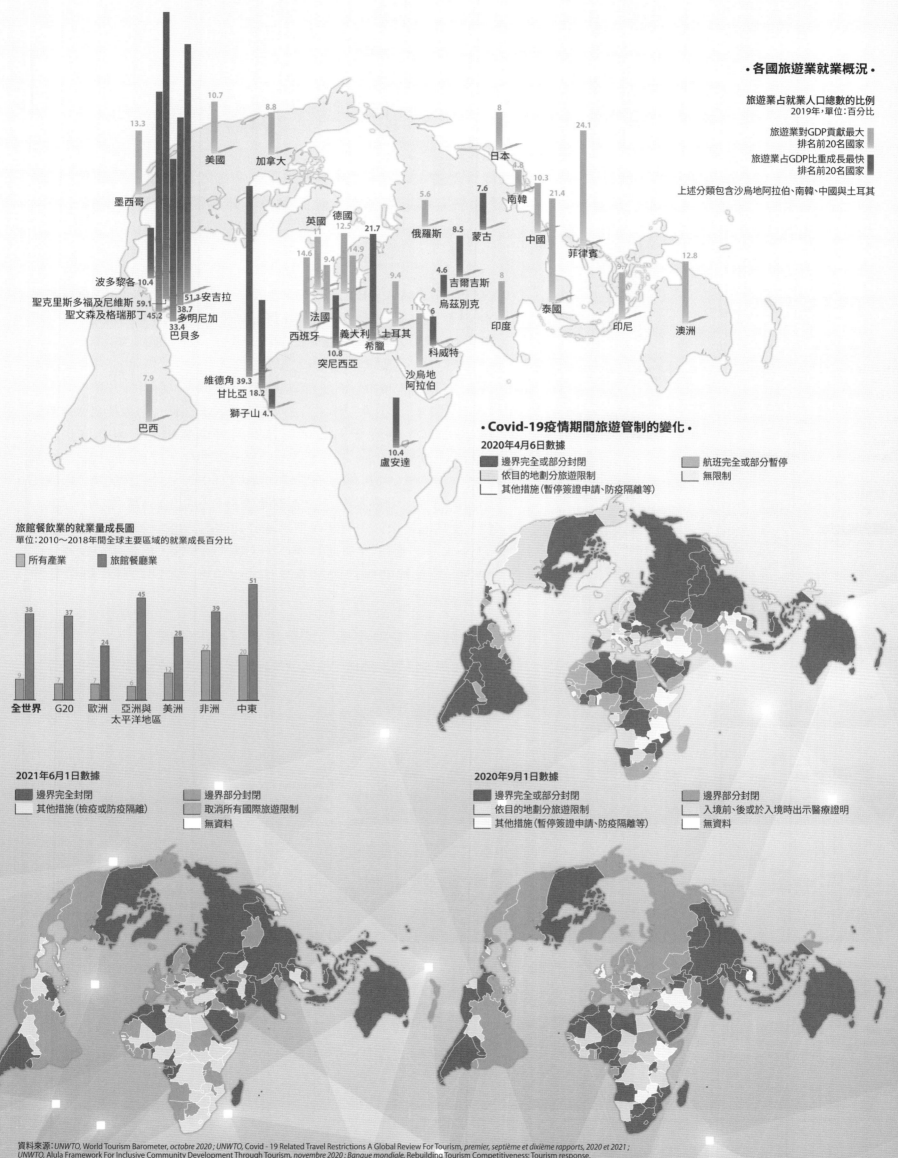

·各國旅遊業就業概況·

旅遊業占就業人口總數的比例
2019年，單位：百分比

旅遊業對GDP貢獻最大
排名前20名國家

旅遊業占GDP比重成長最快
排名前20名國家

上述分類包含沙烏地阿拉伯、南韓、中國與土耳其

美國 13.3　加拿大 10.7　英國 8.8　德國 5.6
法國 11　西班牙 14.6　義大利 9.4　土耳其 12.5
希臘 14.9　21.7　俄羅斯　蒙古 7.6　8.5
日本 8　南韓 4.8　中國 10.3　菲律賓 21.4
吉爾吉斯 4.6　烏茲別克　6　印度 8　泰國 11.27
澳洲 12.8

墨西哥　波多黎各 10.4　安吉拉 51.3
聖克里斯多福及尼維斯 59.1　多明尼加 38.7
聖文森及格瑞那丁 45.2　巴貝多 33.4
維德角 39.3　甘比亞 18.2　獅子山 4.1
突尼西亞 10.8　科威特　沙烏地阿拉伯
盧安達 10.4　巴西 7.9

·Covid-19疫情期間旅遊管制的變化·

2020年4月6日數據

- 邊界完全或部分封閉
- 依目的地劃分旅遊限制
- 其他措施(暫停簽證申請、防疫隔離等)
- 航班完全或部分暫停
- 無限制

旅館餐飲業的就業量成長圖
單位：2010～2018年間全球主要區域的就業成長百分比

- 所有產業
- 旅館餐廳業

區域	所有產業	旅館餐廳業
全世界	9	38
G20	7	37
歐洲	7	24
亞洲與太平洋地區	6	45
美洲	12	28
非洲	22	39
中東	20	51

2021年6月1日數據

- 邊界完全封閉
- 其他措施(檢疫或防疫隔離)
- 邊界部分封閉
- 取消所有國際旅遊限制
- 無資料

2020年9月1日數據

- 邊界完全或部分封閉
- 依目的地劃分旅遊限制
- 其他措施(暫停簽證申請、防疫隔離等)
- 邊界部分封閉
- 入境前、後或於入境時出示醫療證明
- 無資料

資料來源：*UNWTO, World Tourism Barometer, octobre 2020 ; UNWTO, Covid - 19 Related Travel Restrictions A Global Review For Tourism, premier, septième et dixième rapports, 2020 et 2021 ; UNWTO, Alula Framework For Inclusive Community Development Through Tourism, novembre 2020 ; Banque mondiale, Rebuilding Tourism Competitiveness: Tourism response, recovery and resilience to the COVID-19 crisis, juillet 2020 ; The Authority on World Travel & Tourism, mars 2020 ; Banque mondiale, Poverty and Shared Prosperity 2020: Reversals of Fortune, 2020*

海運：從長榮貨輪擱淺，看海洋貿易的挑戰

海運在全球化中扮演重要角色，擔負了90%的國際貿易流通。2021年3月，台灣長榮海運的貨櫃船「長賜輪」於蘇伊士運河擱淺，造成航運阻塞，重擊全球經濟，更強烈突顯這項事實。除此之外，新的問題仍層出不窮，包括Covid-19疫情大流行與環境帶來的種種挑戰。

1 貨櫃運輸演變圖

• 海運專業詞彙

船商：備有船舶以供自行營運或租賃的業主。

TEU：二十呎標準貨櫃，作為船舶運輸的計量單位。貨櫃尺寸以20呎長（容量33.2立方公尺）或40呎長（容量67.6立方公尺）兩種規格最為常見。1TEU=20呎；2TEU=40呎。

運費（Freight）：海運費用總額。

浬：海事計量單位，1浬（NM）=1,852公尺。

節：船速單位，每小時航行1浬等於1節。

載重噸位（DWT）：船舶的載重能力，以噸為單位。

• 貨櫃船的演變

第一代／1970年
平均運輸量：1,000~2,500TEU
平均長度：200公尺
平均寬度：20公尺
DWT：30,000／速度：21節

巴拿馬型／1980年
平均運輸量：4,000TEU
平均長度：290公尺
平均寬度：32公尺
DWT：50,000／速度：24~26節

→ 貨櫃船大小超越了巴拿馬運河船閘的尺寸標準
（即進入巴拿馬運河的最大尺寸）

超巴拿馬極限型／1988年
平均運輸量：5,000TEU
平均長度：285公尺
平均寬度：40公尺
DWT：70,000／速度：24~26節

海洋是加速大規模貿易流通的主要媒介，實現了全球化。許多運輸都仰賴海運，無論是南方國家與工業國家之間的原物料輸送，還是將產品由「世界工廠」輸送到消費國家。也因此，主要航線的控制權具有相當的戰略價值。根據聯合國貿易和發展會議（UNCTAD），1950年全球總運輸量為5億噸，2019年則是110.8億噸。

貨物經由大型港口轉運，主要節點都位於亞洲：上海是全球首要港口，2019年的吞吐量為4,300萬個20呎標準貨櫃（Twenty-foot Equivalent Unit，以下簡稱TEU），領先新加坡（3,600萬TEU）、寧波舟山港（2,800萬TEU）、深圳（2,700萬TEU）與廣州（2,400萬TEU），這是世界經濟重心轉向中國的徵兆。歐洲首要港口為荷蘭鹿特丹，以1,500萬TEU排行第十位。全球海運業則由幾家大型航運公司掌控，包括：丹麥的快桅集團（Maersk）、中國遠洋海運（COSCO）、義大利一瑞士的地中海航運公司（MSC）、法國的達飛海運集團（CMA CGM）、德國的赫伯羅德集團（Hapag-Llyod）。

金融危機、新冠疫情，如何影響運量與運費？

海運得以發展興盛、流通量快速成長，主因在於貨櫃化、專業化及

艾瑪·馬士基號／2006年
平均運輸量：15,000TEU
平均長度：397公尺
平均寬度：56公尺
DWT：157,000／速度：26.3節

快桅3E級貨櫃船／2013年
平均運輸量：18,000TEU
平均長度：400公尺
平均寬度：59公尺
DWT：197,000／速度：23節

超大型貨櫃船（ULCS）／2019年（若將船上所有貨櫃排成一直線，總長可達123公里）
平均運輸量：22,000TEU
平均DWT：225,000
速度：23節
長度：400公尺
平均寬度：61公尺

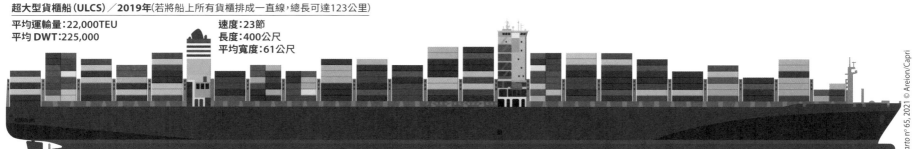

資料來源：Antoine Frémont, Porte-conteneurs : une croissance sans fin ?, Transports, infrastructures et mobilité, 2019 ; CMA CGM et Delmas, Glossaire du transport maritime

貨櫃船尺寸圖示僅供參考。

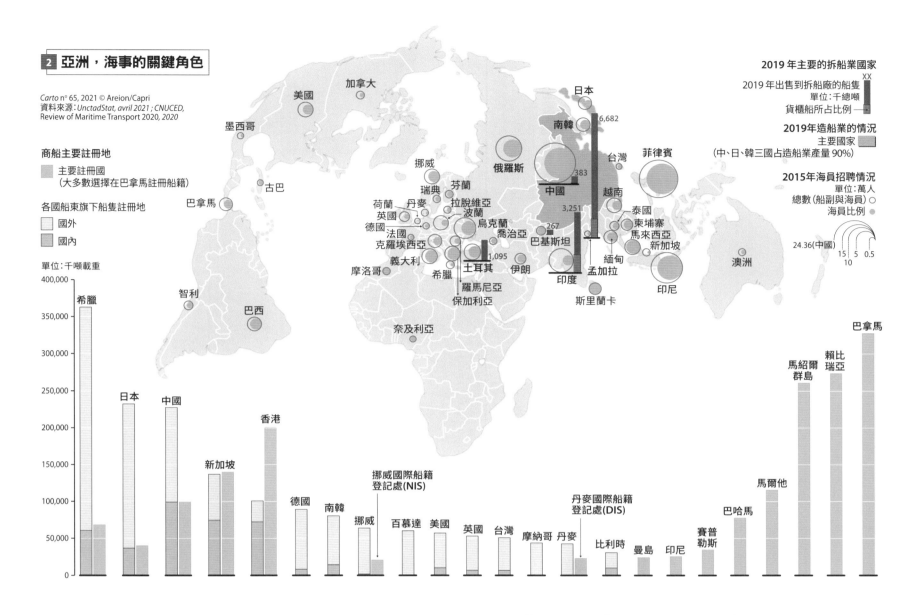

2 亞洲，海事的關鍵角色

Carto n° 65, 2021 © Areion/Capri
資料來源：*UnctadStat, avril 2021 ; CNUCED, Review of Maritime Transport 2020, 2020*

商船主要註冊地
■ 主要註冊國
（大多數選擇在巴拿馬註冊船籍）

各國船東旗下船隻註冊地
□ 國外
■ 國內

單位：千噸載重

2019 年主要的拆船業國家
2019 年出售到拆船廠的船隻
單位：千總噸
貨櫃船所占比例

2019 年造船業的情況
主要國家
（中、日、韓三國占造船業產量90%）

2015 年海員招聘情況
單位：萬人
總數（船副與海員）
海員比例

24.36(中國)

不受《巴黎協定》的減碳規範約束

船舶大型化降低了運輸成本：目前最大型的貨櫃船可運載約 2 萬個貨櫃（參見圖1）。運輸時間與成本減少是全球化的重要特色，也是推動全球化的動力之一，在促進各項產業（例如：紡織業、製造業）轉移到勞動成本低廉國家的過程中，扮演了關鍵角色。

海運仰賴少數重要運輸據點，如：巴拿馬運河、麻六甲海峽（占全球運輸量一半）或是荷莫茲海峽，都是海上高速公路中最擁擠繁忙的必經通道。2021 年 3 月，蘇伊士運河發生了貨輪阻塞事件，導致這條聯絡地中海與紅海的要道（2019 年每天有 51.7 艘船經過，每年貨物總量為 12 億噸），發生了規模龐大的交通堵塞（參見圖5）。如此密集的海運也暴露在不同的風險中：2007 ～ 2008 年的金融危機曾經造成海運貿易緊縮，而後又快速復甦，表現出該產業的脆弱與韌性。同樣地，Covid-19 疫情也導致海上貿易衰退。聯合國貿易和發展會議指出，疫情接連不斷，嚴重衝擊全球供應鏈，再加上需求減少，使得海上貿易量於 2020 年下降了 3.8%，但 2021 年回升 3.2%❶。此外，疫情也破壞了供需平衡，造成貨運費率（也就是運輸價格）的波動。40 呎標準貨櫃（FEU）的運輸成本於 2019 年時仍維持在 2,000 美元以下，到了 2021 年 1 月則超過 5,000 美元。

部分運費可能低於上述價格，因為許多合約是在疫情流行、運費飆升之前簽訂的。在低迷景氣下，運費飆漲使人們預期貿易將放緩以及進口商品價格上漲。尤其考量到空運也受疫情影響，牛津經濟研究院（Oxford Economics）預估物價漲幅將達到 9%。物價上漲的主因之一是全球貿易相當倚賴海運，此外，美國與歐洲的生產也受制於亞洲，尤其是中國（參見圖2 ～ 4）。因此，西方國家正在適度推動產業回流本國，舉例來說，我們可以觀察到各國在疫情期間努力追求自主生產（如：生產口罩與疫苗）。

最後，海運也引發了嚴重的環境問題，這個產業仍依賴化石燃料（尤其是高汙染的重油）。根據國際海事組織（IMO），2020 年海運產業的溫室氣體排放量占全球 2.89%。雖然海運與空運都不在 2015 年《巴黎協定》（*The Paris Agreement*）的減碳規範中，不過國際海事組織於 2018 年制定了一項政策，目標是讓 2050 年的總排放量比 2008 年（約9億噸）減少至少 50%。有一些替代方案可以協助海運業減碳，並減少氣候影響，例如使用汙染較輕的天然氣作為燃料，或是重新使用風帆驅動裝置。

文 ● C. Loïzzo

---

❶ 編注：根據聯合國貿易和發展會議，2022 年海運貿易量成長率預計放緩至 1.4%。

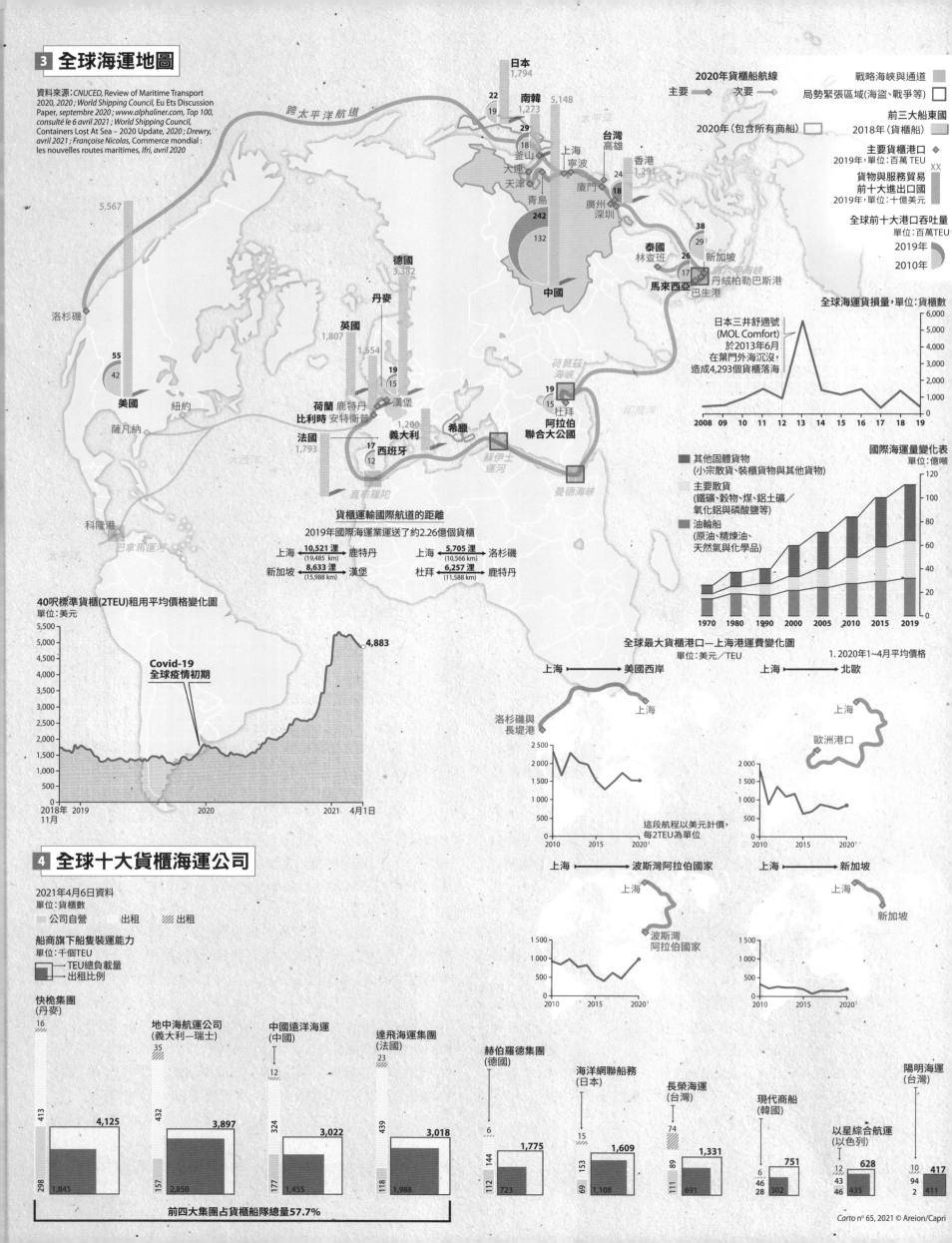

3 全球海運地圖

資料來源：*CNUCED, Review of Maritime Transport 2020, 2020 ; World Shipping Council, Eu Ets Discussion Paper, septembre 2020 ; www.alphaliner.com, Top 100, consulté le 6 avril 2021 ; World Shipping Council, Containers Lost At Sea – 2020 Update, 2020 ; Drewry, avril 2021 ; Françoise Nicolas, Commerce mondial : les nouvelles routes maritimes, Ifri, avril 2020*

2020年貨櫃船航線
主要　次要

2020年（包含所有商船）

戰略海峽與通道
局勢緊張區域（海盜、戰爭等）

前三大船東國
2018年（貨櫃船）

主要貨櫃港口
2019年，單位：百萬TEU

貨物與服務貿易
前十大進出口國
2019年，單位：十億美元　XX

全球前十大港口吞吐量
單位：百萬TEU
2019年
2010年

跨太平洋航道

日本 1,794
南韓 1,273　5,148
台灣 高雄
香港 1,291
中國 242 / 132
泰國 林查班
新加坡
馬來西亞 巴生港 丹絨柏勒巴斯港
釜山 大連 天津 青島 上海 寧波 廈門 廣州 深圳
22 / 19　19　29　18　24　18　38 / 29　26　17

德國 3,382
英國 1,807
丹麥 1,554
荷蘭 比利時 鹿特丹 安特衛普
漢堡 19 / 15
法國 1,793
義大利 西班牙 1,200　17 / 12
希臘
阿拉伯聯合大公國
杜拜 19 / 15
荷莫茲海峽
蘇伊士運河
曼德海峽

美國 5,567　55 / 42
洛杉磯　紐約　薩凡納
科隆港　巴拿馬運河
太平洋　北冰洋　大西洋　印度洋

全球海運貨損量，單位：貨櫃數
日本三井舒適號（MOL Comfort）於2013年6月在葉門外海沉沒，造成4,293個貨櫃落海
6,000 / 5,000 / 4,000 / 3,000 / 2,000 / 1,000 / 0
2008 09 10 11 12 13 14 15 16 17 18 19

國際海運量變化表
單位：億噸
■ 其他固體貨物（小宗散貨、裝櫃貨物與其他貨物）
□ 主要散貨（鐵礦、穀物、煤、鋁土礦／氧化鋁與磷酸鹽等）
■ 油輪船（原油、精煉油、天然氣與化學品）
120 / 100 / 80 / 60 / 40 / 20 / 0
1970 1980 1990 2000 2005 2010 2015 2019

貨櫃運輸國際航道的距離
2019年國際海運業運送了約2.26億個貨櫃

上海 → 鹿特丹 10,521浬 (19,485 km)
新加坡 → 漢堡 8,633浬 (15,988 km)
上海 → 洛杉磯 5,705浬 (10,566 km)
杜拜 → 鹿特丹 6,257浬 (11,588 km)

40呎標準貨櫃(2TEU)租用平均價格變化圖
單位：美元
5,500 / 5,000 / 4,500 / 4,000 / 3,500 / 3,000 / 2,500 / 2,000 / 1,500 / 1,000 / 500 / 0
Covid-19 全球疫情初期
4,883
2018年11月　2019　2020　2021　4月1日

全球最大貨櫃港口—上海港運費變化圖
單位：美元／TEU
1. 2020年1~4月平均價格

上海 → 美國西岸
洛杉磯與長堤港　上海
2 500 / 2 000 / 1 500 / 1 000 / 500 / 0
2010 2015 2020[1]
這段航程以美元計價，每2TEU為單位

上海 → 北歐
上海　歐洲港口
2 000 / 1 500 / 1 000 / 500 / 0
2010 2015 2020[1]

上海 → 波斯灣阿拉伯國家
上海　波斯灣阿拉伯國家
1 500 / 1 000 / 500 / 0
2010 2015 2020[1]

上海 → 新加坡
上海　新加坡
1 500 / 1 000 / 500 / 0
2010 2015 2020[1]

4 全球十大貨櫃海運公司

2021年4月6日資料
單位：貨櫃數
■ 公司自營　□ 出租　▨ 出租

船商旗下船隻裝運能力
單位：千個TEU
□ → TEU總負載量
■ → 出租比例

快桅集團（丹麥）
16
413　4,125
298 / 1,845

地中海航運公司（義大利—瑞士）
35
432　3,897
157 / 2,850

中國遠洋海運（中國）
12
324　3,022
177 / 1,455

達飛海運集團（法國）
23
439　3,018
118 / 1,988

赫伯羅德集團（德國）
6
144　1,775
112 / 723

海洋網聯船務（日本）
15
153　1,609
69 / 1,108

長榮海運（台灣）
74
89　1,331
111 / 691

現代商船（韓國）
6 / 46
751
28 / 302

以星綜合航運（以色列）
12
43　628
46 / 435

陽明海運（台灣）
10
94　417
46 / 411

前四大集團占貨櫃船隊總量57.7%

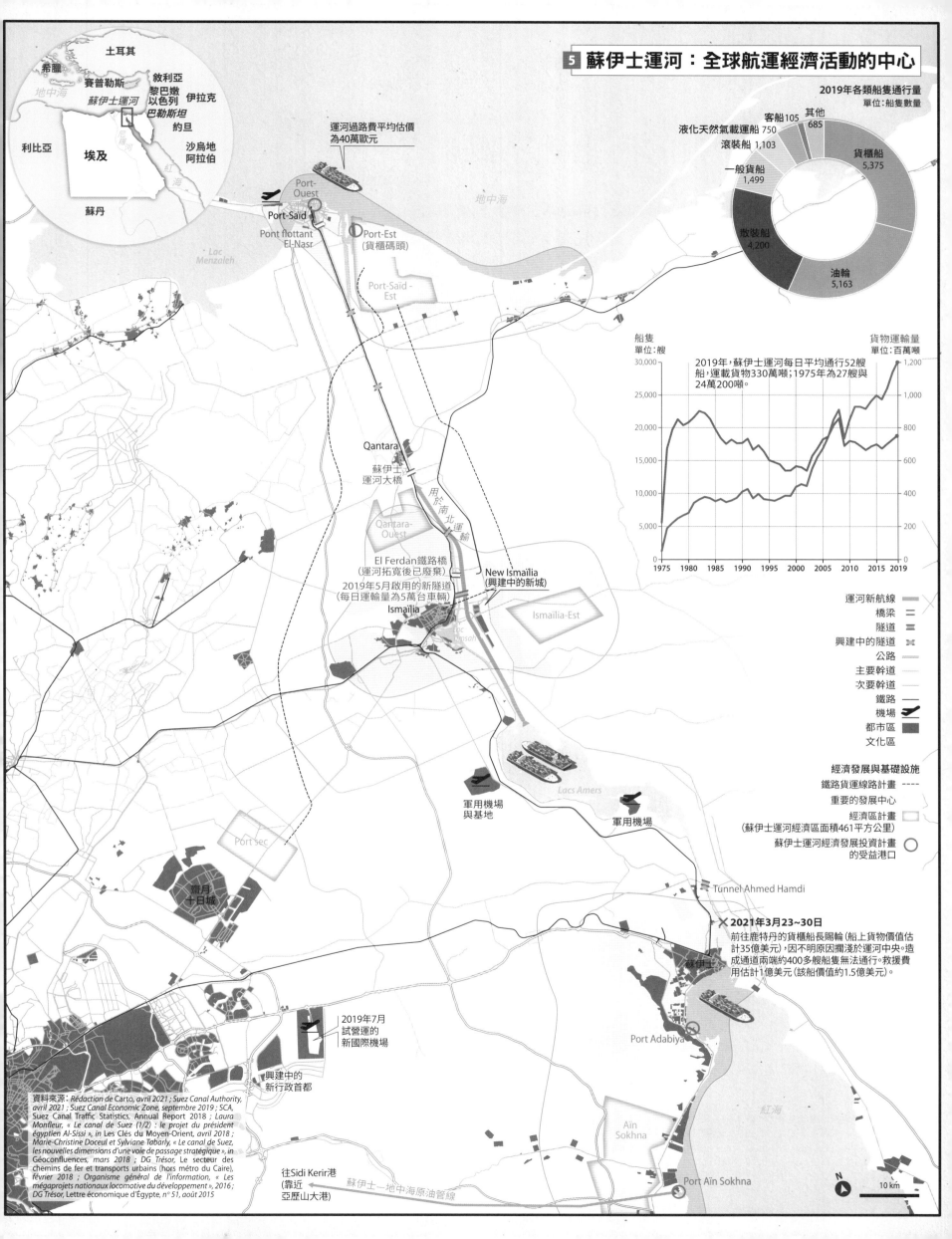

地中海

土耳其
希臘
賽普勒斯
敘利亞
黎巴嫩
以色列 伊拉克
巴勒斯坦
約旦
沙烏地
阿拉伯

蘇伊士運河
尼羅河
紅海

埃及

利比亞

蘇丹

2019年各類船隻通行量
單位：船隻數量

液化天然氣載運船 750
客船 105
其他 685
滾裝船 1,103
一般貨船 1,499
散裝船 4,200
油輪 5,163
貨櫃船 5,375

運河過路費平均估價
為40萬歐元

Port-Ouest
Port-Saïd
Pont flottant El-Nasr
Port-Est（貨櫃碼頭）

Lac Menzaleh

地中海

Port-Saïd - Est

船隻
單位：艘

貨物運輸量
單位：百萬噸

2019年，蘇伊士運河每日平均通行52艘船，運載貨物330萬噸；1975年為27艘與24萬200噸。

30,000
25,000
20,000
15,000
10,000
5,000

1,200
1,000
800
600
400
200
0

1975 1980 1985 1990 1995 2000 2005 2010 2015 2019

Qantara
蘇伊士運河大橋

用於南北運輸

Qantara-Ouest

El Ferdan鐵路橋
（運河拓寬後已廢棄）
2019年5月啟用的新隧道
（每日運輸量為5萬台車輛）

New Ismaïlia
（興建中的新城）

Ismaïlia

Ismaïlia-Est

Lac Timsah

運河新航線
橋梁
隧道
興建中的隧道
公路
主要幹道
次要幹道
鐵路
機場
都市區
文化區

經濟發展與基礎設施
鐵路貨運線路計畫
重要的發展中心
經濟區計畫
（蘇伊士運河經濟區面積461平方公里）
蘇伊士運河經濟發展投資計畫
的受益港口

軍用機場
與基地

軍用機場

Lacs Amers

Port sec

嘉月
十日城

Tunnel Ahmed Hamdi

✕ 2021年3月23~30日
前往鹿特丹的貨櫃船長賜輪（船上貨物價值估計35億美元），因不明原因擱淺於運河中央。造成通道兩端約400多艘船隻無法通行。救援費用估計1億美元（該船價值約1.5億美元）。

蘇伊士

Port Adabiya

2019年7月
試營運的
新國際機場

興建中的
新行政首都

資料來源：*Rédaction de Carto, avril 2021 ; Suez Canal Authority, avril 2021 ; Suez Canal Economic Zone, septembre 2019 ; SCA, Suez Canal Traffic Statistics, Annual Report 2018 ; Laura Monfleur, « Le canal de Suez (1/2) : le projet du président égyptien Al-Sissi », in Les Clés du Moyen-Orient, avril 2018 ; Marie-Christine Doceul et Sylviane Tabarly, « Le canal de Suez, les nouvelles dimensions d'une voie de passage stratégique », in Géoconfluences, mars 2018 ; DG Trésor, Le secteur des chemins de fer et transports urbains (hors métro du Caire), février 2018 ; Organisme général de l'information, « Les mégaprojets nationaux locomotive du développement », 2016 ; DG Trésor, Lettre économique d'Égypte, n° 51, août 2015*

往Sidi Kerir港
（靠近
亞歷山大港）

蘇伊士—地中海原油管線

Aïn Sokhna

紅海

Port Aïn Sokhna

N

10 km

北極：新興的海上十字路口？

全球貿易有80%依賴海運，主要經過麻六甲海峽、蘇伊士運河與巴拿馬運河。隨著海冰融化，北極出現了新的航線。這些航線雖然可以縮短航行距離，卻可能干擾全球海上運輸。

去除季節性波動後，海冰的平均融化速度依然一年比一年快，這讓船舶通行更加便利，適航季節也變得變長。目前全球有兩條洲際航線：西北航道（沿著阿拉斯加穿過北極群島〔Arctic Archipelago〕，連接大西洋和太平洋），以及東北航道（沿著俄羅斯海岸，連接大西洋和太平洋）。目前，只有東北航道實際開通。西北航道則充滿狹窄水道，基礎設施不足，也缺乏深水港。

這些北極航道比傳統的路線節省了更多時間：從中國上海經東北航道，到荷蘭鹿特丹，可以縮短約4,000公里；經西北航道到美國紐約，則縮短約6,000公里。2010年，一艘俄羅斯油輪從莫曼斯克（Mourmansk，位於俄羅斯）沿著東北航道開往上海，節省了100萬美元的燃油費用。偏北方的航線，比如從俄羅斯莫曼斯克到日本神戶，航距可以減半，而南方港口則無法受益於北極航道。

海況多變、流冰威脅，運輸量與傳統航線差距50倍

達飛海運集團（CMA CGM）及地中海航運公司（MSC）❶等船商已承諾不走北方航線，除了環保因素，也因為無法確知該航線的盈利能力：北方航線的航行條件極其困難，即使在夏季，仍有部分航段需要破冰船支援。全球暖化反而增加了這條航線的風險，從而衍生額外的大筆保險費用。此外，極地風暴更加頻繁，流冰也使得航線狀況更難以預測。物流業重視及時性，對於時間風險特別敏感，無法接受這樣的多變性。因此，儘管冰川消退，北方航線的運輸量還是不穩定：在東北航道上，2010年共計有13艘船經過，2013年有71艘，2018年只有27艘，而同年在麻六甲海峽有84,456艘❷。

儘管如此，定點運輸（尤其是能源運輸）依舊帶動了北方航線興起。最主要的原因是俄羅斯正在大規模投資北極的基礎設施；新建的薩貝塔港（Sabetta）已能夠出口亞馬爾半島（Yamal Peninsula）所產的液化天然氣（參見圖1），東北航道上也已經有一支破冰船隊正在運作。依照俄羅斯聯邦交通運輸部的說法，該航道的運輸量已經從2011年的310萬噸增加到2018年的2,010萬噸。

這些數字與2019年運輸量超過10億噸的蘇伊士運河相比，當然微不足道，不過有些業者仍看好北極航線的前景。中國船商中遠集團（COSCO）自2013年以來在東北航道進行了大約20次的航行，並且在學術研究佐證下認定這條航道有利可圖。2019年，丹麥的快桅集團（Maersk）也宣布計畫與俄羅斯發展北極海運業務。

北方航線由於進入困難，目前仍無法取代傳統的運輸航線。不過，北極的海上貿易才剛起步，現在預測它在全球貿易中的地位還為時過早。

文 ● M. Soller

❶編注：根據法國海運諮詢機構Alpha-liner，截至2023/8/31為止，全球貨櫃航運公司前三名依序（以運能高低）：地中海航運、馬士基航運、達飛海運。

❷ Pauline Pic, « Naviguer en Arctique », in Géoconfluences, 14 février 2020. Voir aussi : Marion Soller, « Les nouvelles routes maritimes de l'Arctique », in Le Déméter 2020, IRIS Éditions, 2020, p. 307-308.

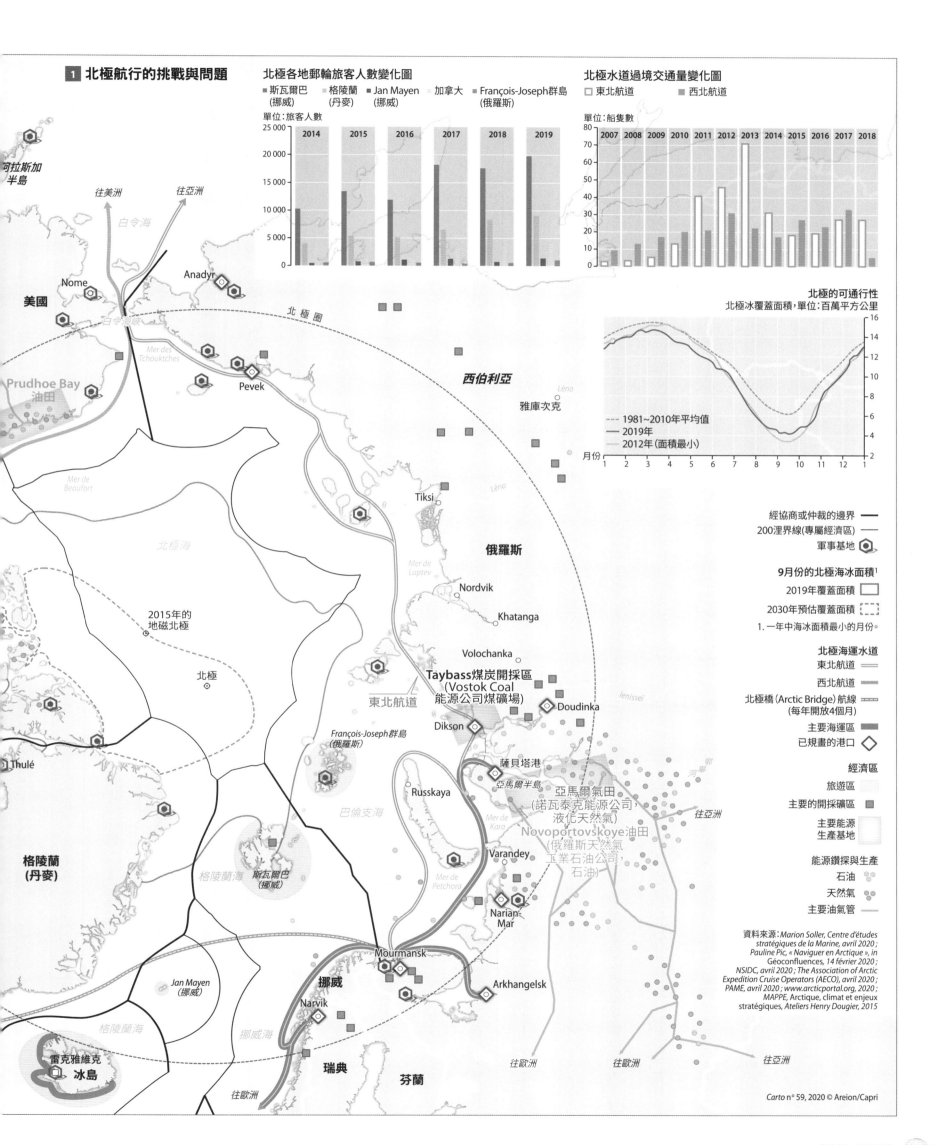

1 北極航行的挑戰與問題

北極各地郵輪旅客人數變化圖

■ 斯瓦爾巴 ■ 格陵蘭 ■ Jan Mayen 加拿大 ■ François-Joseph群島
(挪威)　(丹麥)　(挪威)　　　　(俄羅斯)

單位：旅客人數

	2014	2015	2016	2017	2018	2019
25 000
20 000
15 000
10 000
5 000

北極水道過境交通量變化圖

□ 東北航道 ■ 西北航道

單位：船隻數

2007	2008	2009	2010	2011	2012	2013	2014	2015	2016	2017	2018
80
70
60
50
40
30
20
10

北極的可通行性

北極冰覆蓋面積，單位：百萬平方公里

- - - 1981~2010年平均值
—— 2019年
—— 2012年(面積最小)

月份 1 2 3 4 5 6 7 8 9 10 11 12 1

16 14 12 10 8 6 4 2

地名 / 標籤

阿拉斯加半島
往美洲　往亞洲
白令海
Nome
Anadyr
美國
白令海峽
Mer des Tchouktches
Pevek
Prudhoe Bay 油田
Mer de Beaufort
西伯利亞
雅庫次克
北極圈
Lèna
北極海
Tiksi
俄羅斯
Mer de Laptev
Nordvik
2015年的地磁北極
Khatanga
北極
Volochanka
Taybass煤炭開採區 (Vostok Coal 能源公司煤礦場)
Doudinka
東北航道
Dikson
Ienissei
François-Joseph群島 (俄羅斯)
薩貝塔港
Russkaya
亞馬爾半島
亞馬爾氣田 (諾瓦泰克能源公司，液化天然氣)
巴倫支海
Mer de Kara
Novoportovskoye油田 (俄羅斯天然氣工業石油公司，石油)
往亞洲
Thulé
格陵蘭 (丹麥)
格陵蘭海
斯瓦爾巴 (挪威)
Varandey
Mer de Petchora
Narian-Mar
Jan Mayen (挪威)
挪威
Mourmansk
Narvik
挪威海
Arkhangelsk
雷克雅維克 冰島
格陵蘭海
瑞典
芬蘭
往歐洲　往歐洲　往歐洲　往亞洲

圖例

經協商或仲裁的邊界 ——
200浬界線(專屬經濟區) ——
軍事基地 ⬡

9月份的北極海冰面積[1]
2019年覆蓋面積 □
2030年預估覆蓋面積 ⬚
1. 一年中海冰面積最小的月份。

北極海運水道
東北航道 ══
西北航道 ══
北極橋(Arctic Bridge) 航線 ⚌⚌⚌ (每年開放4個月)
主要海運路 ▬
已規畫的港口 ◇

經濟區
旅遊區
主要的開採礦區 ■
主要能源生產基地 □

能源鑽探與生產
石油
天然氣
主要油氣管 ——

資料來源：*Marion Soller, Centre d'études stratégiques de la Marine, avril 2020 ; Pauline Pic, « Naviguer en Arctique », in Géoconfluences, 14 février 2020 ; NSIDC, avril 2020 ; The Association of Arctic Expedition Cruise Operators (AECO), avril 2020 ; PAME, avril 2020 ; www.arcticportal.org, 2020 ; MAPPE, Arctique, climat et enjeux stratégiques, Ateliers Henry Dougier, 2015*

Carto n° 59, 2020 © Areion/Capri

衣索比亞

索馬利亞

肯亞

坦尚尼亞

塞席爾

1 法屬南極領地地圖

加彭

剛果

盧安達

蒲隆地

剛果民主
共和國

葛摩

Les Glorieuses[1]

Ascension (英國)

Mayotte
(法國)

Tromelin[1]

安哥拉

尚比亞

馬拉威

*Juan
de Nova*[1]

模里西斯

Sainte-Hélène
(英國)

莫三比克

辛巴威

馬達加斯加

留尼旺
(法國)

納米
比亞

波扎那

*Bassas
da India*[1]

Europa[1]

印度洋

大西洋

史瓦帝尼

1. 法屬印度洋諸島。

南非

賴索托

法屬南極領地 (TAAF)
專屬經濟海域超過22萬平方公里，
擁有豐富的海洋資源

阿姆斯特丹島

Tristan da Cunha
(英國)

好望角

聖保羅島

Gough
(英國)

克羅澤群島

*Îles du
Prince Edward*
(南非)

凱爾蓋朗群島

Île Heard
(澳洲)

南極海

阿德利地

南極

Carto n° 60, 2020 © Areion/Capri

> 島嶼是個迷人的空間，因為各國對其定義缺乏明確共識，所以無法確切計算出數量，島嶼也因此逃出了部分的公共討論。

島嶼：展現超乎想像的多樣性

島嶼是四面環水的陸地，也是受全球化影響的複雜空間，全球化為島嶼帶來的變化包含各種形式、深刻程度不一，就如同島嶼本身一般，充滿多樣性。島嶼面臨的挑戰十分重大，例如：專屬經濟海域（EEZ）的主權爭議、經濟發展（尤其是旅遊業），以及保護脆弱的環境。

各國對於島嶼的定義缺乏明確共識，因此無法確切計算出島嶼數量，使得島嶼在某方面而言逃出了我們的討論空間，但也正因為如此，島嶼才令人著迷❶。島嶼常被視為例外、烏托邦、充滿各種可能性的地域，更是全球化的核心。由於島嶼具有明確的內外界限，因此能在這個充滿干預、互動、介入與蝴蝶效應的全球化時代，作為討論地方性和本土化的典範。

除了本身具備的獨特性，島嶼也為我們開啟了新的視角，觀察這個時代的重要發展，包括：國際舞台的分化、貿易的擴張與頻繁化，以及文化同質化❷和身分認同緊張。島嶼空間也有助於我們理解地理環境在全球化的世界中，持續扮演什麼樣的角色，而不停留在系統性的地理環境決定論❸。

大國利用島嶼，以爭奪經濟水域

自1982年以來，《聯合國海洋法公約》（UNCLOS）的簽訂引發了島嶼周圍的海洋領土爭奪戰，戰火至今未熄。引發衝突的根本原因在於《聯合國海洋法公約》承認數種不同的主權海域：領海基線向陸一面的水域是國家「內水」，領海基線向外延伸12浬（約22公里）是領海，再往外延伸12浬則是鄰接區，領海基線向外延伸200浬（370公里）則是專屬經濟海域，而大陸棚❹較寬廣的國家，經濟海域則可以延伸到350浬（約648公里）。當國家之間距離太近時，可採用等距原則。

島嶼在這過程中發揮著重要作用，為國家攫取了更多的海域所有權、潛在漁業與碳氫化合物資源，使得主權領海不可避免地逐漸往公海推進。越是孤立的島嶼，就越容易劃出遼闊又不妨礙他國主權的經濟海域，法屬南極領地（TAAF）就是一個案例（參見圖1）。法屬南極領地包含以下地區：凱爾蓋朗（Kerguelen）群島、阿姆斯特丹島（Amsterdam Island）、聖保羅島（Saint-Paul Island）、克羅澤（Crozet）群島，以及阿德利地（Terre Adélie）。其中，位在印度洋、面積僅58平方公里的阿姆斯特丹島（Amsterdam Island），為法國帶來超過2萬平方公里的經濟海域，進而使法國成為全球經濟海域第二大國家，僅次於美國（美國與法國的專屬經濟海域分別為1,135萬與1,016萬平方公里）。

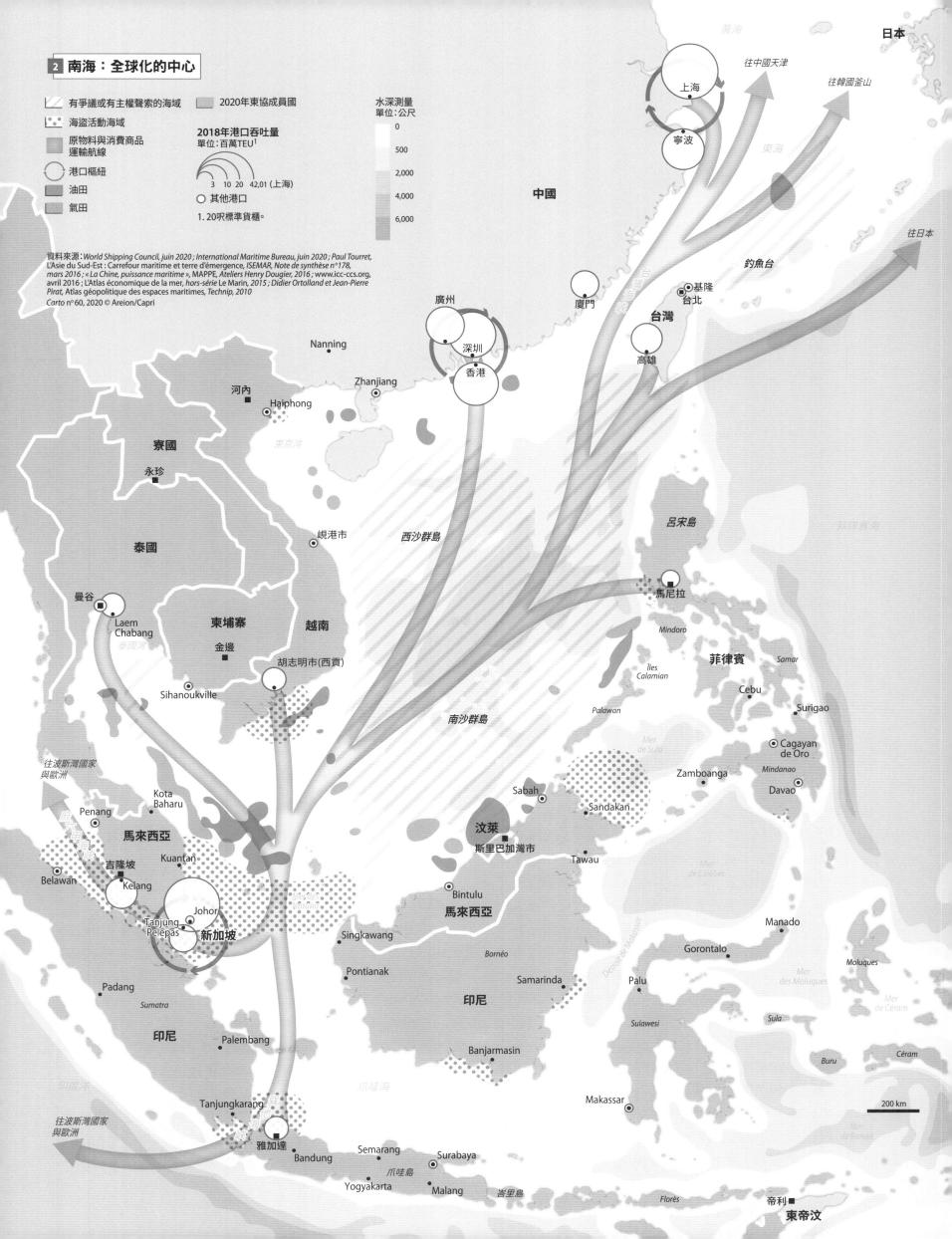

2 南海：全球化的中心

圖例

有爭議或有主權聲索的海域
海盜活動海域
原物料與消費商品
運輸航線
港口樞紐
油田
氣田

2020年東協成員國

水深測量
單位：公尺
0
500
2,000
4,000
6,000

2018年港口吞吐量
單位：百萬TEU[1]

3 10 20 42,01 (上海)
其他港口
1. 20呎標準貨櫃。

資料來源：*World Shipping Council, juin 2020 ; International Maritime Bureau, juin 2020 ; Paul Tourret, L'Asie du Sud-Est : Carrefour maritime et terre d'émergence, ISEMAR, Note de synthèse n°178, mars 2016 ; « La Chine, puissance maritime », MAPPE, Ateliers Henry Dougier, 2016 ; www.icc-ccs.org, avril 2016 ; L'Atlas économique de la mer, hors-série Le Marin, 2015 ; Didier Ortolland et Jean-Pierre Pirat, Atlas géopolitique des espaces maritimes, Technip, 2010*
Carto n° 60, 2020 © Areion/Capri

日本
往中國天津
往韓國釜山
往日本

上海
寧波

中國

黃海
東海

釣魚台

廈門
基隆
台北
台灣
高雄

廣州
深圳
香港

Nanning
河內
Haiphong
Zhanjiang

寮國
永珍

東京灣

西沙群島

呂宋島

泰國

峴港市

菲律賓 *Samar*

Mindoro
Îles Calamian
Cebu
Surigao
Palawan
Manila 馬尼拉

曼谷
Laem Chabang

柬埔寨
金邊
越南
胡志明市(西貢)

泰國灣

Sihanoukville

南沙群島

Mer de Sulu
Zamboanga
Cagayan de Oro
Mindanao
Davao

Sabah
Sandakan

往波斯灣國家
與歐洲

Kota Baharu
Penang
馬來西亞
吉隆坡
Belawan
Kelang

汶萊
斯里巴加灣市
Tawau

Kuantan

Johor
Tanjung Pelepas
新加坡

Bintulu
馬來西亞

Singkawang

Sula

Padang
Sumatra

Pontianak
印尼
Samarinda
Bornéo

Manado
Gorontalo
Sulawesi
Palu
Mer des Moluques
Moluques
Mer de Céram

Buru
Céram

印尼
Palembang

Banjarmasin

往波斯灣國家
與歐洲

Tanjungkarang
雅加達
Bandung
Semarang
Surabaya
爪哇島
Makassar
Yogyakarta
Malang
Florès
峇里島

帝利
東帝汶

200 km

3 英國vs.阿根廷島嶼爭奪戰

英國
- 英國專屬經濟海域
- 英國於1986年10月單方面決定漁業區界限(西部界限)，1990年又擴大(東部界限)
- 英國於2009年5月11日要求延伸大陸棚
- 《南極條約》凍結的實際經濟海域主張範圍

阿根廷
- 阿根廷的專屬經濟海域
- 阿根廷要求延伸大陸棚，聯合國於2016年3月承認主權
- 《南極條約》凍結的實際經濟海域主張範圍
- 阿根廷宣稱主權或有爭議的區域

阿根廷宣稱為專屬經濟海域的公海水域

大西洋

阿根廷

智利

太平洋

南緯60度線

福克蘭群島(英國)

Géorgie du Sud(英國)

Shetland du Sud

Orcades du Sud

Îles Sandwich du Sud(英國)

南極洲
南極點
×

資料來源: Rédaction de Carto, juin 2020 ; International Boundaries Research Uni, 2010 ; D. Ortolland et J.-P. Pirat, Atlas géopolitique des espaces maritimes, Technip, 2010

Carto n° 60, 2020 © Areion/Capri

而位在太平洋的法屬玻里尼西亞（French Polynesia）擁有五個群島，彼此相距數百公里，為法國貢獻了將近一半的經濟海域。於是，法國便憑藉其殖民歷史在海洋強國中名列前茅，不過這個排名也取決於國家是否具備足以維護這份主權的軍艦。

與此同時，全球國家數量也正在增加，2021年聯合國承認的國家達到193個，東帝汶是二十一世紀第一個宣布獨立的國家，於2002年獲得承認。1950年代以前，國際社會中的島國成員都是大型的群島國家，如印尼、日本，或是歐洲控制的大島，如馬達加斯加或賽普勒斯。第二次世界大戰後，冰島於1946年加入聯合國後，國際舞台上開始陸續出現許多新的獨立島國──1965～1985年間，約有20個島國加入聯合國。隨著這些國家得到200浬經濟海域，其領土的基礎及穩固性也變得更加堅強，潛在的財力也不容質疑。這些小型島國，有些非常富有（新加坡、汶萊），也有些非常貧窮（馬達加斯加、葛摩）。

1980年代以來，國家數量增加、各國向外擴張主權範圍，造成公海縮小、鄰國關係更加複雜。這個情況不斷遊走於每一個展現強烈實體性的地方、島嶼、小島與岩礁之間，更出沒在每一個與全球地緣政治相關的戰略議題中。島嶼的定義看似顯而易懂，卻構成重大的地緣政治問題。

是岩礁？還是島嶼？擁有的權利大不同

測繪學（再度）成為關鍵知識。島嶼的位置與環境本來只具有地理上的意義，如今卻都具備了戰略價值，於是海洋國家便得竭盡所能確保這些島嶼的地位。首先，要計算島嶼的數量並且命名，以便繪製地圖與記錄，對於菲律賓（7,641個島嶼）或印尼（16,056個）這樣的群島國家來說，這可不是一件小事。此外，擁有經濟海域的島嶼，以及僅能夠拓展領海的岩礁，兩者之間又該如何區別？ 1958年《領海及鄰接區公約》（*Convention for the Territorial Sea and the Contiguous Zone*）指出：「島嶼指四面圍水、高潮時露出水面之天然形成之陸地」（第10條）。也就是說，島嶼可以有不同的地質特徵，但必須是大陸棚自然抬升的結果。條文中的「高潮時露出水面」，則必須以科學數據作為

依歸。因此，只要滿足兩項物理條件（自然抬升與露出水面），這些島嶼就可獲得承認擁有領海，但是當涉及200浬的經濟海域時，大島與群島，相較於人煙稀少且缺乏經濟活動和永久居住條件的小島，是否都能主張經濟海域的權利呢？荷蘭海牙常設仲裁法院於2016年7月，就中國與菲律賓的南海爭議提出了仲裁結果。法院以《聯合國海洋法公約》的角度對南沙群島的法律地位提出以下見解，有助於理解島嶼在法律上的定義。

南沙群島位於南海，由小島與珊瑚礁組成，成為中菲兩國爭奪所有權的標的（參見圖2）。首先，這項仲裁的結果重申了島嶼必須具有自然特徵，原則上要排除所有人造建築，直接挑戰了中國在南沙群島大規模擴建的六座人工島嶼，這些「岩礁」可能只是設有軍事基地的海上建物，但並非真正的「島嶼」。除了自然特徵外，「岩礁」只是一種海洋元素，不具備發生經濟活動或供人類居住的客觀能力，因此，不能擁有經濟海域與大陸棚。這項仲裁可能會牽連到許多「海洋版圖」（mer-ritoriale）❺❻的權利主張，位於東北太平洋、無人居住的克利珀頓島（Clipperton Island，僅1.7平方公里）首當其衝，該島為法國帶來44萬平方公里的經濟海域。

位在戰略航線上的島嶼，挑起民族紛爭

侵占這些無害又毫無防禦能力的島嶼，當然會挑起民族主義的敏感神經。這種案例太多了，例如日本與北邊（俄羅斯的千島群島）、西邊（韓國的獨島）或是南邊（中國的釣魚台）鄰國發生的衝突；還有福克蘭群島戰爭期間（1982年4～6月），英國派遣航空母艦「解放」阿根廷軍隊入侵的群島，阿根廷軍隊也前來「解放」舊殖民勢力非法占領的領土，最後造成900多人死亡，阿根廷一直忿忿不平。隨著海洋資源開發技術進步，爭奪島嶼的背後除了主權問題，經濟利益問題也愈來愈明確。福克蘭群島周邊水域不僅魚類資源豐富，還有碳氫化合物資源，這加劇了阿根廷的屈辱感和被剝奪感（參見圖3）。

除了南海，中日的爭議水域——東海——也有豐富的石油與天然氣儲備。受覬覦的島嶼若不是具備豐富的經濟海域資源，就是具有重要的戰略位置，尤其是位於海峽或是主要航線

4 蒂朗海峽戰略據點

虛擬等距中線
多國觀察員部隊(MFO)駐點
多國觀察員部隊駐點
海岸旅遊景點

沙烏地阿拉伯在埃及的
投資計畫
---- 32公里長的大橋
不動產
農業
大學

Nuwaybi'a

沙烏地阿拉伯大量資金流向埃及

埃及

▲ 西奈山 2,285 m

Mont Sainte-Catherine 2,642 m

西奈半島 局勢高度緊張區域

Dahab

阿卡巴灣

埃及勞工流向沙烏地阿拉伯

沙烏地 阿拉伯

Al-Tor

蘇伊士灣

Cheikh Humayd

塞納菲爾島

蒂朗島

「新未來城」計畫 開發專用區

埃及

Charm el-Cheikh

蒂朗 海峽

紅海

1.埃及與沙國擬設立近100億美元的集合投資基金，作為興建「新未來城」大型計畫的一部分資金來源。沙國將提供資金，埃及則提供西奈南部近1,000平方公里的土地。

Hurghada

0   30 km

衛星影像圖：NASA Worldview   Carto n° 60, 2020 © Areion/Capri   資料來源：Rédaction de Carto, 2020

地中海
以色列
埃及
沙烏地 阿拉伯
紅海

連接埃及與沙國的 跨海大橋

蒂朗島與塞納菲爾島，位於沙烏地阿拉伯的塔布克省與埃及的西奈半島之間，人口稀少。這兩座島是阿卡巴灣的門戶，可通往以色列及約旦海岸，距離蘇伊士的貿易路線也不遠。這個地方是絕佳的戰略點。1950年，沙國將兩座島交由埃及託管。當沙國想要收回這兩座島時，埃及前總統塞西因接受沙國金援而無法拒絕。2017年6月蒂朗島與塞納菲爾島再次回歸沙國，不過始終禁止參觀。

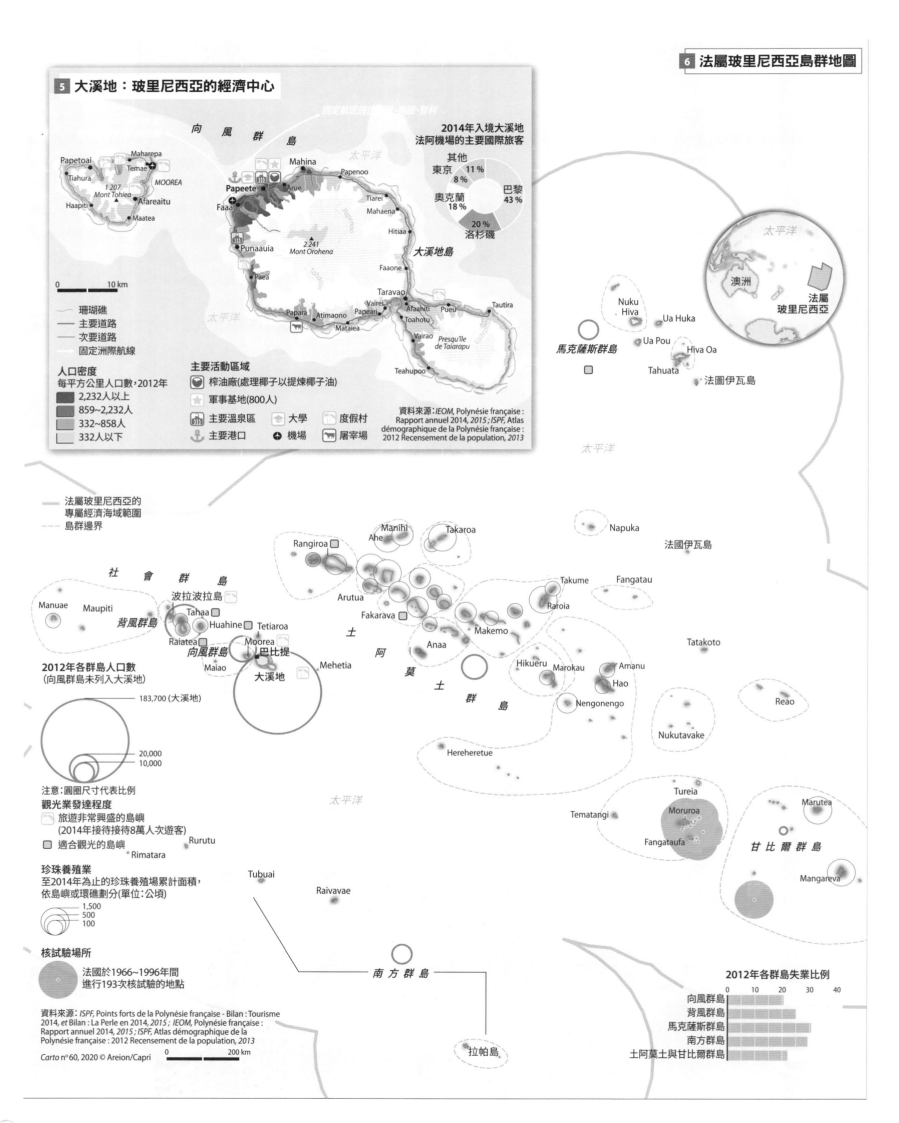

5 大溪地：玻里尼西亞的經濟中心

固定航班往返法國、美國、智利

向 風 群 島

太平洋

Papetoai
Maharepa
Tiahura
Temae
1 207 Mont Tohiea
MOOREA
Haapiti
Afareaitu
Maatea

Mahina
Papenoo
Papeete
Arue
Faaa
Tiarei
Mahaena
Hitiaa
Punaauia
2 241 Mont Orohena
大溪地島
Faaone
Paea
Taravao
Papara
Atimaono
Vairei
Afaahiti
Pueu
Tautira
Mataiea
Papeari
Toahotu
Vairao
Presqu'île de Taiarapu
Teahupoo

太平洋

**2014年入境大溪地
法阿機場的主要國際旅客**

其他 11%
東京 8%
奧克蘭 18%
巴黎 43%
洛杉磯 20%

0   10 km

珊瑚礁
—— 主要道路
---- 次要道路
—— 固定洲際航線

人口密度
每平方公里人口數，2012年
2,232人以上
859~2,232人
332~858人
332人以下

主要活動區域
榨油廠(處理椰子以提煉椰子油)
軍事基地(800人)
主要溫泉區
大學
度假村
主要港口
機場
屠宰場

資料來源：*IEOM, Polynésie française :
Rapport annuel 2014, 2015 ; ISPF, Atlas
démographique de la Polynésie française :
2012 Recensement de la population, 2013*

太平洋
太平洋

澳洲
法屬玻里尼西亞

Nuku Hiva
Ua Huka
Ua Pou
Hiva Oa
馬克薩斯群島
Tahuata
法圖伊瓦島

—— 法屬玻里尼西亞的
專屬經濟海域範圍
---- 島群邊界

Napuka
法國伊瓦島

社 會 群 島
Manihi
Ahe
Takaroa
Rangiroa
Takume
Fangatau
Manuae
Maupiti
背風群島
Tahaa
Huahine
Tetiaroa
Arutua
Raiatea
Moorea
Fakarava
Anaa
Makemo
Raroia
Maiao
向風群島 巴比提
Mehetia
大溪地
土
阿
莫
土
群
島
Hikueru
Marokau
Amanu
Hao
Nengonengo
Tatakoto
Reao
Nukutavake

波拉波拉島

2012年各群島人口數
(向風群島未列入大溪地)

183,700 (大溪地)

20,000
10,000

注意：圓圈尺寸代表比例

觀光業發達程度
旅遊非常興盛的島嶼
(2014年接待接待8萬人次遊客)
適合觀光的島嶼

珍珠養殖業
至2014年為止的珍珠養殖場累計面積，
依島嶼或環礁劃分(單位：公頃)

1,500
500
100

Hereheretue

Rurutu
Rimatara

Tubuai
Raivavae

Tureia
Marutea
Moruroa
Tematangi
Fangataufa
甘 比 爾 群 島
Mangareva

核試驗場所
法國於1966~1996年間
進行193次核試驗的地點

南 方 群 島

資料來源：*ISPF, Points forts de la Polynésie française - Bilan : Tourisme
2014, et Bilan : La Perle en 2014, 2015 ; IEOM, Polynésie française :
Rapport annuel 2014, 2015 ; ISPF, Atlas démographique de la
Polynésie française : 2012 Recensement de la population, 2013*

0   200 km

Carto n°60, 2020 © Areion/Capri

拉帕島

2012年各群島失業比例
0   10   20   30   40
向風群島
背風群島
馬克薩斯群島
南方群島
土阿莫土與甘比爾群島

的島嶼，最令人垂涎。例如在局勢敏感的荷莫茲海峽，阿拉伯聯合大公國就聲稱自1971年以來，即擁有伊朗的大小通布島（Greater and Lesser Tunbs）。同樣地，位於阿卡巴灣（Gulf of Aqaba）出口及蒂朗海峽（Straits of Tiran）邊緣的蒂朗島（Tiran Island）與塞納菲爾島（Sanafir Island），是以色列和約旦在紅海上唯一的出海通道，在1950年由沙烏地阿拉伯國王阿卜杜勒阿齊茲（Abdulaziz，任期1932～1953年）臨時交由埃及國王法魯克（Farouk，任期1932～1952年）託管，以防以色列攻擊。埃及前總統塞西於2017年6月批准了一份協議，將這兩座具有戰略價值的島嶼歸還沙烏地阿拉伯，遭到埃及國內強烈的反對。沙國計畫在蒂朗島建造一條30公里以上的跨海大橋，此舉將會封閉紅海，並且將該島變成一座半島。蒂朗島位在旅遊業蓬勃的區域，但其戰略地位的重要性，遠遠超越對自然景觀的保護（參見圖4）。

花費一天交通時間，仍無法到達的遙遠島嶼

國際貿易的發展，導致島嶼之間的不平等加劇，差距取決於島嶼與主要貿易對象的交流難易程度，不過這是相對的影響因素，全球景氣循環才是影響島嶼經濟的主要因素。隨著航空業等交通運輸發展，島嶼變得更容易抵達，即使是偏遠的島嶼

也不例外。以往動輒數個月的旅程，現在只需以小時計算。然而，還是有一些島嶼難以抵達，必須忍受一連串漫長且昂貴的交通，法屬玻里尼西亞的某些島嶼就是這種情況：大溪地島的巴比提市（Papeete）與巴黎的飛行距離超過20小時，但是相較於其他全世界最偏僻的島嶼，例如南方群島（Archipel des Australes）的拉帕島（Rapa Iti，人口數約500人）、馬克薩斯群島（Marquesas Islands）的法圖伊瓦島（Fatu Hiva，人口數約630人），巴比提市似乎還是具有高度的交通可達性（參見圖5、6）。

而最偏遠島嶼的紀錄保持地，應該是位於南大西洋的垂斯坦昆哈群島（Tristan da Cunha）。法國小說家艾爾維·巴贊（Hervé Bazin，1911～1996年）在《荒蕪之地的幸福人》（Les Bienheureux de la désolation，1970年，書名暫譯）中，講述當地居民於1961年火山爆發後撤離，以及他們為了返回這個全世界最荒涼的島上生活，所展現的不屈不撓意志。

位在馬來群島南端的帝汶島（Timor），對葡萄牙殖民者來說也曾經是「一座遙遠的島」，多年後該島東部誕生了一個國家「東帝汶」，更成為了東南亞國家協會的候選國❼，該國與澳洲的關係相當緊密，儘管兩國屢次因為石油資源分配問題而發生衝突（參見圖8）。

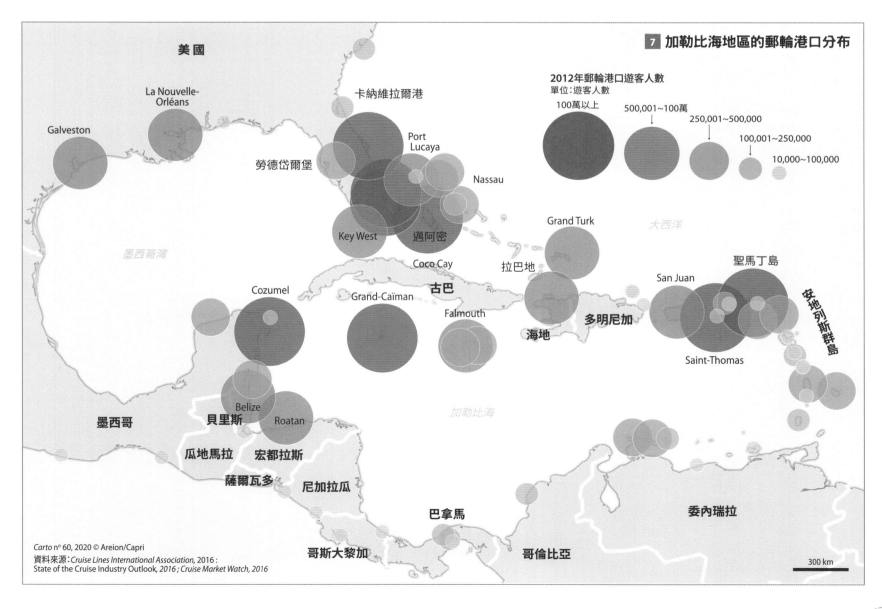

7 加勒比海地區的郵輪港口分布

2012年郵輪港口遊客人數
單位：遊客人數

100萬以上　500,001~100萬　250,001~500,000　100,001~250,000　10,000~100,000

美國

La Nouvelle-Orléans

卡納維拉爾港

Galveston

勞德岱爾堡

Port Lucaya

Nassau

墨西哥灣

Key West

邁阿密

Grand Turk

大西洋

Coco Cay

古巴

Cozumel

Grand-Caïman

拉巴地

San Juan

聖馬丁島

Falmouth

海地

多明尼加

安地列斯群島

Belize

Roatan

加勒比海

Saint-Thomas

墨西哥

貝里斯

瓜地馬拉

宏都拉斯

薩爾瓦多

尼加拉瓜

巴拿馬

委內瑞拉

哥斯大黎加

哥倫比亞

300 km

Carto n° 60, 2020 © Areion/Capri
資料來源：*Cruise Lines International Association*, 2016；
State of the Cruise Industry Outlook, 2016；Cruise Market Watch, 2016

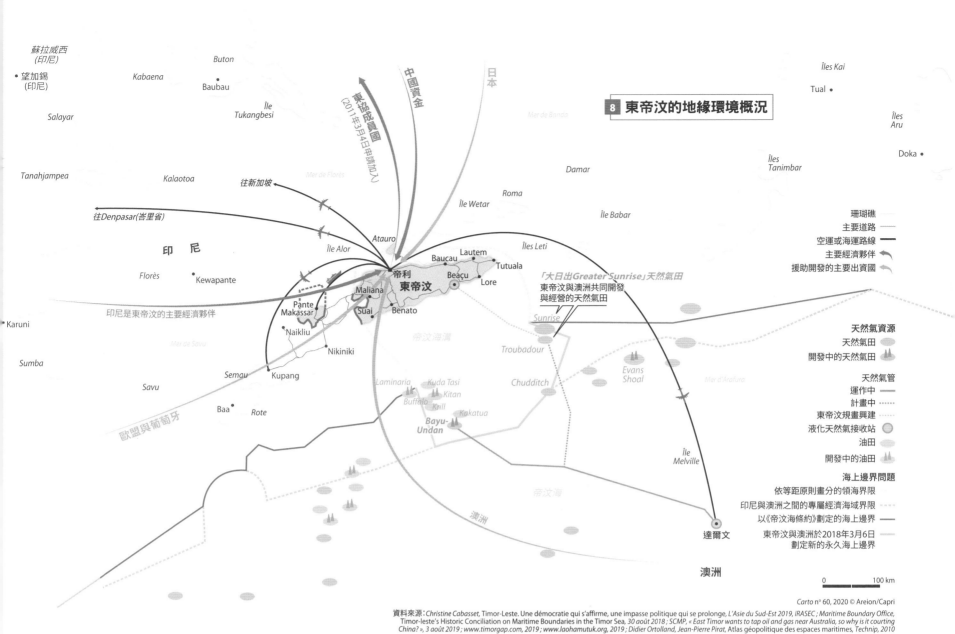

資料來源：*Christine Cabasset, Timor-Leste. Une démocratie qui s'affirme, une impasse politique qui se prolonge, L'Asie du Sud-Est 2019, IRASEC ; Maritime Boundary Office, Timor-leste's Historic Conciliation on Maritime Boundaries in the Timor Sea, 30 août 2018 ; SCMP, « East Timor wants to tap oil and gas near Australia, so why is it courting China? », 3 août 2019 ; www.timorgap.com, 2019 ; www.laohamutuk.org, 2019 ; Didier Ortolland, Jean-Pierre Pirat, Atlas géopolitique des espaces maritimes, Technip, 2010*

Carto n° 60, 2020 © Areion/Capri

島嶼的刻板印象，
和都市化的現實景象

　　一座擁有棕櫚樹，受碧藍海洋包圍的熱帶島嶼，構成了我們最熟悉的島嶼圖像，這圖像呼應了西方經由旅遊與休閒產業來加強並維持的想像，成為我們對島嶼的典型印象。接下來，我們不妨來探討「島嶼行銷」（nissomarketing，以古希臘語 nesos〔表示島嶼〕創造的新詞）：島嶼已經成為一種消費品，通常與旅遊業（尤其是郵輪旅遊）的發展密切相關。從1970年代開始，加勒比海諸島嶼其實已經成為「美洲地中海」❸的中轉站，其中邁阿密、勞德代爾堡（Fort Lauderdale）與卡納維拉爾港（Port Canaveral）是主要的據點（參見圖7）。以聖馬丁島（Saint-Martin，面積90平方公里，分屬法國與荷蘭）為例，該島每年接待將近200萬名遊客，島上人口在一個世代內就成長了三倍，

鳥瞰圖：東帝汶首都帝利

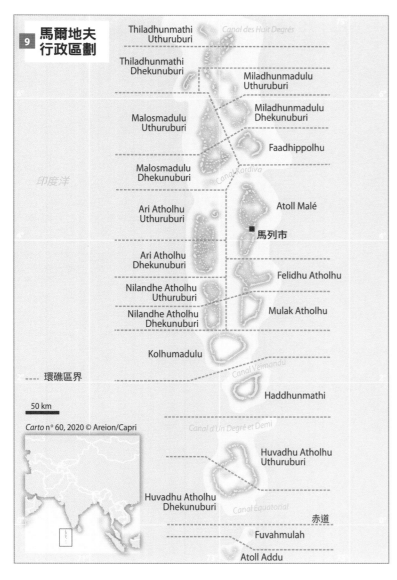

9 馬爾地夫行政區劃

印度洋

Thiladhunmathi Uthuruburi
Thiladhunmathi Dhekunuburi
Miladhunmadulu Uthuruburi
Miladhunmadulu Dhekunuburi
Malosmadulu Uthuruburi
Faadhippolhu
Malosmadulu Dhekunuburi
Ari Atholhu Uthuruburi
Atoll Malé
馬列市
Ari Atholhu Dhekunuburi
Felidhu Atholhu
Nilandhe Atholhu Uthuruburi
Nilandhe Atholhu Dhekunuburi
Mulak Atholhu
Kolhumadulu
Haddhunmathi
Huvadhu Atholhu Uthuruburi
Huvadhu Atholhu Dhekunuburi
赤道
Fuvahmulah
Atoll Addu

Canal des Huit Degrés
Canal Kardiva
Canal Veimandu
Canal d'Un Degré et Demi
Canal Équatorial

環礁區界
50 km

Carto n° 60, 2020 © Areion/Capri

海島型城市規畫：馬爾地夫首都馬列市

並且發生了大規模的都市化。有時，郵輪旅遊公司會在島嶼（或其部分區域）打造旅客專用的私人遊憩區，像是海地的拉巴地（Labadie），或是迪士尼郵輪公司專屬的私有島嶼──漂流島（Castaway，位於巴哈馬）。

談到島嶼，我們還會想到斐濟、塞席爾或馬爾地夫提供的一島一飯店「全包式」旅遊。馬爾地夫的觀光活動已經取代傳統漁業，成為經濟發展動力，度假村是當地最具特色的觀光形式，占該國近90%的住宿量。無人島上的飯店歸國家所有，由國際飯店集團租用、重新規畫島上的所有空間；旅遊業者輸入當地缺乏的土壤與淡水，讓外來種植物能夠在這些低海岸且乾燥的島嶼上存活，使得當地植物相發生驚人的改變。如今，愈來愈多人注意到馬爾地夫在美麗外表下，還有著現實的都市樣貌──首都馬律（Malé）陸地長度僅2公里，寬1公里，卻居住了超過15萬的人口，是全球人口最稠密的城市之一（參見圖9）。

度假村打造的島嶼環境，特別是水上小屋，更進一步加強了島嶼的形象，法屬玻里尼西亞的波拉波拉島（Bora-Bora）正是如此（參見圖6）。為了滿足人們的同質化想像，一座座既孤立又與世界高度接軌的島嶼如雨後春筍般出現。不過，也有一些島嶼試圖操作另一種更為環保的想像，例如冰島提供遊客未受破壞的自然環境，以及不同於熱帶島嶼的旅遊體驗。然而隨著氣候變遷的意識提升，冰島似乎反而成為自身環保形象的受害者，愈來愈多遊客前往旅遊導致了環境的破壞（參見圖10）。

1992年，聯合國將40個島國列為「小島型開發中國家」（SIDS），這些國家在氣候變遷中最為脆弱，因此有如地球的縮影，能夠預示這個星球的命運。另一個團體是「小島嶼國家聯盟」（AOSIS），成立目的是讓這些小島嶼開發中國家能夠在環境議題中發聲，尤其在面對海平面上升的相關議題時，組成聯盟能夠發揮類似遊說團體的作用，獲得足夠聲量，畢竟這些國家占全球人口不到1%。馬爾地夫（1,200座島嶼，面積298平方公里，2019年人口數為372,739人）、吉里巴斯（811平方公里，人口數122,330人）及吐瓦魯（26平方公里，人口數11,192人）都指責已開發國家在減少溫室氣體排放量的進展太慢。這些群島為處境危急的國家發聲，如果不將這些島嶼所面臨的實際風險降到最低，海平面上升也會威脅到大陸型國家（例如孟加拉）的低海岸地區，尤其是人口稠密處。然而，孟加拉不像熱帶島嶼那樣「有吸引力」，該國的洪水問題很少被媒體報導──由此可見島嶼在西方想像中的感召力。

10 冰島旅遊地圖

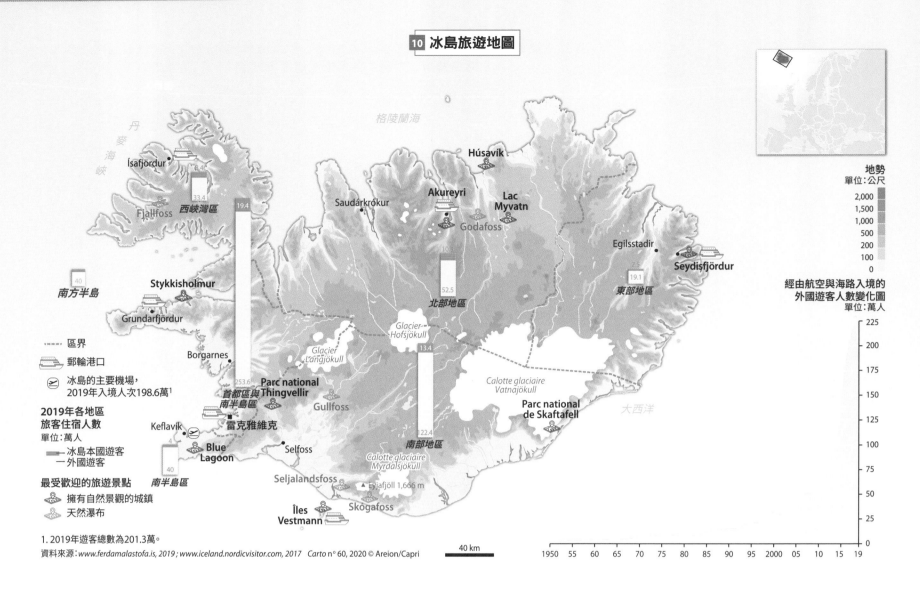

1. 2019年遊客總數為201.3萬。

資料來源：*www.ferdamalastofa.is, 2019；www.iceland.nordicvisitor.com, 2017　Carto n° 60, 2020 © Areion/Capri*

新型島嶼群像：富人避稅、線上博弈的天堂

　　經濟合作暨發展組織公布的避稅天堂大多數是島嶼，這份名單存在爭議與質疑，不過2017年歐盟執委會公布了30個稅務不合作國家名單中，其中就有24個是島嶼。

　　避稅天堂除了傳統經濟產業之外，還多了運動博彩業，這門產業已經與金融業一同徹底全球化，呈現出超級全球化[9]現象。引入線上博弈服務已經成為名副其實的國家經濟戰略，線上博弈區紛紛出現，同時也伴隨著集中化，甚至專業化的現象。全球8,000家運動博彩公司之中，約有80%設立在低稅率且低度監管的10個地區（如奧爾德尼島〔Alderney〕、直布羅陀〔Gibraltar〕、曼島〔Isle of Man〕、馬爾他〔Malta〕、菲律賓卡加延省〔Cagayan〕、安地卡及巴布達〔Antigua and Barbuda〕等）。

　　位在地中海的馬爾他，是歷史悠久的樞紐，島上設立博弈區之後，馬爾他也成為這類新型經濟的活動中心（參見圖11）。根據馬爾他博弈管理局（MGA），線上博弈產業占該國GDP的12%，有250家營運商與超過6,000個直接就業機會。「馬爾他模式」得以成功的關鍵，在於當全球市場普遍監管不力時，該國卻具備線上博弈的相關法規及獨立管理機構，以及島嶼具有某種跟上全球經濟變化的快速適應能力。

　　這些島嶼位於地方性與全球性的交界，全球經濟長期流動並滲透島嶼自身，呈現了豐富多樣的地域特色，島嶼也以自身的不同面向，對世界闡明了何謂全球化。

　　島嶼面臨的議題包含：經濟、戰略、法律、文化、政治與環境，以及交流、權力關係與地理環境的變動無常。島嶼也具有各種雙重性：既具體又抽象，既現實又理想，既無限多元卻也獨一無二。島嶼的地理邊界體現出某種有限性，同時又擁有無限的可能性。在衛星影像的時代，我們似乎完全能夠從空中觀察、認識、理解地球，但是卻無法一一看清地球上成千上萬的島嶼。

文 • M. Redon

❶ Sur la géographie des îles, on pourra lire Nathalie Bernardie-Tahir, L'usage de l'île, Pétra, 2011. Dans un registre plus littéraire :Judith Schalansky, Atlas des îles abandonnées, Arthaud, 2017
❷ 編注：指各地的本土文化、生活模式、價值觀，開始趨向單一的全球文化。
❸ 編注：指環境（如地貌或氣候）決定了人類文化和社會發展的模式。
❹ 編注：指大陸土地沉降於海中的部分。
❺ 引用法國地理學家菲利普·佩萊提耶（Philippe Pelletier）提出的新詞。Philippe Pelletier, « Le Japon et la mer, grandeurs et limites », in Hérodote n° 163, 4e trimestre 2016, p. 131-148.
❻ 譯注：該字結合法文「mer 海洋」與「territoirial 領土、版圖」，指將海洋視為版圖的一部分，而非空無一物的水域。
❼ 編注：東南亞國協於2022年11月，正式宣布東帝汶成為第十一個成員。
❽ 編注：指包括加勒比海和墨西哥灣在內的地中海盆地，是德國海洋學家採用的科學名詞，但未獲得國際的廣泛認可。
❾ 編注：指全球經濟整合的深度與廣度都以史無前例的超級速度前進。

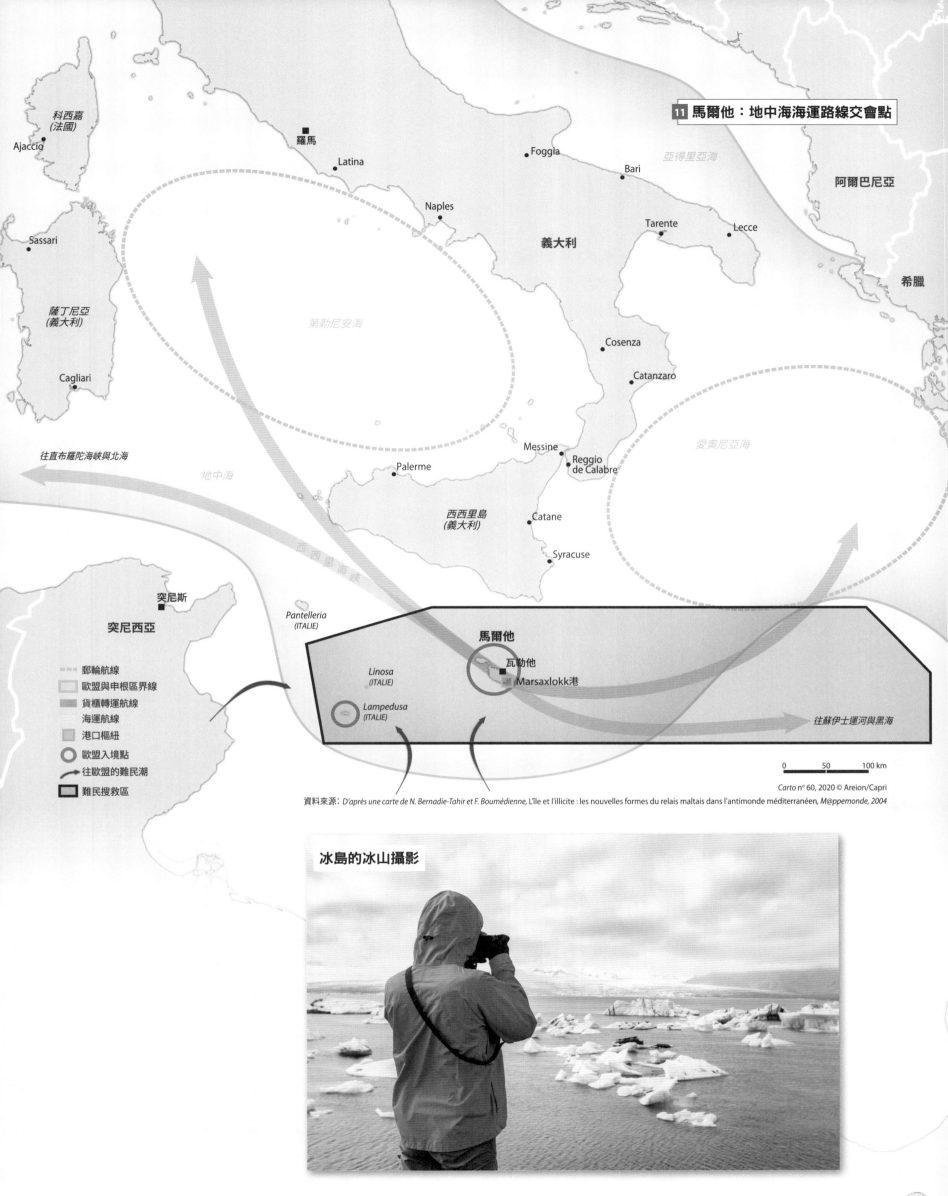

科西嘉
(法國)
Ajaccio

羅馬
Latina

Foggia

亞得里亞海

Bari

阿爾巴尼亞

Sassari

Naples

義大利

Tarente

Lecce

希臘

薩丁尼亞
(義大利)

第勒尼安海

Cosenza

Cagliari

Catanzaro

愛奧尼亞海

往直布羅陀海峽與北海

地中海

Messine

Reggio
de Calabre

Palerme

西西里島
(義大利)

Catane

突尼斯

西
西
里
海
峽

Syracuse

突尼西亞

Pantelleria
(ITALIE)

馬爾他

瓦勒他
Marsaxlokk港

郵輪航線
歐盟與申根區界線
貨櫃轉運航線
海運航線
港口樞紐
歐盟入境點
往歐盟的難民潮
難民搜救區

Linosa
(ITALIE)

Lampedusa
(ITALIE)

往蘇伊士運河與黑海

0   50   100 km

Carto n° 60, 2020 © Areion/Capri

資料來源：*D'après une carte de N. Bernadie-Tahir et F. Boumédienne, L'île et l'illicite : les nouvelles formes du relais maltais dans l'antimonde méditerranéen, M@ppemonde, 2004*

冰島的冰山攝影

比特幣：
改變地緣政治的關鍵貨幣

甫進入2021年，比特幣就創下歷史新高：1月8日達到1比特幣兌33,664歐元（參見圖1）。在2020年1～10月間，這數字不曾超過1萬歐元，並且在2017年以前一直保持在1千歐元以下❶。隨著Covid-19疫情蔓延，某些加密貨幣成為資金的避風港，在國際戰略議題中顯露出與日俱增的重要性。

比特幣的可用之處愈來愈多，尤其PayPal支付服務也從2020年10月起開始提供比特幣支付。而讓這種數位貨幣獲益最多的，莫過於Covid-19疫情引發的金融危機。各國央行為挽救經濟紛紛祭出援助措施，美國聯準會（Fed）更是在將2019年貸款利率調降到最低基準0～0.25%（2018年為2.5%），削弱了美元的價值，導致某些金融業者對於法定貨幣的信心大跌。

去中心化的系統，威脅國家貨幣主權

比特幣於2009年問世，正值次級房貸風暴席捲全球之後。此前一年，被譽為「比特幣之父」的中本聰（Satoshi Nakamoto）發表了論文《比特幣：一個點對點的電子現金系統》，提出一種價值交換系統與同名數位貨幣，透過電腦演算法及使用者來管理，取代政府或銀行的角色。

比特幣在發展初期很少被媒體報導，但因隨後發生的一連串事件而聲名狼藉，包括獲暗網最大黑市「絲路Silk Road」採用（2011～2013年）、惡意軟體CryptoLocker索求被害人用比特幣支付贖金（2013～2014年），以及交易所遭駭而損失價值數百萬美元的加密貨幣（Mt. Gox，2014年）等。比特幣的暴漲暴跌更給人一種不可信任的感受。

部分政府也認為這種去中心化系統將會威脅自身的貨幣主權，因此以可能協助

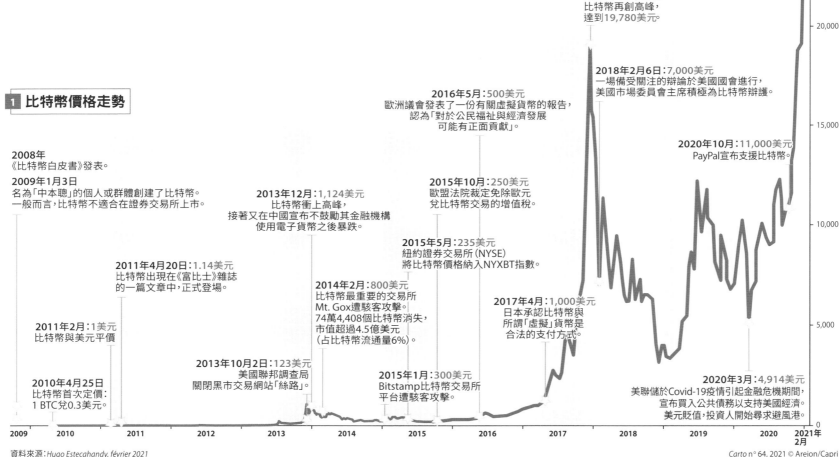

2021年2月16日：50,000美元

2021年2月8日：46,400美元
伊隆·馬斯克（Elon Musk）宣布，特斯拉（持有總股份20%）於1月份投資了15億美元的虛擬貨幣。

比特幣價格
單位：美元

1 比特幣價格走勢

2008年
《比特幣白皮書》發表。

2009年1月3日
名為「中本聰」的個人或群體創建了比特幣。一般而言，比特幣不適合在證券交易所上市。

2011年4月20日：1.14美元
比特幣出現在《富比士》雜誌的一篇文章中，正式登場。

2011年2月：1美元
比特幣與美元平價

2010年4月25日
比特幣首次定價：
1 BTC兌0.3美元。

2013年12月：1,124美元
比特幣衝上高峰，接著又在中國宣布不鼓勵其金融機構使用電子貨幣之後暴跌。

2013年10月2日：123美元
美國聯邦調查局關閉黑市交易網站「絲路」。

2014年2月：800美元
比特幣最重要的交易所Mt. Gox遭駭客攻擊。74萬4,408個比特幣消失，市值超過4.5億美元（占比特幣流通量6%）。

2015年1月：300美元
Bitstamp比特幣交易所平台遭駭客攻擊。

2016年5月：500美元
歐洲議會發表了一份有關虛擬貨幣的報告，認為「對於公民福祉與經濟發展可能有正面貢獻」。

2015年10月：250美元
歐盟法院裁定免除歐元兌比特幣交易的增值稅。

2015年5月：235美元
紐約證券交易所（NYSE）將比特幣價格納入NYXBT指數。

2017年4月：1,000美元
日本承認比特幣與所謂「虛擬」貨幣是合法的支付方式。

2017年12月17日
比特幣再創高峰，達到19,780美元。

2018年2月6日：7,000美元
一場備受關注的辯論於美國國會進行，美國市場委員會主席積極為比特幣辯護。

2020年10月：11,000美元
PayPal宣布支援比特幣。

2020年3月：4,914美元
美聯儲於Covid-19疫情引起金融危機期間，宣布買入公共債務以支持美國經濟。美元貶值，投資人開始尋求避風港。

2009　2010　2011　2012　2013　2014　2015　2016　2017　2018　2019　2020　2021年2月

資料來源：Hugo Estecahandy, février 2021

Carto n° 64, 2021 © Areion/Capri

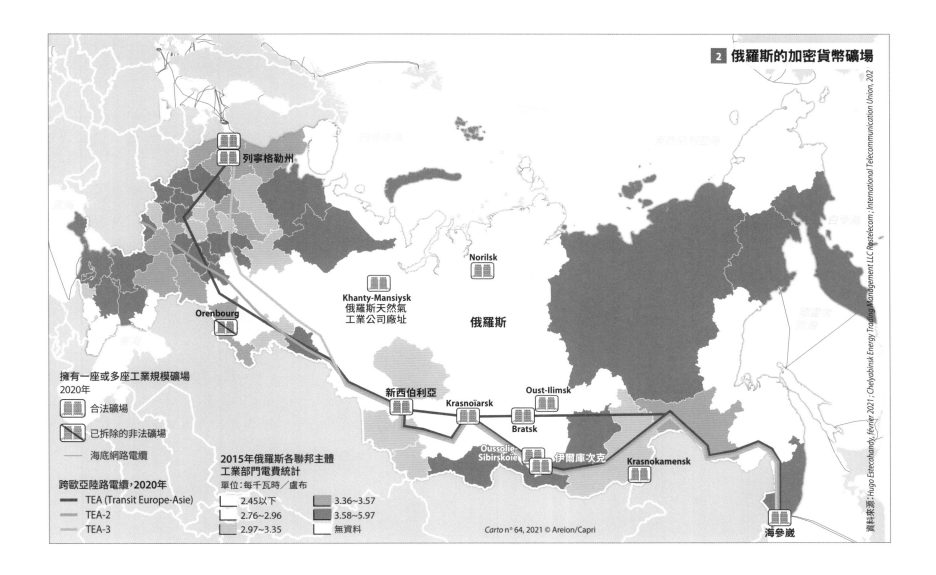

資料來源：Hugo Estecahandy, février 2021；Chelyabinsk Energy Trading Management LLC Reptelecom；International Telecommunication Union, 202

2 俄羅斯的加密貨幣礦場

列寧格勒州

Khanty-Mansiysk
俄羅斯天然氣
工業公司廠址

Norilsk

俄羅斯

Orenbourg

新西伯利亞
Krasnoïarsk
Oust-Ilimsk
Bratsk
Oussolie
Sibirskoïe 伊爾庫次克
Krasnokamensk

海參崴

擁有一座或多座工業規模礦場
2020年

合法礦場

已拆除的非法礦場

—— 海底網路電纜

跨歐亞陸路電纜，2020年
TEA (Transit Europe-Asie)
TEA-2
TEA-3

2015年俄羅斯各聯邦主體
工業部門電費統計
單位：每千瓦時／盧布
2.45以下
2.76~2.96
2.97~3.35
3.36~3.57
3.58~5.97
無資料

Carto n° 64, 2021 © Areion/Capri

洗錢或資助恐怖主義等理由，要求立法嚴格管制加密貨幣。有些國家放行比特幣，也有些國家像俄羅斯，採取較為審慎的做法。自2021年1月1日起，在俄羅斯可以持有加密貨幣並且進行投機性交易，但是不能用來支付商品或服務。2021年6月，薩爾瓦多成為第一個讓比特幣成為官方貨幣的國家。

比特幣的發明，最初是為了重新劃分政府與個體間的權力關係。維基解密（WikiLeaks）在美國封鎖該網站大部分的支付選項後，自2011年開始接受比特幣捐款。2020年10月，在奈及利亞遭到鎮壓的和平示威運動領袖獲得了比特幣的金援，但是他們的銀行帳戶卻遭政府凍結。

成為逃脫美元制裁的工具

如果比特幣能夠讓持有者擺脫權力機關對於實體貨幣與支付方式的集中管理，那麼它也有可能繞過美元的全球霸權，尤其是美國利用美元實行的制裁手段。因此，加密貨幣及其創造過程（也就是「挖礦」），對於某些經濟遭受孤立的國家與地區來說，成為最重要的地緣政治議題。「挖礦」是指利用高性能電腦來進行複雜的加密計算——這些計算可用來驗證數位式帳本（也就是比特幣網絡）的可靠度。所謂的「挖礦」活動，已經發展到工業化規模，由「礦工」在擁有數千個處理器、稱為「礦場」的基礎設施裡挖礦，並以比特幣作為報酬。為了增加收入，有些「礦工」還會集結他們的計算能力，形成礦池，一同開採。

「挖礦」在某些地區被視為首要大事，比如委內瑞拉或是喬治亞境內分離主義地區的阿布哈茲（參見圖3）。某些具備「挖礦」所需資源的國家（如中國、俄羅斯），出現了私人竊取國家鑄幣權的情況。「礦工」會進駐電力充足且電價優惠的地區，部分礦場所需電力可能上看數百兆瓦。多數礦場很可能都在中國境內。

俄羅斯的挖礦活動大部分集中在西伯利亞東部地區的伊爾庫次克（Irkoutsk）。這裡擁有該國最便宜的電力，有些水壩原本是為供應電力給工業部門而建造，卻因為工業發展慘澹而發電量過剩。此地一年中大部分時間的氣溫低於零下，也有利於維護電腦設備（參見圖2）。此外，這裡還有建置一條光纖主幹線，網路連線品質相當出色。某些受到美國經濟制裁的業者參與了這個產業，例如2020年12月，俄羅斯能源巨頭俄羅斯天然氣工業公司（Gazprom）宣布將在西伯利亞西北部地區的一個天然氣田鑽探基地建造「礦場」，利用多餘燃料來供應電力。

比特幣的漲跌難以預測，但它作為解放與改變地緣政治權力關係之工具的情形，在未來幾年可能會變得愈加頻繁。

文 • H. Estecahandy

❶編注：截至本書出版為止，比特幣在2021年11月達到了超過59,000歐元的歷史新高。2023年8月，價格則徘徊在25,000歐元左右。

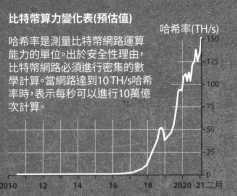

比特幣算力變化表(預估值)

哈希率是測量比特幣網路運算能力的單位。出於安全性理由，比特幣網路必須進行密集的數學計算。當網路達到10 TH/s哈希率時，表示每秒可以進行10萬億次計算。

哈希率(TH/s)

2010　12　14　16　18　2020　21二月

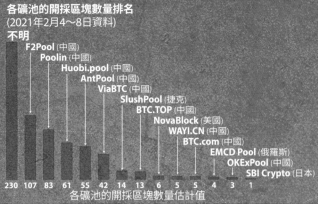

各礦池的開採區塊數量排名
(2021年2月4～8日資料)

不明
F2Pool (中國)
Poolin (中國)
Huobi.pool (中國)
AntPool (中國)
ViaBTC (中國)
SlushPool (捷克)
BTC.TOP (中國)
NovaBlock (美國)
WAYI.CN (中國)
BTC.com (中國)
EMCD Pool (俄羅斯)
OKExPool (中國)
SBI Crypto (日本)

230　107　83　61　55　42　14　13　6　5　5　4　3　1

各礦池的開採區塊數量估計值

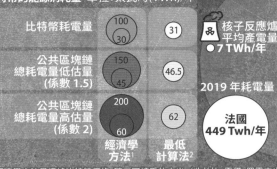

美國
4,000TWh/年

比特幣的能源消耗量，單位：太瓦時(TWh)/年

	經濟學方法[1]	最低計算法[2]
比特幣耗電量	100 / 30	31
公共區塊鏈總耗電量低估量 (係數 1.5)	150 / 45	46.5
公共區塊鏈總耗電量高估量 (係數 2)	200 / 60	62

核子反應爐平均產電量
● 7 TWh/年

2019 年耗電量
法國
449 Twh/年

1. 經濟學方法是根據比特幣價格、礦工可接受的支出／收益比、電價、買電支出百分比、年度交易所得與衰減係數計算。

2. 最低計算法是假設所有礦工皆使用市面效能最高的機器作運算。

厄瓜多
Dinero Electrónico

尼加拉瓜

墨西哥

烏拉圭
Bullish Digital

委內瑞拉
Petro

美國
Coinbase Pro、Kraken、Binance.US、Bittrex、Gemini 與 Poloniex交易所

巴哈馬
Sand Dollar

加拿大

FTX
安地卡及巴布達

東加勒比中央銀行
DXCD

日本
bitFlyer、Liquid、Coincheck與Zaif交易

冰島

Digital Ruble
內蒙古

瑞典
E-krona

俄羅斯

挪威

河北

英國

立陶宛
LBCoin

新疆

中國
DC/EP
(數位貨幣、電子支付)

歐盟

四

波士尼亞與赫塞哥維納

捷克

烏克蘭
E-hryvnia

哈薩克

蒙特內哥羅
塞爾維亞

摩爾多瓦

吉爾吉斯

馬爾他
OKEx

喬治亞

亞美尼亞

烏茲別克

茅利塔尼亞

突尼西亞

土耳其

幾內亞比索

黎巴嫩
以色列

敘利亞
伊拉克
巴勒斯坦

伊朗

阿富汗
PayMon

印度

幾內亞

馬利

利比亞

沙烏地阿拉伯

已知的比特幣主要礦場位置
(比特幣區塊鏈所需算力會集中在一處，因為運作哈希函數[3]非常消耗運算力。超過60%的礦場位於中國)

境內有挖礦活動的國家
注意：礦場的詳細位置並不精確，因為大部分礦場不願公開。

3. 在資訊科學中，「哈希」(hash)函數可以將任何一組數位數據轉換為一個哈希值，也就是一個較小二進制值。用於此目的的壓縮演算法被稱為「加密哈希函數」。

正在開發加密貨幣或數位國家法幣的國家及其貨幣名稱

2021年1月加密貨幣交易平台
B 主要的加密貨幣交易所註冊國

工業用電低廉的國家
2018年每兆瓦時(MWh)低於85美元

受美國制裁的國家

蘇丹

中非

葉門

南蘇丹

剛果民主共和國

索馬利亞

資料來源: *Rédaction de Carto, février 2021; Hugo Estecahandy, février 2021; Cambridge Bitcoin Electricity Consumption Index, février 2021; Wikipédia, Cryptomonnaie, février 2021; www.bitcoin.fr, février 2021; www.blockchain.com, février 2021; IEA, Electricity information, 2019; Assemblée nationale et Sénat, Les enjeux technologiques des blockchains, juin 2018*

辛巴威

Huobi Global、KuCoin交易所

塞席爾

Electronic Rand
南非

中國
,400TWh／年

紐西蘭

馬紹爾群島

2021年1月主要的數位貨幣及其美元價值

貨幣發行量，單位：百萬

（白色數字）貨幣最高發行量，單位：百萬

（橘色數字）數位貨幣的美元價值，單位：百萬美元 ⚪

發行年份 (2009)

比特幣	以太幣	艾達幣	比特幣現金	瑞波幣	萊特幣
21	無限制	45 000	18 21	100 000	84
(2009)	(2015)	(Cardano) (2017)	(BCH) (2017)	(Ripple) (2012)	(Litecoin) (2011)
1,000	138	20	5	13	3

每無限槽

南韓
*Bithum, Coinone*與
*Korbit*交易所

*Binance*與
*Bitfinex*交易所

香港

寮國
Project Mong
柬埔寨

緬甸

澳洲

如何使用比特幣？

個體A可以在kraken.com、binance.com或coinbase.com等交易平台上購買或轉售比特幣

個體A持有一個電子錢包，對應一個含有比特幣餘額的數位地址

個體A想要將比特幣轉給**個體B**。交易手續需要對應**個體A**電子錢包的私鑰，以及用來驗證帳戶轉出的公鑰。

交易會寫入比特幣區塊鏈，以區塊的形式由礦工驗證[4]（每秒進行100億次計算），並公開記錄於區塊鏈上。

區塊鏈

比特幣礦工

驗證

已驗證的交易

平均每10分鐘，就有一個含有交易資訊的新區塊經由礦工驗證後，寫入區塊鏈。這名礦工於2020年會收到6.25個比特幣作為報酬（2016年7月前為25個，之後為12.5個）。

4. 挖礦是確保比特幣交易安全的過程。礦工是利用其電腦設備為比特幣網路進行數學運算的人。

個體B收到**個體A**轉出的比特幣

各國是否承認比特幣合法
(2021年1月資料)
各國對加密貨幣的管轄

合法	
視用途而異	
禁止	
無資料	

美國
墨西哥
薩爾瓦多
尼加拉瓜
哥斯大黎加
牙買加
委內瑞拉
智利
阿根廷
巴西
奈及利亞
安哥拉
納米比亞
辛巴威
南非
冰島
挪威
英國
歐盟
瑞士
波士尼亞與
赫塞哥維納
北馬其頓
白俄羅斯
烏克蘭
土耳其
黎巴嫩
以色列
吉爾吉斯
烏茲別克
印度
日本
南韓
台灣
菲律賓
泰國
馬來西亞
澳洲
紐西蘭

Carto n° 64, 2021 © Areion/Capri

服裝產業：環境危機穿上身？

自西元2000年以來，受惠於紡織品價格下跌加上時尚潮流影響，衣服變得平價，導致全球的成衣消費市場出現爆炸式的成長。雖然許多出口國家的經濟獲得提振，但這種進步方式為環境帶來沉重的後果：在歐洲，時裝是僅次於住宅、食品與交通的第四大汙染產業。

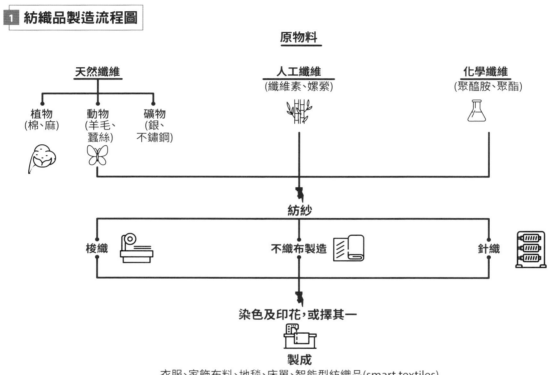

1 紡織品製造流程圖

資料來源：*EURATEX, Facts & Key Figures of The European Textile and Clothing Industry, Édition 2020, juin 2020*　　Carto n° 62, 2020 © Areion/Capri

服裝產業是全球化轉型地方經濟地理❶（Economic Geography）最為成功的範例之一。十九世紀，許多小型企業開始利用廉價的移工勞動力，讓服裝產業得以在工業資本主義國家的都會區發展起來。二十世紀上半葉，該產業的現代化帶動了產業活動地域的變革——尤其是在美國，大部分的服裝生產走出紐約的工作坊，轉移到南方小鎮的新型工廠，因為後者勞動力成本更低，而且工會組織更少。

在全球化的浪潮之下，開發中國家成為大量生產成衣的最佳地點。在1970年代中期，中國及其他亞洲、拉丁美洲國家出現了大型工廠與紡織廠。從那時起，連鎖零售業就不再自行製造服飾，而是從事設計與銷售，並將生產外包到國外的工廠。美國國內所銷售的進口成衣於1960年代還不到5%，於2010年代初卻已達到98%。

中國與歐盟，霸占全球成衣出口

根據世界貿易組織（WTO），2018年全球紡織品與成衣出口總值分別達到3,126億歐元與4,940億歐元。中國依然是全球第一的成衣出口國，出口額為1,580億歐元，領先歐盟（1,440億歐元）與孟加拉（330億歐元）。紡織業占孟加拉出口總額的83%，可說是該國的主要產業，需求面出現任何變化都會對經濟產生重大影響。柬埔寨也是如此，有90%的出口品是紡織品與鞋類（參見圖2）；該產業就業人口65萬，其中40萬人間接為國際知名品牌工作❷。紡織品出口國的排名幾乎與成衣出口國相同，中國與歐盟也高居前二位（2018年分別為1,185億歐元與740億歐元），第三名則是印度（181億歐元）。

相對的，成衣出口大國同時也是全球主要的紡織品進口國。2019年，越南首次成為全球第三大紡織品採購國，這是因為該國擴大成衣生產規模，因此高度依賴進口紡織原料。相較之下，美國和歐盟雖然仍是全球前兩大紡織品進口國，不過進口品以成品（比如家飾與地毯）及專業化的高科技紡織品居多，而非用於製作成衣的傳統紗線與織物。

至於成衣的進口市場，則愈來愈多樣化，因為新興經濟體正在迅速成長，中產階級需求也大幅增加。因此，中國的成衣進口額於2018年達到82億歐元。從2010～2019年，中國的成

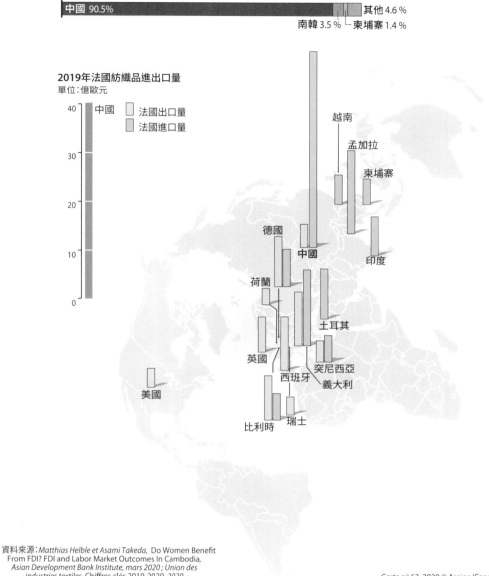

2015年擁有最多成衣廠的國家

中國 90.5%				其他 4.6%

南韓 3.5%　└ 柬埔寨 1.4%

柬埔寨各產業出口額
單位：億美元

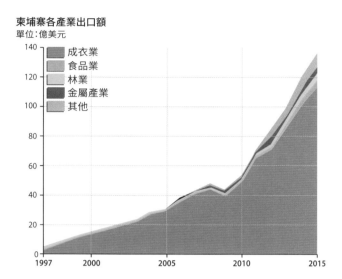

- 成衣業
- 食品業
- 林業
- 金屬產業
- 其他

2019年法國紡織品進出口量
單位：億歐元

中國
- 法國出口量
- 法國進口量

柬埔寨成衣主要出口市場
單位：億美元

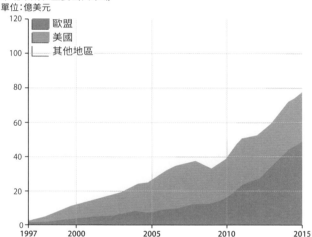

- 歐盟
- 美國
- 其他地區

資料來源：*Matthias Helble et Asami Takeda, Do Women Benefit From FDI? FDI and Labor Market Outcomes In Cambodia, Asian Development Bank Institute, mars 2020 ; Union des industries textiles, Chiffres clés 2019-2020, 2020*

Carto n° 62, 2020 © Areion/Capri

衣進口量每年成長將近15%，而前三大進口國（歐盟、美國、日本）的成長率僅1.9%。

購衣支出增加60%，衣服壽命卻減半

自西元2000年以來，服裝消費量不斷攀升，主要原因是商店能夠陳列更多時裝款式，以及電子商務的成功發展。從那時起，「快時尚」蔚為現象，服飾品牌推出品質差、壞損快，但成本低廉的成衣（歐洲的成衣價格在15年內下跌了36%）。根據法國生態轉型局（ADEME），全球每年售出超過1,000億件成衣，時裝業產量在2000～2014年間增加一倍。我們在服裝方面的支出比15年前平均增加了60%，然而衣服的壽命卻減少了50%。服裝業（包括紡織品和時裝）已經成為全球汙染問題最嚴重的產業之一。

由於製造過程分散在世界各地❸，一條牛仔褲從棉花田出發，直到抵達商店，走過的旅程可能長達65,000公里。成衣業因此成為溫室氣體排放量排行第五的產業（每年12億噸的二氧化碳）。該產業不僅製造汙染，也消耗大量原物料（參見圖1）。根

據世界衛生組織（WHO），全球有40%的紡織品以棉花作為主要生產原料，雖然僅覆蓋全球約2.5%的耕地，卻使用了25%的殺蟲劑與10%的除草劑。此外，每公斤棉花需要1萬公升灌溉用水。也就是說，生產一件250公克重的圓領衫，就要耗費2,500公升的水來灌溉原物料，一條800公克重的牛仔褲則需要8,000公升。如果再加上紡織染料，每天將消耗近110億公升水。更別說還有個人洗衣的用水。世界銀行（WB）估計，全球有17～20%的水汙染來自服飾業。

文 ● N. Rouiaï

---

❶ 編注：指人類經濟活動的空間分布和演進過程。

❷ Sur les grandes compagnies de la mode, voir BOF/ McKinsey&Compagny, The State of Fashion 2019, 2018.

❸ Pour en savoir plus sur le coton, voir Cotlook Limited, Cotton Outlook Special Feature: World Cotton Day 2020, octobre 2020.

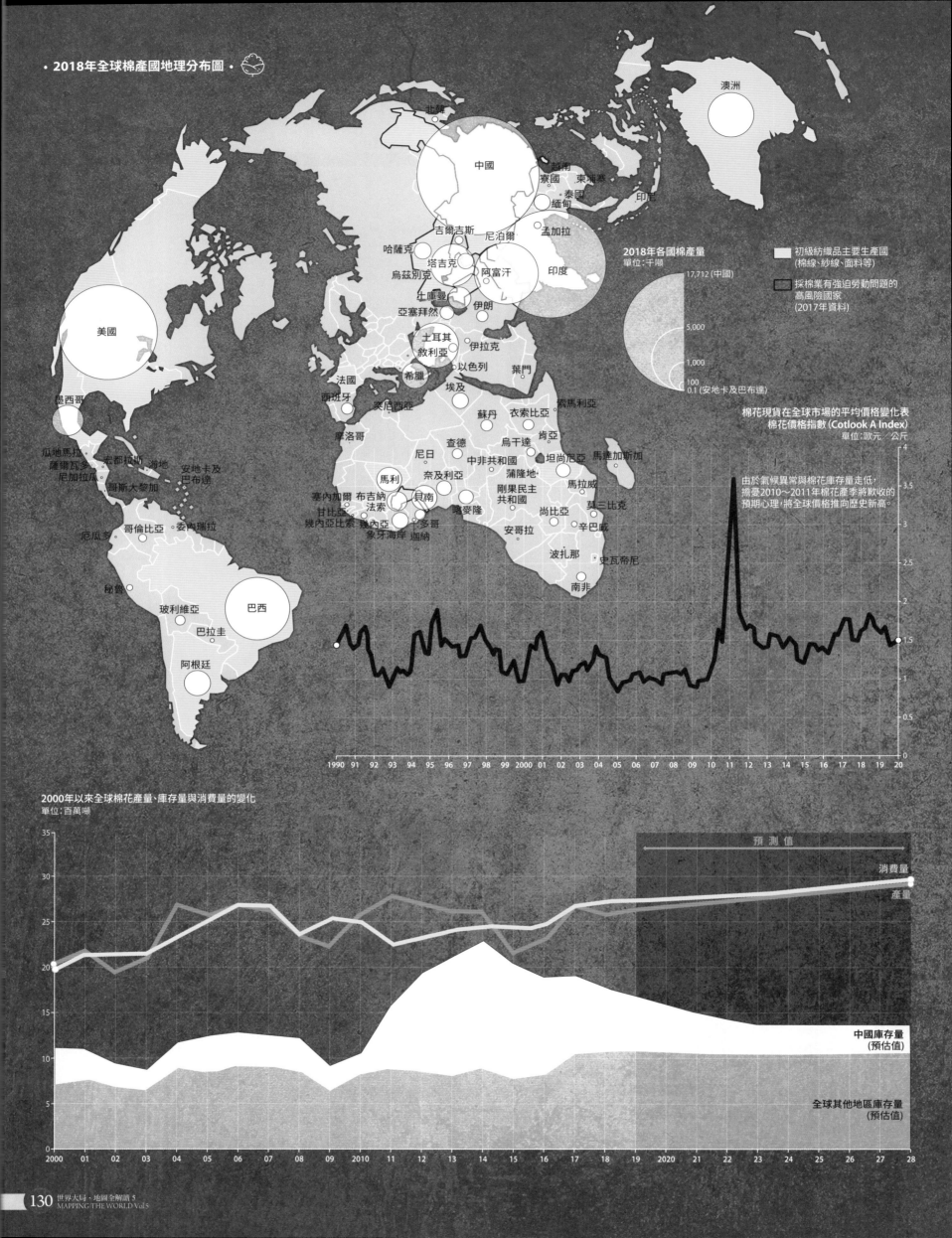

澳洲

北韓

中國

越南
寮國 東埔寨
泰國
緬甸
印尼

吉爾吉斯
尼泊爾
孟加拉

哈薩克

塔吉克
烏茲別克
阿富汗
印度

土庫曼
伊朗
亞塞拜然

土耳其
敘利亞
伊拉克
以色列
葉門

希臘

法國
西班牙
埃及

突尼西亞
蘇丹
衣索比亞
索馬利亞

摩洛哥
查德
肯亞
烏干達

尼日
中非共和國
坦尚尼亞
馬達加斯加

馬利
奈及利亞
蒲隆地

塞內加爾
布吉納
法索
貝南
剛果民主
共和國
馬拉威

甘比亞
喀麥隆
尚比亞
莫三比克

幾內亞比索
幾內亞
多哥
安哥拉
辛巴威

象牙海岸 迦納
史瓦帝尼

波札那

美國

墨西哥
瓜地馬拉
薩爾瓦多
尼加拉瓜
宏都拉斯
海地
安地卡及
巴布達

哥斯大黎加

厄瓜多
哥倫比亞
委內瑞拉

秘魯
巴西

玻利維亞
巴拉圭

阿根廷

南非

2018年各國棉產量
單位:千噸

17,712 (中國)

5,000

1,000

100
0.1 (安地卡及巴布達)

初級紡織品主要生產國
(棉線、紗線、面料等)

採棉業有強迫勞動問題的
高風險國家
(2017年資料)

棉花現貨在全球市場的平均價格變化表
棉花價格指數(Cotlook A Index)
單位:歐元/公斤

由於氣候異常與棉花庫存量走低,
擔憂2010~2011年棉花產季將歉收的
預期心理,將全球價格推向歷史新高。

4

3.5

3

2.5

2

1.5

1

0.5

0

1990 91 92 93 94 95 96 97 98 99 2000 01 02 03 04 05 06 07 08 09 10 11 12 13 14 15 16 17 18 19 20

2000年以來全球棉花產量、庫存量與消費量的變化
單位:百萬噸

預測值

消費量
產量

中國庫存量
(預估值)

全球其他地區庫存量
(預估值)

35

30

25

20

15

10

5

0

2000 01 02 03 04 05 06 07 08 09 2010 11 12 13 14 15 16 17 18 19 2020 21 22 23 24 25 26 27 28

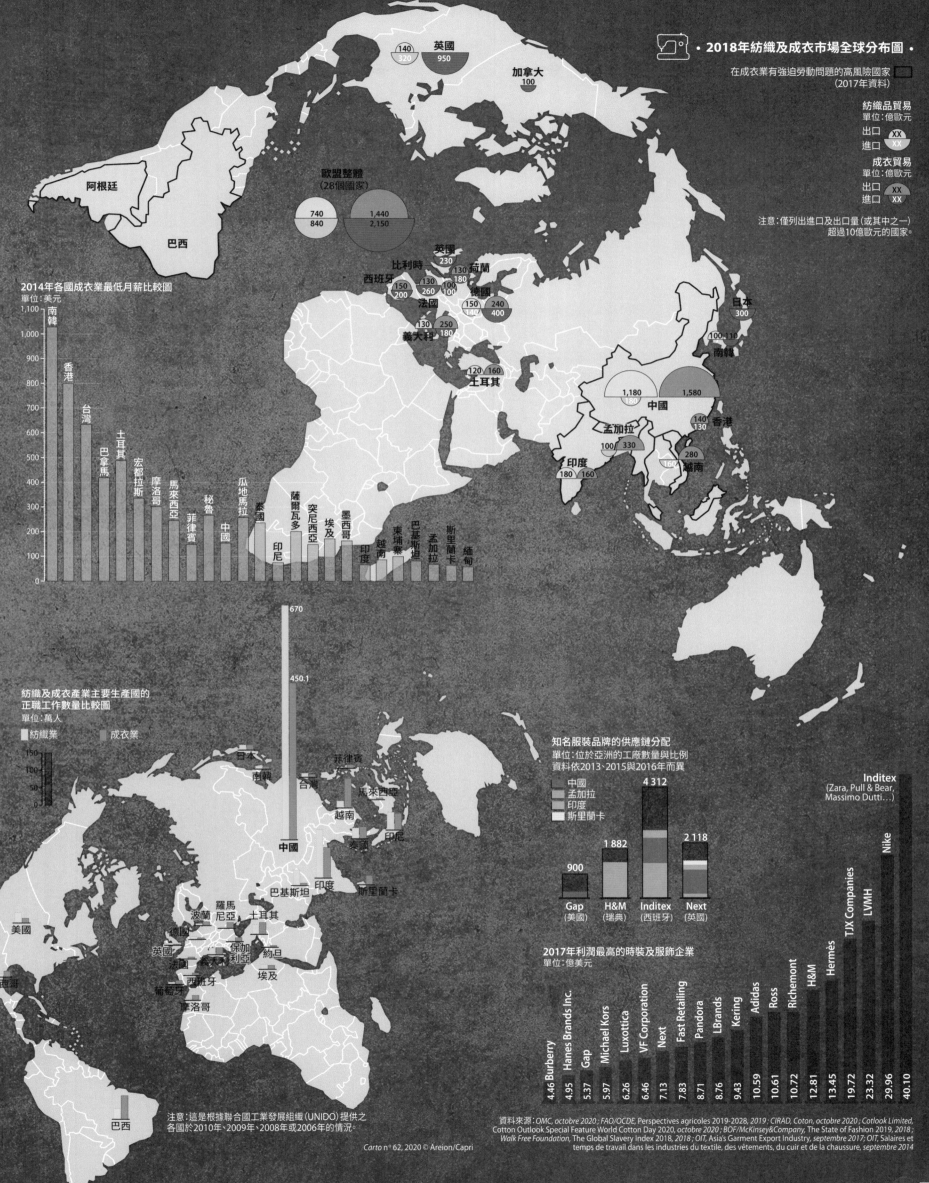

• 2018年紡織及成衣市場全球分布圖 •

在成衣業有強迫勞動問題的高風險國家
(2017年資料)

紡織品貿易
單位：億歐元
出口 XX
進口 XX

成衣貿易
單位：億歐元
出口 XX
進口 XX

注意：僅列出進口及出口量（或其中之一）
超過10億歐元的國家。

英國 140/320 950
加拿大 100

歐盟整體
（28個國家）
740/840 1,440/2,150

英國 230
比利時 130/260
荷蘭 130/180
西班牙 150/200
法國 100/100
德國 150/140 240/400
義大利 130/180 250/180
土耳其 120/160

日本 300
南韓 100/110
中國 1,180/180 1,580
香港 140/130
孟加拉 100/330
印度 180/160
越南 280/160

2014年各國成衣業最低月薪比較圖
單位：美元

南韓 / 香港 / 台灣 / 巴拿馬 / 土耳其 / 宏都拉斯 / 摩洛哥 / 馬來西亞 / 菲律賓 / 秘魯 / 中國 / 瓜地馬拉 / 泰國 / 印尼 / 薩爾瓦多 / 越南 / 突尼西亞 / 埃及 / 柬埔寨 / 墨西哥 / 巴基斯坦 / 孟加拉 / 印度 / 斯里蘭卡 / 緬甸

紡織及成衣產業主要生產國的
正職工作數量比較圖
單位：萬人

■ 紡織業   ■ 成衣業

670
450.1

日本 / 南韓 / 台灣 / 菲律賓 / 越南 / 馬來西亞 / 泰國 / 印尼 / 中國 / 印度 / 巴基斯坦 / 斯里蘭卡 / 羅馬尼亞 / 波蘭 / 德國 / 土耳其 / 英國 / 法國 / 義大利 / 保加利亞 / 約旦 / 西班牙 / 埃及 / 葡萄牙 / 摩洛哥 / 美國 / 墨西哥 / 巴西

注意：這是根據聯合國工業發展組織（UNIDO）提供之
各國於2010年、2009年、2008年或2006年的情況。

阿根廷

巴西

知名服裝品牌的供應鏈分配
單位：位於亞洲的工廠數量與比例
資料依2013、2015與2016年而異

■ 中國
■ 孟加拉
■ 印度
■ 斯里蘭卡

900 Gap（美國）
1 882 H&M（瑞典）
4 312 Inditex（西班牙）
2 118 Next（英國）

2017年利潤最高的時裝及服飾企業
單位：億美元

4.46 Burberry
4.95 Hanes Brands Inc.
5.37 Gap
5.97 Michael Kors
6.26 Luxottica
6.46 VF Corporation
7.13 Next
7.83 Fast Retailing
8.71 Pandora
8.76 LBrands
9.43 Kering
10.59 Adidas
10.61 Ross
10.72 Richemont
12.81 H&M
13.45 Hermès
19.72 TJX Companies
23.32 LVMH
29.96 Nike
40.10 Inditex
(Zara, Pull & Bear, Massimo Dutti…)

資料來源：*OMC, octobre 2020*；*FAO/OCDE, Perspectives agricoles 2019-2028, 2019*；*CIRAD, Coton, octobre 2020*；*Cotlook Limited, Cotton Outlook Special Feature World Cotton Day 2020, octobre 2020*；*BOF/McKinsey&Company, The State of Fashion 2019, 2018*；*Walk Free Foundation, The Global Slavery Index 2018, 2018*；*OIT, Asia's Garment Export Industry, septembre 2017*；*OIT, Salaires et temps de travail dans les industries du textile, des vêtements, du cuir et de la chaussure, septembre 2014*

Carto n° 62, 2020 © Areion/Capri

太空地緣政治：現代戰爭的新前線

2021年4月23日，法國太空人托馬斯・佩斯凱（Thomas Pesquet）搭乘太空探索科技公司（SpaceX）的「飛龍奮進號」（Crew Dragon Endeavour）前往國際太空站，彰顯出世界已經進入新時代。科技進步加上私人企業涉足太空領域，這股態勢導致大國之間的緊張關係升高。

太空競賽並非新鮮事，在冷戰時期就曾扮演關鍵角色——蘇聯與美國曾在太空及衛星計畫上展開長達數十年的競爭，以科技發展互別苗頭。第一階段由蘇聯在1957年10月發射人造衛星史普尼克1號（Sputnik 1）贏得勝利。美國則是於1969年7月，以「阿波羅11號」（Apollo 11）完成第一次載人登月任務，作為回應。

太空稀有金屬，私人及政府爭搶的未來市場

許多私人企業已經參與這場太空競賽，包括微軟、維珍集團（Virgin）與擁有「飛龍奮進號」的SpaceX公司。飛龍奮進號升空後，伊隆・馬斯克（Elon Musk）的公司就被美國太空總署相中，負責發展下一次登月任務的著陸系統。美國企業並非唯一的投資者：2019年4月，以色列登月團隊SpaceIL與SpaceX合作，啟動首次私人出資的登月行動。

私人企業與政府機構之所以爭相推出太空計畫（參見圖4），部分原因在於太空蘊含豐富的珍貴資源：小行星富含金、銠、鐵、鎳、鉑、鎢或鈷等元素，稀有金屬的濃度高過地球地殼100倍。對於企業家來說，到了2050年，這個市場的價值可能超過1,000億美元。英國小行星採礦公司（Asteroid Mining Corporation）、美國行星資源公司（Planetary Resources）與深空工業（Deep

1 歐洲太空總署(ESA)分布據點

2020年歐洲太空總署預算：48.7億歐元
▨ 成員國
▢ 參與部分計畫的國家

● 歐洲太空總署駐點
◉ 歐洲太空總署辦公室
○ 衛星地面站
◎ 太空發射場

EAC：歐洲太空人訓練中心
ESOC：歐洲太空營運中心
ESTEC：歐洲太空研究暨技術中心
ESRIN：ESA地球觀測中心
ESAC：歐洲太空天文中心
ECSAT：歐洲太空應用與電信中心
ESEC：歐洲太空教育與安全中心，附設「太空天氣資料中心」

2 2021年全球衛星定位系統

Galileo
Beidou (COMPASS)
GPS
Glonass
IRNSS

伽利略定位系統（Galileo）：
自2016年12月啟用的歐洲系統，有26顆可運作衛星
北斗衛星導航系統（Beidou, COMPASS）：
自2012年啟用的中國系統，有30顆可運作衛星
全球定位系統（GPS）：
自1993年啟用的美國系統，有31顆可運作衛星
格洛納斯系統（Glonass）：
自1996年啟用的俄羅斯系統，共有26顆衛星，其中24顆可運作
印度區域導航衛星系統（IRNSS）：
自2013年啟用的印度系統，有7顆可運作衛星（區域性覆蓋）

自2010年啟用的日本系統，有4顆可運作衛星

資料來源：ESA, 2021；Wikipédia, 2021；« Après 2023, six systèmes de positionnement par satellite seront en concurrence », in La Croix, 15 décembre 2016

美國
Houston
Washington
Kiruna
挪威　芬蘭　　Baïkonour
英國　荷蘭　瑞典　莫斯科
　　ECSAT　ESTEC　俄羅斯
比利時 ESEC　EAC 德國
　總部ESA ESOC
　巴黎 Oberpfaffenhofen
Santa Maria　Toulouse
葡萄牙　西班牙　法國
　　　ESA　義大利
Kourou　ESAC　ESRIN
法屬圭亞那
　　　　　　　　澳洲
　　　　　　New Norcia
Maspalomas　　Perth
西班牙
Malargüe
阿根廷

Carto n° 66, 2021 © Areion/Capri

Space Industries），都已經啟動小行星的採礦計畫。

然而自1967年以來，在外太空的任何占有行為都受到禁止。依據《外太空條約》（*Outer Space Treaty*），外太空是人類的共同資產，該條約禁止各國以任何「使用或占有」的方式來申張主權，並且開放所有人進行「和平的探索與發現」。不過，美國總統巴拉克·歐巴馬（Barack Obama，任期2009～2017年）卻於2015年簽署了《商業航太發射競爭力法》（*Commercial Space Launch Competitiveness Act*），允許美國企業擁有或出售從太空開採的資源（參見圖3）。

各國無不竭力隱藏對太空資源的興趣。如果月球再次成為戰略要地，該地含有的稀土元素（REE）將是其中重要的議題。2020年12月，中國選定了一個具有高濃度稀土金屬的區域，作為嫦娥五號探測器的登陸點。利用膠囊帶回來的樣本，讓中國科學家得以精準測定出正確濃度。此外，月球表面塵土可能存有大量的氦-3（Helium-3），這種非放射性的輕質氣體，很可能成為未來核融合發電廠的燃料。

最後，太空與高空科技已成為現代戰爭不可或缺的一環。2020年7月，美英兩國指責俄羅斯在太空測試一種新武器，可能用來攻擊人造衛星。華盛頓於2019年12月20日成立了美國太空軍（US Space Force），這個轄有武裝部隊的軍種正是為了太空軍事行動而成立。

美中較勁的另一大戰場

中國在太空競賽中扮演了關鍵角色。2011年9月，北京發射了該國首座實驗室「天宮一號」。2019年1月，中國太空人利用嫦娥四號，首次於月球背面登陸，進行了人類第一次的外太空生物實驗。2021年4月，中國發射了未來大型太空站的第一座模組。北京於2019年進行了32次軌道發射，是所有太空強國中發射次數最多的國家，在太空領域確立了重要地位。雖然中國沒有官方的太空軍事發展計畫，但是該國打算在這場爭霸中挑戰美國。

2021年3月9日，中俄太空機構負責人簽署合作協議，計畫在月球建立國際月球科研站（ILRS），這是一個涵蓋多學科的科學研究基地。俄羅斯自2014年吞併克里米亞起，便與西方大國關係緊張；接著中國也從2017年起與川普代表的美國政府打起貿易戰，因此中俄兩國在許多戰略部門上，建立了更加緊密的關係。相較之下，美國與身邊戰略夥伴有著長期的合作關係。美國與歐洲、加拿大及日本自2017年起合作進行「阿提米絲」（Artemis）計畫，目標是在2024年以前將一組太空人送到月

3 《外太空條約》2021年6月簽署概況

《外太空條約》為1967年簽署的多邊協定，締約國承諾不得在繞地球軌道、天體外或外太空，放置任何核武器或大規模毀滅性武器，而且任何國家都不得將外太空據為己有

■ 已簽署並批准的國家
■ 已簽署但未批准的國家

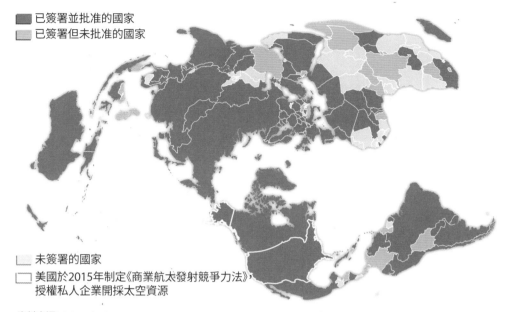

▢ 未簽署的國家
▢ 美國於2015年制定《商業航太發射競爭力法》，授權私人企業開採太空資源

資料來源：*OCDE*, The Space Economy in Figures, *2019*；*UNODA*, Treaties Database Home, *juin 2021*

4 投資太空產業的億萬富豪名單(2017年)

億萬富豪	企業	太空投資計畫	經營範圍
Bill Gates	Microsoft	Kymeta	資料蒐集
Jeff Bezos	Amazon	Blue Origin	太空發射系統
Mark Zuckerberg	Facebook	SETI	資料蒐集
Larry Page	Google	Planetary Resources	礦產資源
Sergey Brin	Google	SpaceX	太空發射系統／資料蒐集
李嘉誠	長江和記實業	Windward	礦產資源
馬化騰	騰訊	Moon Express	太空發射系統
Sheldon Adelson	Las Vegas Sands	SpaceIL	太空發射系統
Paul Allen	Microsoft	Stratolaunch	太空發射系統
Elon Musk	Tesla	SpaceX	太空發射系統／資料蒐集
Eric Schmidt	Google	Planetary Resources	礦產資源
Ricardo Salinas	Grupo Elektra	OneWeb	資料蒐集
Richard Branson	Virgin Group	Virgin Galactic	太空發射系統
Lynn Schusterman	Samson Investment	SpaceIL	太空發射系統
Yuri Milner	DST Global	Planet	資料蒐集
Marc Benioff	SalesForce	Taranis	資料蒐集

Carto n° 66, 2021 © Areion/Capri

球表面。面對北京的領土擴張主義政策，日本也提高了預算：2021財政年度已撥款41.4億美元用於太空計畫，比2020年增加了23%。在2021年1月舉行的第13屆歐洲太空研討會（European Space Conference）中，歐洲確認將繼續追求自主且雄心勃勃的太空戰略（參見圖1），總投資額為132億歐元，不過與美國太空總署的233億美元相比還是望塵莫及。

文●N. Rouiaï

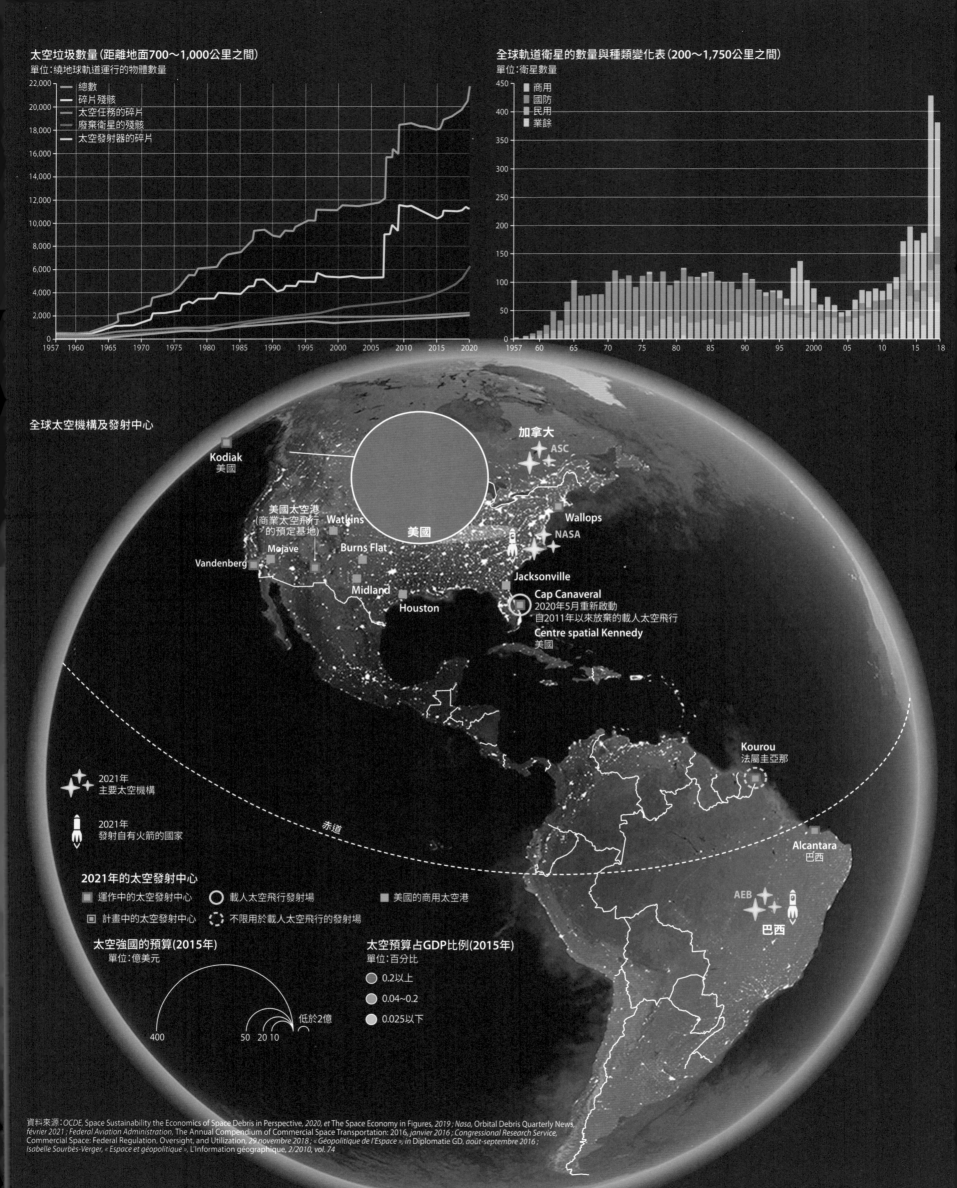

太空垃圾數量（距離地面700～1,000公里之間）
單位：繞地球軌道運行的物體數量

- 總數
- 碎片殘骸
- 太空任務的碎片
- 廢棄衛星的殘骸
- 太空發射器的碎片

22,000
20,000
18,000
16,000
14,000
12,000
10,000
8,000
6,000
4,000
2,000
0

1957 1960 1965 1970 1975 1980 1985 1990 1995 2000 2005 2010 2015 2020

全球軌道衛星的數量與種類變化表（200～1,750公里之間）
單位：衛星數量

- 商用
- 國防
- 民用
- 業餘

450
400
350
300
250
200
150
100
50
0

1957 60 65 70 75 80 85 90 95 2000 05 10 15 18

全球太空機構及發射中心

加拿大
ASC
Kodiak
美國
Watkins
美國太空港
（商業太空飛行
的預定基地）
美國
Wallops
NASA
Mojave
Burns Flat
Vandenberg
Midland
Jacksonville
Houston
Cap Canaveral
2020年5月重新啟動
自2011年以來放棄的載人太空飛行
Centre spatial Kennedy
美國

Kourou
法屬圭亞那

赤道

Alcantara
巴西

AEB
巴西

2021年
主要太空機構

2021年
發射自有火箭的國家

2021年的太空發射中心

- 運作中的太空發射中心
- 計畫中的太空發射中心
- 載人太空飛行發射場
- 不限用於載人太空飛行的發射場
- 美國的商用太空港

太空強國的預算(2015年)
單位：億美元

400 50 20 10 低於2億

太空預算占GDP比例(2015年)
單位：百分比

- 0.2以上
- 0.04～0.2
- 0.025以下

資料來源：OCDE, Space Sustainability the Economics of Space Debris in Perspective, 2020, et The Space Economy in Figures, 2019 ; Nasa, Orbital Debris Quarterly News, février 2021 ; Federal Aviation Administration, The Annual Compendium of Commercial Space Transportation: 2016, janvier 2016 ; Congressional Research Service, Commercial Space: Federal Regulation, Oversight, and Utilization, 29 novembre 2018 ; « Géopolitique de l'Espace », in Diplomatie GD, août-septembre 2016 ; Isabelle Sourbès-Verger, « Espace et géopolitique », L'Information géographique, 2/2010, vol. 74

1958～2018年11月於太陽系進行的正規任務
單位：執行任務數

水星	金星	地球	月球	火星	木星	土星	天王星	海王星	冥王星	小行星與彗星
2次	40次以上	1萬次以上	80次以上	40次以上	5次以上	5次以上	1次	1次	1次	20次以上

2018年10月地球觀測任務次數統計表
僅統計主導任務的國家

- 單一國家任務
- 多國合作任務

國家標示：瑞典、以色列、芬蘭、西班牙、丹麥、越南、土耳其、泰國、荷蘭、奈及利亞、巴西、英國、德國、挪威、俄羅斯、南韓、日本、義大利、加拿大、印度、法國、歐洲、中國、美國

地圖標示：
歐洲太空總署、ESA、烏克蘭、NSAU、Plesetsk、Kapustin Yar、Dombarovski、ROSCOSMOS、俄羅斯、Vostotchny、Musudan-ri、Pongdin-Ni、北韓、日本、JAXA、南韓、KARI、Naro、Uchinoura、Tanegashima、Kwajalein 馬紹爾群島 美國、哈薩克、Baïkonour、KazCosmos、Jiuquan、Taiyuan、CNSA、中國、Xichang、Wenchang Ile Hainan、Mahia 紐西蘭、阿爾及利亞、ASAL、以色列、Palmachim 空軍基地、ISA、Semnan、伊朗、ISA、巴基斯坦、SUPARCO、Ras al-Khaïmah 太空發射場、沙烏地阿拉伯、Saudi Space Commission、UAESA、阿拉伯聯合大公國、印度、ISRO、Satish Dhawan、Kulasekarapattinam、新加坡 SINGAPOUR、赤道

Carto n° 66, 2021 © Areion/Capri

全球飢餓：不可逆的缺糧未來？

Covid-19疫情造成全球長期飢餓的情況惡化，愈來愈多人深受糧食取得受限之苦。據聯合國估計，2020年全球共有7.68億人口面臨糧食短缺，相較2019年增加1.18億[1]。雖然非洲受害最深，不過其他地區也無法倖免。聯合國表示要在2030年以前終止所有形式的營養不良，而部分國家則是採取相關措施防止食物浪費。

2020年疫情肆虐期間，全球貿易放緩，糧食短缺的問題不僅發生在長期遭受此一問題的國家（比如馬達加斯加），也發生在西班牙等已開發且富裕的國家。為了遏止病毒與疾病傳播而採取的限制措施，使得營養不良與不平等的問題更加嚴重。根據聯合國資料，面臨飢餓的人口數於2010年代初期曾略為下降，之後便持續上升，2020年占全球人口的9.9%（7.68億），2015年則是8.3%（6.151億）[2]。且地區差異相當明顯，以比例來看，飢餓人口占總人口數21%的非洲是受害最深的地區，但是以實際人數來看，非洲卻還排在亞洲（9%）之後，分別有2億8,160萬和4億1,800萬的飢餓人口。北美與歐洲則相對不受影響，僅2.5%以下的人口遭受飢餓之苦。

疫情催化不平等，
23億人面臨糧食不安全

如果從處於中度或重度糧食不安全的人口數來看，則是更加令人擔憂的23.7億，占了全球人口的1/3，而五年前還僅有16.8億[3]。在此情況下，有1/2的非洲人無法正常飲食，歐洲的受害人數則是前所未有地增長至6,950萬人（9.3%），2019年則為5,740萬人（7.7%）。若是仔細觀察，就會發現女性比男性受到的影響更大，而且性別不平等的現象也逐漸惡化。聯合國認為Covid-19是造成這種不安局勢的主要原因之一，且可能到2030年都無法改善，原本根據永續發展目標（Sustainable Development Goals, SDGs），聯合國要在該年以前消除全球飢餓的問題，然而就目前來看，疫情的影響仍會持續。

不過，病毒並非唯一的罪魁禍首。整體環境因區域長期衝突而岌岌可危，也是原因之一，比如敘利亞、

葉門和阿富汗經歷了多年戰爭後，不僅文化遭到摧毀且飽受饑荒之苦，更面臨人道災難；此外，政治危機不斷反覆發生，也會導致國家失能而無法滿足國民需求，例如海地、委內瑞拉、馬利、蘇丹、剛果民主共和國；再加上社會與經濟不平等加劇，以及氣候變遷對於耕地與農產量的影響，種種因素都使飢餓危機更加嚴峻。

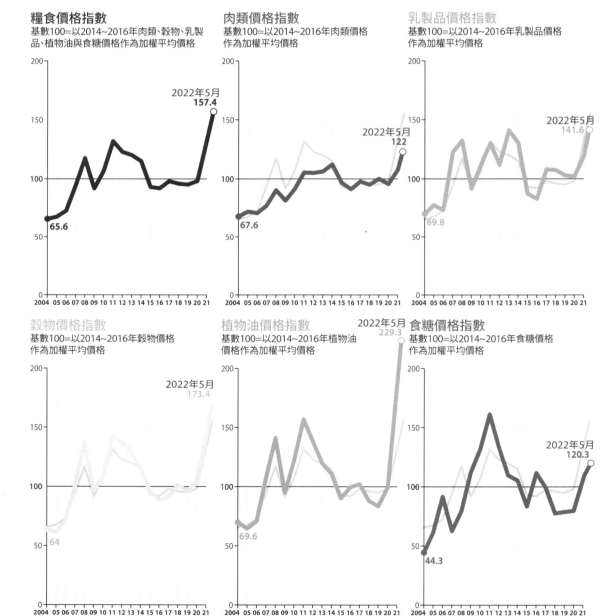

1　糧食價格上漲演變圖

糧食價格指數
基數100=以2014~2016年肉類、穀物、乳製品、植物油與食糖價格作為加權平均價格

2022年5月 **157.4**
65.6

肉類價格指數
基數100=以2014~2016年肉類價格作為加權平均價格

2022年5月 **122**
67.6

乳製品價格指數
基數100=以2014~2016年乳製品價格作為加權平均價格

2022年5月 141.6
69.8

穀物價格指數
基數100=以2014~2016年穀物價格作為加權平均價格

2022年5月 173.4
64

植物油價格指數
基數100=以2014~2016年植物油價格作為加權平均價格

2022年5月 229.3
69.6

食糖價格指數
基數100=以2014~2016年食糖價格作為加權平均價格

2022年5月 **120.3**
44.3

資料來源：FAO, 2022

Carto n° 70, 2022 © Areion/Capri

以非洲為例，聯合國與非政府組織注意到這些大環境因素皆對飢餓問題帶來影響，尤其在撒哈拉以南地區最為顯著（參見圖3）。氣候條件與社會衝突（不僅是武裝團體間，不同的人口族群，比如畜牧者或放牧者也會發生衝突）[4]破壞了耕地，根據聯合國糧農組織（Food and Agriculture Organization, FAO）估計，非洲大陸東部與西部地區的穀物產量將會縮減，以致進口量增加[5]。此外，貧窮導致特定作物的農民無以為繼，只好出售設備，甚至是牲畜或土地，這是他們難以重建的資產，長期而言，將會導致優良的食品更難取得。

漲到吃不起的糧價

解決問題的關鍵在於全心投入糧食安全與農村發展，因為「飢餓並非不治之症」——這句話雖是由教宗方濟各（Pope Francis）於2017年提出，卻反映出流傳已久的想法，而許多經濟活動與社會運動人士正努力付諸行動。為了提高糧食產量，部分地區已採取相應措施，但是這個產業以整體而言依然是大企業的地盤，比如南美洲的大豆栽培，就不太重視朝更友善環境的方式發展。在法國，根據天主教慈善救濟會（Secours Catholique）的資料[6]，2020年有多達700萬人依賴糧食援助，而且農業發展停滯不前。有關當局推動防範浪費的準則（最新規章於2022年1月1日起生效），然而這些準則實施起來很複雜，而且就算有人不遵守，相關單位也很難予以處分。全球每年約有13億噸糧食遭到丟棄或浪費（參見圖2），而且事實上，浪費食物會增加溫室氣體排放，進而對耕地環境造成影響，造成糧食欠收。

此外，2022年的糧食價格指數（FAO Food Price Index, FFPI）[7]創下歷史新高（參見圖1）。根據聯合國糧農組織，2022年1月為135.7，而2021年12月是134.1[8]。該指數在一年間不斷升高，例如法國的生鮮產品，在2021年一整年就增加了3.3%[9]。對於氣候變遷的影響與市場需求日益增加等結構性問題，必須做出重大變革。至於飢餓問題的嚴重性，從一項數據便可充分了解，那就是「兒童發育遲緩」。據聯合國表示，2020年，發育遲緩問題影響全球22%五歲以下的兒童；然而，同時五歲以下

兒童的超重比例卻增加了。換句話說，健康食品的取得受到限制將改變飲食習慣，並對後代造成影響。隨著俄烏戰爭持續延燒，穀物短缺將使飢餓問題持續惡化。

文 ● G. Fourmont

[1] FAO, FIDA, OMS, PAM et UNICEF, *L'état de la sécurité alimentaire et de la nutrition dans le monde 2021*, 2021.
[2] 編注：根據聯合國統計，2021年有7.02～8.28億人陷入飢餓，占全球人口9.8%。
[3] 編注：承注2，2021年，全球面臨中重度糧食不安全的人數持平，但重度糧食不安全惡化（11.7%）。
[4] Africa Center for Strategic Studies, « Conflict Drives Record Levels of Acute Food Insecurity in Africa », 13 octobre 2021.
[5] FAO, *Perspectives de récolte et situation alimentaire*, décembre 2021.
[6] Secours Catholique, *État de la pauvreté en France 2021*, 2021.
[7] 編注：由聯合國糧農組織制定的糧食價格指數，記錄肉類、乳製品、穀物、植物油、食糖等五類農產品及食品在全球市場上的價格變化。可於以下網址查閱：https://www.fao.org/worldfoodsituation/foodpricesindex/
[8] 編注：根據聯合國糧農組織2023年8月發布的公告，全球糧食價格指數自2021年起持續攀升，直至2022年下半年才逐漸下滑，2023年7月的指數是123.9。
[9] INSEE, « En décembre 2021, les prix à la consommation augmentent de 0,2% sur un mois et de 2,8% sur un an », 14 janvier 2022.

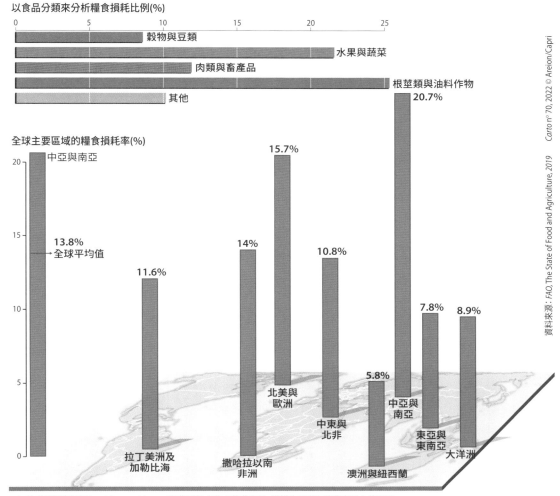

2 全球糧食浪費統計

2016年收成後糧食損耗率
以食品分類來分析糧食損耗比例(%)

- 穀物與豆類
- 水果與蔬菜
- 肉類與畜產品
- 根莖類與油料作物
- 其他

全球主要區域的糧食損耗率(%)

中亞與南亞
13.8% → 全球平均值
11.6% 拉丁美洲及加勒比海
14% 北美與歐洲
15.7% 撒哈拉以南非洲
10.8% 中東與北非
5.8% 澳洲與紐西蘭
20.7% 中亞與南亞
7.8% 東亞與東南亞
8.9% 大洋洲

1. 收成後糧食損耗(post-harvest losses)是指以糧食為主的農產品，從耕作到送至消費者手上的過程，在整個農業價值鏈(value chain)中的所有損失。

資料來源：FAO, The State of Food and Agriculture, 2019
Carto n° 70, 2022 © Areion/Capri

1961~2020年全球平均氣溫變化

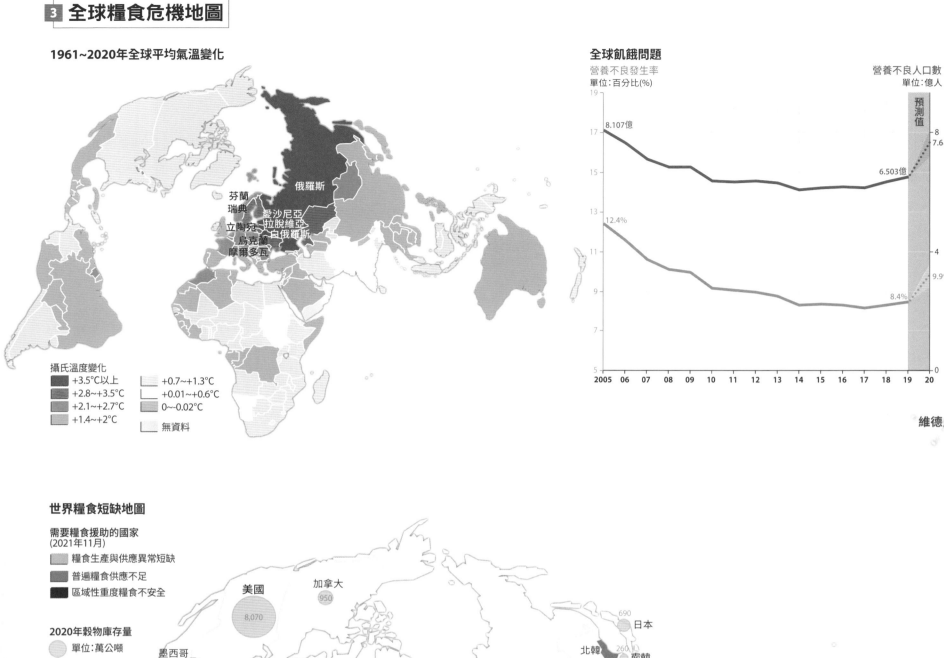

俄羅斯
芬蘭
瑞典
愛沙尼亞
拉脫維亞
立陶宛
白俄羅斯
烏克蘭
摩爾多瓦

攝氏溫度變化

■ +3.5℃以上	+0.7~+1.3℃
■ +2.8~+3.5℃	+0.01~+0.6℃
■ +2.1~+2.7℃	0~-0.02℃
+1.4~+2℃	無資料

全球飢餓問題

營養不良發生率
單位：百分比(%)

營養不良人口數
單位：億人

8.107億

12.4%

6.503億

8.4%

預測值

維德

世界糧食短缺地圖

需要糧食援助的國家
(2021年11月)
- 糧食生產與供應異常短缺
- 普遍糧食供應不足
- 區域性重度糧食不安全

2020年穀物庫存量
○ 單位：萬公噸

注意：此數值為各國國內產季末庫存總量。

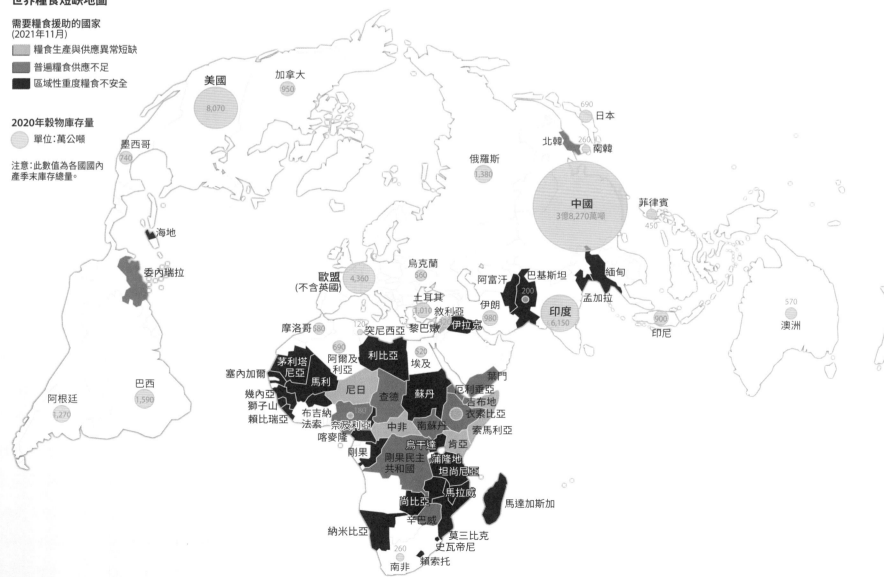

美國 8,070
加拿大 950
日本 690
北韓
南韓 260
俄羅斯 1,380
中國 3億8,270萬噸
菲律賓 450
墨西哥 740
海地
委內瑞拉
歐盟(不含英國) 4,360
烏克蘭 560
阿富汗
巴基斯坦 200
緬甸
孟加拉
土耳其 1,010
伊朗 980
印度 6,150
印尼 900
澳洲 570
敘利亞
伊拉克
摩洛哥 580
突尼西亞 120
黎巴嫩
茅利塔尼亞
阿爾及利亞
利比亞 520
埃及
葉門
塞內加爾
馬利
尼日
查德
蘇丹
厄利垂亞
吉布地
衣索比亞
索馬利亞
幾內亞
獅子山
賴比瑞亞
布吉納法索
奈及利亞
中非
南蘇丹
喀麥隆
剛果
烏干達
肯亞
剛果民主共和國
蒲隆地
坦尚尼亞
尚比亞
馬拉威
馬達加斯加
辛巴威
納米比亞
莫三比克
史瓦帝尼
南非 260
賴索托
巴西 1,590
阿根廷 1,270

摩洛哥

突尼西亞

阿爾及利亞

利比亞

埃及

西撒哈拉

茅利塔尼亞

馬利

尼日

蘇丹

厄利垂亞

塞內加爾

甘比亞

幾內亞比索

幾內亞

布吉納法索

查德

吉布地

獅子山

象牙海岸

迦納

多哥

貝南

奈及利亞

衣索比亞

賴比瑞亞

喀麥隆

中非

南蘇丹

赤道幾內亞

烏干達

索馬利亞

聖多美
普林西比

加彭

剛果

剛果民主
共和國

肯亞

盧安達

蒲隆地

坦尚尼亞

葛摩聯盟

安哥拉

馬拉威

辛巴威

莫三比克

馬達加斯加

納米比亞

尚比亞

波札那

史瓦帝尼

南非

賴索托

**2021年撒哈拉以南非洲國家
糧食不安全的高危險指標**

旱災
水災
蝗災
熱帶氣旋
衝突或動盪
政治不穩定或動亂
人民流離失所
經濟衝擊
（尤其是受到Covid-19相關措施的影響）

低收入缺糧國家的穀物進口量
2019年過渡至2020年或2020年的統計

買進穀物　　糧食援助

單位：萬公噸

358.3（肯亞）
100
10
0.1

資料來源：*FAO, L'État de la sécurité alimentaire et de la nutrition dans le monde, 2021 ; L'État des
ressources en terres et en eau pour l'alimentation et l'agriculture dans le monde , 2021 ; et Perspectives
de récolte et situation alimentaire, décembre 2021* ; Centre d'études stratégiques de l'Afrique, « Les conflits
engendrent des niveaux records d'insécurité alimentaire aiguë en Afrique », 14 octobre 2021

0　　　　600 km

Carto n° 70, 2022 © Areion/Capri

世界壁壘化：
倒下的柏林圍牆只是假象？

二十一世紀的世界是否會像法國地理學家富歇（Michel Foucher）幾年前所預言的那樣「邊界回歸」？邊界作為政治、文化與身分認同的複合體，以靜止又不斷變動的地理縱深作為基礎，融入人類社會的空間與時間。邊界是限制、隔離、前線、界面與領土，呼應多種機能、地貌及象徵的動態變化；邊界同時也是國家主權、民族認同與移民潮的體現。而從全球護照排名同樣可以觀察到，並非所有個體面對邊界都享有同等的自由（參見圖2）。

2021 年10月8日，波蘭、立陶宛、希臘、匈牙利等十幾個歐盟成員國向歐盟執行委員會請願，希望歐盟資助他們在對外邊界築牆，以遏止來自近東及中東的非法移民過境東歐，尤其是白俄羅斯。歐洲自2015年以來，因為敘利亞戰爭引發的移民潮，一反過往自由流動的原則改採防禦措施，希臘、匈牙利、保加利亞、奧地利、斯洛維尼亞等國築起愈來愈多的隔離牆、防護圍欄及路障，將歐盟邊界再次封閉起來（參見圖1）。

冷戰結束三十年，隔離牆數量只增不減

這種「隔離牆的蔓延現象」揭露了世界「壁壘化」的趨勢，邊界已成為現代地緣政治問題的核心。隔離牆成為有形、具體且可見的政治斷裂點，部分統治者希望藉此讓國與國之間相互疏遠且保持距離。有人認為蘇聯陣營於1991年解體，開啟了一個新的時代，並宣稱這是「歷史的終結」❶，是民族之間的邊界消弭或去功能化（defunctionalization），卻忽略了民族國家有力的主權象徵與政治意義，在法律上的體現就是「邊界」。1989年，隨著柏林圍牆及「鐵幕」倒下，世人稱之為「圍牆的終結」。然而，根據法國社會學家杜貝（François Dubet）的說法，「邊界消失的假設只是一種錯覺，不過是世界歷史上的曇花一現和富裕國家中產階級的特權」❷。事實上，情況恰恰相反，過去三十年來，人類社會從未建造過如此多的圍牆。僅2021年，就多了50多道邊界隔牆，累計距離約為1萬8,000公里，從全球化的角度來看，可說是相當矛盾，個體之間與民族之間的交流從未如此頻繁，所處

1 2021年全球邊界與隔離牆地圖

模里西斯/英國/馬爾地夫
查戈斯群島
2019年，聯合國承認查戈斯群島屬於模里西斯，但是英國出於戰略原因（將狄耶戈加西亞島租借給美國作為軍事基地），拒絕放棄主權

2 2021年各國護照實力地圖

2021年12月各國護照排名
持有該國護照可前往旅行的國家數量
（免簽或落地簽證）

- 148國以上（阿聯排名第一，可入境159國）
- 50國以下（倒數第一、二名為伊拉克與阿富汗，僅可入境34國）

1945～2018年已建造與計畫興建的隔離牆數量

2001年911恐怖攻擊事件

1991年11月9日
柏林圍牆倒塌

資料來源：www.passportindex.org, décembre 2021 ;
Ainhoa Ruiz Benedicto, Mark Akkerman, Pere Brunet,
A Walled World Towards a Global Apartheid,
Centre Delàs d'Estudis per la Pau, novembre 2020

Carto n° 69, 2022 © Areion/Capri

模里西斯

模里西斯/法國　　　*法屬留尼旺島*

法屬 Tromelin島

馬達加斯加/法國　　馬達加斯加

法屬 印度洋諸島

法國/葛摩聯盟　　　馬達加斯加/法國

索馬利亞/肯亞　　　　　　　　莫三比克

索馬利蘭　　索馬利亞　　　　　南非

　　　　　肯亞　　辛巴威　波札那

Iemi三角區　　　尚比亞

葉門　　衣索比亞　　　安哥拉

阿曼　　　　　剛果
　　　　　　　民主共和國
阿拉伯　厄利
聯合大公國　垂亞　南蘇丹

阿富汗伊斯蘭大公國
(塔利班政權)

印度

巴基斯坦

伊朗/阿聯

沙烏地
阿拉伯　蘇丹　　加彭

科威特　Halayeb
三角區　　　赤道幾內亞　赤道幾內亞/
　　　　　　喀麥隆　　　加彭

伊朗　　約旦　　埃及

土庫曼
烏茲別克　伊拉克　以色列　巴勒斯坦
　　　　　　　　　領土　奈及利亞

中國　吉爾吉斯　　裏海　　　黎巴嫩/以色列　　尼日　貝南　迦納

哈薩克　　北賽普勒斯　　利比亞　　　　布吉納　象牙
　　　　南奧塞梯　　　　　　　　　法索　海岸
　　　　阿布哈茲
　　　　土耳其　/希臘
保加利亞　希臘　北馬其頓　　　馬利
烏克蘭　　　　科索沃
頓內茨克、　聶斯特河沿岸　　　突尼西亞　阿爾及
盧甘斯克人民共和國　　　　　　　　　利亞
白俄羅斯　匈牙利　　　　　　　　　茅利塔尼亞
立陶宛　奧地利　斯洛維尼亞　麥里亞
俄羅斯　拉脫維亞　波蘭　　　西班牙　西撒哈拉
　　　愛沙尼亞　　白朗峰　直布羅陀　休達
挪威　　　　　　　　　　　摩洛哥
　　　英國
　　　愛爾蘭
Rockall
冰島　英國/丹麥/
　　　愛爾蘭/冰島
北極
俄羅斯　*Han's島*　格陵蘭
　　　　　　　　(丹麥)
俄羅斯/美國　*Chukchi海*　加拿大/格陵蘭

白令海峽

阿拉斯加
(美國)

美國於1991年單方面
批准1990年簽署的《白令海峽
共治協議》(USA/USSR Maritime
Boundary Agreement)，但俄羅斯
國會拒絕讓步；此一協議可追
溯至1867年的《阿拉斯加易手
條約》(Alaska Purchase Treaty)

加拿大

美國

Guantanamo
(美國飛地)

古巴
San Andrés島
尼加拉瓜/哥倫比亞

墨西哥　貝里斯　尼加拉瓜　哥倫比亞

瓜地馬拉　貝里斯/瓜地馬拉

厄瓜多

秘魯

阿根廷

Falkland群島
阿根廷/英國

*South
Sandwich
群島*

圖例

專屬經濟海域界線

主要邊界爭議地區
━━ 領土爭議
◇ 海權爭議
▭ 未獲國際社會(聯合國)
　 承認的國家

■ 1968~2018年築牆的國家

2021年築起的隔離牆、路障、圍欄或帶刺鐵絲網圍籬

用於遏止移民潮
━━ 已建造　┈┈ 興建中

用於遏止恐怖主義、走私與衝突蔓延
━━ 已建造　┈┈ 興建中

兩種用途兼具
━━ 已建造　┈┈ 興建中

資料來源：*Rédaction de Carto, 2021 ; Elisabeth Vallet, Courrier international n° 1253, du 6 au 12 novembre 2014*　　　*Carto n° 69, 2022 © Areion/Capri*

的世界卻又明顯支離破碎、分崩離析、閉關鎖國,安全與身分認同問題成為政治辯論與文明社會的核心。Covid-19肆虐期間,可以觀察到許多國家重設邊界,就是完美的例證。

　　邊界具有其政治意義。隔離牆表示領土的劃分,諸如將賽普勒斯島一分為二的「綠線」(Green Line)❸、西撒哈拉的「沙牆」(Moroccan Western Sahara Wall)、北愛爾蘭首府貝爾法斯特(Belfast)於天主教徒與新教徒社區之間設立的「和平牆」(Peace Line)等。隔離牆也用於防範國土安全相關的突發事件,如以色列便在面向巴勒斯坦的約旦河西岸領土興建隔離牆,而印度則是沿著與孟加拉接壤的邊界線裝設帶刺鐵絲網圍籬。建設邊界隔離牆則主要是基於象徵性的理由,作為移民潮的阻礙或閘門,

比如西班牙境外飛地休達(Ceuta)與麥里亞(Melilla)設於入境處的帶刺鐵絲網。這些壁壘的原型來自與墨西哥長久擁有共同邊界的美國,自1990年代起,美國政府便期望建立一道隔離牆,川普擔任總統期間還透過媒體大肆宣傳。美墨兩國邊界總長3,200公里,是全球最「繁忙」的邊界,每年有3.5億人次過境,包括遊客、工人、非法或合法移民等。這道牆隨著或開放或封閉的邊境制度而轉換功能,自2006年《安全圍欄法案》(Secure Fence Act)通過以來,白宮為了打擊非法移民及毒品走私,著力加強邊界的壁壘化。美墨邊界人口相當稠密,約有2,500萬人居住在邊界線上,從雙城都會區(urban doublets,或稱雙子城〔twin cities〕)便可見一斑,同時這裡也是全球最商業化的共

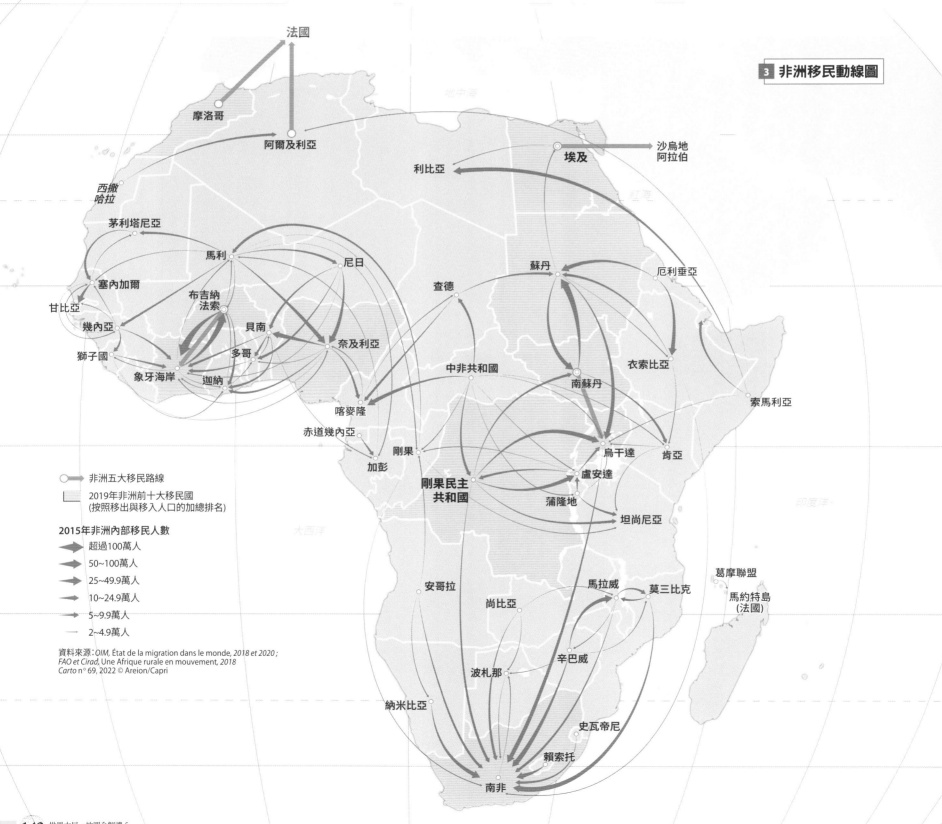

3　非洲移民動線圖

○→　非洲五大移民路線

⬜　2019年非洲前十大移民國
(按照移出與移入人口的加總排名)

2015年非洲內部移民人數
➡　超過100萬人
➡　50~100萬人
➡　25~49.9萬人
→　10~24.9萬人
→　5~9.9萬人
—　2~4.9萬人

資料來源:OIM, État de la migration dans le monde, 2018 et 2020 ;
FAO et Cirad, Une Afrique rurale en mouvement, 2018
Carto n° 69, 2022 © Areion/Capri

4 比利時三大語言族群分布圖

黑海

荷蘭

Oostende
Ostende

Brugge
Bruges

Antwerpen
Anvers

荷蘭

德國

*Anvers*省

Gent
Gand

Mechelen

*Limbourg*省

*Flandre-
Occidentale*省

布魯塞爾

Hasselt

Aalst

Leuven
Louvain

*Flandre-
Orientale*省

ieper
Ypres

Kortrijk
Courtrai

*Brabant
flamand*省

Tongeren

Mouscron

*Brabant
wallon*省

Waremme

Liège

Verviers

Tournai

Nivelles

*Hainaut*省

Huy

*Liège*省

Mons

Charleroi

Namur

*Namur*省

Dinant

法國

盧森堡省

Neufchâteau

盧森堡

行政區界
省界
語言區邊界

大區
瓦隆大區
佛拉蒙大區
布魯塞爾首都大區

語言族群
法語(瓦隆大區+布魯塞爾首都大區)
荷語(佛拉蒙大區+布魯塞爾首都大區)
德語

雙語市鎮
荷語區中法語並行的市鎮
法語區中荷語並行市鎮
法語區中德語並行的市鎮

資料來源：*Office national de sécurité sociale belge, 2016 ; Institut géographique national belge, 2016*

15 km

Carto n° 69, 2022 ©Areion/Capri

同邊界，平均每年商業交易額估計高達5,000億美元。隔離牆有其象徵意義，卻無法反映「美墨交界」（Amexique）的複雜度，這個交界地帶匯聚了各種文化與民族，堪稱是「未來美洲的寫照」**④**。

　　然而，壁壘化的邊界阻擋不了移民流動。據聯合國統計，2020年，為了離開原籍國家生活而跨越邊界的國際移民人數高達2.8億（占全球人口的3.5%），而有形的邊界也無法阻止非法移民（約5,000萬人）。邊界也代表了世界的現狀，而今是一個既易於流動、交流與接觸，卻也決裂、支離且失衡的世界。或許壁壘化是富國用以對付來自窮國人口的手段，但移民與越境的全球化現象卻正悄悄改變。向南遷移的人口愈來愈多，即將超過向北遷移的數量。在非洲，4,200萬的移民中有半數以上是在非洲大陸內遷徙，跳脫了十九與二十世紀大部分由殖民列強所劃定的界限（參見圖3）。非洲的跨境移民主要都是發生在近距離的國家之間。

國境內的分裂，無所不在的邊界線

　　國家境內也有邊界線，可能是基於身分認同、語言或文化而劃分。例如有別於加拿大其他英語區的法語區魁北克省（Québec），以及比利時北部的佛拉蒙大區（Flemish Region）、南部的瓦隆大區（Walloon Region）與東部的德語區（參見圖4）。在法國也有類似的邊界，例如南部有奧克語區（Lenga d'òc; Occitan）、普羅旺斯方言（Prouvençau，奧克語的一種變體）區，以及具有強烈地方文化主張的「外圍地區」（布列塔尼〔Bretagne〕、科西嘉〔Corse〕、巴斯克地區〔Pays basque〕、阿爾薩斯〔Alsace〕）。境內邊界也具有社會意義，且在城市空間中清晰可辨，一邊是人口密度高的街廓，聚集著弱勢人口的住宅區；另一邊則是經濟較寬裕的社區，位於市郊的獨棟宅第。不論是已開發還是低度開發的大城市，這些社會隔離的極端形式往往以圍出「封閉社區」的分隔牆體現，藉此突顯出具有特權的社會群體。這些邊界也關乎經濟活動，諸如商業區、自由貿易區、工業區，都是

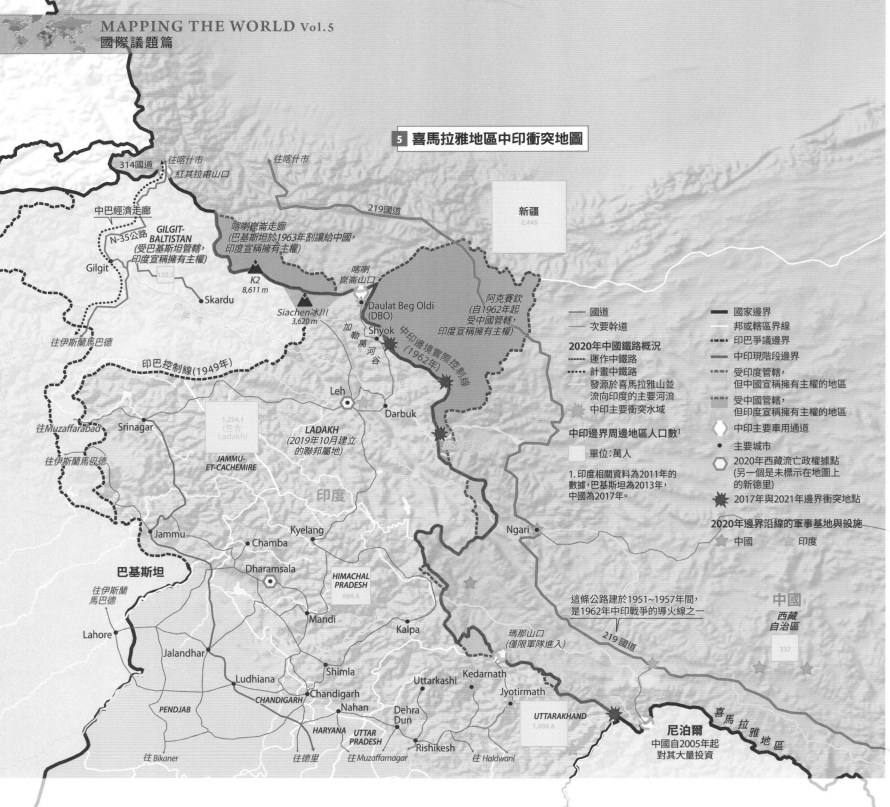

5 喜馬拉雅地區中印衝突地圖

將複雜的都市空間予以劃分的具體表現。

邊界也可能依地區範圍劃分。在義大利，境內邊界位於北部與南部之間。相對於已開發且工業化的北部，較為貧窮的南義大利（Mezzogiorno）地區不僅要求自治，甚至希望脫離北部，而在這般激進的政治訴求帶動下，南部自然與北部產生經濟與文化上的鴻溝。在德國，儘管隨著冷戰結束，前東德（德意志民主共和國）與前西德（德意志聯邦共和國）之間的圍牆消失，數據卻仍然揭示出這兩個區域於國家統一後在經濟與社會上的斷層，無論是文化或政治方面，兩者差異依舊懸殊。

邊界也具有宗教意義。主要文化區往往盛行當地主流宗教，因而在與其他非主流宗教區域的交界經常發生衝突。在非洲，穆斯林和基督教社區之間的交鋒日益頻繁，比如中非與尼日。近東和中東也是相同情況，尤其是猶太人、基督教徒及穆斯林之間的對抗。邊界也可能以族裔（ethnicity）或人種（race）作為分隔基準。南非實施種族隔離期間（1948～1991年），黑人與

白人社群之間的區隔即以有形的地域劃分「班圖斯坦」（Bantu-stan，黑人居住地）呈現。雖然種族隔離政策已經廢止，後遺症卻還未消除，尤其社會與文化層面的「共治」（La cohabitation）❺仍須小心處理。如今，南非的「城市馬賽克」（urban mosaic）❻，就是隔離政策的當代見證。在美國，儘管幾十年來政府皆採取積極包容黑人少數族群的政策，仍有許多寫作者不斷指責「美國種族隔離」，因為不平等與排斥依然存在。換句話說，重要的不是政策本身，而是政策涉及的群體。

自1990年代初期以來，國家之間的邊界數量加速成長，共計催生出300多條邊界，累計長度約為26萬1,000公里。1990～2020年代間，由於許多共享交界的新國家出現（尤其是歐洲與亞洲），長達2萬7,000公里的邊界也隨之誕生。這種後冷戰時期的動態變化，是第四期全球性邊界的源起（Horogenèse）❼，第一期發生於十七世紀，伴隨著1648年《西發里亞和約》（Peace of Westphalia）誕生的國家而來；第二期則是基於殖民擴張，歐洲列

強於1884～1885年的柏林西非會議（Berlin West Africa Conference）後，將邊界的概念「輸出」至殖民地；第三期是1919～1925年一戰期間簽訂的各種條約所造成的，諸如《凡爾賽條約》（Treaty of Versailles）、《色佛爾條約》（Treaty of Sèvres）、《洛桑條約》（Treaty of Lausanne）、《羅加諾公約》（Locarno Treaties）等，而二戰對全球邊界的影響反而較小。

共有邊界主權曖昧，中印爭搶喜馬拉雅山區

自二十一世紀初以來，國家主權問題便在在影響著海洋空間，不論是海洋資源或是作為政治權力的象徵都引人覬覦。自1982年起，海洋空間的分配一直以《聯合國海洋法公約》為基礎，沿海國家對於管轄海域（領海）與國際海域（公海）的劃分，以及其疆域化（territorialization）❽皆有法可循，也為邊界加入了重要的垂直空間概念。

沿海國家在管轄海域（具軍事管轄權，12浬）以外，尚有所謂的專屬經濟海域（200浬），在此一範圍內有權規範自然資源的取得及開發。二十一世紀以來，沿海國家管轄海域的邊界化，已然是地緣政治與地緣戰略的重大問題。海洋強國不停向聯合國大陸棚界限委員會（CLPS，專門為此問題而設立）提出訴請，希望能擴大在大陸棚的經濟海域（350浬，約648公里）。這類海洋的疆域化活動也多次引起國與國之間的緊張局勢。在南海，中國因其領土收復主義（irredentism），不承認其他國家在其視為「固有領土」的海域裡擁有主權，進而

導致與周邊國家的緊張關係。有類似爭議的海域很多，諸如北極海、太平洋、印度洋等。在地中海，希臘和土耳其之間的海上邊界自二戰結束以來一直處於緊張狀態，如今又由於潛在的大量化石燃料資源、不堪負荷的移民問題，以及身為區域強國的土耳其態度強硬而更甚以往（參見圖6）。

邊界線有時也是前線，亦即具有爭議的地區。近年來，印度和中國之間的小規模衝突大幅增加。這條四分五裂的中印共有邊界，是全球最長（約3,500公里）的共有邊界之一，儘管雙方對於從英國殖民時期繼承下來的邊界線達成協議（參見圖5），但是這兩大強國都試圖藉由民族主義論述及「神聖不可分割」的領土表述成為區域主導者，導致緊張局勢日漸加劇。中國也

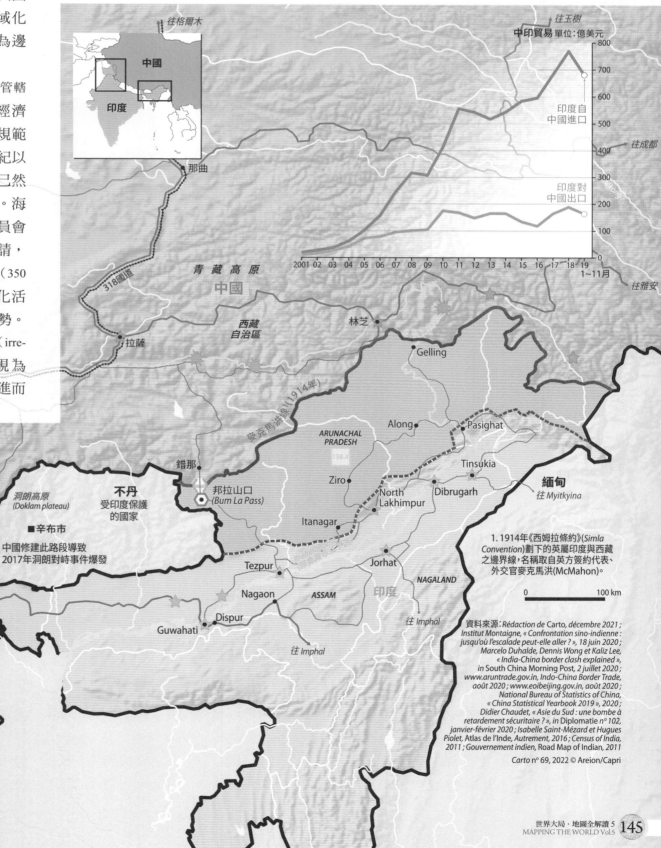

1. 1914年《西姆拉條約》（Simla Convention）劃下的英屬印度與西藏之邊界線，名稱取自英方簽約代表、外交官麥克馬洪（McMahon）。

0 —————— 100 km

資料來源：Rédaction de Carto, décembre 2021；Institut Montaigne, « Confrontation sino-indienne : jusqu'où l'escalade peut-elle aller ? », 18 juin 2020；Marcelo Duhalde, Dennis Wong et Kaliz Lee, « India-China border clash explained », in South China Morning Post, 2 juillet 2020；www.aruntrade.gov.in, Indo-China Border Trade, août 2020；www.eoibeijing.gov.in, août 2020；National Bureau of Statistics of China, « China Statistical Yearbook 2019 », 2020；Didier Chaudet, « Asie du Sud : une bombe à retardement sécuritaire ? », in Diplomatie n° 102, janvier-février 2020；Isabelle Saint-Mézard et Hugues Piolet, Atlas de l'Inde, Autrement, 2016；Census of India, 2011；Gouvernement indien, Road Map of Indian, 2011

Carto n° 69, 2022 © Areion/Capri

6 希臘—土耳其海上邊界地圖

資料來源：UNESCO, 2021 ; UNHCR, décembre 2020 ; Emergency Response Coordination Centre (ERCC), Greece: Migration crisis and Moria camp fires, septembre 2020 ; Université Harvard, The Atlas of Economic Complexity, décembre 2021 ; OpenStreetMap, décembre 2020 ; Delphine Papin, Francesca Fattori et Floriane Picard, « Lesbos, nœud migratoire européen », in Le Monde, 4 octobre 2019 ; Didier Ortolland et Jean-Pierre Pirat, Atlas géopolitique des espaces maritimes, Technip, 2010

希臘
土耳其在希臘出口國中排名第四位，占希臘出口總額5.18%

希臘在土耳其出口國中排名第十八位，占土耳其出口總額1.24%

圖例

—— 主要幹道
愛琴海主要海上航線
2021年列入聯合國教科文組織世界遺產名錄的古蹟
→ 2019年土耳其與希臘之間的貿易概況
—— 國界
2012~2016年間加設圍牆或加強管制的邊界
2020年難民登記與身分識別的中轉中心
2020年當地的難民人數(12月6日)

希臘
希臘領海範圍為6浬

土耳其
土耳其領海範圍(虛擬等距中線)
土耳其宣稱擁有主權的區域
土耳其語區

1. 此處僅標示出Hosios Loukas修道院位置，Daphni修道院和奇俄斯新修道院為同系列拜占庭式建築。

50 km

Carto n° 69, 2022 © Areion/Capri

是全球擁有最多鄰國的國家，與不丹和台灣等國家都有爭端。歐洲也不例外，俄羅斯和烏克蘭正處於衝突之中，而烏克蘭已失去烏東和克里米亞（俄國於2014年吞併）的主權。高加索地區則於2020年過渡至2021年的冬季成為亞塞拜然與亞美尼亞的戰爭舞台，目的是為了爭奪納戈爾諾・卡拉巴赫共和國，最後亞塞拜然收復了於1990年代初期的衝突下失去的領土。南北韓之間的非軍事區（DMZ）也依然是當年熱戰的邊界。由此可知，國際間的緊張局勢並不會隨著邊界的劃定而徹底消失，然而在庫德斯坦（Kurdistan）❾、達佛❿、索馬利蘭⓫等爭議地區，人們對劃定邊界的需求依然迫切。

交界地帶難管制，南美三國邊界成犯罪天堂

隨著全球化發展，邊界也成為合作的界面，歐盟的建立便是以邊界去功能化為原則。邊界的作用從切割空間變成縫合空間，形成跨境交流區，是不同社群之間和平與繁榮的因素。歐元區就是最好的證明，在法國，有將近35萬名跨境就業人口前

7 一座島嶼，兩個愛爾蘭

大西洋

Portstewart　Ballycastle
144,943
CAUSEWAY COAST ET GLENS
Coleraine
Limavady

Letterkenny

139,443
MID-ANTRIM
Ballymena
Larne

德里
(倫敦德里)

151,109
DERRY ET STRABANE
Strabane

159,192
DONEGAL

143,756
ANTRIM ET NEWTOWNABBEY

Bangor
162,056
ARDS ET NORTH DOWN
Newtownards

北愛爾蘭
(英國)

Omagh
342,560
貝爾法斯特

Donegal

Cookstown

148,953
MID ULSTER

146,452
LISBURN ET CASTLEREAGH
Lisburn

Ballyshannon
Bundoran

117,337
FERMANAGH ET OMAGH

Lurgan

Belleek

Belcoo
Enniskillen

Armagh
217,232
ARMAGH ET BANN DISTRICT

Banbridge

Downpatrick

Sligo

Monaghan

Newry
99,480
NEWRY ET MOURNE

Newcastle

65,535
SLIGO

61,386
MONAGHAN

愛爾蘭

Warrenpoint

Carrick-on-Shannon

32,044
LEITRIM

Cavan
76,176
CAVAN

Dundalk

往 Galway

Ardee
128,884
LOUTH

Longford

Drogheda

往 Athlone

25 km

往都柏林

領土範圍
- 國際邊界
- 區界/郡界
- 專屬經濟海域
- 與英國相鄰的愛爾蘭邊境郡
- 與愛爾蘭相鄰的英國邊境郡
- 都市區
- 英國（2020年統計）與愛爾蘭（2016年統計）人口數
- 在英國脫歐公投中，超過50%選民贊成的行政區

- 主要的貨運與客運港口

邊境的連結網絡
- 國際機場
- 主要經濟發展樞紐
- 兩國間的跨區連結點且經濟強勁成長的城市
- 具有區域性影響的城市

兩國過境點每日通過人數
- 超過1萬人
- 少於1萬人
- 主要交通路線
- 次要交通路線
- 其他道路
- 海運航線

都柏林

資料來源：*www.data.cso.ie, 2021*；*www.ons.gov.uk, 2021*；*International Centre for Local and Regional Development*, Applying the Functional Territories Concept: Planning Beyond Boundaries, n° 13, juin 2016；Transfrontier Euro-Institut Network, Ireland / Northern Ireland, décembre 2016；All-Island Research Observatory (AIRO), Maynooth University, décembre 2016；BBC, décembre 2016；*www.geoportal.statistics.gov.uk, décembre 2016*

底圖來源：*OpenStreetMap, 2016*

Carto n° 69, 2022 © Areion/Capri

往比利時、盧森堡、德國與瑞士工作。但是這些變革的進程相當脆弱，英國脫歐更是再次觸動北愛爾蘭（英國）與愛爾蘭共和國（歐盟成員國）對於邊界的敏感神經（參見圖7）。邊界也可以視作一種資源，有助於加強交流以及領土的結構化與整合。此外，各國對於舊有邊緣地帶的管制可能不夠全面，比如巴西、阿根廷和巴拉圭之間的「三國邊界」（參見圖8）。這個長久以來只有熱帶雨林開墾者與半游牧原住民涉足的邊緣地帶，自1970年代起轉型為南美大陸活躍的區域一體化中心，同時也是最黑

暗的全球化地區之一。在巴拉圭東方市（Ciudad del Este）、巴西伊瓜蘇市（Foz do Iguaçu）與阿根廷伊瓜蘇港之間的遼闊林地，於數十年間興起了一座大型的三國跨境複合城市，如今「三國邊界」已然是南美洲走私（舉凡贓車、假外幣、仿冒品、武器、毒品）與洗錢的天堂。另外，資源的開發也有助於促成鄰國之間的合作，例如伊朗與卡達共同開採波斯灣的離岸天然氣，以及裏海沿岸五國根據2018年簽訂的《裏海法律地位公約》，共享開採石油的權力。這類合作突顯出共同管理並保護瀕危自然區域的

8 南美洲三國邊界走私據點地圖

往 Concepción
Itaipu 湖
Itaipu
水力發電廠
往 Curitiba
自哥倫比亞
Guarani
國際機場
Acaray
水壩
往 São Paulo
往亞松森(首都)
友誼橋
東方市
伊瓜蘇市
巴西
巴拉圭
一體橋
(興建中)
往 Santo Angelo
兄弟橋
伊瓜蘇
國際機場
伊瓜蘇港
伊瓜蘇
國家公園
往布宜諾斯艾利斯
(首都)
阿根廷
伊瓜蘇
國家公園
往 Corrientes
Paraná
往 Capanema
往 Posadas
往布宜諾斯艾利斯
(首都)
伊瓜蘇港
國際機場
5 km

易於走私的邊界
主要道路
次要道路
邊境管制站
橋
都市發展區
國家公園

非法走私據點
走私區(舉凡武器、毒品、人口、
贓物、電子與電腦設備、
仿冒品與酒類等販運)
毒品中轉站(古柯鹼、大麻)
毒品主要流通路線
恐怖組織於「三國邊界」進行
非法活動的中轉與融資區

資料來源:Geoimage, « Brésil / Argentine / Paraguay - La triple frontière
autour d'Iguazu : un des territoires transfrontaliers les plus actifs au
monde », Cnes, 2020 ; Carto n° 25, 2014
Carto n° 69, 2022 © Areion/Capri

重要性,比如非洲中部的查德湖⓬(參見圖9)。

　　邊界呈現出種種新面向。如今已完全進入「超邊界」
(méta-frontière)的時代,此類邊界在時間與空間上超越了最初劃
定的領土,而且在表現形式上多了縱深。邊界變得具備流動
性,且建立起組織系統。非法移民拘留中心、難民營成為弱勢
族群的保護界線,機場、大使館則是本國與外國主權的交會
處,這些場所都是組成「網狀邊界」(frontières réticulaire)的一部
分,建構出外部邊界(pré-frontière)與內部邊界(post-frontière)系
統。這些邊界不必然是線,也可能是點,或粗細不一的線,如
此之多的因素導致世界分化、個體間疏離並阻礙流動。

　　由於邊界一直不斷變化,不僅是垂直的動態變化(領空邊
界),數位化與外部化(externalization)⓭也是必然的趨勢,因此
邊界依然是「世界的摩擦之處」,是愈來愈多問題與衝突發生
的地方。

文 ● É. Janin

❶ 法蘭西斯·福山(Francis Fukuyama),《歷史之終結與最後一人》(The End of History
And the Last Man,繁中版由時報出版),Free Press,1992年。

❷ François Dubet(dir.), Politique des frontières, La Découverte, 2018.

❸ 編注:綠線為聯合國劃定的緩衝中立區,以南是賽普勒斯共和國(Republic of Cyprus),
以北是北賽普勒斯土耳其共和國(Turkish Republic of Northern Cyprus)。

❹ Clément Brault et Romain Houeix, L'Amexique au pied du mur : Enquête au cœur d'un fantasme,
Autrement, 2019.

❺ 編注:原指半總統制中,來自不同政黨的總統和總理共享行政權的情況,此處借指權
力共享。

❻ 編注:指城市人口因異質性而分化,居民多依種族、社會地位或生活型態而聚居。

❼ 編注:法國地理學家富歇創造的新詞彙,以希臘字根 Horos(邊界)和 genèse(創生)
組成,意指「邊界的起源」。

❽ 編注:意指國家在此一範圍內可以組織國防、選舉、教育、醫療等活動。

❾ 編注:庫德族聚居地,所在山區橫跨土耳其、伊拉克、伊朗和敘利亞四國,多年來極
力爭取成為獨立國家,或者取得更大的自治權。

❿ 編注:位於蘇丹西部,因種族問題而內戰頻仍,近年又因鄰國查德有意扶植達佛自治
而與蘇丹政府發生衝突,使局勢更加不安。

⓫ 編注:未獲國際普遍承認的東非國家,其主張領土內也存在數個分離勢力。

⓬ 編注:位於奈及利亞、尼日、查德和喀麥隆四國交界的淡水湖,由於氣候變遷、人為
破壞與過度消耗導致面積不斷縮小,其中的溼地生態系也面臨危機。

⓭ 編注:意指將有爭議的事務(例如難民潮問題)交由政府以外的私人單位(或是其他
國家),且在國境之外處理。

9 查德湖環境危機地圖

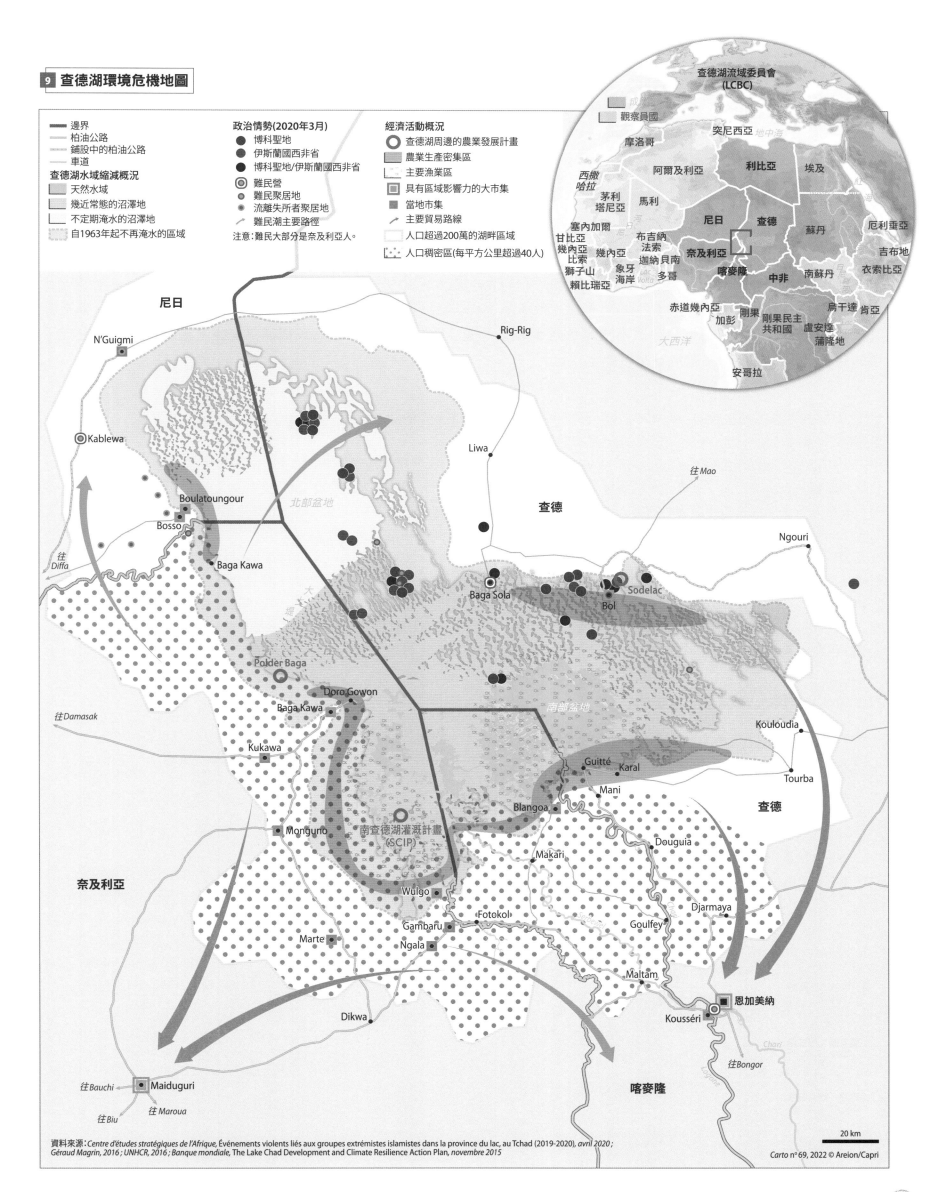

邊界
— 邊界
— 柏油公路
---- 鋪設中的柏油公路
— 車道

查德湖水域縮減概況
■ 天然水域
■ 幾近常態的沼澤地
□ 不定期淹水的沼澤地
▒ 自1963年起不再淹水的區域

政治情勢(2020年3月)
● 博科聖地
● 伊斯蘭國西非省
● 博科聖地/伊斯蘭國西非省
◉ 難民營
● 難民聚居地
• 流離失所者聚居地
↗ 難民潮主要路徑
注意:難民大部分是奈及利亞人。

經濟活動概況
○ 查德湖周邊的農業發展計畫
▤ 農業生產密集區
▦ 主要漁業區
▣ 具有區域影響力的大市集
■ 當地市集
↗ 主要貿易路線
▭ 人口超過200萬的湖畔區域
▨ 人口稠密區(每平方公里超過40人)

查德湖流域委員會 (LCBC)
■ 成員國
□ 觀察員國

突尼西亞 / 地中海
摩洛哥
西撒哈拉 / 阿爾及利亞 / 利比亞 / 埃及
茅利塔尼亞 / 馬利 / 尼日 / 查德 / 蘇丹 / 厄利垂亞
塞內加爾 / 布吉納法索 / 奈及利亞 / 喀麥隆 / 中非 / 南蘇丹 / 吉布地
甘比亞 / 幾內亞比索 / 幾內亞 / 迦納貝南 / 衣索比亞
獅子山 / 象牙海岸 / 多哥 / 赤道幾內亞 / 剛果 / 剛果民主共和國 / 烏干達 / 肯亞
賴比瑞亞 / 大西洋 / 加彭 / 盧安達 / 蒲隆地 / 安哥拉

尼日
N'Guigmi
◉ Kablewa
Rig-Rig
Liwa
往 Mao
北部盆地
Boulatoungour
Bosso
往 Diffa
Baga Kawa
查德
Baga Sola
Ngouri
Sodelac
Bol
往 Damasak
Polder Baga
Doro Gowon
Baga Kawa
Kukawa
南部盆地
Kouloudia
Monguno
南查德湖灌溉計畫 (SCIP)
Guitté Karal
Tourba
查德
Mani
Blangoa
Douguia
奈及利亞
Wulgo
Makari
Djarmaya
Fotokol
Goulfey
Gambaru
Marte
Ngala
Maltam
恩加美納
Dikwa
Kousséri
喀麥隆
往 Bauchi
● Maiduguri
往 Bongor
往 Biu
往 Maroua

20 km

資料來源:Centre d'études stratégiques de l'Afrique, Événements violents liés aux groupes extrémistes islamistes dans la province du lac, au Tchad (2019-2020), avril 2020 ; Géraud Magrin, 2016 ; UNHCR, 2016 ; Banque mondiale, The Lake Chad Development and Climate Resilience Action Plan, novembre 2015

Carto n° 69, 2022 © Areion/Capri

軍事干預：
西方強權為何從北非和阿富汗撤軍？

西方的武裝干預飽受輿論批評，其行動範圍包含阿富汗、利比亞、黎凡特（Levant）❶、薩赫爾等地區，然而如今數場規模最大的武裝干預業已結束。法國於2021年6月宣布終結始於2014年的巴爾赫內行動（Operation Barkhane，又稱新月形沙丘行動），而美國在歷經二十年的衝突後，也於同年8月從阿富汗撤軍（參見圖2）。長期以來，軍事干預不僅犧牲許多軍人與非軍事人員的性命，軍事預算也相當高昂，甚至還為具獨裁傾向的政權提供保護，最終卻又無法達成干預的目的。未來是否應該避免重蹈覆轍？

西方對外軍事行動在政治、倫理與法律上的正當性，以及戰略適當性的問題，是過去二十五年來國際關係領域專家研究的焦點。自從南斯拉夫內戰（1991～2001年）❷以來，對於此一問題的討論便一再浮上檯面，尤其是無人機這種新型行動手段格外引人注目。相關議題的研究成千上萬，難以統整，因此不如回歸到基本面來討論。首先，每場衝突都不盡相同，各方參戰獲得的國家利益也相應地有所不同。這種經常受到抨擊的利益概念涵蓋許多面向，例如盟國或地區的安全、對於防禦協定的尊重（比如薩赫爾地區）、維護國家價值的意志、遏止威脅等等。此外，國家利益隨著時間改變，參戰形式也會與時俱進。以軍事上來說，在阿富汗的行動與對抗伊斯蘭國組織的行

動目的並不相同，使用的手段也不太能相提並論。

以本國利益為核心，轉化為多種軍事行動

對外軍事行動幾乎都是「抉擇之戰」，而非「必要之戰」。但也不能一概而論，早期干預的用意在於防止局勢惡化，因而強制採取行動。不論是2010年代初期以來在薩赫爾地區的行動，或者盧安達軍隊自2021年7月以來在莫三比克德爾加杜角省（Cabo Delgado）的行動，往往都是出於這樣的邏輯脈絡。此外，手段很重要，因為手段是政治意志以及對於「和平／戰爭」因時制宜的雙重轉化。舉凡情報行動、培訓、特種部隊行動等輕微干預，到反叛亂作戰、「國家建構」等重大干預，一

1 **2019年TOP15軍火公司的國際活動概況**

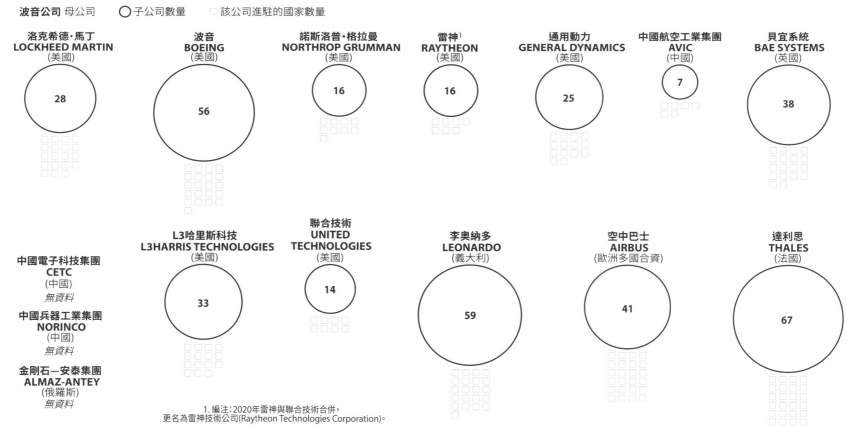

波音公司 母公司   ○ 子公司數量   □ 該公司進駐的國家數量

洛克希德·馬丁 LOCKHEED MARTIN（美國）	波音 BOEING（美國）	諾斯洛普·格拉曼 NORTHROP GRUMMAN（美國）	雷神¹ RAYTHEON（美國）	通用動力 GENERAL DYNAMICS（美國）	中國航空工業集團 AVIC（中國）	貝宜系統 BAE SYSTEMS（英國）
28	56	16	16	25	7	38

中國電子科技集團 CETC（中國）*無資料*

中國兵器工業集團 NORINCO（中國）*無資料*

金剛石—安泰集團 ALMAZ-ANTEY（俄羅斯）*無資料*

L3哈里斯科技 L3HARRIS TECHNOLOGIES（美國）	聯合技術 UNITED TECHNOLOGIES（美國）	李奧納多 LEONARDO（義大利）	空中巴士 AIRBUS（歐洲多國合資）	達利思 THALES（法國）
33	14	59	41	67

1. 編注：2020年雷神與聯合技術合併，更名為雷神技術公司(Raytheon Technologies Corporation)。

資料來源：*SIPRI, Mapping the International Presence of the World's Largest Arms Companies, décembre 2020*

Carto nº 68, 2021 © Areion/Capri

且軍事行動的名目夠多,「和平／戰爭」的界線就會變得難以辨明。

總之,若是以順應局勢為優先,就必得遵循歷史悠久且通用的軍事戰略基本原理,這往往是干預行動的成敗關鍵。政治人物對於理想的最終狀態(也就是干預的目的)定義不明的情況屢見不鮮,但是如果目的太過模糊或空泛,就無法實現。事實上,干預的目的必須「轉化」為軍事行動(即實現干預目的的策略),如此就可能導致行動策略與理論不合。在阿富汗,美國聚焦在「國家建構」,因而忽視了塔利班,再加上巨額投資與不合適的軍隊結構,長此以往,自然招致澳洲軍事分析師基爾卡倫(David Kilcullen)所說的「意外的游擊戰」(accidental guerrilla),人民將美國軍人視為占領者,亦即敵人。

此外,軍事戰略具備辯證性(dialectic),重要的是去考量敵方及其變化,對於軍事干預對象的情勢變化也須考量在內,尤其像是在薩赫爾地區等會造成「重大影響」的行動更是如此。這些行動的邏輯是以「全球方針」號召當地政府,說服他們國家必須重新部署,並讓當地居民承認其合法性,進而防止任何負面的影響。不過,也要顧及當地政府可能使情況變得複雜,就定義而言,干預對象是主權國家且擁有能動性(agency)❸,同時也有自身的利益考量,可能與軍事干預者的利益不一致。

一場輸贏未卜的賭注

總而言之,戰略並不比政治更能準確預判,一項行動可能會由於一連串的原因而成功或失敗。發動武裝干預就是在押注,賭此舉可以穩定局勢,然而這個賭注輸贏未卜。在敘利亞和伊拉克,西方透過空襲與砲擊、訓練當地軍隊及投入特種部隊,終於重新奪回2014 ~ 2019年間遭恐怖組織伊斯蘭國占領、建立「哈里發國」(caliphate)❹的土地,致使該組織分散至數個難以相互聯繫的零星據點,但是卻依然無法讓敘利亞和伊拉克的局勢穩定下來。在利比亞,西方則試圖透過政權更迭與辦理選舉來穩定局勢,這個賭注一度看似成功,但之後該國卻陷入內戰,不僅演變成利比亞人之間的權力鬥爭,甚至還有未獲國際社會支持的外來單邊武裝行動(阿拉伯聯合大公國、土耳其、俄羅斯)涉入❺。2022年1月,俄羅斯、白俄羅斯、吉爾吉斯、亞美尼亞與塔吉克在哈薩克進行為期11天的武裝干預,對

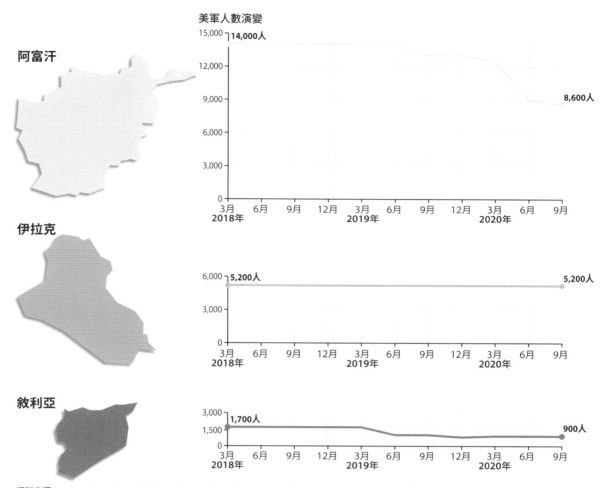

2 美軍撤離中東地區概況

美軍人數演變

阿富汗

伊拉克

敘利亞

資料來源:*Just Security, Just Security Obtains Overseas Troop Counts That the Pentagon Concealed from the Public, 4 mars 2021*   *Carto nº 68, 2021 © Areion/Capri*

抗所謂的「恐怖主義威脅」,同時支援因人民示威而政權動搖的托卡葉夫總統。

外來軍事干預不僅僅是大西洋沿岸國家的常態(參見圖1、3)。多個非洲國家介入馬利與莫三比克的衝突;俄羅斯為了支持盟友敘利亞,更加集中精力對付阿薩德政權的反對派,而非伊斯蘭國;澳洲則於2002年介入東帝汶的獨立進程。未來這類案例可能愈來愈多,而準備採取武裝干預的國家其理由也一樣有增無減。各國或許會為了國家利益發起重大軍事行動,也可能只是象徵性地參與,與盟友並肩作戰。

文 ● J. Henrotin

---

❶編注:古代泛指東地中海至西亞之間的廣大區域,今多用以指稱賽普勒斯、以色列、約旦、黎巴嫩、巴勒斯坦、敘利亞和大部分的土耳其。

❷編注:「南斯拉夫社會主義聯邦共和國」(Socialist Federal Republic of Yugoslavia)解體而引發的一系列戰爭,諸如十日戰爭、波士尼亞戰爭、馬其頓武裝衝突等。

❸編注:意指具有自主選擇、決定、行動的能力(權力)。

❹編注:「哈里發」為伊斯蘭教對最高領袖的尊稱,「哈里發國」即最高領袖治理之國。

❺編注:自2014年起,利比亞內部分裂為全國團結政府(GNA)與軍閥哈夫塔(Khalifa Haftar)的國民軍(LNA)兩股勢力對峙。雖然聯合國呼籲外國勢力不要干涉,但阿聯、俄羅斯仍支持哈夫塔國民軍,而土耳其則支持全國團結政府。

3 全球武裝干預與主要軍事強國對外活動地圖

俄羅斯軍隊的部署概況
(俄羅斯領土以外)

2022年的統計資料

NNSC
南韓

IMT
民答那峨島
(Mindanao)

俄羅斯

塔吉克
吉爾吉斯

哈薩克

烏克蘭/
克里米亞

納戈爾諾·
卡拉巴赫共和國

白俄羅斯
加里寧格勒

亞美尼亞

聶斯特河
沿岸

阿布哈茲

敘利亞

英國軍隊的部署概況
(英國領土以外)

2021年的統計資料

汶萊

澳洲
1,736

日本
61,037

關島
11,142

菲律賓
229

新加坡
354

南韓
29,398

泰國
117

英屬
印度洋
領地
224

德國
47,488

芬蘭
201

羅馬尼亞
167

巴林
4,527

阿聯 225

波蘭
239

土耳其
1,884

卡達 527
科威特 1,360

荷蘭
652

1,720 沙烏地阿拉伯

義大利
15,039

280
希臘

280
埃及

約旦 361
以色列 131

西班牙
3,671

加拿大

波羅的海國家
(北約)

貝里斯

烏克蘭

伊拉克

索馬利亞

德國

英國

賽普勒斯

肯亞

直布羅陀

南蘇丹

奈及利亞

馬利
(聯合國馬利多層面
綜合穩定團)

福克蘭群島/
馬爾維納斯群島[1]

資料來源: *SIPRI*, Multilateral Peace Operations 2021 ; *Ministère de la Défense*, Dispositif opérationnel français déployé à travers le monde, *juin 2021* ; *Defense Manpower Data Center (DMDC), juin 2021* ; *The British Army, Operations and Deployments, 2021* ; *Rondeli Foundation*, Russian Military Forces: Interactive Map, *2021*

1. 編注：英國(稱福克蘭群島)與阿根廷(稱馬爾維納斯群島)對於此島的主權歸屬至今仍爭執不休。

Carto n° 68, 2021 © Areion/Capri

Carton n° 67, 2021 © Areion/Capri

資料來源:Rédaction de Carto, août 2021 ; « Les 10 plus importantes cyberattaques depuis 15 ans », in Business Insider, 25 mai 2021 ; CCI, Pérenniser l'entreprise face au risque cyber, 2020 ; OTAN, Les cyberattaques – repères chronologiques, 2013

網路犯罪:
全球應戰!後疫情時代的強敵

自2020年Covid-19疫情爆發以來,全球電腦受到駭客攻擊的次數也隨之暴增。公衛危機加速了個體、政治結構與經濟活動的數位化,因而更容易暴露於網路的威脅之下。對於犯罪集團和某些利用網路空間增加全球影響力的國家而言,不啻為天賜良機。

由於全球各地採取的公衛措施,人類活動大規模數位化(遠距辦公、線上商務、數位娛樂),進而讓網路攻擊更加容易,潛在受害者數量激增。無論是一般網路用戶、公司或政府都無法免於網路犯罪的風險,像是機密資料被竊取或破壞、電腦系統遭到劫持等。侵入受害者電腦最常見的手段是網路釣魚(phishing),也就是發送一封夾帶惡意軟體的電子郵件,一旦開啟郵件就會自動安裝;此外還有勒索軟體(ransomware),中毒的系統將被封鎖,無法登入,必須支付一筆贖金來交換解密金鑰。這些網路攻擊工具受到犯罪分子與政府機構青睞(參見圖1),市場商機蓬勃,而各國也紛紛研發策略,以增加基礎設施與人民的網路安全。

世界強國也難逃勒索軟體威脅

2020年,勒索軟體受害者支付的贖金金額高達4億600萬美元,2019年則是9,300萬美元。這些網路攻擊有時會造成重大金融損失,因為關鍵基礎設施可能受到牽連而危及人民安全。例如2021年5月,供應美國東岸城市與機場45%燃油量的殖民管線公司(Colonial Pipeline)受到勒索軟體入侵,導致供應中斷,甚至還對美國的空中運輸造成衝擊。此類攻擊中最怵目驚心的是在Covid-19疫情期間針對醫院發動的攻擊,在法國,2020年約有超過30間公衛機構成為勒索軟體的受害者。

有些網路攻擊行動則是出於國家利益(戰略、政治或金融利益)。2007年,與俄羅斯關係緊張的愛沙尼亞成為第一個被網路攻擊鎖定的國家,致使該國大部分的政府機構、媒體與銀行系統癱瘓多日。莫斯科當局遭指控為幕後主使——事實上,無論是俄羅斯的安全部門或是僑民,都經常被懷疑對美國及其盟友發動網路攻擊。

美國是稱霸世界的網路強國,美國國家安全局(National Security Agency, NSA)更是間諜活動遍布全球的中流砥柱。據說該局與以色列合作,設計出電腦蠕蟲「震網」(Stuxnet,2010年問世),原本是用來攻擊伊朗核計畫的電腦,而今全球卻有成千上萬台電腦受到感染。

美國國家安全局也可能設計了「想哭」病毒(WannaCry,2017年問世)的程式原型,據傳有人從該局盜取此程式原型,將之轉型為勒索軟體並感染30萬台電腦。而北韓則很可能涉入2014年日本索尼影業公司(Sony Pictures)網路攻擊事件,起因是該公司發行了一部嘲諷北韓領導人金正恩(Kim Jong-un,2011年就任)的電影;此外,北韓有部分經濟來源是竊取他國的加密貨幣,以彌補其經濟上的孤立❶。

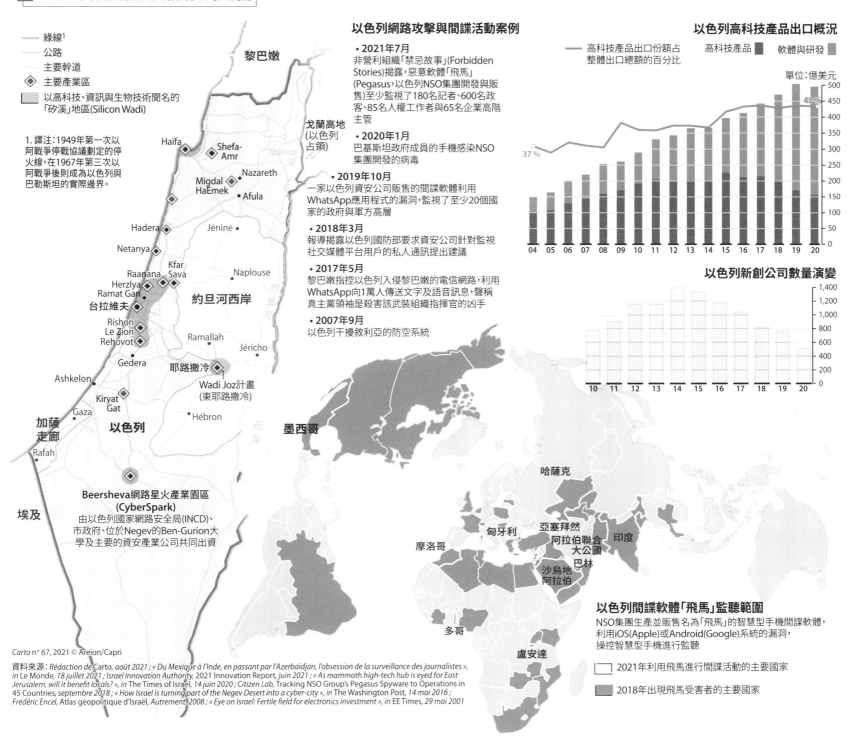

1 以色列高科技發展與網路攻擊地圖

網路犯罪難制裁，各國設資安專責機構加強防禦

隨著網路攻擊與日俱增，各國對於網路風險的政治意識（political awareness）在2010年代也有所提升。然而，在國際間使用法律工具效果仍然有限，大多數都不具約束力，像是聯合國專家團隊的報告，只能向各國提出行為建議。雖然歐洲理事會訂立了《網路犯罪公約》（Cybercrime Convention，或稱《布達佩斯公約》〔Budapest Convention〕），各國仍必須加深國際間的合作，才能更有效地打擊網路犯罪。

儘管國際之間達成協議，甚至在愛沙尼亞設有「北約卓越聯合網路防禦中心」（Cooperative Cyber Defence Centre of Excellence, CCDCOE），但各國還是需要建立自己的網路安全措施。例如法國在總理的指揮下，於2009年7月成立「國家資訊系統安全局」（ANSSI），目的是「監視及應對電腦攻擊，尤其是針對國家網路的攻擊」；2017年又設立了「網路空間指揮部」（ComCyber），目的是集中法國國防部的網路防禦力量，而2021年則設立另一個類似的機構，以作為聯合憲兵隊（隸屬內政部）的網路作戰兵力。在5G等新科技的推波助瀾下，各國社會的數位化加速成長，網路安全已然是重大的全球問題（參見圖2）。

文 • H. Estecahandy

❶編注：根據《日本經濟新聞》報導，北韓駭客組織「Lazarus」在2017～2022年間竊取了價值23億美元的加密貨幣，日、越、美、港是最大受害者。此外，美國亦指控該組織成員發動2014年索尼攻擊事件等多項網路攻擊。

資料來源：*Rédaction de Carto, août 2021; Conseil de l'Europe*, État des signatures et ratifications du traité 185, consulté le 11 août 2021; *CrowdStrike*, 2021Global Threat Report, 2021; *Wikipédia*, « Advanced Persistent Threat », page consultée en août 2021; *International Telecommunication Union*, The Global Cybersecurity Index 2020, 2021; *Center for Strategic and International Studies*, Significant Cyber Incidents, liste consultée en août 2021; *Commission européenne*, Digital Economy and Society Index (DESI), 2020; *FBI*, 2020 Internet Crime Report, 2021; *Accenture Security*, The Cost of Cybercrime, 2019

Carto n° 67, 2021 © Areion/Capri

1. 編注：資安公司以動物名稱為各國駭客組織命名，例如俄羅斯是熊(Bear)，其中APT28是奇幻熊(Fancy Bear)，APT29是安逸熊(Cozy Bear)。
2. 編注：APT38又被命名為星塵千里馬(Stardust Chollima)。
3. 編注：APT1、APT2、APT12、APT40分別是評論貓熊(Comment Panda)、推桿貓熊(Putter Panda)、數位貓熊(Numbered Panda)、氪星石貓熊(Kryptonite Panda)。
4. 編注：APT34、APT35分別是螺旋小貓(Helix Kitten)、迷人小貓(Charming Kitten)。
5. 編注：APT32又名為海洋水牛(Ocean Buffalo)。

◆ 由美國資安公司CrowdStrike提供的主要國際駭客組織代稱及其地理分布
這些組織可能由國家擁有或支援，進行國際性網路間諜活動與網路犯罪

注意：命名為「APT」的駭客組織是指該組織具「進階持續性威脅」(Advanced Persistent Threat)，並非表示與特定國家有關，僅是由資安公司或政府機構識別出來具備此攻擊模式。

◎ 資訊系統安全與網路防禦主要機構

□ 2020年遭受最多網路攻擊的10個國家
(根據美國聯邦調查局資料)

XX 2018年網絡犯罪帶來的年均損失
單位：萬美元

2021年8月11日簽署《網路犯罪公約》的國家
此國際條約於2001年開放簽署，並於2004年生效，目的是協調各國立法，處置有關資訊及通訊技術的犯罪行為、智慧財產權侵害、故意散播非法圖像或文字等相關違法行為

- 已簽署且批准條約的國家
- 已簽署條約的國家
- 未簽署且未批准條約的受邀國家

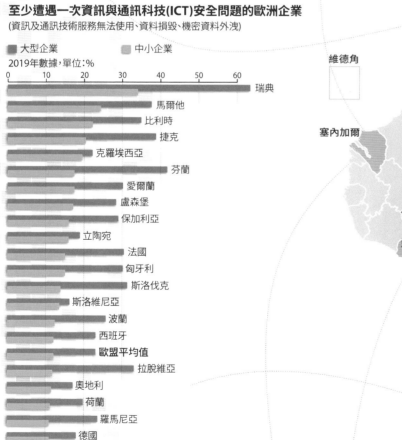

至少遭遇一次資訊與通訊科技(ICT)安全問題的歐洲企業
(資訊及通訊技術服務無法使用、資料損毀、機密資料外洩)

- ■ 大型企業
- ■ 中小企業

2019年數據，單位：%

0　10　20　30　40　50　60

瑞典
馬爾他
比利時
捷克
克羅埃西亞
芬蘭
愛爾蘭
盧森堡
保加利亞
立陶宛
法國
匈牙利
斯洛伐克
斯洛維尼亞
波蘭
西班牙
歐盟平均值
拉脫維亞
奧地利
荷蘭
羅馬尼亞
德國
賽普勒斯
丹麥
義大利
葡萄牙
愛沙尼亞
希臘
英國

阿根廷
智利
秘魯
巴拉圭
哥倫比亞
瓜地馬拉
哥斯大黎加
巴拿馬
墨西哥
美國
加拿大
多明尼加
720
巴西

美國國防部 ◎
英國 1,150
970
820
2,740
920
1,360

ENISA
歐盟網路安全局 ◎
NATO
北約資安計畫 ◎

維德角
塞內加爾

冰島
挪威
法國
西班牙
摩洛哥
瑞士
德國
歐盟
巴爾幹半島
義大利
希臘
土耳其
喬治亞
Lynx
亞塞拜然
亞美尼亞

ANSSI
法國國家
資訊系統安全局

突尼西亞

布吉納法索
迦納
貝寧
尼日
奈及利亞

日本
俄羅斯
北韓
熊(Bear)
APT28、APT29為主
千里馬(Chollima)
APT38為主
中國
貓熊(Panda)
APT1、APT2、
APT12、APT40等為主
俄羅斯特種部隊、
俄羅斯聯邦安全局(FSB)、
情報總局格魯烏(GRU) ◎

8200網戰部隊
(Unit 8200)
以色列 ◎
國家網路安全局

伊朗
小貓(Kitten)
APT34、
APT35為主

巴基斯坦
花豹(Leopard)
印度
虎(Tiger)

南非

模里西斯

1 2 3 4 5 6 7 8 9 10 11 12 月月月月月月月月月月月月
2006年
1 2 3 4 5 6 7 8 9 10 11 12 月月月月月月月月月月月月
2007年
1 2 3 4 5 6 7 8 9 10 11 12 月月月月月月月月月月月月
2008年
1 2 3 4 5 6 7 8 9 10 11 12 月月月月月月月月月月月月
2009年
1 2 3 4 5 6 7 8 9 10 11 12 月月月月月月月月月月月月
2010年
1 2 3 4 5 6 7 8 9 10 11 12 月月月月月月月月月月月月
2011年
1 2 3 4 5 月月月月月
2012年

2020年全球網路安全指數(GCI)

該指數由國際電信聯盟(ITU)制定,用以比較各國投入網路安全
程度的25項指標綜合數據,主要關注五大基礎面向:
法令、技術能力、機構協調、技能開發與國際合作

高分 88~100(美國)
74~87.9
45~73.9
15~44.9
低分 0 (葉門) ~14.9

紐西蘭

東加

南韓
鶴(Crane)

菲律賓

中國國家
互聯網信息辦公室

越南
水牛(Buffalo)⁵
APT32為主

新加坡

澳洲

斯里蘭卡

全球各領域因網路犯罪造成的年均損失

2018年　2017年　　　　　　　　　　單位:千萬美元

2	1.8	1.6	1.4	1.2	1	0.8	0.6	0.4	0.2	0	
											銀行業
											服務業
											軟體業
											汽車業
											保險業
											高科技業
											資本市場
											能源業
											美國聯邦政府
											消費性產品
											健康產業
											零售業
											生命科學與醫療業
											媒體與通訊業
											旅遊業
											公共部門

2006~2021年全球重大網路攻擊事件

每月的方塊數量代表網路攻擊發生次數 ●
美國智庫「戰略暨國際研究中心」(CSIS)的統計數據,
包含針對政府機構、國防與高科技公司的網路攻擊,以及損失超過百萬美元的經濟犯罪

1 2 3 4 5 6 7 8 9 101112月 | 1 2 3 4 5 6 7 8 9 101112月 | 1 2 3 4 5 6 7 8 9 101112月 | 1 2 3 4 5 6 7 8 9 101112月 | 1 2 3 4 5 6 7 8 9 101112月 | 1 2 3 4 5 6 7 8 9 101112月 | 1 2 3 4 5 6 7 8 9 101112月 | 1 2 3 4 5 6 7 8 9 101112月 | 1 2 3 4 5 6 7月

2013年　2014年　2015年　2016年　2017年　2018年　2019年　2020年　2021年

博弈經濟：跨國玩家上線，運彩投注金飆升

博弈業由於網路發達與修法放寬而欣欣向榮，在旅遊業
與娛樂業的結合之下，其經營據點在地理分布上不斷擴
張且遍及全球，同時也呈現出聚集趨勢，高調者
如拉斯維加斯、澳門，低調者則如法國等
地。博弈產業涉及玩家、勢力龐大的營
運商及詐欺問題，猶如複雜的地緣
政治舞台，各國必須在禁止與自由
化之間做出決斷。

全球博弈市場於2014年的收入估計
約為4,510億美元，2022年應超
過5,650億美元。這些估計數字很難
查證，而且不考慮非法行為的話，有
時年收入估計高達1兆美元，相當於將
近全球2/3的軍備支出（參見圖1、2）。

全球瘋運動彩券，
線上博弈翻倍成長

博弈產業可細分為許多市場（彩券、運動
彩券、賭場等），但所有市場皆具有一項主要
特徵，那就是出色的成長率。2015～2018
年間，全球投注金額平均每年成長約4%，
其中非洲與拉丁美洲的成長率超過20%。變
化最為驚人的是線上博弈，2011年僅占博弈
市場的7%，至2020年占比已來到17%，這
都要歸功於智慧型手機普及，玩家幾乎隨時
隨地可以下注。法國國家博弈管理局（ANJ）
還因此將2020年稱為「線上博弈的轉捩
點」，該產業在法國的營業額與2019年相比
成長了22%，亦即17億歐元。其中又以運動
彩券最具優勢，網路上無所不在的廣告便是
證明，而這股風潮也席捲全球各地。自古以
來，博弈皆屬於國家管轄，只有經明文批准
才能成立。從嚴格禁止的沙烏地阿拉伯，到
完全自由化的澳洲，世界各國對於賭博各有
各的立場，舉凡文化、立法以及態度等林林
總總莫衷一是，形成名副其實的地緣政治。

以全球規模來看，博弈產業似乎相當集
中，中國加上九個經濟合作暨發展組織國家
就占了總營業額的80%。美國遙遙領先日
本、義大利、英國、澳洲、德國、法國、加

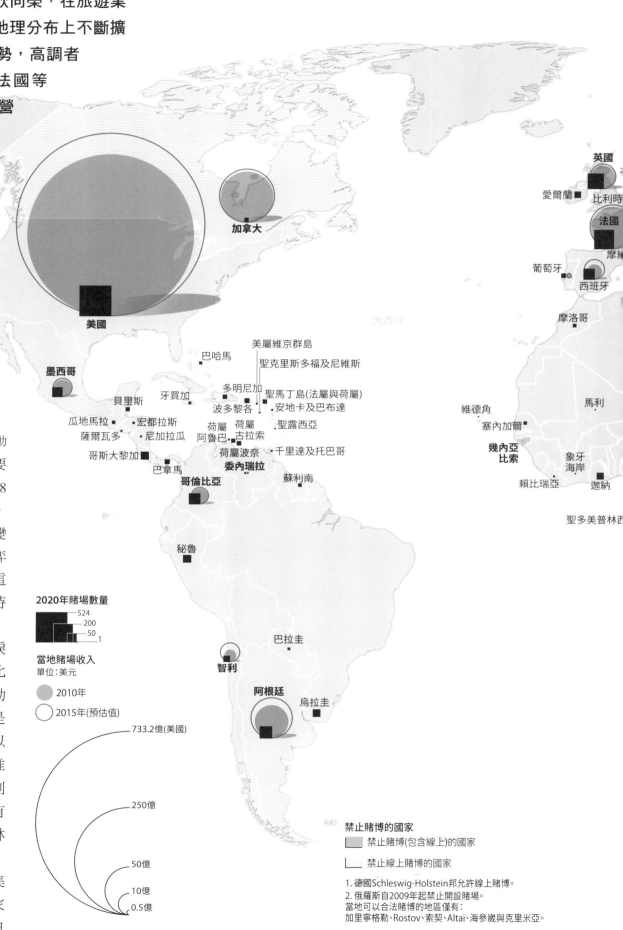

2020年賭場數量
524
200
50
1

當地賭場收入
單位：美元

2010年

2015年（預估值）

733.2億(美國)

250億

50億

10億

0.5億

禁止賭博的國家
禁止賭博(包含線上)的國家
禁止線上賭博的國家

1. 德國Schleswig-Holstein邦允許線上賭博。
2. 俄羅斯自2009年起禁止開設賭場。
當地可以合法賭博的地區僅有：
加里寧格勒、Rostov、索契、Altai、海參崴與克里米亞。

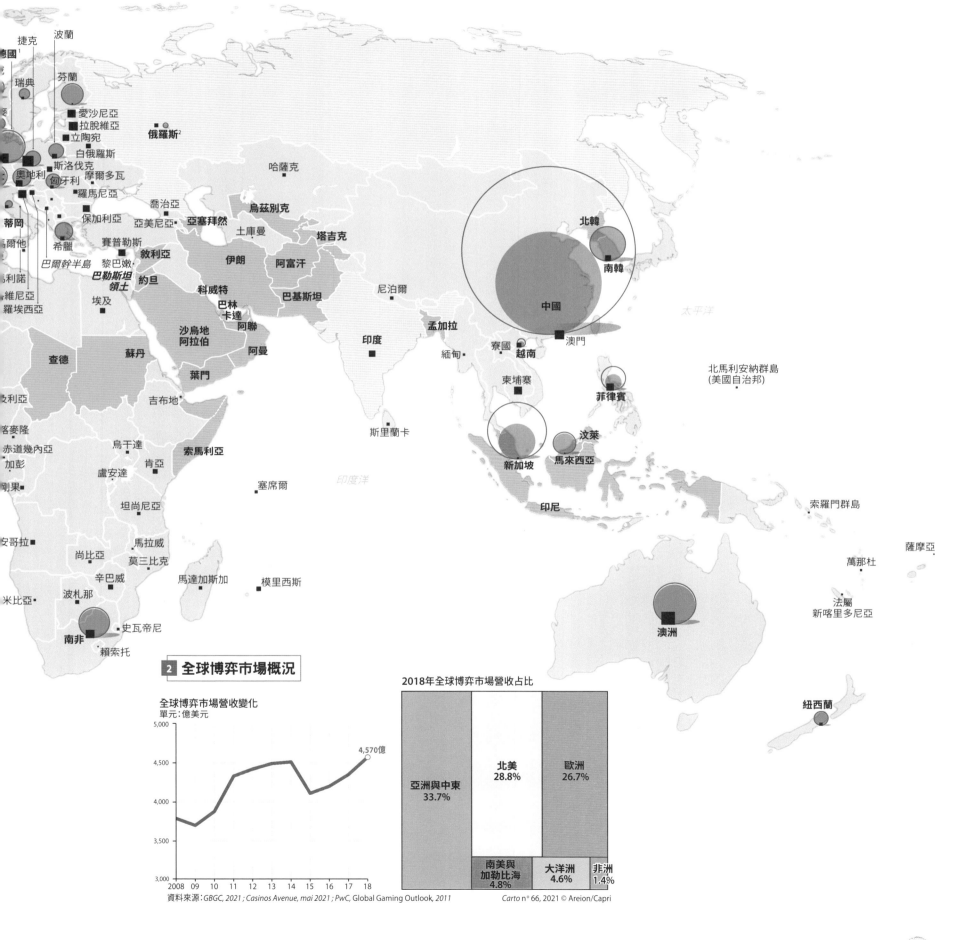

捷克
波蘭
德國[1]
瑞典
芬蘭
愛沙尼亞
拉脫維亞
立陶宛
俄羅斯[2]
白俄羅斯
斯洛伐克
匈牙利
摩爾多瓦
奧地利
羅馬尼亞
蒂岡
保加利亞
馬爾他
希臘
賽普勒斯
巴爾幹半島
敘利亞
黎巴嫩
利諾
維尼亞
羅埃西亞
巴勒斯坦領土
約旦
科威特
哈薩克
喬治亞
亞美尼亞
亞塞拜然
烏茲別克
土庫曼
塔吉克
伊朗
阿富汗
巴基斯坦
巴林
卡達
阿聯
阿曼
埃及
沙烏地阿拉伯
查德
蘇丹
葉門
及利亞
吉布地
客麥隆
烏干達
赤道幾內亞
加彭
剛果
盧安達
肯亞
索馬利亞
坦尚尼亞
塞席爾
印度洋
尼泊爾
印度
孟加拉
緬甸
寮國
越南
澳門
柬埔寨
斯里蘭卡
新加坡
馬來西亞
汶萊
印尼
北韓
南韓
中國
太平洋
菲律賓
北馬利安納群島
(美國自治邦)
索羅門群島
薩摩亞
萬那杜
法屬
新喀里多尼亞
澳洲
安哥拉
尚比亞
馬拉威
莫三比克
馬達加斯加
模里西斯
米比亞
辛巴威
波札那
南非
史瓦帝尼
賴索托
紐西蘭

2 **全球博弈市場概況**

全球博弈市場營收變化
單元:億美元

4,570億

5,000
4,500
4,000
3,500
3,000
2008 09 10 11 12 13 14 15 16 17 18

2018年全球博弈市場營收占比

亞洲與中東 33.7%	北美 28.8%	歐洲 26.7%
	南美與 加勒比海 4.8%	大洋洲 4.6%	非洲 1.4%

資料來源:*GBGC, 2021 ; Casinos Avenue, mai 2021 ; PwC, Global Gaming Outlook, 2011*

Carto n° 66, 2021 © Areion/Capri

3 美國原住民人口分布圖

拿大與西班牙；全球有幾乎一半的賭場聚集在美國、法國、英國、澳洲、阿根廷、西班牙與荷蘭等七國。許多國家從博弈業獲得可觀的收入，例如法國每年的博弈營收即超過90億歐元。而這項或多或少非屬正規的經濟活動，在開發中國家也很盛行，比如海地發行的Borlette彩券（在象牙海岸稱為Ghanéenne），在已開發國家如日本，則以柏青哥最為盛行。由此可知，博弈明顯是高度集中的產業，但也兼具大量擴散的特徵。

2019年各州原住民人口數
包含美洲原住民及阿拉斯加原住民，
單一或多個種族混血

772,394人(加州)
200,000人
66,174人(堪薩斯州)

2010年各郡原住民人口占比
- 8%以上
- 3~7.9%
- 1.5~2.9%
- 低於1.5%
- 主要的原住民保留地
- *Sioux*族 主要部落/民族

資料來源：*US Census Bureau, 2021, et American Indians and Alaska Natives in the United States, 2012*
Carto nº 66, 2021 © Areion/Capri

4 美國賭場分布圖

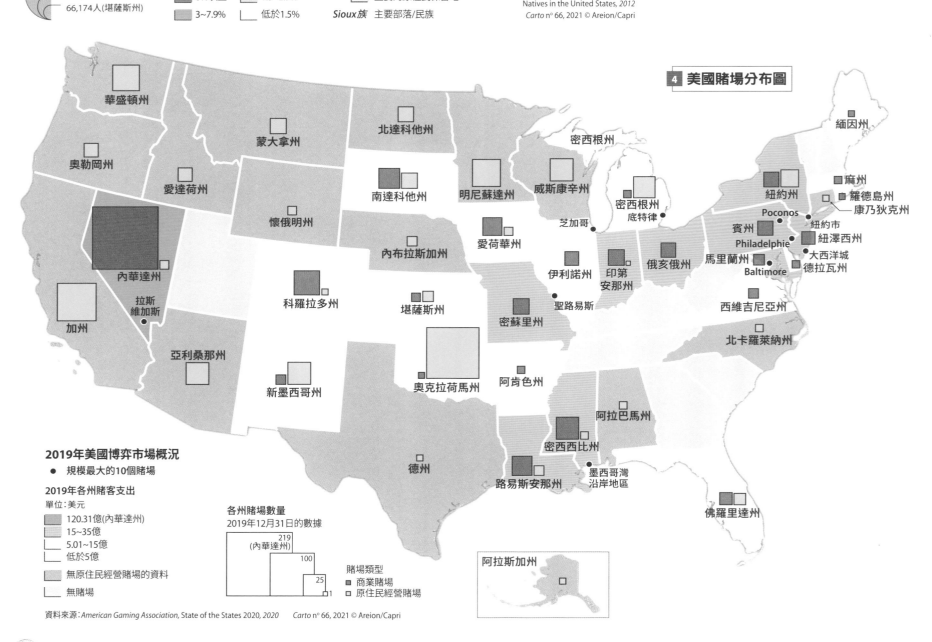

2019年美國博弈市場概況
- ● 規模最大的10個賭場

2019年各州賭客支出
單位：美元
- 120.31億(內華達州)
- 15~35億
- 5.01~15億
- 低於5億
- 無原住民經營賭場的資料
- 無賭場

各州賭場數量
2019年12月31日的數據
- 219 (內華達州)
- 100
- 25
- 1

賭場類型
- ■ 商業賭場
- □ 原住民經營賭場

阿拉斯加州

資料來源：*American Gaming Association, State of the States 2020, 2020*　Carto nº 66, 2021 © Areion/Capri

從水上賭場發跡，美國賭場的「治外法權」原則

　　雖然美國聯邦政府沒有明文禁止，但除了內華達州與大西洋城（紐澤西州）之外，大多數的州政府都禁止開設賭場。關於賭博的禁令眾多且由來已久，可以追溯至美國的清教徒歷史。傑弗遜總統（Thomas Jefferson，任期1801～1809年）就曾批評過賭博，而受到基督教與維多利亞時代道德觀念驅使的反對運動中，還加入了類似社會達爾文主義的理論，亦即西方社會必須要根除賭博這樣的偏差行為。在此一脈絡下，水上賭場於河川上興起，現蹤於各州的交界，比如密西西比河及其主要支流（俄亥俄州與密蘇里州）。據估計，在美國南北戰爭（1861～1865年）爆發前，這些水上賭場的據點已超過550個。這種治外法權邏輯延續至今，為美國賭場找到了生存空間，賭場數量因此不斷增加，全美各地賭場也以此作為擴散策略（參見圖4）。

　　內華達州是第一個開放博弈的州政府，時間是1931年。雷諾市（Reno）與卡森城（Carson City）的賭場開幕，迎接從加州北部前來的客群，直到1990年代，賭城拉斯維加斯將近80%的客群仍來自洛杉磯地區。1980年代初期，大西洋城甚至將這種治外法權的邏輯延伸到巨型都市中心。

　　自1990年代起，有關當局漸次給予原住民（參見圖3）開設賭場的許可，以因應這項其實存在已久的商業活動。不過，這項舉措並未受到所有人支持，例如曾是大西洋城賭場業主的前總統川普，就經常抱怨這是不公平的競爭；而佛羅里達州作為許多「郵輪賭場」的發源地，州政府卻限制所有於原住民保留區開設賭場的新計畫。儘管新計畫遭到反對，當地原住民仍轉而尋求外資支持。藉由向最高法院提出上訴，或者資助在華盛頓特區最有力的博弈遊說團體，某些部落甚至成為經營賭場的

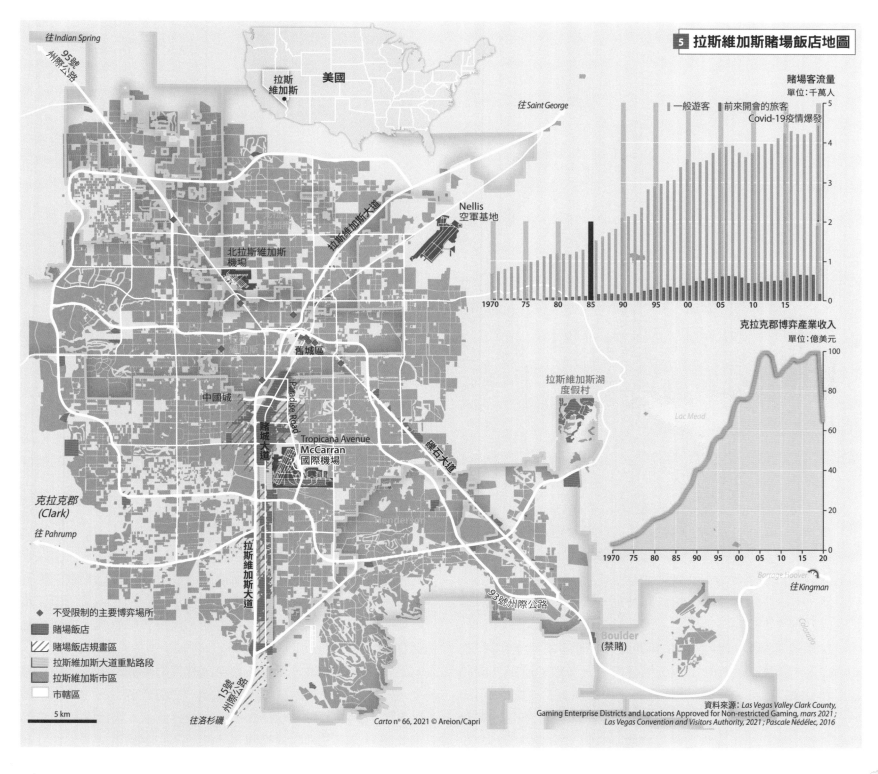

5 拉斯維加斯賭場飯店地圖

賭場客流量
單位：千萬人

一般遊客　前來開會的旅客
Covid-19疫情爆發

克拉克郡博弈產業收入
單位：億美元

◆ 不受限制的主要博弈場所
　 賭場飯店
　 賭場飯店規畫區
　 拉斯維加斯大道重點路段
　 拉斯維加斯市區
　 市轄區

5 km

Carto nº 66, 2021 © Areion/Capri

資料來源：*Las Vegas Valley Clark County, Gaming Enterprise Districts and Locations Approved for Non-restricted Gaming, mars 2021；Las Vegas Convention and Visitors Authority, 2021；Pascale Nédélec, 2016*

6 澳門博弈產業概況

澳門賭場賭檯與角子機數量變化
單位：萬

- 賭檯
- 角子機

07 08 09 10 11 12 13 14 15 16 17 18 19 20

賭場總營收歷年年度最高紀錄
單位：億澳門幣（2021年6月匯率：1澳門幣＝約1.25美金）

05 06 07 08 09 10 11 12 13 14 15 16 17 18 19 20

注意：澳門過去為葡萄牙的商埠，
自1999年起成為中華人民共和國的特別行政區。

資料來源：*Gaming Inspection and Coordination Bureau Macao SAR, consultations des données en ligne, mai 2021*

澳門41家賭場的分布圖

Carto n° 66, 2021 © Areion/Capri

澳門賭場持有者（2021年3月）
- 澳門旅遊娛樂(何氏家族)
- 威尼斯人(拉斯維加斯金沙集團)
- 永利度假村(美國公司)
- 新濠博亞娛樂(何氏家族)
- 銀河娛樂(呂氏家族)
- 美高梅(美國公司)

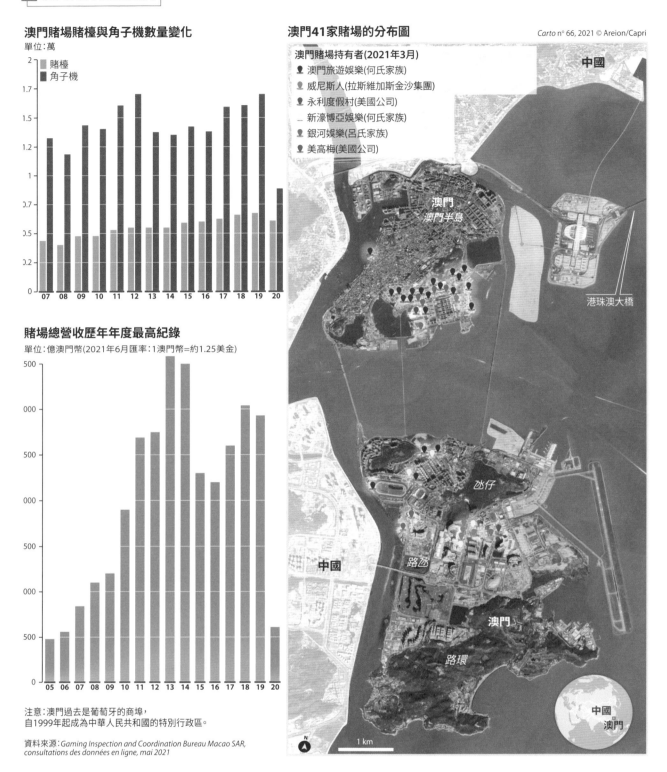

中國

澳門
澳門半島

港珠澳大橋

氹仔

中國

路氹

澳門

路環

中國
澳門

N
1 km

以及黑手黨地盤的形象。1990年代，新的投資者（保險公司、電影控股公司、投資管理公司等）來到拉斯維加斯，從此該地的命運與金融資本主義密不可分。為了讓建築雄偉的賭場飯店高朋滿座，部分業者甚至備有超過7,000間客房，且光靠賭博已無法滿足需求，這些賭場飯店化身成名副其實的主題樂園，結合賭博、旅遊（參加體育賽事或短途旅行）及藝文活動（演唱會或展覽）等，將這座城市打造成全球主要的觀光景點之一，每年接待4,000萬名遊客，而博弈僅占賭場總收入的40%。

儘管成績斐然，但由於當地市場已經飽和，自2010年以來，拉斯維加斯不再有大型賭場開設。為了吸引其他商業活動，該市實施了一項降低賦稅的政策，成功獲得電影（洛杉磯的製作公司進駐）與體育（美式足球突襲者隊〔Raiders〕的新主場）產業的青睞。不過，面對美國本土眾多賭場的競爭，加上亞洲賭場的興起，尤其是中國和菲律賓（參見圖7），拉斯維加斯仍須努力尋找新的發展動力。

佼佼者，比如2006年收購硬石餐廳（Hard Rock Cafe）連鎖店的塞米諾爾族（Seminole）。經營賭場對於這些過往孤立且貧困的族群來說雖然風險不小，但藉此獲得的巨額利潤不僅能夠重新分配給族人並投資基礎設備，同時也能使當地居民受益，例如皮科特族（Pequot）每年進帳約100萬美元，便將其收入的25%轉捐給康乃狄克州政府。

拉斯維加斯位於沙漠之中，距離洛杉磯與附近出海口約400公里，印證了賭場的治外法權邏輯。大多數的賭場皆開設在「非建制區」（unincorporated territory）❶，賭城大道（Las Vegas Strip，參見圖5）的商家甚至不須繳納地方稅。隨著航空運輸普及與大眾旅遊興起，這座城市終於擺脫長久以來僅能靠陸路往來

中國利用澳門賭場擴大政治影響力

澳門過去是葡萄牙的商埠，於1999年歸還中國。自十九世紀下半葉以來，當地就有大量商業活動與賭場息息相關。原本何氏家族一直握有獨家專營權，直到2001年開放同業競爭，新賭場的發展改由北京政府直接管理，以追求經濟與地緣政治為目標（參見圖6）。

為了實現經濟多元化，中國政府致力將澳門打造為觀光勝地，祭出開放外資的政策。2005年，葡萄牙留下的建築遺產獲聯合國教科文組織（UNESCO）列為世界遺產，因此進行翻修；與此同時，澳門當局將整個半島的海濱交由賭場業者來進行都

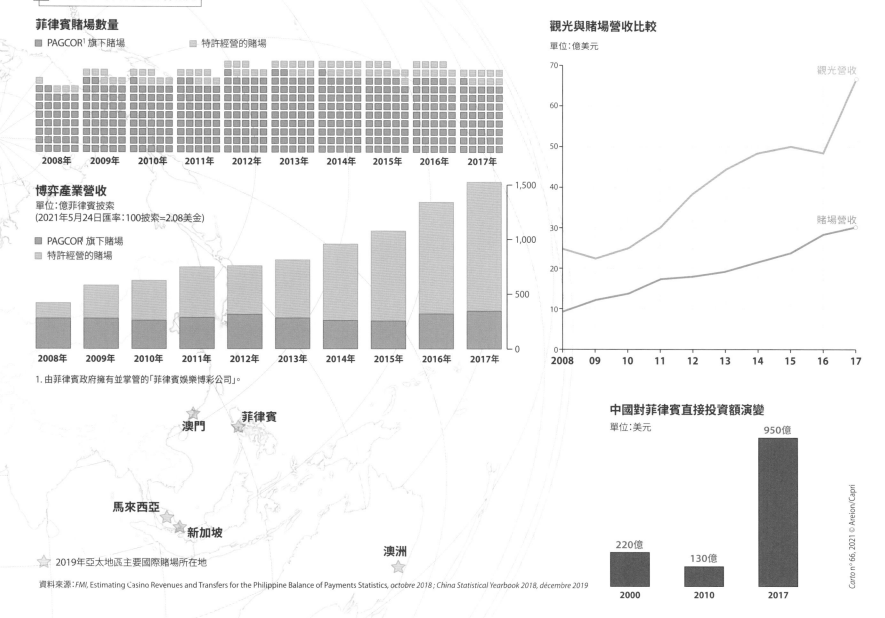

7 菲律賓的博弈經濟概況

菲律賓賭場數量

■ PAGCOR[1] 旗下賭場　　■ 特許經營的賭場

2008年　2009年　2010年　2011年　2012年　2013年　2014年　2015年　2016年　2017年

博弈產業營收

單位：億菲律賓披索
（2021年5月24日匯率：100披索=2.08美金）

■ PAGCOR[1] 旗下賭場
　特許經營的賭場

2008年　2009年　2010年　2011年　2012年　2013年　2014年　2015年　2016年　2017年

1. 由菲律賓政府擁有並掌管的「菲律賓娛樂博彩公司」。

澳門　菲律賓

馬來西亞
新加坡

澳洲

⭐ 2019年亞太地區主要國際賭場所在地

資料來源：*FMI, Estimating Casino Revenues and Transfers for the Philippine Balance of Payments Statistics, octobre 2018 ; China Statistical Yearbook 2018, décembre 2019*

觀光與賭場營收比較

單位：億美元

觀光營收

賭場營收

中國對菲律賓直接投資額演變

單位：美元

950億

220億　　130億

2000　　2010　　2017

Carto n° 66, 2021 © Areion/Capri

市規畫，並啟動專門用於開設賭場的大型填海工程（位於氹仔島與路環島之間）。當地還請來拉斯維加斯的專業人士，復刻其在巴黎、威尼斯等城市的地標性賭場建築，以確保營運順利。自此澳門擁有提供奢侈品（香水、珠寶、高級時裝）的大型購物中心，成為中國向西方展示的櫥窗與全球規模數一數二的賭城（據2020年統計，共有8,854台吃角子老虎機與6,080座賭檯），收入高達拉斯維加斯的5倍（2018年澳門賭場總營收為370億美元，而拉斯維加斯是65億美元）❷。

澳門當地對於賭場的興起懷抱各種不同的目的，除了發展服務業以外，賭場還是貪汙與走私（尤其是毒品）等犯罪行為的洗錢管道（賭場大戶即貢獻了70%的賭金總額）。對中國政府而言，發展賭場

有「亞洲拉斯維加斯」之稱的澳門

© Shutterstock/Benny Marty

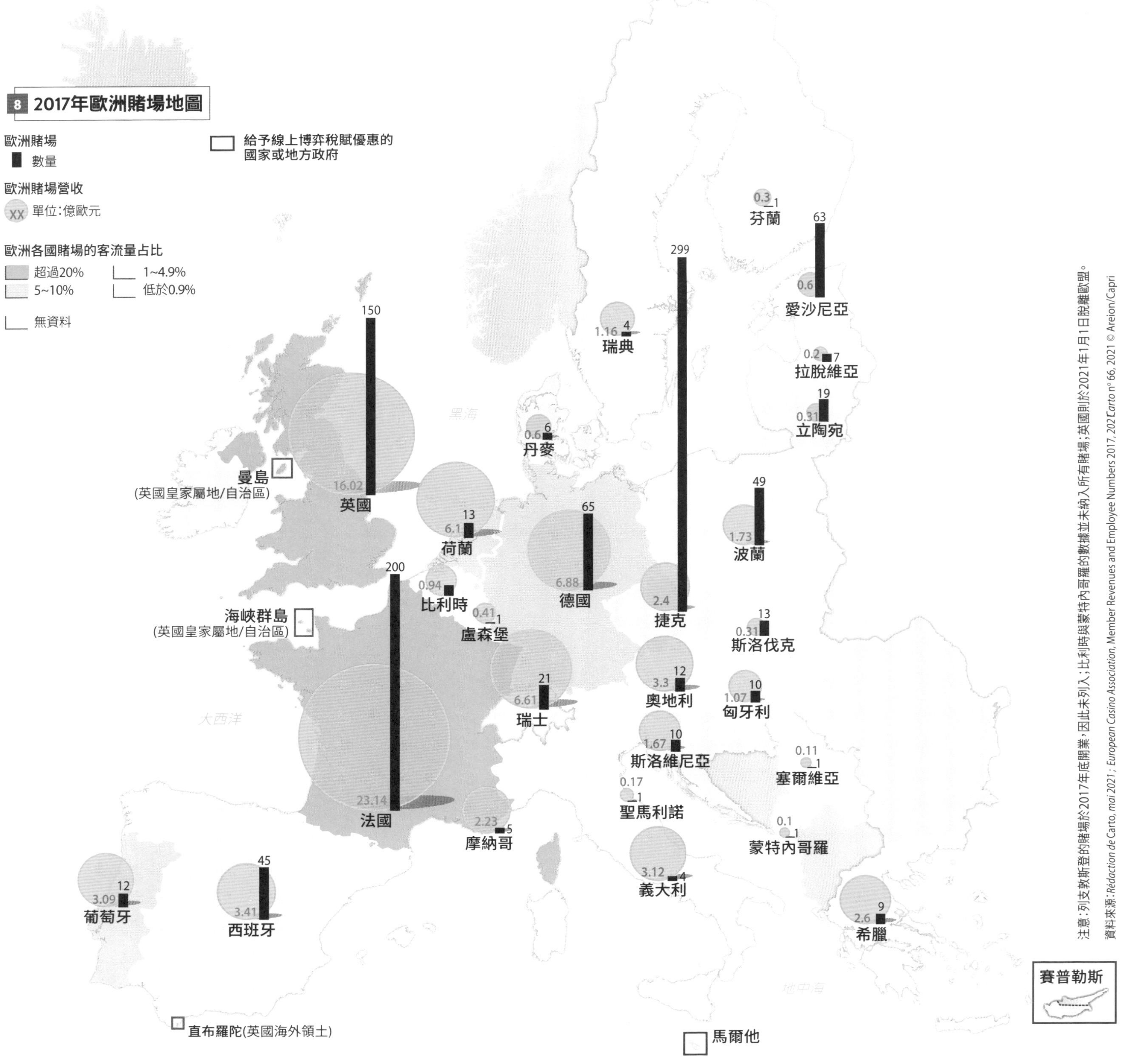

8 2017年歐洲賭場地圖

歐洲賭場
■ 數量

□ 給予線上博弈稅賦優惠的
國家或地方政府

歐洲賭場營收
⬭ 單位：億歐元
XX

歐洲各國賭場的客流量占比
▨ 超過20% ▨ 1~4.9%
▨ 5~10% ▨ 低於0.9%

▨ 無資料

注意：列支敦斯登的賭場於2017年底開業，因此未列入；英國則於2021年1月1日脫離歐盟。

資料來源：Rédaction de Carto, mai 2021；European Casino Association, Member Revenues and Employee Numbers 2017, 202Carto n° 66, 2021 © Areion/Capri

芬蘭 0.3 1
愛沙尼亞 63 0.6
瑞典 1.16 4
拉脫維亞 0.2 7
立陶宛 0.31 19
丹麥 0.6 6
波蘭 49 1.73
曼島（英國皇家屬地/自治區）
英國 150 16.02
荷蘭 13 6.1
德國 65 6.88
捷克 2.4 299
斯洛伐克 13 0.31
比利時 0.94
盧森堡 0.41 1
海峽群島（英國皇家屬地/自治區）
奧地利 12 3.3
匈牙利 10 1.07
瑞士 21 6.61
斯洛維尼亞 10 1.67
塞爾維亞 0.11 1
法國 200 23.14
聖馬利諾 0.17 1
蒙特內哥羅 0.1 1
摩納哥 2.23 5
義大利 3.12 4
葡萄牙 12 3.09
西班牙 45 3.41
希臘 9 2.6

□ 直布羅陀（英國海外領土）

□ 馬爾他

賽普勒斯

星海
大西洋
地中海

也有助於奪回對澳門的政治控制，並牽制遭黑幫（三合會）把持的商業活動。中央政府透過強迫外國經營者與固有業主合夥（主要是何氏家族）、核發入境簽證等方式來控制這些營業場所的收益，讓經營者隨著中央的政策方向起舞。此外，北京當局發放營業許可給身兼拉斯維加斯名人與美國共和黨重要金融家的永利（Steve Wynn）與艾德森（Sheldon Adelson，拉斯維加斯金沙集團〔Las Vegas Sands Corp.〕董事長），就是打算藉此擴大對美國的外交影響力。賭場不僅僅是其建築及所在都市所表現出來的繁華，更是地緣政治私下角力的資本。

歐洲博弈熱點：
波羅地海、賽普勒斯、法國觀光勝地

從立法的觀點來看，博弈產業因性質特殊，與單一歐洲市場主要原則有所牴觸，即在尊重歐盟各國國內法規的基礎上盡可能開放自由競爭。因此，義大利政府開發各式各樣的合法賭博，以減少黑手黨非法控制地下賭博的風險，而北歐國家在社會問題與對抗成癮方面比較敏感，因而有較嚴格的限制。各國對於賭場或博弈場所的定義也不統一，比如在德國的巴登─符騰堡邦（Bade-Wurtemberg）與瑞士有2種，西班牙的馬德里自治區有5種，而英國則有8種❸。

由於上述差異，歐洲各國博弈市場的興盛程度也有所不同

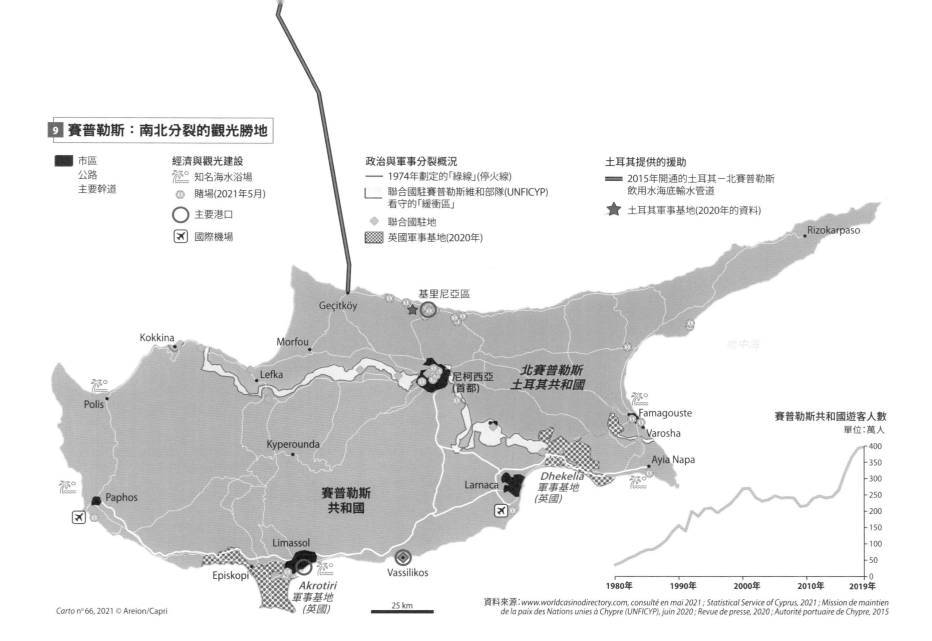

9 賽普勒斯：南北分裂的觀光勝地

市區
公路
主要幹道

經濟與觀光建設
知名海水浴場
賭場(2021年5月)
主要港口
國際機場

政治與軍事分裂概況
—— 1974年劃定的「綠線」(停火線)
聯合國駐賽普勒斯維和部隊(UNFICYP)
看守的「緩衝區」
聯合國駐地
英國軍事基地(2020年)

土耳其提供的援助
—— 2015年開通的土耳其－北賽普勒斯
飲用水海底輸水管道
土耳其軍事基地(2020年的資料)

Rizokarpaso

Geçitköy
基里尼亞區
Kokkina
Morfou
地中海
Lefka
尼柯西亞
(首都)
Polis
北賽普勒斯
土耳其共和國
Famagouste
Varosha
Kyperounda
Ayia Napa
賽普勒斯
共和國
Larnaca
Dhekelia
軍事基地
(英國)
Paphos
Limassol
Episkopi
Vassilikos
Akrotiri
軍事基地
(英國)
25 km

賽普勒斯共和國遊客人數
單位：萬人
400
350
300
250
200
150
100
50
0
1980年　1990年　2000年　2010年　2019年

Carto n° 66, 2021 © Areion/Capri

資料來源：*www.worldcasinodirectory.com, consulté en mai 2021 ; Statistical Service of Cyprus, 2021 ; Mission de maintien de la paix des Nations unies à Chypre (UNFICYP), juin 2020 ; Revue de presse, 2020 ; Autorité portuaire de Chypre, 2015*

（參見圖8）。例如：比起嚴禁賭博的俄羅斯（加里寧格勒〔Kaliningrad〕、海參崴或克里米亞等少數外飛地除外）與立法較為嚴格的歐洲國家，位於兩者之間的波羅的海國家儼然成為當地投資者的樂園，許多賭場在此開設，還有很多歐洲公司在當地架設線上博弈網站。愛沙尼亞首都塔林更是名副其實的區域性賭城，城市人口僅43萬，卻坐擁20家賭場。這股狂熱絕對不容小覷，像是愛沙尼亞的奧林匹克娛樂集團（Olympic Entertainment Group），於2006年成為上市公司，在六個國家擁有145家賭場與博弈中心，在歐洲大陸也堪稱數一數二，尤其少有波羅的海企業能夠在中歐與西歐市場占有一席之地。從這個案例可知，博弈產業可能讓立法寬鬆的小國家迅速累積資本與影響力、打破區域平衡，反之也可能使其被該產業綁架。

北賽普勒斯土耳其共和國❹位於歐盟的邊緣地帶，當地賭場的興起與土耳其1997年裁定的賭博禁令有關。當時土國的賭場大亨、知名的黑手黨與毒梟持有高達80%的土耳其國庫債券，賭博禁令使得大量資金無處可去，於是賭場（2021年5月統計共有36間賭場）與玩家攜手轉移陣地至賽普勒斯島北岸，大多落腳於基里尼亞區（Kyrenia）一帶（參見圖9）。然而，北賽普勒斯觀光部製作的旅遊手冊卻隱藏這些奢華場所，僅能從土耳其推出的「機票＋賭場飯店」套裝組合，看出這個「外飛地」的資本、玩家及員工大多來自外地。2018年，賭場旅遊業即貢獻了北賽普勒斯14%的GDP及18%的就業率。同時，南部的賽普勒

> 博弈產業在經濟(稅收、就業、吸引力)與社會(成癮、未成年人保護、詐欺、洗錢)方面皆面臨許多挑戰。

斯共和國政府也惶惶不安地准許一家中國賭場在當地建立據點。於是北部的土耳其、俄羅斯，與南部的中國（其在歐盟成員國希臘愈來愈具影響力），三方勢力便展開島內競爭，互相爭奪經濟利益。

部分彩券協會如「歐洲樂透」（European Lotteries, EL）採跨國發行，以地理區域為基準。歐洲樂透成立於1983年，共計約有70名成員來自50個不同的國家與司法管轄區。然而，博弈產業隨著技術創新持續發展至今，由於網路的特殊性質，對於歐洲議會及其成員國來說，管制線上博弈是個棘手的任務。因此，歐盟傾向在邊界模糊的全球脈絡下，對各成員國的法規進行細膩的調和。

以法國為例，自2000年代初以來，不論在里昂（Lyon）、波爾多（Bordeaux）、土魯斯（Toulouse）等城市，或是位於羅亞爾省（Loire）的努瓦雷塔布勒（Noirétable）和位於熱爾省（Gers）的萊克圖爾（Lectoure）等小鎮，都出現了一種新型公司——結合賭博、表演與餐廳的賭場。儘管法國並未自認是博弈產業的指標，卻是擁有最多博弈場所的歐洲國家（2020年5月統計為202

家），其中大多數開設於小鎮，且通常是當地營收最高的公司，例如：位於卡爾瓦多斯省（Calvados）杜維爾（Deauville）的賭場貢獻了30%的市鎮預算，而位於上加倫省（Haute-Garonne）巴巴戎（Barbazan）的賭場則貢獻將近80%。這些小鎮大多歷史悠久，且是該地區的觀光勝地。1907年法國的法律只准許在氣候宜人的觀光勝地、溫泉或海水浴場開設博弈場所，就此決定了這個產業的地理分布。

然而，這類營業場所的數量自2000年代初以來持續增加，尤其是在沿岸地區與人口數50萬以上的城鎮。數量之所以增加，也是出於大眾對賭博的觀感轉變，漸漸認為賭博是一種引人入勝的娛樂活動。法國的博弈產業由巴里耶爾（Barrière）、百多士（Partouche）、尖峰（Tranchant）與喬亞（JOA）四大集團主導，占據了3/4以上的市場份額（參見圖10），其餘還有14家小公司與大約20名自營業者。儘管無法免於全球博弈市場變化的影響，但是法國政府以一種獨特的方式掌控該市場，亦即所有商業活動都須充分受到管理並課以重稅，將部分稅金運用到領土整治上。在這個體系中，稅收是為了將企業的利潤做更好的社會再分配。平均而言，賭場收入有15%納入所在市鎮或市鎮聯合體（intercommunalité）❺的財庫裡。

博弈全球化帶來的挑戰

博弈產業在經濟（稅收、就業、吸引力）與社會（成癮、未成年人保護、詐欺與洗錢）方面皆面臨許多挑戰。在Covid-19疫情造成全球公衛危機期間，線上博弈發展得更為茁壯，因此，世界各國的主要考量皆是如何在經濟發展與社會問題之間找到平衡。線上博弈是由跨國玩家構成的大規模經濟產業，具備無孔不入的特性，且結合了「反世界」（antimonde）❻的重大影響力，在在顯示出全球化進程的複雜性。

文●M. Redon和B. Lebeau

❶編注：由於地廣人稀而未設立市、鎮等地方層級管轄，直接隸屬於更高層級的州、郡之地帶，即為「非建制區」。這類區域往往因為中央政府鞭長莫及而成為無法地帶，或是自成一格。

❷編注：受疫情影響，2022年澳門賭場收益下跌至422億澳幣（約53億美元），拉斯維加斯收益則為82億美元。

❸編注：英國《2005博弈法令》（Gambling Act 2005）定義的8種博弈場所（皆須申請相關執照或許可）包括：賭場、投注站、賓果遊戲廳、成人遊戲中心、家庭娛樂中心、酒吧、私人會員俱樂部和巡迴遊樂園（travelling fair）。

❹編注：由於賽普勒斯境內土裔與希裔之間的衝突，土裔人士於1983年11月宣布成立「北賽普勒斯土耳其共和國」，目前國際上僅有土耳其承認該國。南賽普勒斯島則為「賽普勒斯共和國」。

❺編注：一種市鎮組織，類似工會，用以強化市鎮間的合作與發展，中央政府也賦予此一組織獨立的財政資源。

❻譯注：法國地理學家布呂內（Roger Brunet）於1980年代提出的概念，是「所有邊緣且非正規的空間總稱，孤立性與隱匿性是其特徵」。

1935年法國尼斯（Nice）的海岸賭場

©AFP Photo

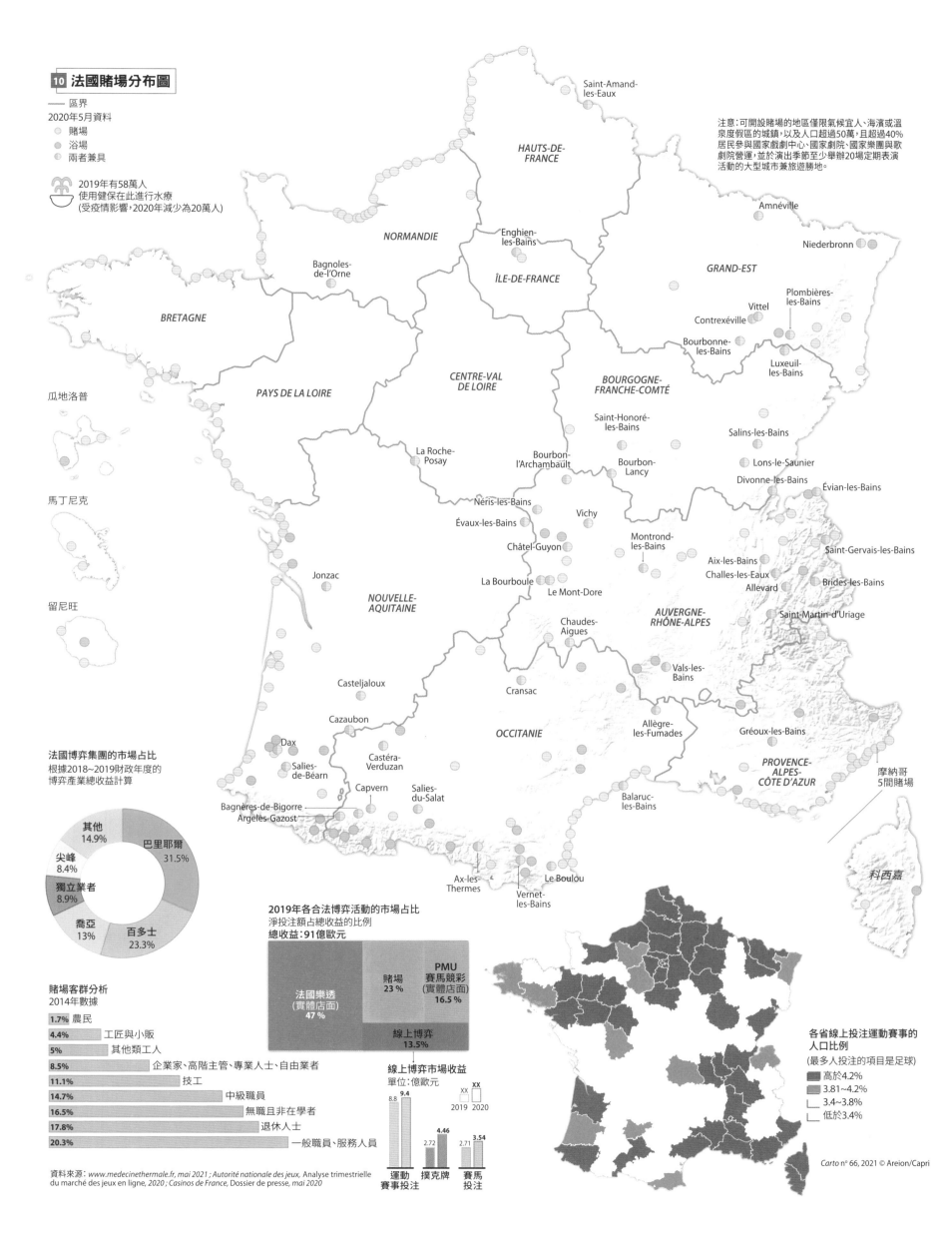

10 法國賭場分布圖

─── 區界
2020年5月資料
◐ 賭場
◯ 浴場
◐ 兩者兼具

♨ 2019年有58萬人
使用健保在此進行水療
（受疫情影響，2020年減少為20萬人）

注意：可開設賭場的地區僅限氣候宜人、海濱或溫泉度假區的城鎮，以及人口超過50萬，且超過40%居民參與國家戲劇中心、國家劇院、國家樂團與歌劇院營運，並於演出季節至少舉辦20場定期表演活動的大型城市兼旅遊勝地。

HAUTS-DE-FRANCE
Saint-Amand-les-Eaux
Amnéville
Niederbronn
NORMANDIE
Enghien-les-Bains
ÎLE-DE-FRANCE
GRAND-EST
Bagnoles-de-l'Orne
Plombières-les-Bains
Vittel
Contrexéville
Bourbonne-les-Bains
Luxeuil-les-Bains
BRETAGNE
CENTRE-VAL DE LOIRE
BOURGOGNE-FRANCHE-COMTÉ
PAYS DE LA LOIRE
瓜地洛普
Saint-Honoré-les-Bains
Salins-les-Bains
La Roche-Posay
Bourbon-l'Archambault
Bourbon-Lancy
Lons-le-Saunier
Divonne-les-Bains
Évian-les-Bains
Néris-les-Bains
Vichy
馬丁尼克
Évaux-les-Bains
Montrond-les-Bains
Saint-Gervais-les-Bains
Châtel-Guyon
Aix-les-Bains
Challes-les-Eaux
Brides-les-Bains
Jonzac
La Bourboule
Le Mont-Dore
Allevard
留尼旺
NOUVELLE-AQUITAINE
AUVERGNE-RHÔNE-ALPES
Saint-Martin-d'Uriage
Chaudes-Aigues
Vals-les-Bains
Casteljaloux
Cransac
Allègre-les-Fumades
Gréoux-les-Bains
Cazaubon
OCCITANIE
摩納哥 5間賭場
Dax
PROVENCE-ALPES-CÔTE D'AZUR
Castéra-Verduzan
Salies-de-Béarn
Salies-du-Salat
Balaruc-les-Bains
科西嘉
Capvern
Bagnères-de-Bigorre
Argelès-Gazost
Ax-les-Thermes
Le Boulou
Vernet-les-Bains

法國博弈集團的市場占比
根據2018~2019財政年度的博弈產業總收益計算

- 其他 14.9%
- 尖峰 8.4%
- 獨立業者 8.9%
- 喬亞 13%
- 巴里耶爾 31.5%
- 百多士 23.3%

賭場客群分析
2014年數據

1.7%	農民
4.4%	工匠與小販
5%	其他類工人
8.5%	企業家、高階主管、專業人士、自由業者
11.1%	技工
14.7%	中級職員
16.5%	無職且非在學者
17.8%	退休人士
20.3%	一般職員、服務人員

2019年各合法博弈活動的市場占比
淨投注額占總收益的比例
總收益：91億歐元

- 法國樂透（實體店面）47%
- 賭場 23%
- PMU 賽馬競彩（實體店面）16.5%
- 線上博弈 13.5%

線上博弈市場收益
單位：億歐元

	2019	2020
運動賽事投注	8.8	9.4
撲克牌	2.72	4.46
賽馬投注	2.71	3.54

各省線上投注運動賽事的人口比例
（最多人投注的項目是足球）

- 高於4.2%
- 3.81~4.2%
- 3.4~3.8%
- 低於3.4%

資料來源：*www.medecinethermale.fr, mai 2021 ; Autorité nationale des jeux, Analyse trimestrielle du marché des jeux en ligne, 2020 ; Casinos de France, Dossier de presse, mai 2020*

Carto n° 66, 2021 © Areion/Capri

電玩遊戲：
頻踩地緣政治紅線的產業

電玩遊戲是首屈一指的文化娛樂產業，帶來的收益超過電影、音樂、書籍與電視作品。2019年在全球營業額超過1,521億美元（參見圖1），電玩產業之所以能持續成長，主要歸功於針對可攜式設備（如手機、平板電腦）開發的遊戲。這股電玩熱潮不僅具有地理分布上的差異，遊戲的表現形式更引發不少地緣政治問題。

電玩遊戲產業隨著大型遊戲機台於1970年代興起，像是《乓》（Pong）、《小精靈》（Pac-Man）及《太空侵略者》（Space Invaders）等劃時代遊戲，緊接著又因為遊戲主機與電腦於1980年代商品化而發展蓬勃。科技進步使業者得以開發出更加強大的載體，以及成本更高、製作也更精緻的遊戲。手機與平板電腦在2000年代普及，更為電玩產業提供了新的出路，甚至貢獻了該產業一半以上的營業額。乘著數位革命的浪潮，電玩產業從最一開始就得以打進全球市場，因此時至今日依然欣欣向榮。

美日稱霸主機遊戲市場，中國另覓商路急起直追

在1970年代，電玩遊戲市場主要集中在美國，因為大部分遊戲製作商都是美國公司，直到1980年代才變得全球化，並以美國、日韓、西歐作為三大活躍中心。1980及1990年代以日本品牌（任天堂、SEGA、索尼）居主導地位，且商業競爭劇烈，這些品牌同時扮演遊戲創作者、發行商與遊戲主機製造商的角色，發表了許多商業上大獲成功的代表性遊戲，例如：《超級瑪利歐兄弟》（Super Mario Bros.）、《音速小子》（Sonic）、《薩爾達傳說》（Zelda）、《快打旋風2》（Street Fighter 2）等。近幾年的「100款最暢銷主機遊戲」（100 best-selling video games on consoles）排行榜上，這三個活躍中心依然居於強勢地位，然而，儘管法國的育碧（Ubisoft）是全球最大的主機遊戲公司之一，美國與日本的發行商依然獨占鰲頭，輾壓西歐。

俄羅斯和中國之所以在電玩領域缺席，是因為兩國的政府對於「有害身心健康發展」的電玩遊戲懷有戒心，嚴格限制或禁止遊戲主機的生產與銷售（中國於2000～2014年間曾實施遊戲主機銷售禁令）。可以想見，中俄發行商因此選擇放

棄遊戲主機市場，將希望寄託在其他平台，比如智慧型手機上的免費遊戲，或是線上大型多人遊戲。成立於1998年的中國騰訊公司即藉由《英雄聯盟》（League of Legends）、《部落衝突》（Clash of Clans）、《傳說對決》（Arena of Valor）等遊戲，成功自2013年起稱霸各遊戲平台，成為全球第一的遊戲發行商，創造出52.2億美元的收益，領先微軟與蘋果——但是如果合併計算所有商業活動，微軟與蘋果的收益仍然更高❶。雖然中國與美國在電玩遊戲市場的分量旗鼓相當（根據2020年的估計，分別為408億美元與369億美元），不過中國遊戲玩家人數（5.65億）是美國的3.5倍。在美國，據統計2018年有65%的成年人是遊戲玩家，其中60%是手遊玩家；偏好的遊戲類型則有53%為動作類、47%為射擊類❷。在法國（參見圖2），手遊產業在就業市場非常

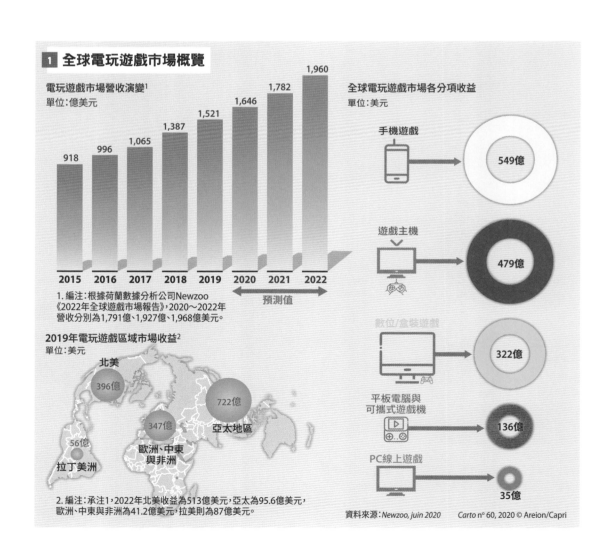

1 全球電玩遊戲市場概覽

電玩遊戲市場營收演變[1]
單位：億美元

918 (2015) 996 (2016) 1,065 (2017) 1,387 (2018) 1,521 (2019) 1,646 (2020) 1,782 (2021) 1,960 (2022)

預測值

1. 編注：根據荷蘭數據分析公司Newzoo《2022年全球遊戲市場報告》，2020～2022年營收分別為1,791億、1,927億、1,968億美元。

2019年電玩遊戲區域市場收益[2]
單位：美元

北美 396億
拉丁美洲 56億
歐洲、中東與非洲 347億
亞太地區 722億

2. 編注：承注1，2022年北美收益為513億美元，亞太為95.6億美元，歐洲、中東與非洲為41.2億美元，拉美則為87億美元。

全球電玩遊戲市場各分項收益
單位：美元

手機遊戲 549億
遊戲主機 479億
數位/盒裝遊戲 322億
平板電腦與可攜式遊戲機 136億
PC線上遊戲 35億

資料來源：Newzoo, juin 2020　Carto n° 60, 2020 © Areion/Capri

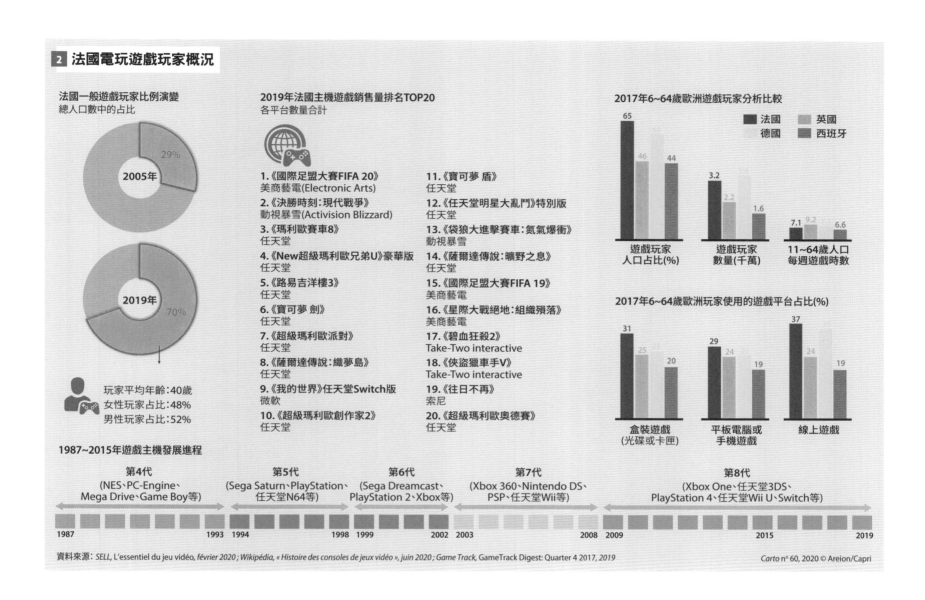

2 法國電玩遊戲玩家概況

法國一般遊戲玩家比例演變
總人口數中的占比

2005年 29%

2019年 70%

玩家平均年齡：40歲
女性玩家占比：48%
男性玩家占比：52%

2019年法國主機遊戲銷售量排名TOP20
各平台數量合計

1.《國際足盟大賽FIFA 20》
　美商藝電(Electronic Arts)
2.《決勝時刻：現代戰爭》
　動視暴雪(Activision Blizzard)
3.《瑪利歐賽車8》
　任天堂
4.《New超級瑪利歐兄弟U》豪華版
　任天堂
5.《路易吉洋樓3》
　任天堂
6.《寶可夢 劍》
　任天堂
7.《超級瑪利歐派對》
　任天堂
8.《薩爾達傳說：織夢島》
　任天堂
9.《我的世界》任天堂Switch版
　微軟
10.《超級瑪利歐創作家2》
　任天堂

11.《寶可夢 盾》
　任天堂
12.《任天堂明星大亂鬥》特別版
　任天堂
13.《袋狼大進擊賽車：氮氣爆衝》
　動視暴雪
14.《薩爾達傳說：曠野之息》
　任天堂
15.《國際足盟大賽FIFA 19》
　美商藝電
16.《星際大戰絕地：組織殞落》
　美商藝電
17.《碧血狂殺2》
　Take-Two interactive
18.《俠盜獵車手V》
　Take-Two interactive
19.《往日不再》
　索尼
20.《超級瑪利歐奧德賽》
　任天堂

2017年6~64歲歐洲遊戲玩家分析比較

法國　英國
德國　西班牙

遊戲玩家人口占比(%)：65、46、44
遊戲玩家數量(千萬)：3.2、2.2、1.6
11~64歲人口每週遊戲時數：7.1、9.2、6.6

2017年6~64歲歐洲玩家使用的遊戲平台占比(%)

盒裝遊戲（光碟或卡匣）：31、25、20
平板電腦或手機遊戲：29、24、19
線上遊戲：37、24、19

1987~2015年遊戲主機發展進程

第4代	第5代	第6代	第7代	第8代
(NES、PC-Engine、Mega Drive、Game Boy等)	(Sega Saturn、PlayStation、任天堂N64等)	(Sega Dreamcast、PlayStation 2、Xbox等)	(Xbox 360、Nintendo DS、PSP、任天堂Wii等)	(Xbox One、任天堂3DS、PlayStation 4、任天堂Wii U、Switch等)

1987　1993 1994　1998 1999　2002 2003　2008 2009　2015　2019

資料來源：*SELL, L'essentiel du jeu vidéo, février 2020 ; Wikipédia, « Histoire des consoles de jeux vidéo », juin 2020 ; Game Track, GameTrack Digest: Quarter 4 2017, 2019*

Carto n° 60, 2020 © Areion/Capri

具吸引力，大部分的工作機會都是無限期合約（CDI，即長期正職聘僱）[3]。

戰爭遊戲涉及政治敏感，引發外交危機

美術設計、遊戲性及劇本，都是決定一款電玩遊戲成功與否的重要元素，尤其是主機遊戲。電玩遊戲值得深入分析，因為其見證了當代國際關係的特定觀點，近年來業者致力於加強故事的地緣政治深度，就是為了讓遊戲更具可信度與吸引力[4]。大多數的戰爭遊戲靈感來自真實世界，即國家之間的權力競爭、聯盟與角力關係，例如：《戰地風雲》（*Battlefield*）、《決勝時刻：現代戰爭》（*Call of Duty: Modern Warfare*）、《決勝時刻：黑色行動》（*Call of Duty: Black Ops*）。在這些遊戲中，美國、俄羅斯與中國無所不在——美國占據全球領袖的角色；俄羅斯是美國過去的對手，而且在如今兩極分化的世界中仍保有地位；中國則是近年崛起的強國。另一個常見的手法是架空歷史（uchronia），改變近代事件的發展趨勢，特別是將冷戰時期的緊張局勢升級為核戰危機，例如：《異塵餘生》（*Fallout*）、《戰慄深隧》（*Métro 2033*）。這些遊戲皆以後末日為背景，人類出於軍事與監視目的而全面機器人化，對於國際關係前景也抱持悲觀的看法。

西方及親西方國家壟斷了遊戲主機與手機遊戲的生產市場，藉此影響電玩遊戲對於世界的描繪，將之化為施展軟實力的有效工具。遊戲中幾乎都是美國人扮演英雄，對抗往往來自俄羅斯、中國的敵人或是恐怖主義分子，最後拯救世界。因此，這些私人企業發行的遊戲可能在現實世界中造成外交關係緊張，進而受到某些國家的政治審查（參見圖3），比如分別在伊朗與中國受到審查的《戰地風雲3》和《戰地風雲4》、在俄羅斯無法上架的《決勝時刻：現代戰爭2》，以及在南韓曾遭查禁的《火線獵殺2》（*Tom Clancy's Ghost Recon 2*）與《縱橫諜海：混沌理論》（*Tom Clancy's Splinter Cell: Chaos Theory*）。

文●T. Courcelle

[1] Charles de Laubier, « Le géant chinois Tencent accélère sa conquête du monde, notamment en Europe et en Afrique », in *Édition Multimédia*, 11 mai 2020.

[2] ESA, *2019 Essential Facts: About the Computer and Video Game Industry*, 2019.

[3] IDATE et SNJV, *Baromètre annuel du jeu vidéo en France. Édition 2020*, 2020.

[4] Pauline Rochette, *Les relations internationales au prisme des jeux vidéo*, mémoire de master 1 « Relations internationales », université Jean-Moulin Lyon-III, 2018.

全球電玩遊戲大國產值地圖

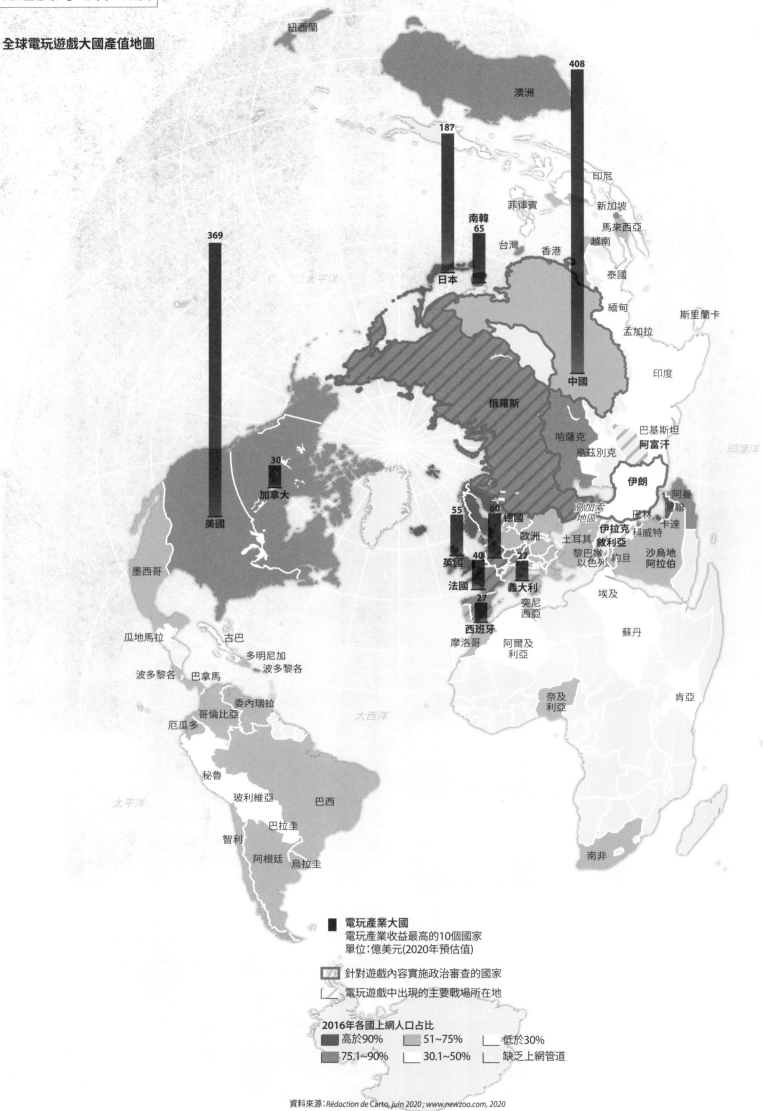

紐西蘭

澳洲

408

印尼

菲律賓

新加坡

馬來西亞

台灣

香港

越南

泰國

緬甸

斯里蘭卡

孟加拉

187

南韓
65

日本

中國

印度

369

俄羅斯

巴基斯坦

哈薩克

阿富汗

印度洋

烏茲別克

伊朗

30

加拿大

美國

高加索
地區

阿曼
阿聯

巴林
卡達

60

德國

55

墨西哥

英國

40

歐洲

伊拉克
敘利亞

科威特

土耳其
黎巴嫩
以色列 約旦

沙烏地
阿拉伯

法國

27

義大利

27

西班牙

太平洋

瓜地馬拉

古巴

突尼
西亞

摩洛哥

阿爾及
利亞

埃及

蘇丹

波多黎各
巴拿馬

多明尼加
波多黎各

委內瑞拉

哥倫比亞

大西洋

奈及
利亞

肯亞

厄瓜多

秘魯

玻利維亞

巴西

巴拉圭

智利

南非

阿根廷

烏拉圭

太平洋

■ **電玩產業大國**
電玩產業收益最高的10個國家
單位：億美元(2020年預估值)

針對遊戲內容實施政治審查的國家

電玩遊戲中出現的主要戰場所在地

2016年各國上網人口占比

| 高於90% | 51~75% | 低於30% |
| 75.1~90% | 30.1~50% | 缺乏上網管道 |

資料來源：*Rédaction de Carto, juin 2020 ; www.newzoo.com, 2020*
Carto nº 60, 2020 © Areion/Capri

2019年年收益TOP15電玩遊戲公司[1]
單位:美元

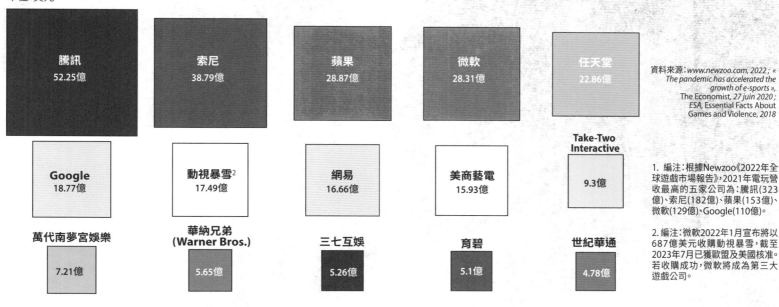

- 騰訊 52.25億
- 索尼 38.79億
- 蘋果 28.87億
- 微軟 28.31億
- 任天堂 22.86億
- Google 18.77億
- 動視暴雪[2] 17.49億
- 網易 16.66億
- 美商藝電 15.93億
- Take-Two Interactive 9.3億
- 萬代南夢宮娛樂 7.21億
- 華納兄弟 (Warner Bros.) 5.65億
- 三七互娛 5.26億
- 育碧 5.1億
- 世紀華通 4.78億

資料來源:*www.newzoo.com, 2022*;《*The pandemic has accelerated the growth of e-sports*», The Economist, *27 juin 2020*; *ESA, Essential Facts About Games and Violence, 2018*

1. 編注:根據Newzoo《2022年全球遊戲市場報告》,2021年電玩營收最高的五家公司為:騰訊(323億)、索尼(182億)、蘋果(153億)、微軟(129億)、Google(110億)。

2. 編注:微軟2022年1月宣布將以687億美元收購動視暴雪,截至2023年7月已獲歐盟及美國核准。若收購成功,微軟將成為第三大遊戲公司。

Twitch線上實況直播的使用概況

Twitch是美國互動式直播平台,可線上觀看電玩遊戲實況直播,於2014年被企業巨頭亞馬遜收購

全球每月觀看遊戲直播的平均人數
單位:萬人

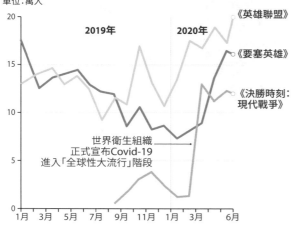

- 《英雄聯盟》
- 《要塞英雄》
- 《決勝時刻:現代戰爭》
- 2019年
- 2020年
- 世界衛生組織正式宣布Covid-19進入「全球性大流行」階段

美國電玩遊戲銷售量與暴力犯罪案件數演變

暴力犯罪案件數
單位:每10萬人案件數

電玩遊戲銷售量
單位:億美元

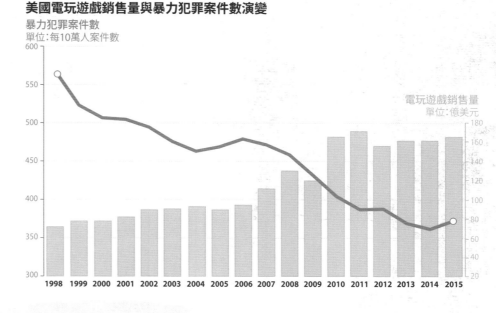

1998 1999 2000 2001 2002 2003 2004 2005 2006 2007 2008 2009 2010 2011 2012 2013 2014 2015

2021年全球各區域線上玩家人口占比(估計值)
單位:億人

- ⬤ 總人口數(2020年)
- ⬤ 活躍線上玩家人數[1]

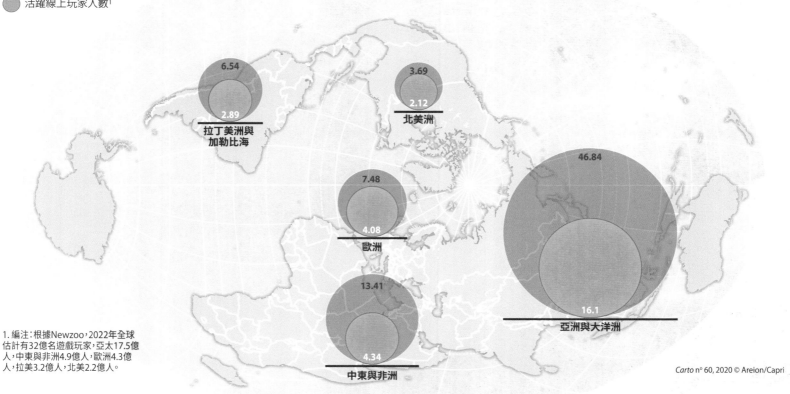

- 拉丁美洲與加勒比海 6.54 / 2.89
- 北美洲 3.69 / 2.12
- 歐洲 7.48 / 4.08
- 中東與非洲 13.41 / 4.34
- 亞洲與大洋洲 46.84 / 16.1

1. 編注:根據Newzoo,2022年全球估計有32億名遊戲玩家,亞太17.5億人,中東與非洲4.9億人,歐洲4.3億人,拉美3.2億人,北美2.2億人。

Carto nº 60, 2020 © Areion/Capri

OVERLOOKING THE WORLD

俯瞰世界篇

衛星圖像是現代人不可或缺的重要工具，無論是專業或私人用途皆然，在教育方面尤其應用廣泛。因此，《Carto》編輯部與法國國家太空研究中心（CNES）及法國教育部（Ministère de l'Éducation nationale et de la Jeunesse）合作開發了「GeoImage衛星地圖平台」（https://geoimage.cnes.fr），從高空俯瞰視角探看全球議題。

（© Shutterstock/Aphelleon）

吉布地：兵家必爭的非洲十字路口

右圖是法國高
解析度觀測衛星
Pléiades於2018年
5月23日拍攝的
吉布地市影像

吉布地位於曼德海峽，是歐洲與亞洲、阿拉伯半島與東非之間往來的必經之地。該國境內有許多外國軍事基地（法國、美國、中國、日本、義大利、德國、西班牙）進駐，並且由於「一帶一路」計畫而與中國有利益牽扯。

安布利乾谷（Ambouli Wadi）❶貫穿吉布地市區（人口約57萬）❷，東西兩側城市隔谷相望。東部是殖民時期的舊城、行政區、商業區和舊港口；東南部則是現代化的街廓與自由貿易區（DFZ），一直延伸至安布利國際機場。西邊的巴爾巴拉（Balbala）是混亂不安的貧民窟，每年有2萬居民因內陸地區的沙漠化加速或是地區衝突（葉門、索馬利亞、厄利垂亞）而被迫遷入。除此之外，每年還有20萬難民（大部分是衣索比亞人）試圖前往阿拉伯半島。全區半數人口處於失業、水電短缺與長期營養不良的狀態，而這片生活不穩定的住宅區也是自然災害（地震、洪水）頻仍的首要受害者。

七國進駐，打造軍事基地與運輸建設

軍事收入占吉國 GDP 的 3%❸，高於淨出口額。吉布地於1977年獨立後，法國就在北角與機場駐軍（1,450人），這裡同時也是美國自2003年以來在非洲最大的軍事基地（3,200人）。此外還有日本、德國、西班牙及義大利的勢力，後兩者是由於參與歐盟海軍阿塔蘭塔行動（EUNAV-FOR Operation ATALANTA）與索馬利亞軍事訓練計畫（EUTM Somalia）而進駐於此。值得注意的是，西班牙與德國沒有自己的軍隊駐點，而是由法國安置。不僅如此，作為區域及非洲主要樞紐的吉布地也是七條海底光纖電纜的入口，其中又以通往衣索比亞的電纜最為重要，衣國自2018年起即架設了 4G+ 網路；而中非合作、設立於巴爾巴拉以西的「吉布地國際自由貿易區」則促使吉布地的經濟命脈物流業（占GDP的27%，2012年數據）更為發達。

然而，如圖所示，吉布地主要的地緣經濟與地緣政治動盪也發生在首都區，中國在此占地建設了港口、鐵路及軍事基地，是「一帶一路」戰略的一部分。2017年，中華人民共和國在此設立了第一個海外基地，以1,700萬美元向吉布地政府租用十年，可容納400名軍人。

阿迪斯阿貝巴（Addis Abeba，衣索比亞首都）與吉布地港之間的鐵路改建工程同樣由中國出資，於 2016年竣工，全長752公里。吉、衣兩國首都從此變得更近，車程僅需12小時，吉布地港口約70%的運輸量基本上都往返於衣索比

中國
軍事基地

沙烏地
阿拉伯
紅海
蘇丹
厄利垂亞　葉門
亞丁灣
吉布地
索馬利蘭　邦特蘭
南蘇丹
衣索比亞
印度洋
肯亞　索馬利亞

0　　　　　　2 km

亞。不僅如此，中國保利協鑫天然氣集團（POLY-GCL Petroleum Group）在衣索比亞的奧加登（Ogaden）地區發現了天然氣與石油，並已著手建造一條長達700多公里的天然氣管道，而另一條連結南蘇丹油井與吉布地的輸油管道也在計畫興建中。

文 ● J.-L. Martineau

❶ 編注：乾谷（wadi）意指乾涸的河床。
❷ 編注：根據美國中情局《世界概況》（*The World Fact Book*），2023年6月吉布地市人口60萬，占全國98萬人的六成。
❸ 編注：根據美國國會研究服務處（Congressional Research Service, CRS）2022年報告，吉布地每年來自外國軍隊的基地租金及相關收入估計超過1.25億美元。根據世界銀行統計，2021年吉布地GDP為34.8億美元。

Geo Image cnes

法國軍事基地

*Tadjourah*灣

吉布地港

*Doraleh*港

吉布地市
市中心

巴爾巴拉

安
布
利
乾
谷

日本
軍事基地

安布利
國際機場

義大利
軍事基地

美國
軍事基地

法國軍事基地

鐵路

海南的價值：
隱藏在天險裡的核子潛艦基地

海南島位於中國南部海域，以度假勝地三亞聞名，然而卻有兩個大型海軍基地坐落一旁，一個是常規基地，另一個是核武基地，兩者都是二十一世紀初中國航海及海軍勢力崛起的象徵。

右側的衛星圖像涵蓋海南島南部沿海地區，北側以中等高度的丘陵為主，部分為林地。海岸線上錯落著大片海灣與海岬，綿延的沙灘點綴海灣邊緣，岩岬或深或淺地延伸至海上，而部分海岸線就像圖像中段所示，非常崎嶇。相較之下，海南島北部海岸地勢較低且平緩，周圍環繞著大片珊瑚礁帶，南部沿海珊瑚礁則相對稀少。這座島嶼位於幅員遼闊的中國南端，本章將聚焦其南部區域。

長期受到孤立和邊緣化的海南島，從1990年代起經歷翻天覆地的轉變，不僅是觀光旅遊業的興盛，地緣戰略地位也不同以往。旅遊業當然扮演了重要角色，三亞度假勝地周邊發展起來的南方沿海複合城市即是明證。不過，觀光並不是最主要的部分。海南島是北回歸線上的島嶼要塞，距離北京2,500多公里，是中國在南海的地緣戰略前哨。2016年啟用的文昌太空發射場將負責執行未來幾十年的太空探險任務。更重要的是，兩個最首要的海軍基地，證明了亞太重大地緣戰略平衡即將重組。

中國海權擴張，建造亞洲最大潛艦基地

三亞市以東，綿延的沙灘遭巨大的海岬截斷，三座海岬包夾著兩處具有天然屏障的海灣。中國海軍觀察到此處地理環境的特殊性，於是利用這個得天獨厚的地形建造了兩座海軍基地。

在西面，三座大型防波堤圍封榆林灣，一座常規的海軍基地便藏身於此。而在東面的亞龍灣，則以兩座小島的防波堤堵住港口，在衛星圖上可以看見兩座碼頭，航空母艦及海軍大隊至南海巡邏期間經常在這裡停靠。丘陵下的岩洞隧道附近還有四座浮動碼頭，用來放置潛艇與武器。位於此處的亞龍軍事基地於2008年竣工，配備中國晉級戰略核動力潛艇，以及射程超過7,200公里的巨浪2型潛射彈道飛彈。

亞龍軍事基地是中國乃至亞洲最大的潛艦基地，足以容納約20艘潛艦。這座軍事基地昭示著中國擁有約60艘潛艦的海軍實力，雖然其中大約50艘是品質相當參差不齊的傳統柴電動力攻擊潛艇，不過其餘皆是核動力潛艇，藉此確保中國在國際上擁有更多自主權、決策權與力量投射（Power Projection）❶。

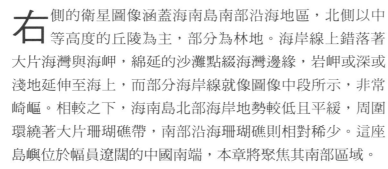

崖州區

西瑁洲
（西島）

南海是美中競爭的關鍵海域

　　美國分析人員指出，中國將在2030年以前擁有4～8艘彈道導彈潛艇與10餘艘核動力攻擊潛艦，對於美國海軍戰略家而言，這無疑是一場惡夢。南海（廣義上包含東亞和東南亞）已經成為世界第一與第二強國之間進行地緣戰略、地緣政治及地緣經濟競爭的重要海域之一。不過，隨著海南兩個海軍基地的建立與中國海軍軍備的增長，美國已失去自1945年以來在海上軍事力量上的壟斷地位。海南基地彰顯出中國的海權化，意味著北京政府對於海域邊界的進一步控制與掌握。中國藉由武力或脅迫，來支配並占據西沙群島與南沙群島以推動此一進程，因而導致了許多邊界衝突，以及與鄰國之間或強或弱的緊張關係。榆林與亞龍海軍基地更體現出一個國家要擁有海上的力量投射，就少不了海軍軍力，以及用來部署軍力的基地與據點。

文 ● L. Carroué

❶ 編注：指一個國家在境外表現出武力等威脅的能力。

海南島

陵水黎族
自治縣

九所鎮

藤橋村
（海棠區）

三亞市

南海

榆林灣　　海軍
基地

亞龍灣

潛艦基地

5 km

瑪瑙斯：重生的亞馬遜商業大城

這張瑪瑙斯的
衛星圖像由
Sentinel-2衛星攝
於2019年8月29日
與31日，原始彩
圖解析度10公尺

亞馬遜州首府瑪瑙斯（Manaus）2020年人口數為221萬，面積1萬1,401平方公里（根據官方資料），是巴西第七大城市。這座城市位於巴西西北部，內格羅河（Rio Negro）與蘇里摩希河（Rio Solimões）兩條支流在此匯流，對巴西人來說，這裡是亞馬遜河的源頭。瑪瑙斯在十九世紀末至二十世紀中葉因橡膠產業而繁榮興盛，但之後便沉寂下來，隨著工業自貿區的設立與大量人口移入亞馬遜州而徹底轉變。

瑪瑙斯位於合法亞馬遜地區（Brazil's Legal Amazon, BLA）❶，其地理位置很容易辨認，只須認明亞馬遜河的「河水交匯處」，也就是深色的內格羅河與淺色的蘇里摩希河之間。這個地理形貌是瑪瑙斯的主要觀光景點之一，但卻無法經由公路到達，且該景點遭雨水多次破壞。從右頁的衛星圖像可以辨識出城市的主要設施，包含愛德華多葛梅斯國際機場（Eduardo Gomes International Airport）、內格羅河大橋、工業1區與2區、軍用區域的綠化地帶與亞馬遜聯邦大學（UFAM），其校園建物位在一片保育完善的森林中。從城市的門戶能看到森林，阿道夫・杜基森林保護區（Adolfo Ducke Forest Reserve）甚至就位在市區內，從其直線布局得以看出森林相當受到重視。

瑪瑙斯建立於十七世紀，不過從僅存的歷史遺產只能追溯至十九世紀末，當時第一波橡膠產業興起，為此地帶來短暫的繁榮，之後則因為亞洲的橡膠種植園投入生產而導致市場價格暴跌。這裡最著名的古蹟是歌劇院，法國女演員莎拉・伯恩哈特（Sarah Bernhardt，1844～1923年）與義大利男高音歌唱家恩里科・卡羅素（Enrico Caruso，1873～1921年）都曾在此演出。這座歷史遺產多少受到良好的維護，就像那個時期的官方建築與一些漂亮的老房子般經過修葺，但其他遺跡則受到遺棄，在亞馬遜極其潮溼的氣候中迅速損壞。

自貿區帶來城市復興，聚居亞馬遜州半數人口

經過長期的蕭條之後，這座城市自1970年代起徹底轉變，不同區域之間的差異加劇。在亞馬遜河及其支流附近，底層階級居住在搭建於陡峭河岸或樁柱上的簡陋房屋；相反地，像是彭塔內格拉（Ponta Negra）這類的新興住宅區，往往是現代化大樓林立的私人豪宅社區（門禁社區）。

然而，亞馬遜州由於大量人口移入導致郊區快速成長，相形之下，上述兩種居住區與舊城區所占比例顯得微不足道。瑪瑙斯聚集了亞馬遜州一半以上的人口（420萬人口，面積155萬9,167平方公里），州內大部分城鎮與村落皆因居民遷移到首府而人口減少，瑪瑙斯創造的就業機會吸引了大批人潮，就算無法在這裡工作，至少也可以享受大都市提供的服務。

瑪瑙斯的吸引力大部分來自沿著河岸開發的自貿區。自貿區位於亞馬遜雨林中央，之所以選在這個有點突兀的位置，是出於軍政府（1964～1985年）的政治決策，在此可以進口原物料與零件，且無須繳納當時相當

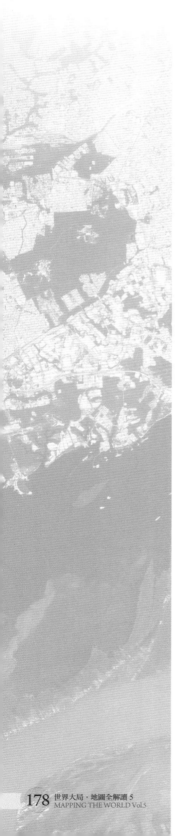

內格羅河

衛星資料 © COPERNICUS SENTINEL 2019 版權所有

2 km

昂貴的進口稅。以這些元件製成的產品被視為巴西製造，在國內其他地區可以免稅販售。這裡也設立了許多工廠，生產家用電器、電視機、高傳真音響系統、電腦、電話材料與摩托車等。這些大型工業建物低矮而寬敞，在衛星圖像上相當顯眼。

文 ● H. Théry

❶ 編注：1948 年，巴西政府為了亞馬遜地區的經濟與社會發展而劃定的區域，範圍涵蓋亞馬遜盆地的九個州。

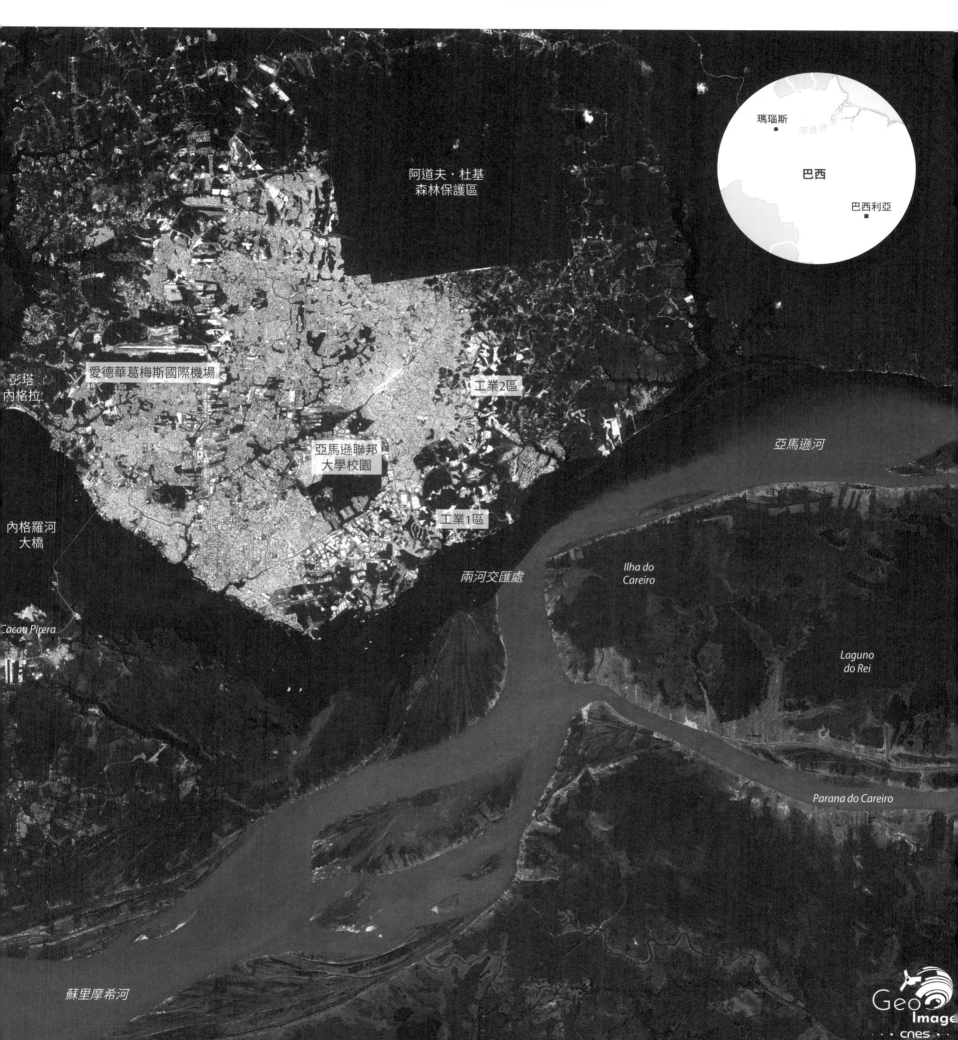

阿道夫·杜基森林保護區

瑪瑙斯

巴西

巴西利亞

彭塔內格拉

愛德華葛梅斯國際機場

工業2區

亞馬遜河

亞馬遜聯邦大學校園

工業1區

內格羅河大橋

Ilha do Careiro

兩河交匯處

Laguno do Rei

Cacau Pirera

Parana do Careiro

蘇里摩希河

Geo Image
··· cnes

愛琴海：拒難民、搶資源，希臘與土耳其緊張局勢升溫

這張希臘與土耳其共有邊界的衛星圖像由Sentinel-2衛星攝於2020年3月13日，原始彩圖解析度10公尺

自2015年以來，位於希臘與土耳其共同邊界的愛琴海東部群島，由於移民問題而成為眾人關注的焦點。這列群島構成歐盟的外部邊界，希、土兩國經常在此爆發邊界爭議，導致地緣政治局勢緊張，更加突顯出其地位重要。

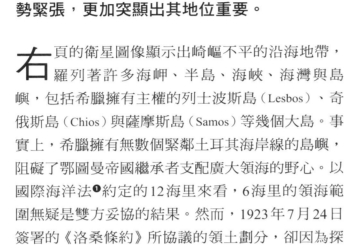

右頁的衛星圖像顯示出崎嶇不平的沿海地帶，羅列著許多海岬、半島、海峽、海灣與島嶼，包括希臘擁有主權的列士波斯島（Lesbos）、奇俄斯島（Chios）與薩摩斯島（Samos）等幾個大島。事實上，希臘擁有無數個緊鄰土耳其海岸線的島嶼，阻礙了鄂圖曼帝國繼承者支配廣大領海的野心。以國際海洋法[1]約定的12海里來看，6海里的領海範圍無疑是雙方妥協的結果。然而，1923年7月24日簽署的《洛桑條約》所協議的領土劃分，卻因為探勘發現海底天然氣田而反覆引發爭議。

邊界絕不只是一條線那麼單純，而是包含兩個垂直空間，一個是領空，另一個是海底探勘範圍。由於土耳其空軍經常飛越爭議領空，再加上雙方都使用先進的無人機偵察，導致領空衝突與日俱增。希臘與土耳其武裝部隊之間頻頻交火，顯示出緊張局勢不斷升溫。其中以2020年8月的衝突事件最為激烈，兩國在希臘最東端、距離土耳其海岸僅二公里的卡斯特洛里佐島（Kastellorizo）附近交火，起因是土耳其政府在這片爭議海域派軍艦護送一艘探勘碳氫化合物（石油與天然氣）的專用船隻。此次衝突也促使法國派出兩艘國家海軍艦艇與兩架飆風戰鬥機支援希臘。

難民收容政策淪為談判籌碼

愛琴海東部群島位於「巴爾幹路線」（Balkan Route）上，是難民前往歐盟的主要路徑。2015年，敘利亞衝突加劇之後，100萬難民湧入歐盟，希臘不堪負荷收容難民的重壓，於是在列士波斯島、薩摩斯島、萊羅斯島（Leros）、奇俄斯島及柯斯島（Kos）緊急建立了五個熱點（hotspot）[2]。這五個難民收容所必須區分出尋求庇護的難民與經濟移民。規模最大的收容所位於薩摩斯島的瓦西（Vathy），收容約5,000人；以及列士波斯島的摩利亞（Moria），據統計，2020年2月收容人數高達2萬2,000人。

這些難民收容所的中心是貨櫃改造且具備基本設施的建物，外圍則是一圈又一圈帳篷及臨時棚屋組成的「叢林」，不僅生活條件非常惡劣，意外事故也頻頻發生。2020年3月以來，Covid-19疫情更導致衛生條件惡化且人滿為患。2020年9月8日晚間至9日，摩利亞難民收容所遭大火摧毀，導致1萬2,700名「住戶」急需安置，其中一半是婦女與兒童。兩個月後，另一場火災則襲擊了瓦西收容所。

如今的難民問題是歐盟向土耳其妥協的後果，2016年土耳其與歐盟達成協議，歐盟提供60億歐元的巨額金援，換取土耳其協助減緩流入歐盟的難民潮。所以，土耳其政府立場強硬，一旦局勢緊張，就毫不猶豫地以移民政策作為與歐盟談判的籌碼。

海上邊界僅具象徵意義？

希臘群島的觀光旅遊業自2015年起一落千丈，致使當地居民失去大筆經濟收入。2020年2月下旬，鎮暴警察與列士波斯島及奇俄斯島的市民發生衝突，原因是居民反對為難民設立新的封閉式收容所。保守派總理米佐塔基斯（Kyriakos Mitsotakis，2019年就任）領導的希臘政府，考慮借鏡世界上其他地區的做法，採取動態的「壁壘化」措施。因此，他希望在愛琴海上建立一條「浮動邊界」，以防難民從土耳其乘船前來希臘。然而，從邊界的範圍來看，即使這個計畫付諸實行，應該也僅具象徵意義。

愛琴海東部群島的地理位置複雜，地緣政治與人道危機導致局勢日漸緊張，且問題還不僅止於此。首先是土耳其的戰略，這個強權國家企圖要在區域、歐洲大陸與全球舞台上（賽普勒斯、敘利亞、利比亞、高加索地區）證明自己不容忽視。其次是歐盟無法制定出共同且團結一致的移民政策，丟下希臘獨自處在緊張局勢的前線。

文 ● F. Vergez

---

[1] 1982年在牙買加蒙特哥灣（Montego Bay）簽署的《聯合國海洋法公約》。

[2] 編注：亦即第一線難民收容設施（first reception facility），出自歐盟執行委員會於2015年提出的「熱點方案」（hotspot approach），旨在於歐盟外部邊界先行過濾難民的入境資格。

Thessalonique

希臘　　　　列士波斯島　　　土耳其

奇俄斯島
薩摩斯島

雅典　　　萊羅斯島
柯斯島

列士波斯島

土耳其

愛琴海

奇俄斯島

Izmir

薩摩斯島

Icarie

希臘

10 km

瓜達爾：中國一帶一路的關鍵港口

這張瓜達爾地區的衛星圖像由Sentinel-2衛星攝於2019年11月16日及24日，原始彩圖解析度為10公尺

中國於巴基斯坦沿海地區開發瓜達爾港（Gwadar Port），作為「一帶一路」計畫在阿曼灣與印度洋之間的據點。然而，這個邊陲地帶以極端環境與地緣局勢動盪聞名，最終讓中國有志難伸。

俾路支省位於多山的沿海地區，處在沙漠的邊緣，是一個不穩定的邊陲地帶。瓜達爾區（1萬1,412平方公里）北部與莫克蘭海岸山脈（Makran Coastal Range，參見衛星圖像）接壤，海拔約1,500公尺，環境乾旱，年降水量低於100毫米，水資源的開發與分配相當緊繃。由於這些環境限制，當地人口數為26萬3,514人（根據2017年的人口普查），等於每平方公里僅23人。因此，瓜達爾區被納入巴基斯坦俾路支省，該省人口數為1,230萬，大部分是農村與低度開發地區，3/4的人口處於多面向貧窮（multidimensional poverty）❶之中。

瓜達爾港的地理位置優越，位於全球最繁忙的航海路線上，且靠近荷莫茲海峽，是石油市場的戰略據點。這個位於海運交界的港口城市是由舊區域整合而成，在1784～1958年間是隸屬於阿曼的沿海飛地。

開拓更安全的石油輸送路線

此一地緣戰略位置，正是中國對瓜達爾感興趣的原因。2002年，中國在巴基斯坦取得瓜達爾港的改造計畫，將偏僻的漁村變成現代化的軍民兩用深水港。這是一帶一路計畫戰略的一部分，北京政府意圖藉此掌握東亞、中東和歐洲之間的海陸幹線。

中國與巴基斯坦建立起密切的夥伴關係，以對抗印度的勢力，印度既是北京政府的競爭對手，也是巴基斯坦的宿敵。除了地緣政治利益之外，商業利益也是中國的目的之一。瓜達爾港位在以中國新疆為起點、橫越喜馬拉雅山（喀喇崑崙公路，又稱中巴友誼公路）、耗資620億美元建設的「中巴經濟走廊」（CPEC）的終點，提供中國一個通往阿拉伯海的寶貴門戶，可以經由陸路避過東南亞麻六甲海峽擁擠又危險的咽喉要道，進入全球海上貿易的重要地區。瓜達爾港同時也是「珍珠鏈戰略」（string of pearls）❷的節點之一。

在中資加持下，瓜達爾的人口與城市快速發展。人口數自1972年以來增加近六倍，2017年統計人口數為9萬762人，而人口成長也導致房地產嚴重炒作，價格飆漲到當地人買不起房子的地步。瓜達爾深水港工程浩大，耗資超過12億美元，分別由中國出資85%、巴基斯坦出資15%，最終於2007年啟用，並於2015年在中巴經濟走廊的框架下，給予中國海外港口控股公司40年的特許經營權，同時也設立了租稅優惠的自由貿易區。

儘管中國野心勃勃，瓜達爾的開發現況與實際運輸量仍然不如預期，原因在於港口之間競爭激烈，再加上中國勢力在當地引發的緊張局勢，導致中國人愈來愈常成為攻擊的目標，比如俾路支解放

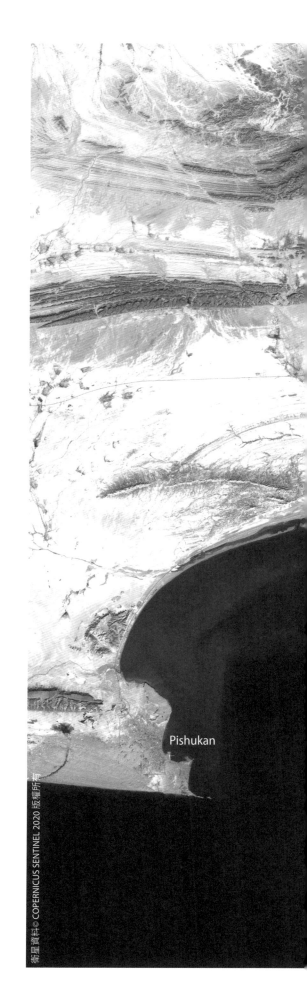

Pishukan

衛星資料© COPERNICUS SENTINEL 2020 版權所有

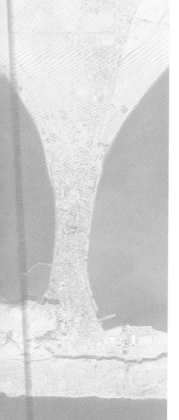

軍（Balochistan Liberation Army）的分離主義分子宣稱2018年11月在喀拉蚩（Karachi）的中國領事館，以及2019年5月在瓜達爾的珍珠大陸酒店（Pearl Continental Hotel）發動的恐攻皆由其犯下。

文●C. Loïzzo

❶ 編注：有別於過往多以貧窮線作為基準，「多面向貧窮」將教育、健康、生活水準等面向皆納入貧困程度的衡量。根據聯合國2022年全球多面向貧困指數（MPI）報告，全球111個開發中國家中有12億人處於極端多面向貧窮之中。

❷ 編注：用以指稱中國加強控制印度洋能源航線、在多個港口布局的企圖，多為國際外交和軍事觀察家所用。

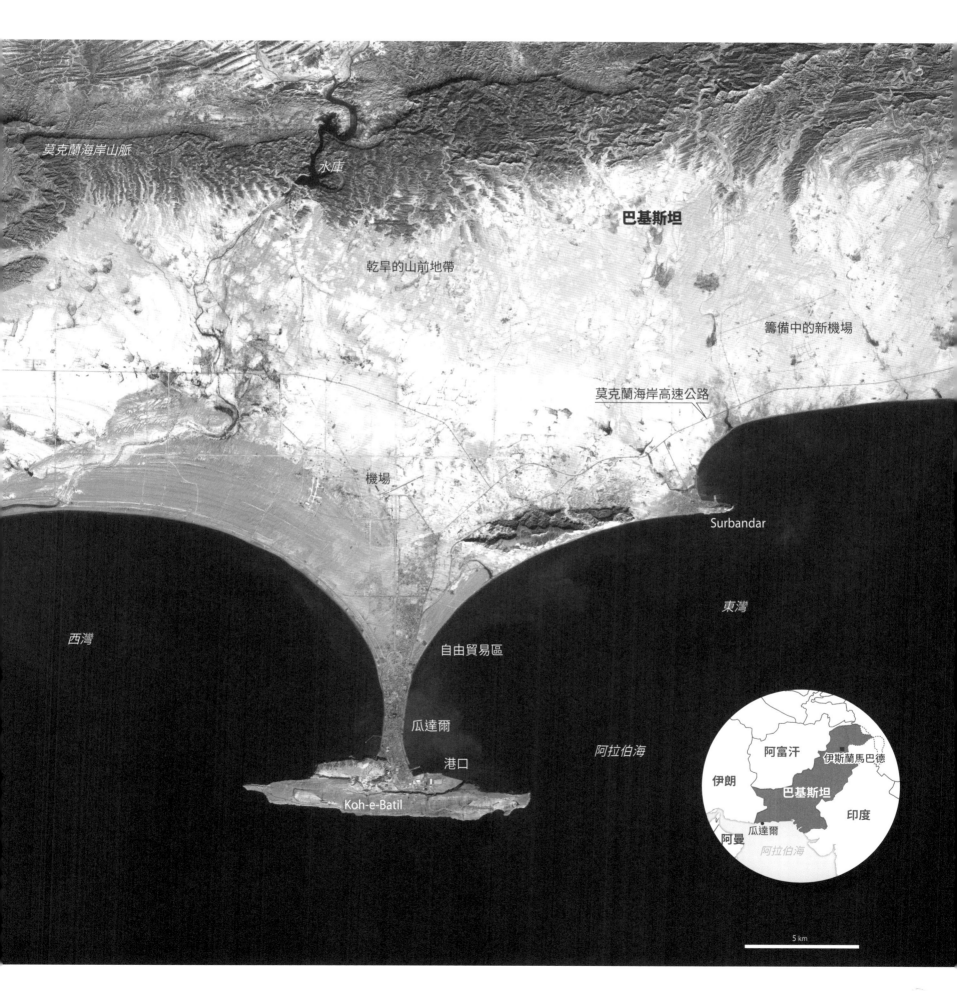

莫克蘭海岸山脈
水庫
巴基斯坦
乾旱的山前地帶
籌備中的新機場
莫克蘭海岸高速公路
機場
Surbandar
東灣
西灣
自由貿易區
瓜達爾
港口
阿拉伯海
Koh-e-Batil

阿富汗
伊斯蘭馬巴德
伊朗
巴基斯坦
印度
瓜達爾
阿曼
阿拉伯海

5 km

埃爾埃西多：
供養歐洲大陸的「塑膠海洋」

西班牙南部的埃爾埃西多（El Ejido）地區由於過多的溫室覆蓋地面，呈現出一片「塑膠海洋」的景象。這個農業區是歐洲大陸的主要蔬果出口中心，然而環境與社會付出的代價如此沉重，令人不禁質疑這種發展模式的永續性。

這張衛星圖像攝於達利亞斯平原，2013年由Pléiades衛星拍攝，原始彩圖解析度0.7公尺

埃爾埃西多位於西班牙南部阿美里亞省(Almeria)的安達盧西亞自治區(Autonomous Community of Andalusia)

濱海的達利亞斯平原（Campo de Dalias）坐落在山海交界處，這塊乾旱地區面向南方，每年降水量僅286毫米，長期以來人口稀少，以粗放畜牧業❶為主。第一批溫室栽培始於1960年代與1970年代，當時佛朗哥政權（1939～1977年）❷的國家拓殖研究所（National Institute of Rural Development and Colonization）開闢了1,500公頃的灌溉地作為農業開拓區提供無地小農耕作。

農企業高度密集，獨一無二的城市風景

這片「塑膠海洋」的發展，與西班牙於1986年加入歐洲經濟共同體（European Economic Community）息息相關。出於社會、氣候上的優勢以及比較利益（comparative advantage）❸，埃爾埃西多大量搭建溫室，以便為北歐供應蔬果。然而，使用數以千計的水井與泵站抽取地下水導致資源快速枯竭，而往更深層取水又容易引發海水入侵，最後可能會造成地下水與土壤鹽化。除此之外，農藥造成的汙染也日益嚴重。埃爾埃西多成為一個幾乎完全人為化（anthropization）的環境，80～95%的可用農地都覆蓋著塑膠布，是全球獨特的現象（參見衛星圖像）。

對於空間布局與安排的特殊選擇造就了如今埃爾埃西多的風景，這是國家、區域與地方的當權者推動以蔬果農產品出口為主要經濟發展模式的結果。農業現代化導致人口激增，提高了人口密度（每平方公里370名居民）並促進都市化發展。雖然埃爾埃西多是一座真正的城市，城市結構卻是以農村為基礎，其中聚集了種子、農用設備、肥料與農藥等供應商及貨運公司等相關產業。

當地有數以千計個2～5公頃的農場，由幾家大型私人企業或是實力堅強的合作社組織管理。例如，西班牙Agroponiente集團旗下就擁有300多公頃的農場，其產品銷往歐洲與北美的1,000個客戶。埃爾埃西多當地的業者相當仰賴大盤採購中心的營銷策略，因為這些採購中心有能力影響售價、生產者報酬及工作條件，是歐洲甚至全球農業區相互競爭的幕後主使者。

埃爾埃西多這個歐洲第一的蔬果（番茄、辣椒、茄子、甜瓜等）出口中心高度專業化，運用新技術（改良種子、開發滴灌技術、電腦化管理系統）讓每公頃農地的生產力翻倍成長，卻也導致農場債務增加。裝載著農產品的卡車川流不息地開上E15／A7高速公路，將蔬果輸往北歐的市場。集約農業需要低技術與季節性的勞動

埃爾埃西多

溫室區

Guardias Viejas

阿美里亞·海水浴場

PLÉIADES 衛星資料© CNES 2013, Ajrbus DS 版權所有

力，因此吸引許多男性移工前來尋找工作機會，部分甚至是非法移工。層出不窮的醜聞突顯出過度剝削勞工的問題，諸如低工資、不穩定、非法工作、惡劣的居住條件等，同時還有排外心態造成的緊張關係。

文●L. Carroué

❶ 編注：亦即游牧（自給式）或放牧（市場指向）。
❷ 編注：佛朗哥獨裁政權於1939年由佛朗哥（Francisco Franco）建立，他於1975年過世，指定璜卡洛斯一世（Juan Carlos I）繼任。璜卡洛斯一世於1977年推動西班牙第一次民選，並於1978年頒布新憲法，自此西班牙從獨裁政權走向民主。
❸ 編注：意指相較於其他國家或地區，當地生產某項產品的成本降低最多，能獲得較高的利潤。

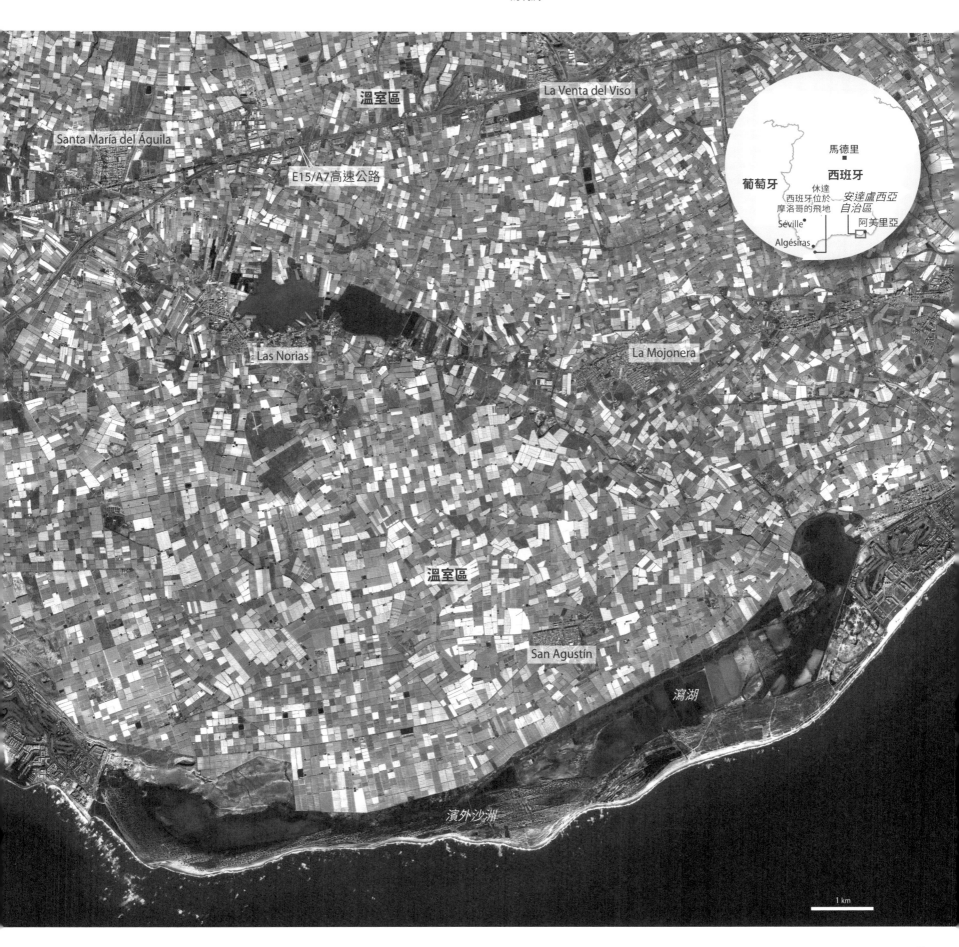

花園城：
基改作物與荷爾蒙肉革命

這張衛星圖像由
Sentinel-2衛星於
2019年10月25日
拍攝，原始彩圖
解析度10公尺

自1960年代以來，位於洛磯山脈（Rocky Mountains）下的高地平原（High Plains）地區一直是美國農業革命的實驗室，整合了基因改造大豆和玉米、荷爾蒙牛 ❶與灌溉技術。然而，這些成就帶來的負面影響則是肥胖症、抗生素的耐藥性以及食物過敏、不耐症等情況在美國大量爆發，環境成本也節節攀升。

在高地平原，花園城（Garden City）地區屬於半乾旱氣候的「乾旱地帶」（Drought Belt），土壤輕且易碎，易受侵蝕，植被為草原或草地。1930年代與1950年代，當地土壤侵蝕問題嚴重到美國農業部不得不介入，並引進更為永續的農作方式。幸而中樞灌溉系統（Center Pivot Irrigation System）在1950年代問世，並於1970～1980年代普及，為這片旱地帶來一場農藝 ❷與景觀的革命，促使經濟、農業與人口快速成長。花園城的人口數也從1940年的6,200人，增加到1990年的2萬4,000人。

旱地水資源稀缺，當地企業掀起農藝革新

右頁的衛星圖像清楚呈現出二元空間分割，一部分是荒地與旱地作物，另一部分則是灌溉耕地。各個農業郡縣皆將缺水視為大敵，無怪乎這些旱地每平方公里的人口數從12人減少到1人，而阿肯色河河谷（Arkansas River Valley）則聚集了大部分人口。然而，這場農藝革命的基礎卻是建立在水資源過度開發之上。阿肯色河日漸枯竭，流量在1944～2003年間下降了80%。更嚴重的是，奧加拉拉蓄水層（Ogallala Aquifer）的基準水位不停下降，因為抽取的水量大幅超過天然補注量。事實上，僅僅在堪薩斯州，水井數量於1950～2015年間便從1,385個增加到3萬4,500個。為了因應嚴重的水資源危機，堪薩斯州不得不對水資源進行前瞻性管理，向每個郡縣收取年費，而美國農業部則於2015～2018年間發起「奧加拉拉蓄水層倡議」，用以資助農民用水減量的計畫。

當地大型家族企業、公司及農企財團整合了地理、經濟與技術條件，善加運用於集約農業與畜牛業，使得高地平原成為新型農牧型態的典範。農地栽培基因改造玉米、大豆與小麥作物，用以供養大批牛隻，而這些精選品種牛（白面牛〔Hereford〕、紅／黑安格斯牛〔Angus〕等）既耐粗飼（反芻能力強、抗寒、分娩不需助產）且繁殖力好（早熟、難產率低）。高地平原共計有12家大型牧場與肥育場公司，每年銷售額為2,200萬美元。

基改與畜牛結合的跨國出口商機

肥育場是設有圍欄的大型露天牧場，牛隻在這裡被養得肉膘肥滿。有些肥育場規模相當龐大，例如Brookover集團即僱用了100名員工，每年在兩個肥育場照料8萬頭牲畜；藉由機械化，一名員工可以管理1,000～1,500頭牲畜。這些牛隻被植入肥育場與屠宰場通用的電子識別系統，由聯邦政府集中控管以供出口，尤其是出口到日本。

不過，真正主宰這個產業的是與肥育場簽約、控制屠宰場的企業。這些企業引導並掌控各種「地方性壟斷」，許多巨頭在此地區割據一方，例如：泰森鮮肉工廠（Tyson Fresh Meats）設廠於霍爾科姆（Holcomb，參見衛星圖像），擁有約3,600名員工；牛肉加工商National Beef則設廠於利伯勒（Liberal，3,500名員工）與道奇市（Dodge City，2,900名員工）；嘉吉肉品公司（Cargill Meat Solutions，2,700名員工）也同樣設廠於道奇市。泰森食品公司（Tyson Foods Inc., TSN）成立於1935年，設址在阿肯色州的斯普林代爾（Springdale），是一家跨國肉品公司，擁有14萬1,000名員工、123家工廠，年銷售額高達425億美元。該公司的雞肉、牛肉和豬肉銷售排名全球第二，產品供應各大速食連鎖店（肯德基、麥當勞、漢堡王）與超市（沃爾瑪〔Walmart〕、克羅格〔Kroger〕、獨立雜貨商聯盟IGA）。

文 ● L. Carroué

❶ 編注：指飼育過程中施打生長激素的肉牛。
❷ 編注：農業技藝（agronomy），研究農作物生長與改良相關領域的科學。

衛星資料◎ COPERNICUS SENTINEL 2019 版權所有

美國　芝加哥

堪薩斯州　堪薩斯城
花園城
洛杉磯
達拉斯

墨西哥灣

中樞灌溉系統區

旱地作物區

霍爾科姆

Deerfield

花園城

阿肯色河

400號
美國國道

中樞灌溉系統區

5 km

新加坡：以有限國土創造無限商機

這張新加坡的衛星圖像由Pléiades衛星攝於2016年6月29日，原始彩圖解析度0.7公尺

新加坡位於東南亞，是麻六甲海峽的門戶，這個城市國家面積僅719平方公里，卻擁有564萬居民（2022年），是全球人均GDP最高的國家之一（2022年為12萬7,565美元）。在全球化浪潮下，有限的領土促使新加坡政府不停重塑其城市發展模式。

在衛星圖像的東側（右側），許多摩天大樓（其中國浩大廈〔Guoco Towe〕高達284公尺）集中在萊佛士坊（Raffles Place）與丹戎巴葛（Tanjong Pagar）之間的中央商務區（CBD），彰顯出新加坡全球第四大金融中心的地位（僅次於紐約、倫敦與香港）。金融業占新加坡GDP的13%，從業人員約20萬人，星展銀行（DBS Bank）與匯豐銀行（HSBC）等主要銀行位在濱海灣（Marina Bay，海埔新生地），顯示金融決策中心已擴散到中央商務區以外。濱海灣於1970年代起建於新加坡海峽之上，可謂是該國門面，而以頂樓無邊際泳池聞名的濱海灣金沙酒店（Marina Bay Sands），更是這個城市國家的地標性建築。

西南打造大士超級港，
麻六甲航運樞紐再升級

新加坡同時也是全球第二大貨櫃港口，2020年有3,660萬TEU的吞吐量，僅次於上海（4,350萬TEU）❶。從圖中海上航行和碼頭停泊的大量船隻及其功能多樣性（包含貨櫃船、油輪、滾裝船❷等）即可一窺麻六甲海峽周邊驚人的運輸量，而每年約有10萬艘船隻通過此處。處於樞紐位置讓新加坡得以吸引4萬家跨國公司在此設立區域總部，以便在整個東南亞推展業務。

此外，新建碼頭逐一增加，突顯出船埠漸漸往西擴散的趨勢。在史巴洛水道（Sebarok Channel）填海興建、形狀獨特的巴西班讓（Pasir Panjang）碼頭，即是東南亞貨櫃運輸成長的明證。然而，為使港務從市中心轉移，新加坡政府決定將貨櫃運輸集中在位於西南區的大士港（Tuas Port），這座超級港口於2015年動工，部分已於2021年啟用，預計將於2040年完工並全面投入營運。

新加坡市中心周邊的休閒活動十分多元，其中最具代表性的是聖淘沙島（Sentosa Island），該島不僅設有高爾夫球場、人工沙灘與聖淘沙名勝世界（Resorts World Sentosa），全球僅有五座的環球影城（Universal Studios）也有一座藏身於此。不難看出新加坡當局想在與主島相連的聖淘沙島延續「迪士尼樂園化」的布局，並將此地打造成富豪區，例如部分新加坡富裕人口（2020年全國共計有27萬名百萬美元富翁）❸就住在東部的聖淘沙灣豪宅區。

班丹(Pandan)蓄水池

裕廊港區

裕廊島

大士超級港

布星島

毛廣島

不產石油，卻是石油輸出大國

製造業是新加坡經濟的第三大支柱，占GDP的21%。自1965年獨立以來，該國政府便致力於發展化學與石化產業。新加坡沒有化石燃料資源（天然氣與石油），必須進口大量原油，因此相關生產設備大多設立於西部。用於儲存（油庫）與碳氫化合物轉化（煉油廠）的基礎設施幾乎覆蓋了整個布星島（Pulau Busing）、毛廣島（Pulau Bukom）以及裕廊（Jurong）的東北部，且主要掌控在殼牌等跨國企業手裡，而殼牌全球最大的煉油廠就設在毛廣島。2019年，新加坡出口價值430億美元的精煉油，以鄰近國家為大宗。

在這座城市國家的東南部，諸如姊妹島（Sisters' Islands）、聖約翰島（Saint John's Island）和拉撒路島（Lazarus Island）少有人為干涉的痕跡，與其他島嶼形成鮮明對比。自2014年以來，姊妹島海洋公園（Sisters' Islands Marine Park）便以保護這些島嶼周圍的生物多樣性為目標，儘管新加坡人口密集且高度都市化，綠化帶卻幾乎覆蓋了一半的領土。

文 ● J. Picollier

❶ 編注：根據新加坡海事及港務管理局（MPA）統計，2022年新加坡吞吐量為3,729萬TEU。根據中國上港集團年度報告，2022年上海吞吐量為4,730萬TEU。
❷ 編注：roll on/roll off ship，船身備有活動延伸坡道可搭於碼頭，以供貨車自行出入船艙裝卸貨物。
❸ 編注：根據投資移民諮詢公司Henley & Partners，2022年新加坡共有24萬9,800名百萬美元富翁，是全球第五富裕的城市。

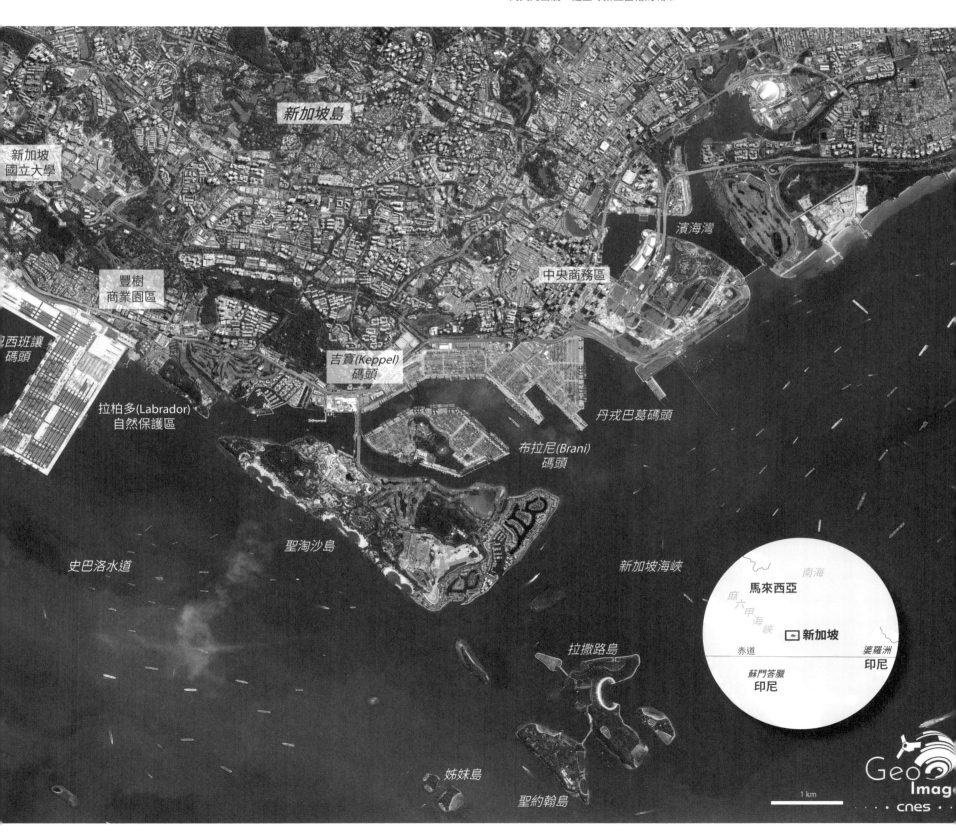

作者群簡介

Laurent Carroué

地理學家，法國國家教育、體育暨研究總監署（IGÉSR）總督學。著有《全球化的世界地圖：一個地球，數個世界》（*Atlas de la mondialisation : Une seule terre, des mondes, Autrement, 2020*）。

Théotime Chabre

政治學博士生，研究主題為土耳其與近東國家（賽普勒斯、以色列、巴勒斯坦領土）的少數族群與移民現象的管理。

Thibault Courcelle

商博良國立學院（*Institut national universitaire Champollion*）阿爾比（Albi）校區地理學講師，土魯斯第二大學（*Université Toulouse II*）LISST 研究中心成員，歐洲地緣政治與歐盟組織專家。

Hugo Estecahandy

法國地緣政治研究所（*Institut français de géopolitique*）博士生、《GEODE—數據圈的地緣政治》計畫研究員，研究主題為俄羅斯的加密貨幣。

Guillaume Fourmont

《*Carto*》雜誌及《*Moyen-Orient*》雜誌主編，地中海與中東地區研究所（iReMMO）理事。

Laurent Hassid

地理學博士（主修地緣政治）、巴黎第十三大學（*Université Sorbonne Paris Nord*）Pléiade 研究室副研究員。著有《斯洛維尼亞的地緣政治》（暫譯，*Une géopolitique de la Slovénie*，la Route de la Soie，2021）。

Joseph Henrotin

國防與國際安全雜誌《*DSI*》總編輯，國際風險分析與預測中心（CAPRI）研究員。

Éric Janin

通過地理科最高教師資格國家會試，現任蘇鎮（Sceaux）拉卡納爾高中（lycée Lakanal）高等學院預備班資深教席。著有《法國十八大區》（暫譯，*Les 18 régions françaises*，Ellipses，2017），曾為納坦出版社（Nathan）編纂多本高中教材。

Tatiana Kastouéva-Jean

法國國際關係中心（IFRI）新興獨立國家／俄羅斯中心主任。著有《關於俄羅斯總統普丁的 100 個問題》（暫譯，*La Russie de Poutine en 100 questions*，Tallandier，2020）。

David Lagarde

地理學家暨製圖師、土魯斯第二大學國家科學研究院（CNRS）博士後研究員，法國近東研究所（IFPO）安曼分部副研究員。

Boris Lebeau

地理學家、巴黎第十三大學講師。與 Marie Redon 合著《博弈業的地緣政治：一種無聲的全球化問題》（暫譯，*Géopolitique des jeux d'argent : Les enjeux d'une mondialisation silencieuse*，Le Cavalier Bleu，2020）。

Légendes Cartographie

成立於1996年的製圖師事務所，成員皆具備地理學與製圖學學位，所長為 Frédéric Miotto。事務所為《*L'Histoire*》雜誌製圖，也參與學校教材的製作。

Michaël Levystone

法國國際關係研究院新興獨立國家／俄羅斯中心研究員。著有《處於十字路口的俄羅斯與中亞：蘇維埃殘存體制的全球化考驗》（暫譯，*Russie et Asie centrale à la croisée des chemins : Des survivances soviétiques à l'épreuve de la mondialisation*，L'Harmattan，2021）。

Clara Loïzzo

尼斯市馬塞納高中（Lycée Masséna）資深教席。與 Camille Tiano 合著《地理草圖與圖表：測驗與會考全攻略》（暫譯，*Croquis et schémas de géographie : Réussir les épreuves aux concours et examens*，Armand Colin，2021）。

Tifany Marrec

獨立記者。

Jean-Luc Martineau

法國國立東方語言文化學院（INALCO）非洲學系撒哈拉以南非洲地區當代歷史講師。

Adrien Nonjon

法國國立東方語言文化學院歐洲—歐亞研究中心（CREE）博士生，研究主題為烏克蘭、波羅的海與黑海地區的政治與文化史。

Florence Nussbaum

里昂第三大學（Université Jean-Moulin Lyon 3）文學與文化學院講師。

Delphine Pagès-El Karoui

法國國立東方語言文化學院阿拉伯研究所地理學教授、地中海與中東地區研究中心（CERMOM）成員。

Julien Picollier

安錫市（Annecy）貝托葉高中（Lycée Berthollet）高等學院預備班教授。

Charlotte Recoquillon
記者，法國地緣政治研究所副研究員，美國研究專家，巴黎
政治學院（Sciences Po Paris）教師。
Marie Redon
地理學家、巴黎第十三大學講師。著有《島嶼的地緣政治：
從理想的島嶼到全球化的島嶼》（暫譯，*Géopolitique des îles : Des îles rêvées aux îles mondialisées*，Le Cavalier Bleu，2019）。

Nashidil Rouiaï
地理學博士、波爾多大學（Université de Bordeaux）葡萄種植與釀造科學研究學院教師暨研究員。

Camille Scheffler
里昂第二大學（Université Lumières Lyon 2）社會地理學與地球空間資訊科學研究員。

Hervé Théry
巴黎第三大學（Université Sorbonne Nouvelle-Paris 3）美洲文獻暨研究中心（CREDA）榮譽研究主任、巴西聖保羅大學（Université de São Paulo）客座教授。著有多本巴西相關專書，《*Confins*》雜誌編輯專員。

Fabien Vergez
大學區督學、土魯斯歷史地理科學區教學督察。

Tigrane Yégavian
記者暨學者、中東事務專家。著有《亞美尼亞的地緣政治》
（暫譯，*Géopolitique de l'Arménie*，Bibliomonde，2022）。

Marion Soller
軍官學員、海軍戰略研究中心（CESM）分析員。

Dario Ingiusto
《*L'Express*》雜誌製圖師，曾與《世界報》、製圖事務所 Légendes Cartographie、《*Carto*》與《*Moyen-Orient*》雜誌合作。

作者：太田泰彥

半導體地緣政治學

2030半導体の地政学：戦略物資を支配するのは誰か

國家級戰略物資——半導體
霸權競爭舞台上，最致命的攻擊武器！
■ 地緣政治×晶片大戰略■

半導體如何影響多極霸權的板塊角力？
世界供應鏈正在發生什麼巨變？

本書作者憑藉超過35年的半導體產業報導經驗，精準分析20多國半導體產業的優勢與劣勢，清楚整理出國際鬥爭檯面下，各國真正的競合戰略，帶領讀者看見一顆小小的晶片，如何在全球地緣政治掀起巨大海嘯！

· 台積電為了平衡美中對立風險，採取哪些地緣政治避險策略？
· 一場併購造成英美兩國反目，一顆電動車用晶片導致德國反中？
· 中國「特洛伊木馬」：用廣大的內需市場牽制他國，試圖用美國企業扳倒美國政府？
· Google的亞洲資料中心為什麼只設在台灣、新加坡？

作者：田中孝幸

學校沒教，但一定要懂的地緣政治課

從地球儀開始的國際大局觀
13歳からの地政学：カイゾクとの地球儀航海

★亞馬遜日文總榜TOP 2、日文書歷史·地理類銷售TOP 1
★從地球儀開始的國際大局觀
★學校沒教，但大人、小孩都該懂的世界結構！

上市後再刷不斷！狂銷120000＋冊！
日本超人氣地緣政治入門書
· 為什麼世界貿易主要靠船隻運送貨物？
· 哪些國家擁有世界最幸運的地形？
· 人人都有可能成為間諜的國家是誰？

暑假第一天，高中生大樹和國中生小杏偶然經過一間神祕古董店，被櫥窗裡精美的古董地球儀吸引，於是戴著眼罩的店長「海賊先生」提出條件：如果兩兄妹跟著他用地球儀上七次課，並且通過最後一天的考試，就可以獲得珍稀的古董地球儀……

作者：傑森·希克爾 Jason Hickel

為什麼有些國家愈救愈窮？

【揭露全球不平等的暗黑內幕&解方】
The Divide: A Brief Guide to Global Inequality and its Solutions

不平等，其實是被製造出來的？
貧窮與落後，其實對「富國」是必須的？
為什麼我們無法消滅貧窮？
為什麼，有些國家愈救愈窮？

一直以來，我們都被灌輸了這些觀念：貧困是可以通過援助解決的自然現象；開發中國家只是需要時間及適當的幫助，就能「趕上」已開發國家的腳步。但實際上，貧窮是政治問題：貧困不是本來就存在，而是被製造出來的。

窮國之所以窮，是因為被迫以不平等的方式進入全球經濟體系中。本書追蹤了經濟強權對於「發展」這個詞彙的解釋如何演變：從1490年代哥倫布的遠征到當代的國際債務制度，這個過程中如何使少數富裕國家逐漸強大到足以控制世界其他地區的經濟政策？

作者：約翰·基恩 John Keane

民主簡史

【寫給我們這個世代的公民之書】
The Shortest History of Democracy

獻給這個動盪時代的理想之書
疫情肆虐、強國崛起、政客專權、戰爭再起，國際情勢危機四伏……
在這個年代，我們是否還能相信民主？我們是否還需要民主？

本書作者約翰·基恩是當代著名政治學家，人稱「民主理論大師」，根據多年研究，他發現民主是有史以來第一個具有可塑性的政府形式。經歷一次次的混亂、動盪和打壓，民主不曾退縮，而是在歷史脈絡中不斷進化，但中心思想只有一個：

保護人民不受傷害，並對於身邊的壓迫有所警覺，隨時提出反對的聲音。

作者認為：「在紛亂的世代，我們比以往更需要民主的力量。」民主始終站在全世界公民、普通老百姓、受壓迫者的一邊，我們將繼續見證民主的流動，見證民主如何改變這個世界。